D1925453

Anja Kühner/Thilo Sturm

Das Medien-Lexikon

Anja Kühner/Thilo Sturm

Das Medien-Lexikon

Fachbegriffe von A–Z aus Print, Radio, TV und Internet

2. Auflage

verlag moderne industrie

Die Deutsche Bibliothek – CIP-Einheitsaufnahme

Kühner, Anja:
Das Medien-Lexikon: Fachbegriffe von A–Z aus Print, Radio, TV und Internet / Anja Kühner / Thilo Sturm – 2. Auflage – Landsberg/Lech : Verl. Moderne Industrie, 2001
ISBN 3-478-37682-3

2. Auflage 2001
1. Auflage 2000

© 2000 verlag moderne industrie AG & Co. KG, 86895 Landsberg am Lech
http://www.mi-verlag.de, www.medien-lexikon.de, medien-lexikon@arcormail.de

Alle Rechte, insbesondere das Recht auf Vervielfältigung und Verbreitung sowie der Übersetzung, vorbehalten. Kein Teil des Werkes darf in irgendeiner Form (durch Fotokopie, Mikrofilm oder ein anderes Verfahren) ohne schriftliche Genehmigung des Verlages reproduziert oder verbreitet werden.
Umschlaggestaltung: Farenholtz, Landsberg am Lech
Satz: Mitterweger & Partner, Plankstadt
Druck: Himmer, Augsburg
Bindearbeiten: Thomas, Augsburg
Printed in Germany 37682/030101
ISBN 3-478-37682-3

Inhaltsverzeichnis

Geleitwort

Für Kommunikationsberater gehört das Hin- und Herspringen zwischen den einzelnen Mediensparten zur täglichen Arbeit. Die moderne PR-Agentur entwickelt Kommunikationskonzepte, kooperiert mit Journalisten aus allen Bereichen, konzipiert Print- und Online-Publikationen und – last but not least – sie organisiert Pressekonferenzen und versendet Pressemitteilungen. In unserem Arbeitsalltag spiegelt sich Cross-Media wider.
Viele werden sich künftig viel stärker mit Kommunikation beschäftigen als sie es heute für möglich halten. Ein gelungenes Informations- und Wissensmanagement wird stärkeren Anteil am unternehmerischen Erfolg erhalten.
Studien belegen den Trend, dass der klassische Journalismus seine Informations- und Interpretationshoheit verlieren wird. Allen voran trägt das Internet dazu bei, eine unmittelbare Informations-Transparenz herzustellen. Die Menge der Information lässt sich nicht beliebig vermehren. Sie erreicht den Empfänger jedoch über verschiedene Kanäle. Diese Entwicklung kann auch als Demokratisierung der Information bezeichnet werden. Hinzu kommt die enorme Schnelligkeit der heute möglichen Informationsübermittlung, die ebenfalls dazu beiträgt, dem klassischen Journalismus seine vielbeschworene Rolle als vierte Gewalt zu entziehen.
Zusätzlich wächst die Mobilität zwischen den einzelnen Berufsfeldern. Auch herkömmliche Ausbildungen werden vor neue Anforderungen gestellt. Drucker entwickeln sich zu Mediengestaltern, Printjournalisten wandeln sich zu Online-Redakteuren, Fotografen benötigen Kenntnisse der digitalen Fotografie und Bildbearbeitung, PR-Berater entwickeln Kampagnen für Intra- und Internet-Auftritt und PR-Redakteure schreiben Online-Newsletter. Um darin Erfolg zu haben, muss das zugrunde liegende Handwerkszeug beherrscht werden.
Die bisherigen Nachschlagewerke hatten ihre klare Fokussierung: Typographen, Nachwuchs-Journalisten, Fotografen, Werber, Internet-Nutzer. Wer ein Nachschlagewerk suchte, fand für jede Sparte eines - aber kein übergreifendes. Dass dies nun vorliegt, ist Ausdruck für den Wandel in der gesamten Branche.

Egbert Deekeling
Geschäftsführer Deekeling Kommunikation

Vorwort

Es ist faszinierend, die Evolution der Medien in den letzten Jahren mitzuerleben. Der erste Online-Redakteur in unserem Bekanntenkreis zeigte die Notwendigkeit, auch den Computer und das Internet in diesen Bereich mit einzubeziehen. Die Fernsehsender entwickelten neue Sendeformate. Wer dachte schon an „ePaper“, „Book on Demand“ oder Mobiltelefone mit Internet-Zugang? Die Ausweitung des Medienbereichs macht es immer wichtiger, hier Systematik hineinzubringen.
Bereits vor längerer Zeit hatten wir die Notwendigkeit eines Medien-Lexikons erkannt, das Fachausdrücke erklärt und deren Hintergrund erläutert. Damals gaben wir gemeinsam Seminare für Redakteure. Ein spontanes Brainstorming ergab eine umfangreiche Liste. Seit dieser Zeit notieren wir Stichwörter, die uns in der Praxis begegnen. Bei manchen fielen die Erklärungen leicht, da das betreffende Wort nur in einer fest umrissenen Bedeutung verwendet wird. Bei anderen Erläuterungen stellte sich heraus, dass selbst diejenigen, die den Begriff verwendeten, ihn nicht genau definieren konnten.
Mit der vorliegenden Auswahl an Stichwörtern denken wir der Themenvielfalt und dem breiten Spektrum des modernen Mediensektors gerecht zu werden. Die Arbeit an diesem Medien-Lexikon war für uns in jeder Hinsicht interessant und bereichernd – wir selbst haben dabei viel gelernt.
Für Hinweise und Anmerkungen haben wir ein offenes Ohr. Noch mehr würden wir uns über den Dialog mit Ihnen freuen. Unter der Adresse *medien-lexikon@arcormail.de* sind wir jederzeit zu erreichen.

April 2000

Anja Kühner, Düsseldorf
Thilo Sturm, Essen

Autoren

(Foto: Rich Richter)

Anja Kühner, Jahrgang 1967. Nach dem Abitur in Bad Hersfeld Jurastudium in Bayreuth und Lausanne. Während des Studiums freie Mitarbeit bei „Radio Mainwelle" in Bayreuth und Hospitanz bei der Zeitschrift „Noticias" in Córdoba, Argentinien. Volontariat in der Axel Springer Journalistenschule (Bild, Die Welt, Welt am Sonntag, RTL Aktuell). Referentin bei Seminaren für Redakteure von Schülerzeitungen. Vier Jahre Redakteurin der Welt am Sonntag, zunächst in Dresden, dann in Berlin. Anschließend Redakteurin in einer PR-Agentur. Seit Juli 2000 Online-Redakteurin der „Wirtschaftswoche heute".

Thilo Sturm, Jahrgang 1969. Nach dem Abitur in Essen Wehrdienst in der Pressestelle der Bundeswehr in Unna. Maschinenbau-Studium an der Universität-Gesamthochschule Essen. Referent bei Seminaren für Redakteure von Schülerzeitungen. Freiberuflich als freier Bildjournalist tätig, u.a. für die Welt am Sonntag. Seit 1999 Software-Entwickler für Groupware Systeme.

Abkürzungsverzeichnis

Abk.	Abkürzung
am.	amerikanisch
arab.	arabisch
engl.	englisch
frz.	französisch
ggf.	gegebenfalls
gr.	griechisch
i.d.R.	in der Regel
it.	italienisch
Jh.	Jahrhundert
lat.	lateinisch
mlat.	mittellateinisch
spätlat.	spätlateinisch
u.a.	unter anderem
ugs.	umgangssprachlich
z.B.	zum Beispiel

Gruppierungen der Themenbereiche

[Co]	Internet, Computer
[Dt]	Drucktechnik, Typographie, Layout
[Fi]	Film
[Fo]	Foto, Bildbearbeitung, Lichttechnik
[Ja]	Jargon, umgangssprachliche Bezeichnung
[KoWi]	Kommunikationswissenchaft
[MaFo]	Marktforschung
[PR]	Öffentlichkeitsarbeit
[Ra]	Radio, Tontechnik
[Re]	Medienrecht
[Sp]	Sprache, Sprachwissenschaft, Stil
[TV]	Fernsehen, Video, Sendetechnik
[We]	Werbung
[Ze]	Zeitung, Zeitschrift

Abkürzungsverzeichnis

A

@-Generation
[Co] (@-engl. at) Bezeichnung für die Generation, die mit dem Computer aufgewachsen ist. Der Begriff entstand in Anlehnung und Abgrenzung zur sog. „Generation X". 1991 überraschte der Kanadier Douglas Coupland die Welt mit seinem Erstlingswerk „Generation X – Tales for an accelerating Culture". Generation X, so wurde die Altersgruppe der Nicht-mehr-Teenager und Noch-nicht-Erwachsenen, der zwischen 1960 und 1970 Geborenen auch schon vor Coupland von den Soziologen bezeichnet, doch erst Coupland verdanken wir den Begriff der @-Generation als Schlagwort für die nach 1980 Geborenen.

4c
[Dt] Abk. für „four colours". Andere Schreibweise für → Vierfarbdruck.

Abblenden
1.) [TV] Das Reduzieren der Helligkeit eines Bildes bis zur völligen Schwärze. In der Filmtechnik kann eine Abblende sowohl chemisch als auch optisch hergestellt werden. Elektronisch wird durch Herunterregeln des Bildsignals auf den Wert Null abgeblendet. 2.) [Ra] Beim Hörfunk erfolgt das Abblenden durch Reduktion der Lautstärke eines Tones bis zur völligen Stille. Auch ausblenden genannt. Gegenteil von → Aufblenden. → Ausblendzeichen

Abbreviatur
[Dt] (mlat. = abkürzende Buchstabenverbindung) Mehrere Elemente, die zu einem Zeichen zusammengezogen sind, z.B. das Et-Zeichen, bei dem „E" und „t" zu „&" werden.

Abdeckfahne
[Fo] 1.) Metallfahnen am Beleuchtungskörper dienen der Begrenzung des Lichtfalls. 2.) Um unerwünschte Gegenstände im Bildfeld z.B. einer Kamera abzudekken, werden Stoffbahnen verwendet.

Abdruckerlaubnis
[Ze] Genehmigung, Texte und Bilder zu veröffentlichen (→ Verwertungsrechte), deren → Urheberrecht nicht bei der Redaktion liegt. Meist wird sie gegen Honorarzahlung vereinbart.

Aberration
[Fo] (lat. aberro = Abirren, Abweichen) Bei Objektiven auftretender Abbildungsfehler. 1.) Sphärische Aberration: Lichtstrahlen werden in Rand- und Mittelzonen von → Linsen unterschiedlich stark gebrochen (je näher am Rand, umso stärker ist die Brechung). Durch Abblenden der Randzonen kann vermieden werden, dass sich Unschärfen bei der Abbildung ergeben. Bei Objektiven werden meist korrigierte Linsenpaare verwendet, sodass dieser Fehler nur in einem geringen Umfang auftritt. 2.) Chromatische Aberration: Unterschiedliche Lichtfarben (Wellenlängen) werden verschieden stark gebrochen, z.B. Rot stärker als Blau. Dadurch entstehen Farbsäume. Um diesen Effekt zu vermeiden, wird ein achromatisches Linsenpaar verwendet. Dies besteht jeweils aus einer Linse aus Flintglas und einer aus Kronglas.

Abfahren
[Ja, Ra, TV] Fertige Film- und Tonbeiträge in TV oder Radio werden „abgefahren", d.h. Starten des Abspielvorganges. Im

TV gibt die → Regie dazu das Kommando → „MAZ ab“. Auch komplette vorproduzierte Sendungen werden aus der → Konserve abgefahren. → Bildregie

■ Abhänger
[TV, Ja] Letzter Bericht eines TV-Magazins (Nachrichten-Sendung). Meist „leicht Verdauliches“ mit geringem Nachrichtenwert, z.B. Tierbabies, Prominente (→ Klatschspalte). Hauptsache ist, dass es nett anzusehen ist. → Soft-News. Meist verwendet als bunter Abhänger. → buntes Thema

■ Abklammern
[TV] Ein Teil eines Filmes oder Tonbandes wird zur Vorbereitung auf den Schnitt (→ cut) markiert.

■ Abklatschen
[Dt] Die Druckfarbe einer Seite färbt auf die darüber liegenden Seiten ab. Grund dafür ist entweder ein zu hoher Farbauftrag, mangelhafte Trocknung oder eine zu starke Pressung des Papierstapels. Auch als Abliegen bezeichnet.

■ Abläuten
[TV] Hupe oder Läutezeichen, mit dem der Beginn oder das Ende der Aufnahmen angezeigt wird. Dieses akustische Signal fordert absolute Ruhe.

■ Ablegen
[Dt] Die Zeilen im → Bleisatz werden auseinandergenommen und in ihre Schriftkästen zurücksortiert. → Letter.

■ Abliegen
[Dt] Die Druckfarbe einer Seite färbt auf die darüberliegenden Bögen ab. Auch als → Abklatschen bezeichnet. → Durchschlagen

■ Abmehlen
[Dt] Bezeichnung für einen Effekt, bei dem Farbmittel leicht abgerieben werden können. Grund dafür ist eine ungenügende Verankerung der Farbe auf dem → Bedrucktstoff.

■ Abmischen
[Ra, TV] Werden verschiedene Tonquellen gleichzeitig genutzt, so dürfen diese nicht unterschiedlich lautstark sein, um sich nicht gegenseitig zu überdecken. Um auf einen gemeinsamen Lautstärke-Level zu gelangen, muss manches lauter und manches leiser als die Originalaufnahme ausgesteuert werden.

■ Abmoderation
[Ra, TV] (Abk. = Abmod) Am Ende eines Beitrages sagt der → Moderator einige abschließende Worte zum vorangegangenen Beitrag und leitet zum Folgenden über. → Anmoderation → Überleitung

■ Abnahme
1.) [Dt] Prüfung und Genehmigung des → Andrucks durch den Auftraggeber 2.) [Ra, TV] Ist ein Beitrag fertiggestellt, so wird er vor der Ausstrahlung auf seine Sendefähigkeit hin vom verantwortlichen Redakteur begutachtet und dann zur Sendung → freigegeben. Diese Freigabe wird im Rundfunk- und TV-Bereich Abnahme genannt. Werden Änderungen angeordnet, ist eine nochmalige Abnahme erforderlich. Inhaltliche und technische Abnahme sollten aus Rationalitätsgründen möglichst gleichzeitig erfolgen.

■ Abo
[Ja] ugs. Abk. für → Abonnement.

■ Abonnement
(frz.) Abk. = Abo. Regelmäßiger Bezug von Waren (meist Zeitungen, Zeitschriften, Büchern) auf bestimmte Zeit oder bis zur Kündigung. → Lesezirkel.

■ Abonnementfernsehen
[TV] → Pay-TV

■ Abonnent
(frz.) Inhaber eines → Abonnements

■ abonnieren
Ein → Abonnement abschließen; etwas im Abonnement beziehen.

Abschattung
[Ra, TV] Hindernisse, z.B. Berge oder Hochhäuser verhindern oder beeinträchtigen den terrestrischen Rundfunkempfang, der Empfänger liegt im Funkschatten. Füllsender, Kabelanlagen oder Satelliten sichern in solchen Lagen den ungestörten Empfang.

abschießen
[Ja, Fo] Jemanden fotografieren ohne Ankündigung und ohne ihn um Genehmigung zu fragen. Gebräuchlich im Boulevardjournalismus, z.B. Prominenter im Flur fotografiert, wenn er aus dem Gerichtssaal kommt. → Paparazzo

AB-Schnitt
[TV] Verfahren beim Filmschnitt. Zwei synchron laufende Bildbänder werden mit überlappenden Filmszenen am Schneidetisch hergestellt (A-Rolle und B-Rolle genannt). Auf diese Weise ist es möglich, bei der Überspielung vom → Filmabtaster auf → MAZ mit Hilfe einer → Bildregie auf elektronischem Wege → Überblendungen herzustellen. → Schnitt → electronic editing

Abshooten
[TV] (engl. shoot = schießen) Eine → Einstellung wird in der Kamera gespeichert.

Absorptionsfarbe
(lat. = etw. aufsaugen, aufnehmen) Die Farbe, die von einem Körper absorbiert wird. Sieht der Betrachter einen roten nicht selbst leuchtenden Körper, so wird nur der rote Wellenbereich des Lichts reflektiert. Der grüne und blaue Anteil des Lichts werden verschluckt.

Abspann
[TV] Am Schluss eines Filmes erscheinen - meist unterlegt mit der Titelmelodie - die Namen von an der Produktion des Films beteiligten Personen, wie z.B. von Schauspielern, Regisseur und Produzenten. Gegenteil ist → Vorspann → Besetzungsliste

Abstaubertermin
[Ja] Termin, zu dem die Presse eingeladen wird und bei dem ein Journalist Geschenke erhält.

Abtasten
[TV, Co] Eine beliebige plane Vorlage wird Zeile für Zeile abgetastet. Die dadurch gewonnenen optischen Eindrücke werden in elektrische Signale umgewandelt, die dann z.B. im Computer weiter verarbeitet werden können. Synonym ist Scannen.

Abtastfrequenz
[TV] Synonym für Abtastrate 1.) Häufigkeit, mit der in der Digitaltechnik analoge Signale abgetastet und in einen digitalen Wert gewandelt werden. Die Frequenz muss mehr als doppelt so hoch sein wie die maximale Frequenz des analogen Signals, das digitalisiert wird. Demnach muss z.B. die Abtastfrequenz eines Audiosignals mit einer Audiofrequenzbandbreite von 20 kHz größer als 40 kHz sein. Bei DAT-Bändern (→ Digital Audio Tape) wird eine Abtastfrequenz von 48 kHz verwendet. 2.) Häufigkeit von 15.625 Hz, mit der der Elektronenstrahl in einer Aufnahme- oder Wiedergaberöhre Zeilen schreibt.

Abtastrate
[TV] Synonym für → Abtastfrequenz

abwedeln
[Fo] Ein zwischen verschiedenen Teilen eines → Bildnegatives bestehender großer Helligkeitsunterschied (→ Kontrast) kann während der Herstellung eines Abzuges dadurch ausgeglichen werden, dass während der Belichtung die zu dunklen Partien des Bildes, die beim Vergrößern zu viel Licht erhalten, abgeschattet werden. Die → Durchzeichnung der hellen wie der dunklen Stellen eines Bildes wird so erhöht. Dies kann sowohl mit der Hand als auch mittels einer Kartonschablone geschehen, die im Lichtstrahl hin- und herbewegt werden. Die Bewegung verhindert das Sichtbarwerden der Umrisse von Schablone oder Hand. → Nachbelichten → Spitzlicht

■ **Access Prime**
[TV] (engl. access = Zugang) In der Fernseh-Branche wird die Zeitspanne vor Beginn der → Prime-Time so bezeichnet. Die Access Prime liegt in der Regel zwischen 17 und 20 Uhr.

■ **achromatische Farbe**
Eine neutrale Farbe, die keine Tönung enthält, z.B. Grau, Weiß oder Schwarz. → unbunt

■ **Achsensprung**
[TV, Fi] Die dramaturgische Achse ist bei Film- oder Fernsehaufnahmen eine gedachte Linie zwischen zwei Darstellern. Diese Linie darf von der Kamera nicht übersprungen werden, auch nicht bei Einzel- oder Großaufnahmen. Ein Achsensprung ist zu vermeiden: Was rechts im Bild ist, soll auch für die ganze Szene rechts bleiben.

■ **Achtelpetit**
[Dt] Bezeichnung für die Schriftgröße 1 → Punkt im → Didot-System. Ein Achtel der Größe eines Petit.

■ **Activity-Magazin**
[Ze] (engl. activity = Beschäftigung, Tätigkeit) Rätselheft mit Bastelseiten.

■ **AdClick**
[Co, We] (Abk. für advertisementclick, engl. = Werbungs-Klick) vom Internet-Nutzer freiwillig angeklickte Werbe-Anzeigen. Die Anzahl der AdClicks dient als Messgröße zur Ermittlung der Werbemittel-Leistung. Sie liefert keinen Aufschluss über die → Werbeträgerleistung, denn Fremdeinflüsse außerhalb des Einflussbereichs des Online-Anbieters (Image des Werbekunden, Anzeigengestaltung) sind entscheidend für die Häufigkeit der angeklickten Anzeige. Die Kenntnis der Zahl der AdClicks dient dem Werbungstreibenden zur Optimierung der Werbegestaltung. Der Preis für 1.000 AdClicks liefert den qualitativen → Tausendkontaktpreis. Synonym ist Click Through.

■ **Add-a-card-Anzeige**
[Ze, We] (engl. = füge eine Karte bei) Anzeige, zu der eine eingeklebte oder beigeheftete Postkarte gehört. → Beikleber

■ **additive Farbmischung**
Die Mischung verschiedenfarbigen Lichts, die durch das gleichzeitige Eintreffen verschiedener Wellenbereiche des sichtbaren Spektrums auf das menschliche Auge entsteht. Die völlige Lichtlosigkeit ist weiß. Sie ergibt sich aus der Mischung aller Spektralfarben oder jeweils zweier → Komplementärfarben. Werden die drei Grundfarben Rot, Grün und Ultramarinblau (RGB) gemischt, so lassen sich alle anderen erzeugen. Dies sind die Komplementärfarben der bei der → subtraktiven Farbmischung nötigen Grundfarben. Diese Farb„erzeugung“ funktioniert

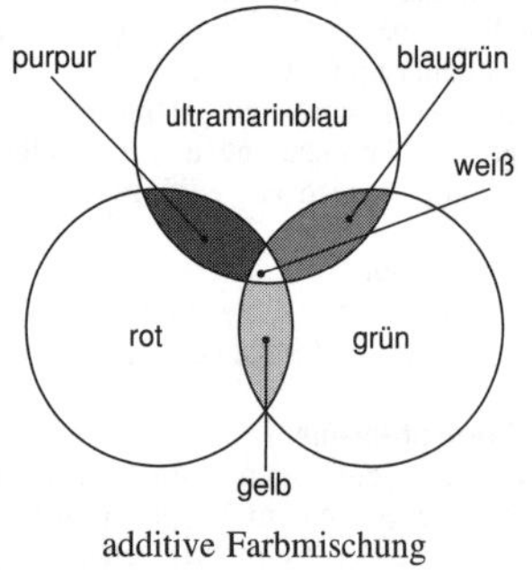

additive Farbmischung

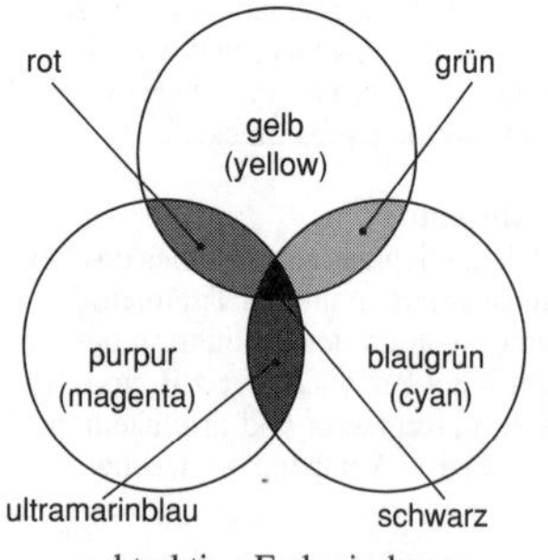

subtraktive Farbmischung

auch bei räumlich eng nebeneinander liegenden Lichtquellen, z.B. Farbpunkte eines Farbfernsehers. Hierzu werden die Komplementärfarben der bei der additiven Farbmischung nötigen Grundfarben verwendet.

■ Add-on

[Ze] (engl. = Ergänzungsprodukt) Beigabe zu einer Zeitschrift, z.B. CD-ROM mit Software bei Computerzeitschriften. Der Verlag möchte durch die Beigabe zusätzliche Käufergruppen erreichen.

■ Ad-Impression

[Co, We] Der Sichtkontakt mit einem → Banner im → World Wide Web. Oft ist zwar die → Homepage voller Werbung, die folgenden Seiten sind jedoch werbefrei. Im Unterschied zu → Page-Impression bezeichnet Ad-Impression daher ausschließlich den Kontakt mit einer werbeführenden Web-Seite. Eine Ad-Impression gilt dann als erfolgt, wenn die Daten des Banners erfolgreich an den → Browser übertragen wurden. Es wird zwischen „Graphical Ad-Impression“ und „Textual Ad-Impression“ unterschieden, denn bei einigen Browsern kann das Laden von Grafiken deaktiviert sein. Auch als Ad-View bezeichnet. Der Preis für 1.000 Ad-Impressions liefert den quantitativen → Tausendkontaktpreis.

■ ADN

Abk. für Allgemeiner Deutscher Nachrichtendienst. Ehemalige staatliche Presseagentur der DDR. Heute mit dem → Deutschen Depeschen Dienst vereinigt und zur Pro-Sieben-Media-Gruppe gehörend.

■ Adressverlag

Verlag, der sich auf die Publikation von Adressen spezialisiert hat; oft bietet er diese nach bestimmten Kriterien geordnet an, z.B. nach Wohnort, ob privat oder Firmenadresse.

■ Ad-Server

[Co, We] (engl. ad = Werbung, server = zentraler Netzwerk-Computer) Zentraler Netzwerk-Computer, der meist für mehrere Web-Seiten im Internet Werbe-Banner (→ Banner) zur Verfügung stellt. Vorteil eines solchen Ad-Servers sind eine einfache Verwaltung der Banner, da sie nur an einer zentralen Stelle ausgewechselt werden müssen, und die einfache Abrechnung der Aufrufe. Nachteile sind die oft starke Überlastung des Servers, die dafür sorgt, dass die Seiten, auf denen geworben wird, nur sehr verzögert geladen werden. Dies kann den Nutzer davon abhalten, dic angeklickte → Web-Site weiter zu verfolgen. Betreut ein Ad-Server viele verschiedene Sites, so ist es möglich, ein Bewegungs- und Interessenprofil des Nutzers zu erstellen. Er kann werbetreibende Firmen darüber informieren, wer sich wann ihre → Banner angesehen hat.

■ ADSL

[Co, TV] Abk. für Asymmetric Digital Subscriber Line (engl. = asymmetrische digitale Teilnehmer Linie) Übertragungstechnik für Fernsprechsignale in Telefonleitungen (verdrillte Kupferkabel). ADSL ist insofern asymmetrisch, als der Großteil der Bandbreite für die Datenübertragung von der Informationsquelle zum Endgerät genutzt wird und nur ein kleiner Teil für die Übertragung von Daten des Endgerätes an die Informationsquelle. So ermöglicht ADSL eine Datenübertragungsgeschwindigkeit von bis zu acht Megabit pro Sekunde vom Netz zum Kunden und einem Megabit pro Sekunde vom Kunden zurück. Damit ist es rund 60 mal schneller als → ISDN. Den verschiedenen Signalen (z.B. analoge Telefonsignale, digitale Videosignale) werden unterschiedliche Frequenzbänder zugeordnet. Erst durch die ADSL-Technik sind interaktive Fernsehprogramme möglich, bei denen typischerweise große Informationsmengen (Bild und Ton) an das Fernsehgerät und nur kleine von diesem an den Fernsehsender zurück übertragen werden. Die ADSL-Technik kann u.a. bei → Video-on-Demand angewendet werden. Ebenso ist sie bei multimedialen Internet-Anwendungen einsetzbar. Bei Internet-Zugriffen kann zeitgleich telefoniert werden.

■ Ad-View
[Co, We] Andere Bezeichnung für → Ad-Impression.

■ AFMA
Abk. für Anstalt für musikalische Aufführungsrechte, Vorgängerorganisation der → GEMA.

■ AFN
Abk. für American Forces Network. Rundfunksender der US-Streitkräfte in ihren Stationierungsgebieten.

■ AFP
Abk. für Agence France Presse. Französische → Presseagentur.

■ Agence France Presse
→ AFP

■ Agenda-Setting
[PR] Die Fähigkeit, Themen zu allgemeinem Diskussionsstoff zu machen und sie somit auf die Tagesordnung zu setzen. Die Fähigkeit zum Agenda-Setting hatten bis vor kurzem quasi ausschließlich die Nachrichtensendungen des → öffentlich-rechtlichen Rundfunks, vor dieser Zeit die Tageszeitungen. Inzwischen besitzt fast jedes Medium diese Fähigkeit. Durch das breiter gewordene Informationsangebot werden Themen professionell zu solchen gemacht, z.B. „füttert" eine PR-Agentur eine ausgewählte Zeitungsredaktion exklusiv mit Infos über ihren Kunden. Diese Zeitung bringt einen langen Artikel, der von Nachrichtenagenturen und anderen Zeitungen übernommen und so zu einem allgemeinen Thema wird.

■ Agentur
1.) ugs. verwendete Abkürzung für → Presseagentur. 2.) Abk. für Werbe- oder PR-Agentur.

■ Agenzia Nazionale Stampa Associata
Abk. = → ANSA

■ AGF
[TV; MaFo] Abk. für → Arbeitsgemeinschaft Fernsehforschung.

■ air tally
[TV, Ra] Leuchtsignal am Mischpult, das anzeigt, was gerade auf Sendung („on air") ist. → Tally

■ Airbrush
(engl. = Luft-Pinsel) Mit dieser speziellen Technik wird Farbe mittels einer Spritzpistole aufgetragen.

■ Air-Check
[Ra] Auf Kassette aufgenommene Sendung oder Beiträge, die unter anderem bei Bewerbungen im Hörfunkbereich gefordert werden. Arbeitsprobe. Nicht zu verwechseln mit → Abnahme.

■ Airline-Version
[Fi] (engl. = Fluggesellschafts-Version) Von Kinofilmen werden spezielle, meist kürzere Versionen angefertigt, die auf Langstreckenflügen von den Fluggesellschaften gezeigt werden. Bei dem neuen Schnitt (→ cut) wird darauf geachtet, Gewaltszenen zu entschärfen. In der Flugzeug-Fassung eines Films darf auch kein Flugzeugabsturz zu sehen sein, weil dies bei Passagieren mit Flugangst Hysterie auslösen könnte.

■ Akkolade
Geschweifte Klammer { }, Nasenklammer. Durch diese manchmal auch eckige Klammer werden mehrere Zeilen im Text oder im Satz zusammengefasst. Häufig bei Musik-Partituren, wo dieses am linken Rand befindliche Zeichen angibt, dass die innerhalb der Klammer notierten Stimmen zur gleichen Zeit spielen. → Parenthese.

■ Akkreditierung
(lat.-it.-frz. = beglaubigen) Zulassen von Journalisten zu einer Veranstaltung oder Registrieren der anwesenden Journalisten. Die Verwendung dieses Wortes stammt aus dem diplomatischen Bereich, denn auch Diplomaten werden akkreditiert, wenn sie sich als Ansprechpartner ihres Entsendestaates vorstellen.

■ **Akronym**
[Co] (gr.) Wort, das aus den Anfangsbuchstaben mehrerer Worte gebildet wird, z.B. Unicef, mfG, TriBeCa (der Stadtteil genannt „Triangle beyond Canal Street" in Manhattan, New York). Ein Sonderfall ist das → Initialwort, das nur aus Großbuchstaben besteht, z.B. USA, FBI, UN. Wird eine Abkürzung Buchstabe für Buchstabe ausgesprochen, so wird das Abkürzungswort meist nur mit → Versalien geschrieben. Auch im Bereich der Kommunikation im Internet (z.B. in Chat-Räumen) und per E-Mail werden Akronyme häufig verwendet. Damit keine Zeit zum Tippen von Standard-Formeln verschwendet wird, haben sich einige inzwischen allgemein gebräuchliche Abkürzungen durchgesetzt, z.B. CU = see you (bis bald), ASAP = as soon as possible (so schnell wie möglich), IMO = in my opinion (meiner Meinung nach), FAQ = frequently asked questions (häufig gestellte Fragen), NBD = no big deal (keine Ursache). → Emoticon

■ **Akzidentsatz**
[Dt] Auch Akzidenzsatz. Bei dieser Satzart werden verschiedene Schriftarten, -größen sowie Linien und Abbildungen verwendet. Das lockert den optischen Gesamteindruck des Druckwerkes auf. Akzidentsatz ist in der Regel abwechslungsreicher als → Werksatz. Auch der → Titelsatz gehört zum Akzidentsatz.

■ **Akzidenzen**
Sammelbegriff für Drucksachen in kleinen Formaten und mit geringem Umfang, z.B. Privat-, Werbe-, Geschäftsdrucksachen, die nicht regelmäßig erscheinen. Dazu zählen u.a. Rechnungen, Formulare, Briefbogen, Prospekte und Kataloge. Sie werden im → Akzidentsatz gedruckt. Nicht zu den Akzidenzen zählen Werke, Zeitungen, Zeitschriften und Verpackungen.

■ **Akzidenzschriften**
[Dt] In der Zeit des → Bleisatzes wurden alle Schriften für → Akzidenzen als solche bezeichnet. Sie wurden streng getrennt von den → Zeitungsschriften aufbewahrt, da die Zeitungsschriften durch häufigen Gebrauch stark strapaziert und schnell abgenutzt wurden. In einer Druckerei konnte ein Schriftschnitt sowohl als Akzidenz- als auch als Zeitungsschrift aufbewahrt werden. Die Unterscheidung war lediglich wichtig, um den physischen Zustand der → Lettern zu bezeichnen.

■ **Aldus Manutius**
[Dt] Lateinische Form des Namens des Buchdruckers Aldo → Manutio.

■ **Alinea**
[Dt] (lat. a linea = von der Zeile) Die erste Zeile eines Absatzes. Sie wird optisch meist mit einem → Einzug gekennzeichnet. Steht sie am Ende einer → Spalte, so entsteht ein → Schusterjunge. Gegensatz ist die → Ausgangszeile.

■ **Alkoholfeuchtung**
[Dt] Feuchtmittel im → Offsetdruck, dem Isopropanol-Alkohol zugesetzt wird. Der Alkohol verdunstet rasch und verringert die Oberflächenspannung des Wassers. Damit wird auch die Grenzspannung zwischen dem Feuchtmittel und den Nichtbildstellen aus Aluminium reduziert. Ein Zusatz von acht bis zwölf Prozent reicht meist zur Herabsetzung der Oberflächenspannung aus, sodass die Druckplatte mit einer unbezogenen Feuchtauftragswalze gefeuchtet werden kann. So ist die optimale Benetzung der Nichtbildstellen mit der geringstmöglichen Feuchtigkeitsmenge möglich. Statt Alkohol werden als Feuchtmittelzusatz vermehrt oberflächenaktive Stoffe (Tenside) verwendet.

■ **Alleinverwertungsrecht**
→ Verwertungsrecht

■ **Allgemeiner Deutscher Nachrichtendienst**
→ ADN

■ **Allgemeinlicht**
[Fi] Synonym für → Gesamtaufhellung

■ Allonge
(frz. = Verlängerung) 1.) [Dt] Ausklappbares Blatt in einem Buch. 2.) [TV] Am Anfang und am Ende jeder Filmrolle ist ein farbiges Band aufgewickelt. Es dient dem Schutz vor Beschmutzungen und Beschädigungen und weist auf den Wickelzustand hin. Das Anfangsband ist durchgehend farbig, das Schlussband (Endallonge) gestreift. Erst hinter der Anfangsallonge folgt das → Startband.

■ Altarfalz
[Dt] Falttechnik. Von einem Blatt Papier werden die äußeren Viertel zur Mitte hin geknickt, sodass sie wie die beiden Flügel eines Altars aussehen. Auch als Fensterfalz bezeichnet. → Falz

■ Altarfalz-Anzeige
[We, Ze] Besondere Form einer Anzeige in Zeitschriften, aus der sich rechts und links je eine weitere Seite herausklappen lässt. → Altarfalz

■ Amateurfilm
1.) [Fi] Filmformat mit einer Breite von 8 mm. Gebräuchlich sind vor allem das Super-8-mm und das Doppel-8mm-Format. 2.) In Abgrenzung von professionellen Filmaufnahmen alles, was von einem Laien aufgenommen wurde, i.d.R. mit bestenfalls semiprofessionellem Equipment. Heute sind Amateuraufnahmen meist Videoaufzeichnungen, die in Nachrichtensendungen gezeigt werden (z.B. „hier die Amateuraufnahmen vom Flugzeugabsturz"), wobei der Hinweis auf den Laien als Urheber der Bilder meist als Erklärung und Entschuldigung für minderwertige Aufnahmequalität dient.

■ American Forces Network
Abk. = → AFN

■ amerikanische Einstellung
[TV] Andere Bezeichnung für Unterperspektive. → Perspektive

■ Anadolu
Türkische → Presseagentur.

■ analog
Signale werden als Töne oder Bilder in kontinuierlicher Form dargestellt und übertragen. Die Spannungs- bzw. Stromschwankungen entsprechen genau den Signalschwankungen. Gegensatz ist → digital.

■ Analogproof
[Dt] Probedruck vor der eigentlichen Produktion der → Auflage. Der Proof dient der Kontrolle von Druckqualität und Farben vor Start des → Auflagendrucks. Es gibt auch einen → Digitalproof.

■ anamorph
(gr.-nlat. = umgestaltet, verwandelt, verzerrt) Geometrisch verzerrt, d.h. die Breitenmaße werden mit einem anderen Vergrößerungs- bzw. Verkleinerungsfaktor multipliziert als die Höhenmaße. Z.B. werden → Cinemascope-Aufnahmen mit einem Breiten-Höhenverhältnis von 2,35 zu 1 mittels anamorph verzerrender Linsen (→ Anamorphot) auf normales Kinofilmmaterial mit einem Seitenverhältnis von 1,85 zu 1 aufgenommen. Für die Wiedergabe ist ebenfalls eine entsprechende Vorsatzlinse nötig, sonst haben alle Personen Ei-förmige Köpfe.

■ Anamorphot
[Fi] Ein System optischer Linsen, mit dessen Hilfe eine Breitwandprojektion z.B. von 35-mm-Normalfilm möglich ist. Die Bilder werden mit dem Anamorphot in der Breite gestaucht und bei der Wiedergabe entsprechend gedehnt. → Cinemascope

■ Anchor
(engl. = Anker) 1.) [TV, Ja] Ugs. Abk. von → Anchorman. 2.) [Co] Stelle innerhalb einer → Hypertext-Seite, auf die ein → Hyperlink verweist. Während die meisten → Links auf eine Seite als Ganzes verweisen (im → World-Wide-Web auf vollständige → HTML-Dateien), ist es auch möglich, Sprungziele an verschiedenen Stellen einer Seite (Datei) zu definieren. Auf diese Links können sowohl Verweise von anderen Seiten als auch innerhalb der gleichen Seite verweisen. Typisches Bei-

spiel ist eine Liste der → Zwischenüberschriften einer → Web-Site am Anfang derselben. Der Nutzer kann so direkt innerhalb der Seite an die von ihm gewünschte Stelle springen. Häufig werden solche internen Links auch für Fußnoten eingesetzt. Über dieser Stelle verwandelt sich der Mauszeiger in ein Handsymbol. Auf Anchor wird von → Sprungmarken aus verwiesen.

■ **Anchorman**
[TV] (engl. = Anker-Mann) Meist kurz Anchor genannt. Die Bezeichnung stammt aus den USA. In TV-Nachrichten oder Magazinsendungen gibt es einen → Moderator, der den Mittelpunkt der Sendung bildet. Bei ihm laufen die Fäden zusammen. Es gibt immer nur einen Anchor, aber es sind mehrere Moderatoren in einer Sendung möglich.

■ **Andruck**
[Dt] 1.) Ingangsetzen der Druckmaschinen. Die erste gedruckte Ausgabe eines Blattes. 2.) Erster Probedruck nach Herstellung der → Druckform. Einige wenige → Druckbogen werden bedruckt, um auf Originalpapier die Farb- und Wiedergabequalität zu kontrollieren (→ Druckausfallmuster). Der Andruck geschieht im Tiefdruck auf besonderen Andruck-Rotationsmaschinen (→ Rotationsdruck). Die Druckgeschwindigkeit dieser Andruckmaschinen beträgt lediglich 1/5 bis 1/10 der → Auflagendruckmaschinen. Aus technischen Gründen müssen beim Fortdruck einige Faktoren wie Farbkonsistenz, -temperatur, Rakelführung (→ Rakel) etc. verändert werden. Hieraus können sich bereits Unterschiede zwischen Andruck und → Fortdruck ergeben. Nach → Abnahme des Andrucks durch den Auftraggeber bildet ein zufriedenstellendes Ergebnis die verbindliche Arbeitsvorlage für den → Auflagendruck. Da bei dem aufwendigen Andruckverfahren hohe Kosten entstehen, wird es nur dann eingesetzt, wenn mehrere Prüfdrucke benötigt werden, z.B bei der Fertigung von Anzeigenserien. Aus Kostengründen ist sonst das Proofverfahren (→ Proof) vorzuziehen.

■ **Andruckkufe**
[Fi] Eine Vorrichtung im Filmprojektor, mit deren Hilfe der Film bei der Projektion ruhig steht und nicht außerhalb der Schärfenebene gelangt (→ Atmen).

■ **Andruckmaschine**
[Dt] Spezielle Druckmaschine, die nur für den → Andruck verwendet wird. Sie läuft wesentlich langsamer als die → Auflagendruckmaschine, weil die Papierbögen mit der Hand angelegt werden. In einem Druckgang wird der Bogen nur mit einer, maximal zwei Farben bedruckt, sodass für einen Vierfarbdruck mindestens zwei, maximal vier Druckgänge erforderlich sind, um den Andruck dem → Auflagendruck vergleichbar zu gestalten.

■ **Andruckschiene**
[Fi] Eine Vorrichtung in der Filmkamera, mit deren Hilfe der Film bei der Aufnahme ruhig steht und nicht seitlich wegrutschen kann. Dadurch wird ein „ruckelfreies“ Bild erreicht.

■ **Andruckskala**
[Dt] Beim → Andruck entstehender Einzel- und Zusammendruck der verschiedenen → Prozessfarben, besonders für Ein- oder Zweifarbendruckmaschinen und im → Siebdruck. Meist besteht eine Andruckskala aus vier Einzeldrucken der Bildfarben (C, M, Y, K) und drei Zusammendrucken (C+M, C+M+Y, C+M+Y+K). Die Einzeldrucke werden auch als Farbauszug bezeichnet. → CMYK

■ **Anfangsallonge**
[TV] → Allonge

■ **Angel**
[TV, Fi] Aufhängevorrichtung für Mikrofon, die einem → Galgen ähnlich ist. Im Unterschied zu diesem wird sie manuell geführt. Mit Hilfe dieser Mikrofonbefestigung „angelt“ der → Tonassistent den Ton, d.h. er kann das Mikro in die Nähe der Schauspieler bringen, ohne selbst im Bild zu sein.

■ Anker
[Co] engl. = → Anchor

■ Anlage
[Dt] An einem → Druckbogen ist ein Winkel angebracht. Jeder einzelne Bogen wird an diesem Winkel passgenau angelegt.

■ Anlegemarke
[Dt] 1.) Vorder- und Seitenmarken in einer Druckmaschine, die als Anschläge für ein exaktes Ausrichten des → Druckbogens dienen. 2.) Andere Bezeichnung für → Passerkreuz.

■ Anlegen
[TV] Alles, was gleichzeitig in Bild und Ton aufgenommen wurde, d.h. alle bildsynchronen Tonaufnahmen werden am Schneidetisch angelegt und für den Bildschnitt vorbereitet. Dabei werden die Bänder so hingelegt, dass die Ton- und Bildspuren synchron geschnitten werden können. → Synchronklappe

■ Anmoderation
[Ra, TV] (Abk. Anmod) Ansagen eines Beitrages. Der → Moderator gibt Hinweise zum folgenden Beitrag. → Abmoderation → Überleitung

■ Anreißtext
[Ze] Auf der ersten Seite wird mit einem kurzen Satz ein auf einer der hinteren Seiten stehender Artikel angekündigt. Dies soll zum Lesen animieren.

■ Anriss
Thema wird ganz kurz auf einer Seite begonnen (meist auf Seite eins) und auf einer der folgenden Seiten fortgesetzt. Der Schwerpunkt des Themas liegt in der Fortsetzung. Der Anriss soll das Interesse wecken und zum Kauf der Zeitung anregen. Spezielle Form des → Umlaufs. Häufig bei der „Bild"-Zeitung. Im Jargon auch als Anschmecker bezeichnet.

■ ANSA
Abk. für Agenzia Nazionale Stampa Associata, ital. Nachrichtenagentur.

■ Anschlag
Jedes Tippen auf die Tastatur, also jedes Schriftzeichen, auch Leerzeichen. Die Zeilenbreite bei Manuskripten wird in der Regel nach Anschlägen begrenzt.

■ Anschluss
[Fi] Die → Szenen eines Fims werden meist in verschiedenen → Einstellungen gedreht. Für die Stimmigkeit und logische Abfolge der einzelnen Szenen ist es wichtig, dass eine Schauspielerin z.B. ihre Handtasche immer über der rechten Schulter trägt oder in einem Dialog immer beim gleichen Wort auf die Uhr schaut.

■ Anschlussszene
[TV] → Einstellungen, die einen → Ausschnitt zeigen, z.B. nah, halbnah, groß. Sie lassen den Betrachter einen Augenblick lang im Ungewissen über die Umgebung. Daher verlangen diese Ausschnitte oft im Anschluss eine orientierende → Szene (→ Establishing-Shot, → Totale, → Halbtotale), damit der Betrachter dem Beitrag folgen kann.

■ Anschmecker
[Ja] Anreißer. → Anriss

■ Anschneiden
1.) [Dt] Abbildungen sind dann angeschnitten, wenn sie über den → Satzspiegel bis an den Papierrand oder über den → Bund laufen. Der gewählte Ausschnitt muss dafür an den Außenkanten etwa drei bis vier Millimeter kleiner sein als die Abbildung, sonst entstehen beim Beschneiden der Drucke → Blitzkanten. Soll die Abbildung bis zum Rand einer Seite gedruckt werden, ist auf ausreichende → Beschnittzugabe zu achten. 2.) [Fo, TV] Objekte im Vordergrund eines Bildes, die nur teilweise im Bildausschnitt erscheinen, z.B. das Gesicht des Gesprächspartners oder ein Baum. Durch ihre Plastizität erleichtern Anschnitte die räumliche Orientierung des Betrachters.

■ Anschnitt
→ Anschneiden

■ Ansichtskopie
[TV] Ein Fernsehbeitrag wird speziell dafür kopiert, um ihn Kunden oder anderen Interessenten leihweise und in der Regel unentgeltlich zur Verfügung zu stellen.

■ Anstalt des öffentlichen Rechts
[Ra, TV] Die Rechtsform der Anstalt des öffentlichen Rechts wurde in der Nachkriegszeit für die bundesdeutschen Rundfunkanstalten gewählt. Sie entsprach in beinahe idealer Weise den Vorstellungen der westlichen Alliierten von einem Rundfunk unter allgemeiner gesellschaftlicher Kontrolle, der frei von staatlichen Einflüssen und keiner gesellschaftlichen Gruppe ausgeliefert ist. Daher ist dies seit dem Übergang der Besatzungssender 1948/49 in bundesdeutsche Hände die übliche Rechtsform für Rundfunksender. Diese Rechtsform besitzen alle ARD-Anstalten, das ZDF und die Landesmedienanstalten als Aufsichtsgremien der privatwirtschaftlichen Programmveranstalter. Die Rechtsform „Anstalt des öffentlichen Rechts" ist Ursprung der Bezeichnung → öffentlich-rechtlicher Rundfunk.

■ Anstalt für musikalische Aufführungsrechte
Abk. = AFMA. Vorgängerorganisation der → GEMA.

■ Ansteckmikrofon
[TV] Kleines Mikrofon, das an der Kleidung des Sprechers angebracht ist. Der Zuschauer soll es möglichst nicht bemerken.

■ Anstrich
[Ze] Honorarberechnung. In der fertigen Zeitungsausgabe werden Texte und Fotos mittels Stift oder Aufkleber markiert und dem jeweiligen Urheber zugeordnet. → Zeilenhonorar

■ Antialiasing
[Fo] Die Konturen von Abbildungen werden angeglichen, sodass sie weich in den Hintergrund übergehen.

■ Antiqua
[Dt] (lat. = alt) → Schriftschnitte, die sich aus der römischen Buchstabenschrift ableiten. Antiqua-Schriften besitzen → Serifen, im Gegensatz zu → Grotesk-Schriften. Mit Ausnahme der Schreibschriften zählen alle so genannten → runden Schriftgattungen zur Antiqua, daher wird Antiqua auch häufig als Synonym für → runde Schriften verwendet. Unterschieden werden u.a. klassizistische Antiqua (z.B. Bodoni), Renaissance-Antiqua (z.B. Palatino), serifenbetonte Linear-Antiqua (z.B. Lubalin) und Barock-Antiqua (z.B. Times Roman). Eingeführt wurde diese Schrift von Gelehrten und Druckern der Renaissance als Kombination aus den → Versalien der römischen → Capitalis-Schrift und der irrtümlich für antik gehaltenen karolingischen Minuskel. Diese international übliche Druckschriften-Familie wird seit 1941 in Deutschland verwendet → Schriftklasse (Grafik S. 218).

■ antrailern
→ Trailer

■ Anzeige
[Ze] Jemand zahlt dafür, dass Werbung oder Informationen veröffentlicht werden. Je nach Platzierung im Blatt sind die Preise unterschiedlich: → Umschlagseiten kosten mehr, über dem → Bruch ist es teurer. Zu unterscheiden sind großflächige Anzeigen und → Kleinanzeigen (Inserate), die oft von Privatleuten aufgegeben werden. Eine Anzeige muss sich deutlich vom redaktionellen Teil abgrenzen, ggf. ist sie mit dem Wort „Anzeige" zu kennzeichnen. Die Grenzen zwischen redaktionellem Inhalt und Anzeige verschwimmen de facto immer mehr, z.B. wenn ein zahlender Kunde unter Androhung, keine Anzeigen mehr zu schalten, das Blatt finanziell unter Druck setzt und damit passend zu seiner Anzeige auch im redaktionellen Teil erwähnt wird (→ Anzeigenboykott). → PR-Artikel. Das regelmäßige Aufgeben von Anzeigen wird auch → schalten genannt.

Anzeigenblatt
[Ze] Meist wöchentlich erscheinende Stadt- oder Stadtteil-Zeitung, die einen geringen redaktionellen Teil im Verhältnis zum Anzeigenteil enthält; meist viele Kleinanzeigen. Entweder sind die Anzeigen zu bezahlen und die Zeitung wird kostenlos an alle Haushalte verteilt, oder private Kleinanzeigen sind kostenlos und die Zeitung ist zu erwerben (z.B. Zweite Hand, Revier-Markt). Bei letzterer Variante wird auf einen redaktionellen Teil meist ganz verzichtet → Anzeige.

Anzeigenboykott
[Ze, We] Wegen unliebsamer Veröffentlichungen entzieht ein Anzeigenkunde der Publikation seine Werbeaufträge. Ziel ist es, den Verlag finanziell unter Druck zu setzen, damit künftige Veröffentlichungen eine eher gewünschte Richtung erhalten. Z.B. hatte Modemacher Wolfgang Joop Ende 1997 gegen einen seiner Meinung nach schwulenfeindlichen Nachruf auf Gianni Versace in der „Bunten" damit protestiert, dass er beim Burda-Verlag keine Anzeigen mehr schaltete. Diesen Boykott gab er nach einer Aussprache mit dem Verlag wieder auf.

Anzeigenformat
[We, Ze] → Anzeigen in Zeitungen oder Zeitschriften haben standardisierte Formate. Die Normalformate beziehen sich auf die gesamte Seite, d.h. entweder eine Doppelseite, eine halbhohe Doppelseite, eine Seite, eine halbe, Viertel- oder Achtelseite. Streifenformate sind Hochformate, die sich an der Spaltenbreite orientieren, z.B. bei 7-spaltigem Satz 5/7, 4/7, 3/7 und 2/7. So genannte Vorzugsformate sind meist in den Ecken platzierte Anzeigen verschiedenster Größen. Von diesen Standardformaten wird jedoch auch häufig abgewichen.

Anzeigen-Kollektiv
[Ze] Redaktioneller Text zwischen Werbeanzeigen, passend zu deren Thema; z.B. steht zwischen → Anzeigen von Brautmoden, Kutschenverleih, Blumenladen und Geschenkeshop ein Text über traditionelle Hochzeitsbräuche. Nicht immer wird dabei die Abgrenzung zwischen redaktionellem Text und einem → PR-Artikel eingehalten.

Anzeigenumfeldgestalter
[Ze, Ja] Meist abwertend für → Journalist. Wird häufig im Zusammenhang mit → Anzeigenblättern verwendet. Diese Bezeichnung ist ein Beleg für die schwindende Wertschätzung der Redaktionen in Verlagen, die immer mehr Gewicht auf die wirtschaftlichen Zahlen legen und die journalistische Qualität des Produktes als zweitrangig ansehen.

AP
Abk. für Associated Press. US-Presseagentur.

Aperturkorrektur
[Fo] Elektronisches Verfahren zur Verbesserung der Bildschärfe. Dabei werden die Bildkonturen, d.h. deren Hell-Dunkel-Übergänge meist verstärkt. Auch als Kantenkorrektur oder Kantenanhebung bezeichnet. Das Verfahren wird bei Fernsehern, Videorekordern und → Filmabtastern angewendet.

Apostilb
[TV] Veraltete Maßeinheit der → Leuchtdichte. Abk. = asb.

Arbeitsgemeinschaft der öffentlich-rechtlichen Rundfunkanstalten der Bundesrepublik Deutschland
→ ARD

Arbeitsgemeinschaft Fernsehforschung
[TV] Abk. = AGF. Zusammenschluss der öffentlich-rechtlichen und privatwirtschaftlichen Fernsehveranstalter Deutschlands. Sie vergab die Aufträge zur Ermittlung der → Einschaltquote bisher immer an die → GfK.

Arbeitsgemeinschaft Media-Analyse
Abk. = AGMA. Zusammenschluss von Werbeträgern (Fernsehen, Hörfunk, Zeitungen und Zeitschriften), Wirtschaftsun-

ternehmen und Werbeagenturen zur Analyse der → Werbeträgerleistung einzelner Medien unter Verwendung einheitlicher Kriterien → Media-Analyse.

■ Arbeitslicht
[Fi] Die normale Beleuchtung im Studio, die für Arbeiten im Studio ausreichend ist. Für Filmaufnahmen genügt dieses Licht jedoch nicht.

■ Arbeitstitel
Noch nicht endgültiger Titel einer Publikation, der zur Vorbereitung der Veröffentlichung gewählt wurde, z.B. um den Anzeigenverkauf auch schon vor oder mit der → Nullnummer zu ermöglichen. Oft wird ein vorläufiger Titel gewählt, um die Recherche z.B. für einen Beitrag zu erleichtern. Der endgültige Titel wird erst dann gewählt, wenn die Rechercheergebnisse vorliegen.

■ Archivmaterial
Alles, was an Text-, Bild- und Tondokumenten aufbewahrt wird. Ebenso das speziell zum Zwecke der Archivierung aufgenommene neue Material. Radio- und Fernsehsender sind zur Aufbewahrung ihrer ausgestrahlten Beiträge für eine festgelegte Zeitspanne verpflichtet. → Aufzeichnungspflicht → Deutsche Bibliothek → Deutsches Rundfunkarchiv

■ ARD
[Ra, TV] Abk. für Arbeitsgemeinschaft der öffentlich-rechtlichen Rundfunkanstalten der Bundesrepublik Deutschland. Mitglieder sind → BR, → HR, → MDR, → NDR, → ORB, → Radio Bremen, → SR, → SFB, → SWR, → WDR sowie die Anstalten des Bundesrechts → Deutsche Welle und → DeutschlandRadio. Jeweils für die Dauer eines Jahres wird ein Mitglied als geschäftsführende Anstalt gewählt, die die Arbeitsgemeinschaft nach außen vertritt. Für ein weiteres Jahr ist die Wiederwahl möglich. Vorsitzender der ARD ist während dieser Zeit der Intendant der geschäftsführenden Anstalt. Die ARD-Anstalten strahlen das → Erste Deutsche Fernsehen als nationales Gemeinschaftsprogramm aus. Gemeinschaftsaufgaben, -einrichtungen und -sendungen werden untereinander verrechnet. Produktionen werden untereinander weitergegeben (→ Programmaustausch). Zu den satzungsgemäßen Aufgaben der ARD gehört vor allem die Wahrung der gemeinsamen Interessen der Mitglieder-Anstalten. Die Finanzierung erfolgt über → Rundfunkgebühren. Die einzelnen Anstalten verteilen die Mittel untereinander im Rahmen des → Finanzausgleichs.

■ ARI
Abk. für → Autofahrer-Rundfunk-Information.

■ Arie
Einen lobenden Artikel schreiben. Auf ein Ereignis, Person, Verein, Unternehmen ein „Loblied" singen.

■ A-Rolle
[TV] Eine der beiden beim → AB-Schnitt hergestellten Filmrollen.

■ Art Director
(engl. = künstlerischer Leiter) 1. [Ze] Bei Druckerzeugnissen wird immer mehr Wert auf ansprechende optische Präsentation gelegt. Daher engagieren viele Zeitungen und Zeitschriften einen speziellen „künstlerischen Leiter", der über die Optik entscheidet. Durch den konsequenten Einsatz von Layoutelementen wie z.B. Grafiken soll dem Produkt ein unverwechselbares Aussehen verliehen werden. 2.) [We] In Werbeagenturen ist der Art Director für die grafischen Elemente in der Werbung verantwortlich.

■ ARTE
[TV] Abk. für Association Relative à la Télévision Européenne (übersetzt etwa: Vereinigung betreffend das europäische Fernsehen). Deutsch-französischer Kulturkanal, der aus → Rundfunkgebühren und öffentlichen Mitteln finanziert wird. Seit dem Sendestart am 30. Mai 1992 beteiligt sind → ARD und → ZDF (Deutschland), La Sept (Frankreich) und RTBF (Belgien). Jeder Sender liefert entspre-

chend seinem Gesellschafteranteil Programme zu.

■ **Artefakt**
[TV] (lat. = Kunsterzeugnis) Wahrnehmbarer Bildfehler, der bei einer zu hohen Datenreduktion bei der verlustbehafteten → Kompression auftritt, z.B. zeigen JPEG-Bilder ein Raster aus Quadraten.

■ **Artikel**
(lat. artus = Gelenk, Glied, Teil) Redaktioneller Textbeitrag, der länger als eine kurze → Meldung ist.

■ **Artikeldienst**
1.) → Redaktionsbüro. 2.) Häufig wird auch die Auswahlmappe, die verschickt wird, als Artikeldienst bezeichnet. Im Gegensatz dazu der → Ausschnittdienst, der Artikel nach ihrem Druck sammelt.

■ **ASA**
1.) Abk. für American Standard Association, das US-Äquivalent zum DIN. 2.) [Fo] Die ASA-Zahl gibt die Lichtempfindlichkeit von Filmmaterial an. Normal empfindliches Material wird mit 100 ASA gekennzeichnet, was 21 DIN entspricht. Umgangssprachlich wird dann von einem „100er Film" gesprochen. Die doppelte ASA-Zahl entspricht einer Verdoppelung der Empfindlichkeit und eine Halbierung bedeutet die halbe Empfindlichkeit. Eine Verdoppelung der ASA-Zahl entspricht einem Schritt von 3 DIN. Highspeed-Filmmaterial. Filme mit 400 ASA sind das typische von Pressefotografen verwendete Material. Im Allgemeinen gilt noch immer die Formel „je geringer die Lichtempfindlichkeit, umso höher die Auflösung". Die Angaben in ASA sind weiter verbreitet als die DIN-Zahlen.

■ **Assembleschnitt**
[Fi] Elektronisches Schnittverfahren für Video. Dabei werden Bildsequenzen nahtlos, d.h. ohne Flimmern und Blitzen aneinandergeschnitten. Nach Ende einer Aufnahme spult dazu der Videorecorder das Band ein kurzes Stück zurück. So wird das Abschaltflimmern überspielt und die Folgeszene kann störungsfrei an die vorangehende Szene angesetzt werden. Das Einfügen von Bildsequenzen wird → Insertschnitt genannt.

■ **Associated Press**
US- → Presseagentur. Abk. = → AP

■ **Astra**
[TV] Familie von Fernseh- und Telekommunikationssatelliten, die zur direken Ausstrahlung von TV-Programmen benutzt werden. Sie werden von der luxemburgischen Gesellschaft SES betrieben.

■ **asynchron**
[TV] 1.) Zeitliches Auseinanderlaufen von Bild und dazugehörigem Ton beim Film. → Synchronklappe 2.) Unterschiedliche Taktgeberfrequenzen oder Laufzeitverzögerungen zwischen zwei verschiedenen Bildquellen im elektronischen Bereich.

■ **Atmen**
[Fi] Ständiges Wechseln zwischen Schärfe und Unschärfe bei der Wiedergabe von Filmen, z.B. wegen defekter → Andruckkufe des Projektors.

■ **Atmo**
[Ra, TV, Ja] Abk für „Ton-Atmosphäre". Atmo → unterlegen. Beliebige Umwelt- und Umgebungsgeräusche als Hintergrund für einen TV/Radio-Beitrag verwenden. Vermittelt Stimmung, verleiht Authentizität. Geräuschkulisse.

■ **Ätzgrund**
[Dt] Eine säurefeste Schicht, die aus Wachs, Harz und Asphalt besteht. Er wird zur Herstellung einer → Radierung benötigt.

■ **Audimeter**
Mit Radio- und TV-Empfängern von Testpersonen der → GfK verbundenes Gerät, das die angeschauten Sendungen protokolliert. Es wird sekundengenau registriert, welches Familienmitglied sich wann und wie lange eine bestimmte Sendung ansieht. Über Nacht werden diese

Daten per Telefonverbindung an einen Großrechner übertragen, der am nächsten Morgen daraus die → Einschaltquote ermittelt. → Haushaltsreichweite

■ **audio**
(lat. = das Hören betreffend) Bezeichnung für das akustische im Gegensatz zum optischen → Video.

■ **Audiodeskription**
[TV] „Stumme" Teile (z.B. Szenen ohne Dialoge) einer Fernsehsendung werden zusätzlich sprachlich beschrieben. Die dabei entstehenden Hörfilme können von Blinden und Sehbehinderten besser verfolgt werden. Das Verfahren ist das Gegenstück zu → Untertiteln für Hörgeschädigte.

■ **Audiogramm**
Die mittels eines → Audiometers ermittelten Werte werden in einem Audiogramm grafisch dargestellt.

■ **Audio-on-Demand**
[Ra] (gr. audio = Hörfunk, engl. on demand = auf Bestellung) Zuhörer kann aus einem Programmangebot auswählen und bezahlt nur für das von ihm explizit bestellte Programm. Bisher sind alle Radioprogramme → Verteildienste.

■ **Audiotext**
Oberbegriff der Telekom für sprachgesteuerte Telefonansagedienste, z.B. Wetter, Börsenkurse etc. Sie sind per Telefon häufig unter der gemeinsamen Vorwahl 0190 abfragbar. Meist läuft ein Band, neuerdings immer häufiger ein Computer, bei dem der Kunde z.B. über die Telefontastatur Einfluss auf die Ansage nehmen kann. Im Rahmen von Gewinnspielen wird Audiotext häufig verwendet. → Videotext

■ **Audiovision**
(lat. = Hörsehen) Abk. = AV, audiovisuelle Medien sind gleichzeitig sicht- und hörbar, z.B. Film, Ton-Dia-Schau. Durch vollständige Digitalisierung und Verwendung von Computertechnik entsteht ein komplexer Baukasten aus Geräten, Speichern und Programmen zur Wiedergabe, Simulation und Verschmelzung von Bildern und Klängen, die auch in einem Netz zusammengeschlossen sein können.

■ **audiovisuelle Medien**
Abk. = AV-Medien. Meist auf Unterrichtsmaterialien angewendete Bezeichnung, die gleichzeitig hör- und sichtbare Ton- und Bildträger beschreibt, z.B. Videofilm. → Audiovision.

■ **Aufblasen**
[Fi] → Filmformate werden durch optisches Kopieren vergrößert, z.B. von 16 mm auf 35 mm. Die engl. Bezeichnung ist blow up.

■ **Aufblenden**
[TV] Ein Bild entsteht aus dem völligen Schwarz bis zur normalen Helligkeit. Wird ein Bild mittels Hell-Sektorenverschluss einer Real- oder Trickfilmkamera intensiviert, so spricht man von einer optischen Aufblende. Gegenteil von → Abblenden.

■ **Aufdoppeln**
[Dt] Mehrere Teile eines → Druckbogens werden gefalzt und zusammengeklebt. Sie erhalten dadurch mehr Stabilität. Das Verfahren wird vor allem bei aus einer Zeitschrift heraustrennbaren Postkarten, angewendet damit diese das postalisch vorgeschriebene Mindestpapiergewicht erreichen.

■ **Aufhänger**
Aktueller Anlass oder origineller Einstieg. Viele an sich interessante Themen brauchen einen aktuellen Anlass, damit sich der Zuschauer/Leser nicht fragt, warum ihm das Thema gerade jetzt präsentiert wird. Aktueller Aufhänger einer allgemeinen Geschichte über Autofahren kann z.B. der Beginn einer Automesse sein. → Kalenderjournalismus

■ **Aufhellung**
[Fi] Mit diffusem Licht werden die dunklen Partien einer Szene aufgehellt. Nachteil ist, dass durch dieses zusätzliche Licht der Kontrast verringert wird.

Auflage
1.) [Ze] Anzahl der Exemplare einer Ausgabe einer Zeitung oder Zeitschrift. Im Allgemeinen ist die „gedruckte Auflage", also die Gesamtheit aller hergestellten Exemplare gemeint. Diese ist meist höher als die „verkaufte Auflage". Es gibt auch eine „verbreitete Auflage", zu der kostenlos verteilte Exemplare hinzugezählt werden. Je höher die Auflage, desto preisgünstiger ist das einzelne Exemplar in der Herstellung. Auflagenzahlen werden von der → IVW kontrolliert. 2.) Bei Büchern wird die Häufigkeit der Nachdrucke gezählt. → Neuauflage → Restauflage. 3.) [Re] Behördliche Vorschriften für das Studiogelände und für Außenaufnahmen, z.B. Rauchverbot in den Studios, bestimmte Anweisungen für Kabelverlegungen, Aufstellung von Scheinwerfern, Geräten und Fahrzeugen. Bei Außenübertragungen werden derartige Anweisungen von den jeweiligen Behörden, z.B. Brandpolizei, Amt für öffentliche Ordnung, bei einem Lokaltermin festgelegt.

Auflagemaß
[TV] Der Abstand von der Abbildungsebene einer Kamera zur letzten Linse des → Objektivs. Für jede Kombination von → Zoom-Objektiv und Kamera ist das passende Auflagemaß mechanisch am Objektiv zu justieren. Ein falsches Auflagemaß führt dazu, dass bei Veränderung der → Brennweite des Objektivs Unschärfen entstehen. Bei älteren Röhrenkameras ist zusätzlich jede einzelne Röhre zu justieren. Zur Kontrolle des Auflagemaßes wird das Objekt im Zoom-Objektiv ganz nah herangeholt und scharf gestellt. Beim Durchfahren des gesamten Brennweitenbereichs des Zooms darf sich die Bildschärfe nicht verändern. Häufig wird bei der Kontrolle eine Testtafel mit einem → Siemensstern verwendet. Die englische Bezeichnung ist flange back.

Auflagendruck
[Dt] Druck der → Auflage eines Druckerzeugnisses. Im Unterschied zum → Andruck erfolgt er auf schnellen → Auflagendruckmaschinen. Auch als Fortdruck bezeichnet.

Auflagendruckmaschine
[Dt] Diese Druckmaschine läuft wesentlich schneller als die → Andruckmaschine. Daher kann sie in kurzer Zeit deutlich höhere Stückzahlen eines Druckerzeugnisses produzieren. In einem Druckgang werden alle vier Farben und – je nach Maschinentyp – auch Sonderfarben gedruckt.

Auflösung
[TV, Fo] Die Feinheit des → Rasters bzw. der Darstellungsgrad eines Bildschirms, Ausdrucks oder einer Filmbelichtung. Je höher die Auflösung, umso mehr Punkte sind vorhanden und umso größer ist die enthaltene Information, mehr Details werden sichtbar.

Aufmacher
Titelstory, Aufmacherstory. Die wichtigste Geschichte eines Blattes oder einer Sendung. Sie nimmt den meisten bzw. den auffälligsten Platz ein. Seiten können einen → Seitenaufmacher haben.

Aufnahmeerlaubnis
[TV] → Drehgenehmigung

Aufprojektion
[Fo, Fi] Ein Bild wird auf die dem Betrachter zugewandte Seite einer Bildleinwand projiziert. Gegensatz ist die → Rückprojektion.

Aufrastern
[Dt] Eine → Halbtonvorlage wird in eine Rastervorlage umgewandelt. → Raster

Aufreger
Geschichte, die journalistisch so dargestellt wird, dass sich der Leser/Zuhörer/Zuschauer darüber aufregt. → Schlagzeilenjournalismus.

Aufriss
[Ze] Grobe Skizze des → Layouts. Erste Idee, die schriftlich festgehalten wird. → Scribble.

Aufschlagseite
[Ze] 1.) Diejenige Seite, auf die der Leser zuerst blickt, wenn er eine Zeitung aufschlägt. In der Regel ist dies die Seite drei, da beim Umblättern der Blick auf diese Seite eher freigegeben wird. 2.) Häufig wird bei einzeln herausnehmbaren Zeitungsteilen (→ Buch) die Seite eins des jeweiligen Teils so bezeichnet.

Aufsetzer
[Ze] Artikel, der am unteren Seitenrand anstößt (aufsitzt).

Aufsichtvorlage
[Dt, Fo] Bilder aus Papier, auf die man „draufsehen" kann, im Unterschied zur → Durchsichtvorlage. In der Reproduktion werden Reprovorlagen auf → opakem Papier als Aufsichtvorlage bezeichnet. Dazu gehören Fotoabzüge, → Reinzeichnungen oder andere auf Papier oder Karton befindliche Abbildungen.

Aufsteilen
[Dt, Fo] Über einen Spitzlicht-Regler (→ Spitzlicht) am → Scanner wird der → Kontrast einer Reproduktion gesteigert, sodass im lichten Bereich eine Steigerung der Zeichnung erreicht wird. Das eigentliche Weiß wird dabei nicht verändert.

Aufzeichnung
[Ra, TV] Gegenteil von live. Ein Ereignis findet statt und wird aufgenommen, die Aufnahme wird zu einem späteren Zeitpunkt gesendet. Die Bezeichnung wird auch verwendet für Aufnahmen, die im Archiv landen. → MAZ. Auch (meist abwertend) Konserve genannt.

Aufzeichnungspflicht
[Ra, TV] Radio- und Fernsehsender sind verpflichtet, jede ausgestrahlte Sendung aufzuzeichnen. Die jeweiligen → Landesmediengesetze legen die Aufbewahrungsfristen für diese Aufzeichnungen fest. Erst danach dürfen die Aufzeichnungen gelöscht werden. Die Aufzeichnungspflicht soll sicherstellen, dass bei diesen flüchtigen Medien kurzfristig auf das ausgesendete Material zurückgegriffen werden kann. Printpublikationen werden in der → Deutschen Bibliothek aufbewahrt.

Aufzeichnungsplan
[TV] Detaillierte Liste mit der Reihenfolge dessen, was bei einer Fernsehproduktion aufgenommen werden soll. Er enthält auch die an der Aufzeichnung beteiligten Personen und Drehorte. Im Unterschied zum Ablaufplan in einem → Drehbuch wird meist nicht chronologisch im Sinne der Handlung aufgezeichnet. Die Reihenfolge richtet sich nach organisatorischen Erfordernissen, z.B. zuerst alle Aufnahmen am Drehort x, dann Umzug aller Beteiligten an ORt y. Der Aufzeichnungsplan ist bei Fernsehaufnahmen das, was bei Filmdrehs der Drehplan ist.

Aufzieher
[TV] Besondere Form der → Kamerafahrt, bei der sich nicht die Kamera bewegt, sondern durch die Veränderung der → Brennweite eines → Zoom-Objektivs langsam und stufenlos der Bildausschnitt verändert wird; z.B. Übergang vom → Close zur → Halbtotalen oder gar zur → Totalen. Gegenteil ist das → Zoomen.

Ausblenden
[Ra, TV] Reduzieren von Helligkeit oder Lautstärke auf Null. Häufig wird das Filmende durch Erscheinen eines → Ausblendzeichens angekündigt. Auch Abblenden genannt.

Ausblendzeichen
[TV] Etwa drei Sekunden vor dem Ende eines Films taucht in einer Ecke des Bildes – meist rechts oben – eine Markierung auf, die auf das bevorstehende Filmende hinweist. → Ausblenden

Ausbluten
[Dt] Unerwünschte Vermischung angrenzender Farben. Auch das generelle Auslaufen einzelner Farben über den beabsichtigten Druckbereich hinaus. Dieser Effekt kann auftreten, wenn Farbe und → Bedruckstoff nicht exakt aufeinander abgestimmt sind.

■ Ausbringen
[Dt] → Ausschließen

■ Ausgabe
1.) [Ze] Ein Exemplar einer Zeitung. 2.) Die Gesamtheit aller gedruckten Exemplare eines Werkes. 3.) Eine → Auflage eines Buches.

■ Ausgangszeile
[Dt] Die letzte Zeile eines Absatzes. Sie ist mehr oder weniger ausgefüllt. Steht sie am Anfang einer Seite oder Spalte, gilt sie als → Hurenkind. Gegensatz ist → Alinea.

■ Ausgewogenheit
Das Gebot zur Ausgewogenheit wurde erstmals vom Bundesverfassungsgericht im zehnten Leitsatz des ersten → Rundfunkurteils vom 28. Februar 1961 aufgestellt: „Artikel 5 des Grundgesetzes erfordert Gesetze, durch die die Veranstalter von Rundfunkdarbietungen so organisiert werden, dass alle in Betracht kommenden Kräfte in ihren Organen Einfluss haben und im Gesamtprogramm zu Wort kommen können, und die für den Inhalt des Gesamtprogramms Leitgrundsätze verbindlich machen, die ein Mindestmaß von inhaltlicher Ausgewogenheit, Sachlichkeit und gegenseitiger Achtung gewährleisten." Damals gab es in der Bundesrepublik Deutschland nur den → öffentlich-rechtlichen Rundfunk. Im → Rundfunkstaatsvertrag ist Meinungsvielfalt ausdrücklich auch für den privatwirtschaftlichen Rundfunk vorgeschrieben: „Im privaten Rundfunk ist inhaltlich die Vielfalt der Meinungen im Wesentlichen zum Ausdruck zu bringen. Die bedeutsamen politischen, weltanschaulichen und gesellschaftlichen Kräfte müssen in den → Vollprogrammen angemessen zu Wort kommen; Auffassungen von Minderheiten sind zu berücksichtigen." Meinungsvielfalt kann im → privaten Rundfunk auch durch → Außenpluralismus hergestellt werden und muss nicht binnenplural abgesichert sein. Die in den Landesrundfunkgesetzen vorgeschriebene inhaltliche Ausgewogenheit von Fernseh- und Hörfunkprogrammen schreibt vor, dass das gesamte auf dem Markt vorhandene Programmangebot ausgewogen ist, nicht jedoch, dass das einzelne Programm alle Meinungen widerspiegelt. Es wird von → Rotfunk oder → Schwarzfunk gesprochen, wenn der Eindruck entsteht, die jeweilige politische Richtung sei im Programm überrepräsentiert.

■ Ausgleichen
[Dt] Zwischen einigen Buchstabenpaaren wird aus optischen Gründen ein vom Standard abweichender Zeichenabstand gesetzt. Dies kommt häufig beim Satz von → Versalien vor oder wenn Buchstaben mit viel → Fleisch aufeinander treffen. In der Regel geschieht das Ausgleichen durch → Spationieren, seltener durch → Unterschneiden.

■ Auslassung
[Dt] → Leiche

■ Ausleuchtzone
[TV] Das Gebiet, das von der Ausstrahlung (Beam) eines Rundfunksatelliten abgedeckt wird. Je nach Größe des ausgeleuchteten Bereichs wird zwischen dem großflächigen Global-Beam und dem kleinflächigen Spot-Beam unterschieden. Einige Satelliten können ihre Ausleuchtzone variieren und auf ein bestimmtes Gebiet, z.B. auf Westeuropa fokussieren (Superbeam) oder ausdehnen (Widebeam). Die Ausleuchtzone wird auch als Footprint bezeichnet. Erdnahe, erdumkreisende Satelliten arbeiten mit einer kleineren Ausleuchtzone als erdferne Satelliten. So wie der Lichtstrahl einer Taschenlampe an den Rändern schwächer wird, nimmt in den Außenbereichen des Sendekegels die Stärke der Signale ab.

■ Ausschießen
[Dt] Anordnen von Seiten auf einer → Druckvorlage so, dass mehrere gleichzeitig auf einem Bogen gedruckt und anschließend auseinander geschnitten werden können. Vorbereitung für die Bogenmontage. Nach dem Falzen der → Druckbogen stehen die Seiten folgerichtig hintereinander.

Ausschließen

[Dt] 1.) Der Zwischenraum zwischen den Wörtern einer Zeile wird angepasst bzw. ausgeglichen, damit die Zeile im → Blocksatz voll wird. Manchmal wird auch von Austreiben oder Ausbringen gesprochen. Das Gegenteil heißt → Einbringen. → Kerning 2.) Gelegentlich wird auch der Zwischenraum zwischen den Zeilen einer Spalte ausgeschlossen, um diese ganz zu füllen.

Ausschlussstück

[Dt] Bezeichnung für Leerraum im → Bleisatz. Als Ausschlussstück wurde ein → Geviert oder Teile davon verwendet.

Ausschnitt

[TV] 1.) Die durch den Abstand zwischen Kamera und Objekt in Verbindung mit der Aufnahmenbrennweite entstandene horizontale und vertikale Bildbegrenzung. 2.) [Fo] Bei der Filmbearbeitung wird ein herausgeschnittener Filmteil (Positiv, Negativ) bearbeitet, der Rest eines eingeschnittenen Bildmusters. 3.) [Ze] Aus einer Zeitung oder Zeitschrift herausgeschnittener Artikel. Dies wird häufig von → Ausschnittdiensten erledigt. → Clipping

Ausschnittdienst

[Ze, PR] Dienstleistungsunternehmen, das Zeitungsberichte sammelt, ausschneidet und davon auf Bestellung gegen Bezahlung Kopien versendet. Meist findet eine thematische Sortierung statt. Eines der bekanntesten Unternehmen ist z.B. die Deutsche Medienbeobachtungs-Agentur in Berlin. → Clipping → Pressespiegel

Außenpluralismus

[Ra, TV] Der → Rundfunkstaatsvertrag von 1991/94 sieht die Außenpluralität als gegeben an, wenn „mindestens drei in der Bundesrepublik Deutschland veranstaltete private Fernsehvollprogramme von verschiedenen Veranstaltern bundesweit verbreitet werden, die jeweils von mehr als der Hälfte der Teilnehmer empfangen werden können". Mit dieser gesetzlichen Vorschrift soll die Meinungsvielfalt im Rundfunk gesichert und eine Monopolisierung der Berichterstattung verhindert werden. Für die Veranstaltung von Rundfunkprogrammen sind unterschiedliche Anbieter vorgeschrieben und es wird auf die Vielfalt miteinander konkurrierender unterschiedlicher Programme vertraut. → Binnenpluralismus → Ausgewogenheit

Aussteuern

→ Abmischen

Ausstrahlen

[Ra, TV] Verbreiten eines Rundfunk-Programmes. Ursprünglich war dies nur über terrestrischen Funk möglich, heute auch über Satelliten-Funk und Kabel.

Austastlücke

[TV] (engl. = blanking interval) Fernsehbilder werden von einem Elektronenstrahl auf den Bildschirm gebracht. In einer Sekunde werden bei dem in Westeuropa üblichen → PAL-System 25 Fernsehbilder übertragen. Jedes dieser Bilder setzt sich aus 625 Bildzeilen zusammen. Der Elektronenstrahl wandert immer von links nach rechts über den Bildschirm. Um vom rechten Bildrand wieder an den Anfang der folgenden Zeile zu gelangen, springt der Strahl. Dieser Rücklauf wird Austastlücke genannt. Der Elektronenstrahl benötigt dafür etwa 11,5 Mikrosekunden. Während dieser Austastlücke werden die → Austastwerte übertragen. Vertikale Austastlücken werden außerdem gezielt genutzt, um Sondersignale zur Steuerung von Videorecordern (→ VPS) oder → Videotext zu übertragen.

Austastwerte

[TV] Während der → Austastlücke werden für den Bildaufbau notwendige Zusatzinformationen übertragen. In die horizontale Austastlücke integriert werden der Zeilensynchronimpuls und das Farbsynchronsignal. In der vertikalen Austastlücke werden der Bildsynchronimpuls und Sondersignale übertragen.

■ Austreiben
[Dt] → Ausschließen → Kerning

■ Auszeichnung
[Dt] 1.) Bestimmte Textteile werden durch andere Schriften, Unterstreichungen, Sperren, Verwenden von Kapitälchen, Fett- oder Kursivschnitte etc. hervorgehoben (→ Auszeichnungschrift). 2.) Ein Text wird mit Anweisungen für Schriftsatz bzw. → Reproduktion versehen, z.B. Schriftgröße, Kennzeichnung von kursiv zu setzenden Passagen. → Korrekturzeichen

■ Auszeichnungsschrift
[Dt] → Schriftschnitte, die zum → Auszeichnen verwendet wurden.

■ Auszug
[Dt] Die Anfangszeile eines Absatzes beginnt vor der Linie, auf der die anderen Zeilen beginnen. Auch negativer oder hängender → Einzug genannt.

■ Auszugbürste
[We] Bürste, die zum Glattstreichen geklebter Plakate verwendet wird.

■ Autocue
[TV] Andere Bezeichnung für den → Teleprompter.

■ Autofahrer-Rundfunkinformation
[Ra] Abk. = ARI. Unhörbare zusätzliche Kennsignale werden mit dem Programmsignal ausgestrahlt. Diese Senderkennung ermöglicht bei UKW-Sendern die Identifikation des Senders sowie das Erkennen der Verkehrsnachrichten in entsprechend ausgestatteten Autoradios. Es wird automatisch von Kassettenwiedergabe auf Radiobetrieb umgeschaltet. Die Service-Wellen der ARD-Rundfunkanstalten strahlen die ARI-Kennung seit dem 1. Juni 1974 regelmäßig aus, die meisten privaten Sender haben sich angeschlossen. Deutschland ist in „Zonen“ aufgeteilt, sodass der lokal gültige Sender vom Gerät besser ausgewählt werden kann.

■ Autor
(lat. = Verfasser) Verfasser von literarischen, künstlerischen, fotografischen oder filmischen Werken. Inhaber der → Autorenrechte. → Schriftsteller

■ Autorenkorrektur
Der Autor selbst überprüft und ändert das Manuskript. Er erhält dazu eine Kopie des im Fotosatz hergestellten Textes. Auch die Ausführung der vom Verfasser gewünschten Änderungen bzw. die Beseitigung der Fehler gehören zur Autorenkorrektur. Sie folgt zeitlich auf die → Hauskorrektur. → Korrektur

■ Autorenkürzel
→ Kürzel

■ Autorenrechte
→ Urheber- und → Verwertungsrechte, die der Autor besitzt.

■ Autorenzeile
Der Name des Verfassers eines Artikels wird genannt, z.B. „Von HORST MEYER“. Die nicht ausgeschriebene Form (also „hm“) wird als → Kürzel bezeichnet.

■ Autotypie
[Dt] Ursprüngliche Bezeichnung eines Hochdruckrasterbildes. Heute wird dieser Ausdruck auch für Offsetrasterbilder verwendet.

■ AV
Abk. für → Audiovision.

B

■ **Baby-Pack**
[Fi] Das Verstärkerteil einer tragbaren elektronischen Kamera. Es wird getrennt von der Kamera auf dem Rücken getragen.

■ **Baby-Stativ**
[Fi] Ein flaches, fahrbares Bodenstativ, das für Kamerafahrten mit niedriger Kameraperspektive eingesetzt wird.

■ **Background**
(engl. = Hintergrund) 1.) Hintergrund eines Bildes, z.B. Umgebung (→ Kulisse). 2.) Im übertragenen Sinn z.B. zusätzliche Informationen zu einer Geschichte, die deren Verständnis erleichtern.

■ **Bajonettanschluss**
[Fo] Mechanismus zur Befestigung von Wechselobjektiven am Kameragehäuse mittels einer Steck- und Drehmechanik. Das Objektiv rastet (je nach Hersteller) nach rund einer Vierteldrehung ein. Bei den heute nur noch selten verwendeten Schraubverschlüssen, z.B. M42, waren mehrere Umdrehungen und ein exaktes Ansetzen erforderlich.

■ **Balancelinie**
[Dt] Imaginäre Linie, die vom Seitenverhältnis des Papierformats abhängig ist. Um dieses Hilfsmittel der Gestaltung herum werden beim → symmetrischen Satz die Textgruppen ausbalanciert. Die Balancelinie geht durch die → optische Mitte.

■ **Balgen**
[Fo] Harmonikaförmige, ausziehbare, lichtdichte Hülle als Verbindung zwischen dem Kameragehäuse und dem vorgezogenen Objektiv, z.B. bei Klappkameras.

■ **Balken**
[Ze] Unkenntlichmachen einer Person auf Fotos, indem über die Augen ein schwarzer Balken gelegt wird; auch über Kfz-Kennzeichen. Er wird z.B. zur Wahrung der → Persönlichkeitsrechte der gezeigten Person verwendet.

■ **Balkon**
[Ra] Dem Radio-Interview vorausgehender Text, der den Hörer auf dieses einstimmen soll, ähnlich einer → Anmoderation. → Interview

■ **Banderole**
[We] Bedrucktes Papierband. Es wird z.B. zu Werbezwecken um Bücher oder andere Waren geschlungen.

■ **Bandmaterial**
[TV, Ra] Allgemeine Bezeichnung für die → Beta-Kassetten, auf die beim Fernsehen gedreht oder geschnitten wird. Beim Radio werden immer häufiger DAT-Recorder (→ Digital Audio Tape) verwendet.

■ **Banner**
[We, Co] (engl. = Fahne, Banner, Spruchband, Transparent) Auch Werbebanner oder Werbe-Ad genannt. Werbefläche auf so genannten Internet-Seiten in Form einer Grafik. Das Banner enthält einen direkten Verweis (→ Link) zur Internet-Seite des Werbetreibenden. Der Nutzer, der das Banner anklickt, wird direkt zu dessen Site „weitergeleitet". Der → Bundesverband Deutscher Zeitungsverleger und der Verband Deutscher Zeitschriftenverleger haben versucht, die Größe der Banner zu vereinheitlichen, damit die Preise für Internet-Werbung vergleichbar

sind. Die Standard-Größe für Voll-Banner ist 468 → Pixel breit und 60 Pixel hoch. Weitere Banner-Formate sind: OMS-Banner (400 x 50 Pixel), Drittel-Banner (156 x 60 Pixel) und Halb-Banner (234 x 60 Pixel). Aufwendig bewegte Banner, die nicht mehr als animierte Gif-Grafiken realisiert werden können, werden als → streaming banner bezeichnet. Im Jahr 1999 verdoppelten sich die mit Online-Werbung in Deutschland erzielten Umsätze auf rund 150 Millionen Mark und erreichten somit die Größenordnung von Werbung in → Supplements von Zeitungen. Banner-Werbung ist nötig, um die Seiten zu finanzieren. Die Werbung wird jedoch teils vom Konsumenten bezahlt, da sich durch den Einsatz von Bannern die Übertragungszeiten teilweise erheblich erhöhen. Dies ist besonders dann der Fall, wenn ein zentraler → Ad-Server mehrere Sites bedient. Bannerwerbung ist besonders erfolgreich, wenn sie mit Bildern bestückt ist. Diese werden → Visuals genannt. → Keyword Advertisment

■ **Banner-Rotation**
[We, Co] Wechsel der Werbe-Banner auf einer Web-Site. Bei der Banner-Rotation wechselt die Anzeige der einzelnen → Banner regelmäßig, während der Web-Site-Besucher die geladene → Web-Seite betrachtet. Die Banner werden also ausgetauscht, während die Seite bereits im → Browser des Nutzers geladen ist. Dadurch soll ein immer gleich bleibendes Aussehen der Seite vermieden werden und damit bei Mehrfachnutzern aufkommende optische Langeweile verhindern.

■ **Bannertausch**
[We, Co] Verschiedene Internet-Seiten tauschen die → Banner der Werbetreibenden untereinander aus. So haben Werbetreibende die Möglichkeit, auf vielen unterschiedlichen Sites zu werben, ohne mit jedem einzelnen Site-Betreiber einen Vertrag abzuschließen. Für den Internet-Nutzer hat das Austauschen der Banner den Vorteil, dass sich auch auf häufig besuchten Seiten die Werbung ändert.

■ **Bartering**
[Ra, TV] (engl. barter = Tauschhandel betreiben) Moderne Variante des Naturaltausches. Schon in den Dreißigerjahren kam diese Geschäftsform in den USA im Rundfunkbereich auf. Im „Barter-Business" werden Programmzeiten im Fernsehen oder Hörfunk gegen Werbezeiten getauscht: Die Werbungtreibenden produzieren und liefern ein fertiges Programm, in dessen Verlauf sie gratis werben dürfen. Die Werbetreibenden können so ihre Werbebotschaften wunschgemäß platzieren und sich gleichzeitig ein optimales Programmumfeld schaffen.

■ **Baskerville**
[Dt] Nach Vorlagen des englischen Stempelschneiders John Baskerville wurde zwischen 1757 und 1773 diese Barock-→ Antiqua geschaffen. → Schriftschnitt

■ **Bastardschriften**
[Dt] Die Zwischenformen zwischen → runden Schriften und → gebrochenen Schriften.

■ **Bauchbinde**
[TV] → Insert

■ **Baufundus**
→ Fundus

■ **Bayerischer Rundfunk**
[Ra, TV] → BR

■ **BBC**
[Ra, TV] Abk. für British Broadcasting Corporation, die staatliche Rundfunkanstalt Großbritanniens mit Sitz in London. Die BBC produziert Radio- und TV-Programme in verschiedenen Sprachen für Großbritannien und die übrige Welt. Er entspricht in Deutschland in etwa der → Deutsche Welle. Der Sitz von BBC-Deutschland ist in Berlin.

■ **BDZV**
Abk. für den → Bundesverband Deutscher Zeitungsverleger e.V.

Beam
[TV] Ausstrahlung eines Satelliten. → Downlink → Ausleuchtzone

Beamer
[Fo, We] (engl. = Video-Projektor) Digital-Projektor für Kinowerbung. Bisher wurde Kinowerbung meist ebenso produziert wie ein Kinofilm, nämlich auf Filmrollen. Digitale Werbung war nicht möglich, weil die großen Leinwände Bilder in derart hoher Auflösung erfordern, dass die Computer die gewaltigen Datenmengen nicht verarbeiten konnten. Die Verfahren der Kompression von Videodaten haben enorm an Leistungsfähigkeit gewonnen. Und durch Beamer ist die qualitativ gute Projektion auf die Leinwände möglich geworden. Bislang hat Kinowerbung einen Vorlauf von mindestens vier Wochen, denn so lange dauerte die Herstellung der Film-Kopien, deren Versand an die Kinos und das Zusammenfügen der → Werbespots zum → Werbeblock. Durch Satelliten- oder → ADSL-Übermittlung an die Kinos lässt sich Kinowerbung künftig schneller aktualisieren. In den Kinos werden die Daten dekomprimiert. Eventuell werden die einzelnen Werbeaustrahlungen noch digital zusammenkopiert und dann per Beamer projiziert.

Bedienen
Durch Aufgreifen eines bestimmten Themas wird eine spezielle → Zielgruppe angesprochen.

Bedrucktstoff
[Dt] Alle Materialien, die bedruckt werden können. Der am meisten genutzte Bedrucktstoff ist Papier, aber auch Pappe und Textilien. → Grammatur

Begleitmedium
[KoWi] Mediennutzung in Verbindung mit anderen Tätigkeiten. Früher war z.B. das Radio oft Mittelpunkt eines Abends, man setzte sich bewusst hin und hörte den Sendungen zu. Heute läuft das Radioprogramm im Hintergrund bei der Arbeit, im Auto oder zu Hause und „begleitet“ andere Tätigkeiten. Der Begriff legt keine eindeutige Gewichtung von Haupt- und Nebentätigkeit fest, sondern stellt lediglich auf die Gleichzeitigkeit ab. Rundfunk wird in diesem Zusammenhang als Bügelfunk bezeichnet. Auch das Fernsehen entwickelt sich immer mehr zum „Bügelhintergrund“. → Dudelfunk

Begrenzer
[Ra, TV, Fi] Schutz vor Übersteuerungen durch eine elektronische Schaltung, die ein elektrisches Signal auf einen festgelegten Maximalwert begrenzt.

Beifilm
Im Englischen auch bezeichnet als fill-up oder supplementary-film. Zum Hauptfilm gesendeter Kurzfilm, z.B. Kino-Vorfilm.

Beihefter
[We, Ze] Prospekte oder sonstige Druckerzeugnisse, die in eine Zeitschrift eingeheftet sind.

Beikleber
[We, Ze] Auf eine Anzeige geklebtes Zusatz-Werbemedium, das nur in Verbindung mit der Anzeige veröffentlicht wird. Meist werden Postkarten als Beikleber verwendet (Add-on-Card-Anzeige), aber auch leere Briefumschläge oder aufgeklebte Gutscheine. Auf Englisch werden sie als Tip-on-card bezeichnet.

Beilage
[Ze] Zusätzlich zu der Zeitung oder Zeitschrift erscheinende lose Drucksache, die redaktionellen oder Werbe-Inhalt haben kann; z.B. Reise-Beilage einmal pro Monat. → Supplement Werbeflugblatt → Flyer, in dem die Angebote des Supermarktes um die Ecke enthalten sind.

Bein
[Ze] → Spalte innerhalb eines gedruckten Artikels. Nicht identisch mit der Spalte einer ganzen Seite. → Layout

Beitrag
[Ra, TV] Eine Fernseh- oder Radiosendung besteht meist aus verschiedenen re-

daktionellen → Stücken zu unterschiedlichen Themen. Printmedien-Äquivalent ist der → Artikel.

■ Belegexemplar
1.) [Ze] Ein Exemplar des erschienenen Artikels gibt der Journalist an den Veranstalter, Gesprächspartner etc., um nachzuweisen, dass er berichtet hat. 2.) Nach der → Pflichtstückverordnung eine Pflichtabgabe an die → Deutsche Bibliothek

■ Beleuchterbrücke
[TV, Fi] Unterhalb der Studiodecke befindet sich ein Steg, von dem aus Scheinwerfer und sonstige Beleuchtungsgeräte aufgestellt und eingerichtet werden können. Der schmale Gang ermöglicht auch das Aufhängen von Mikrofonen und Zusatzgeräten.

■ Beleuchtungsstärke
Auf eine Fläche auftreffende Menge Licht (Lichtstrom) pro Flächeneinheit. Maßeinheit ist Lux.

■ Belichtung
1.) [TV] Vorgang, bei dem fotografisches Material (Film, Platte) oder ein elektrischer Lichtempfänger (Plumbikum, Super-Orthikon etc.) einer Lichteinwirkung ausgesetzt wird, um ein Bild zu erzeugen. Um die Belichtung korrekt zu bemessen, sind die Intensität des Lichts und die Dauer der Einwirkung zu berücksichtigen. Zu diesem Zweck wurden für Foto-, Film- und Fernsehaufnahmen besondere Lichtmessgeräte entwickelt. Großen Einfluss auf die Belichtung hat auch die Lichtempfindlichkeit des verwendeten Materials. → ASA → Leuchtdichte 2.) [Dt] Auf ein mit einer lichtempfindlichen Schicht versehenes Material werden Bild- oder Textvorlagen übertragen, z.B. auf Film, Fotopapier und → Druckplatten.

■ Benefitting
[We] (engl. benefit = profitieren, begünstigt sein) Werbeangebot mit direktem Nutzen für den Adressaten der Werbung. Der Werbetreibende bietet z.B. Gutscheine, Gewinnspiele oder Rabatte an, um dadurch eine höhere Aufmerksamkeit für seine Werbung zu erzielen.

■ Bericht
Allgemein verwendetes Wort für alle gedruckten und gesprochenen Texte in Funk- und Printmedien, ähnlich dem Artikel. Er ist länger als eine → Meldung und sachlicher als ein → Feature.

■ Berliner Format
[Ze] Relativ kleine Größe einer Tageszeitung, die zu Beginn der Blütezeit des Zeitungswesens in Berlin weit verbreitet war. Entspricht DIN A 3. In Berlin erscheinen auch heute noch einige Tageszeitungen in diesem Format (315 x 470 mm, → Satzspiegel 278 x 430 mm). Es ist vergleichbar mit dem → Tabloid in England.

■ Beschnitt
[Dt] 1.) Derjenige Teil eines → Druckbogens, der beim Schneiden wegfällt. 2.) Teile einer Abbildung, die über den Seitenrand hinausragen (d.h. die randabfallend sind) und daher weggeschnitten werden.

■ Beschnittmarke
[Dt] Auch Beschnittzeichen genannt. Linien markieren die Seitengrenzen. Entlang dieser Linien werden die einzelnen Seiten beschnitten. → Beschnitt

■ Beschnittzeichen
[Dt] Synonym für → Beschnittmarke.

■ Beschnittzugabe
[Dt] Bildelemente, die beim Druck über den Rand des endgültigen Formats hinaus gedruckt werden, d.h. die randabfallend sind. Dieser Zusatz wird Beschnittzugabe genannt. Die Druckvorlage ist dabei größer als das endgültige Druckerzeugnis, weil durch den → Beschnitt der äußere Rand wegfällt. Bei der Weiterverarbeitung wird er weggeschnitten. Meist beträgt die Beschnittzugabe drei bis vier mm.

■ Besetzen
1.) [Ze] Ein Termin wird von einer Redaktion besetzt (gecovert), indem sie einen Journalisten zu der Veranstaltung schickt. 2.) [TV] Die künstlerischen Mitarbeiter einer Produktion, insbesondere die Schauspieler, werden ausgewählt. Dieser Aus-

wahlprozess wird auch Casting genannt. → Besetzungsbüro → Besetzungscouch

■ Besetzungsbüro
[TV] Firma, die die Arbeit des → Besetzens übernimmt. Für Film- und Fernsehrollen geschieht dies in der Regel mittels einer Künstlerkartei oder durch Einschalten einer Künstleragentur nach den Vorstellungen des Regisseurs. Mit den ausgewählten Künstlern werden die Termine abgesprochen und der Vertragsabschluss wird unterschriftsreif vorbereitet.

■ Besetzungscouch
[Ja, Fi] Kein spezielles Möbelstück, sondern im übertragenen Sprachgebrauch die Vermutung, dass Rollen mittels sexueller Kontakte (auf eben dieser Couch) vergeben werden. Dies soll in der Filmbranche nicht selten vorkommen. Besonders Nachwuchsschauspielerinnen leiden unter dieser Praxis, aber auch Models sind davon betroffen.

■ Besetzungsliste
[Fi] Das Titel- und Personenverzeichnis einer Produktion. Sie enthält den Titel des Films (oder Stücks), Namen von Autoren, Übersetzer, Regisseur, der Darsteller und ihrer Rollen, von Komponist, Kostüm- und Szenenbildner, evtl. auch anderer künstlerischer Mitarbeiter wie Kameraleute, Choreograph, Tonmeister etc. Im → Vorspann und → Abspann eines Films wird nicht die komplette Besetzungsliste gezeigt, sondern nur die wichtigsten Personen erwähnt. Im Engl. als cast bezeichnet.

■ Besprechen
Einen neuen Kinofilm oder ein neues Buch inhaltlich vorstellen und dessen Qualität bewerten. Synonym für → Rezension.

■ Bespurungsband
[Fi] Spezialmagnetband zum Aufbringen im Randbereich eines Bildfilms. Anschließend kann die Randspurvertonung erfolgen. Wird z.B. bei Kinofilmen verwendet.

■ Best Boy
[Fi] (engl. = bester Junge) Der Beleuchtungs-Assistent, der dem Oberbeleuchter (→ Gaffer) assistiert. Er ist meist ausgebildeter Elektriker, da er Lichtanlagen mit hohen Leistungen fachgerecht betreiben muss.

■ Bestandsgarantie
[Ra, TV] Der → öffentlich-rechtliche Rundfunk ist gemäß der Rechtsprechung des Bundesverfassungsgerichts sowohl in seinem gegenwärtigen Bestand als auch in seiner zukünftigen Entwicklung gesichert. Nur so kann er die ihm auferlegte Pflicht erfüllen, die → Grundversorgung der Bevölkerung mit Informationen zu gewährleisten. Die jeweils zuständigen Bundesländer sind verpflichtet, die Finanzierung der → Rundfunkanstalten zu gewährleisten. Dies ist die gesetzliche Grundlage für die → Rundfunkgebühr. Ein Konkurs der öffentlich-rechtlichen Rundfunkanstalten ist somit ausgeschlossen. Die Bestandsgarantie ist gesetzlich verankert in der Präambel des Staatsvertrages vom 1./3. April 1987 und im neuen → Rundfunkstaatsvertrag von 1991.

■ Beta
[TV] Meist verwendet als Kurzwort für → Betamax. Professionell genutztes Video-Format (nicht mit dem nur noch seltenen Heim-Video-System Beta zu verwechseln). Umgangssprachlich auch die Bezeichnung für die Beta-Kassetten.

■ Betacam
[TV] Bezeichnung für eine integrierte Kamera-Recorder-Einheit für die → MAZ. Der Recorder zeichnet im Format → Betamax auf. Es gibt drei unterschiedliche Betacam-Formate: Betacam, Betacam SP und Betacam Digital. Bei Betacam werden auf Oxidband im Komponenten-MAZ-Verfahren ein Videosignal von 4 MHZ Video-Frequenzbandbreite, zwei Tonsignale und der → Zeitcode aufzeichnet. Das Betacam SP ist ein MAZ-Format, das auf Reineisenband ein Videosignal, zwei Tonsignale longitudinal, zwei FM-Tonspuren und den Zeitcode aufzeichnet. Bei Beta-

cam SP können tragbare Recorder Kassetten bis zu 36 Minuten, stationäre Maschinen bis zu 110 Minuten verarbeitet werden. Einige Betacam SP-Maschinen können Bänder sowohl bespielen als auch wiedergeben. Das Betacam Digital-Format zeichnet digitale Komponenten-Signale und zwei digitale Tonsignale auf eine Kassette mit 1/2 Zoll breitem Reineisen-Magnetband auf. Vor der Aufzeichnung wird das Videosignal im Verhältnis 2:1 komprimiert. Bei stationären Geräten beträgt die maximale Spieldauer 125 Minuten. Das Betacam-Digital-Format ist für Kamerarecorder geeignet; hier beträgt die maximale Spieldauer 40 Minuten. Maschinen des Digital Betacam-Formats können auch Kassetten des Betacam SP-Formats abspielen. Betacam ist das professionelle Gegenstück zu Hobby-Video-Camcordern.

■ **Betamax**
[TV] 1/2 Zoll breites Magnetband, das für professionelle Zwecke genutzt wird. Häufig wird nur die Abkürzung Beta verwendet. → Betacam → MAZ

■ **Bezeichnungsexotismen**
[Sp] Wörter, die auf Sachen, Personen und Begriffe der fremdsprachlichen Welt beschränkt bleiben, z.B. Iglu, Torero, Tschador.

■ **BFBS**
[Ra, TV] Abk. für British Forces Broadcasting Service. Radio- und TV-Sender der britischen Streitkräfte in ihren Stationierungsgebieten.

■ **Bibliographie**
→ Literaturverzeichnis

■ **Bibliothekstantieme**
[Re] Für die Ausleihe von Büchern und zunehmend auch von → audiovisuellen Medien in öffentlichen, kirchlichen und Werksbibliotheken zahlen die Bundesländer auf der Basis eines Gesamtvertrages eine Pauschale an die → Verwertungsgesellschaften. Diese schütten die Gelder an ihre Mitglieder aus.

■ **Bild**
1.) [Fo] Synonym für Foto. 2.) Beschreibung einer Szene oder eines Seelenzustandes in bildhafter Weise, so dass sich der Leser oder Hörer in das Thema leicher eindenken kann „Ein Gelände so groß wie drei Fußballplätze." Die Sprachwissenschaft unterscheidet vor allem die Sonderformen Vergleich, Gleichnis, Symbol (Sinnbild), Emblem und Metapher.

■ **Bildabtastgerät**
[TV] Gibt ein Bildsignal zur fernsehtechnischen Übertragung vorwiegend flacher, ebener Bildvorlagen, z.B. Filme, Diapositive und Papierbilder. Vergleichbar mit einem → Scanner. → Filmabtastgerät

■ **Bildagentur**
[Fo] Unternehmen, das auf Bestellung Fotomaterial liefert. Zu den international bekanntesten gehören u.a. Magnum, Sipa, Sygma, Look und Bilderberg. → Presseagentur

■ **Bildbearbeitung**
[Fo, Co] Per Computer werden Fotos für den Druck nachbearbeitet, z.B. andere Farbwerte eingegeben, damit die Farben beim Druck gut rauskommen. → Farbseperation

■ **Bildformat**
1.) [TV] Das Verhältnis von Breite zu Höhe eines Bildes. Im Fernsehen ist das übliche Bildformat 4:3. HDTV mit dem Bildformat 16:9 nähert sich der Form des menschlichen Gesichtsfeldes an. 2.) [Fo] Seitenverhältnis von Fotografien und sonstigen Abbildungen. Das bei Pressearbeit übliche Fotoformat ist 13 x 18 cm. 3.) [Fi] Kinofilme werden meist im Format 3:7 gedreht. → Cinemascope

■ **Bildgeber**
[TV] Allgemeine Bezeichnung für elektronische Kamera, → Filmabtaster, → Diaabtaster und → MAZ, also für alle Geräte, die Bilder in elektrische Signale umsetzen.

Bildjournalist
Jemand, der für die Presse fotografiert, der die Nachricht mit einem Foto „erzählt“. Meist vereinfachend als → Fotograf bezeichnet. Fotograf ist jedoch eine Berufsbezeichnung, die nur Personen mit einer entsprechenden gesetzlich geregelten Ausbildung führen dürfen, was nicht auf alle Bildjournalisten zutrifft. → Journalist

Bildkennung
[TV] Kennzeichnung der Herkunft eines Fernsehbildes durch Einmischen der Herkunftsbezeichnung. → Senderkennung

Bildleitung
[TV] Kabel, durch das Bildsignale eines TV-Beitrages übermittelt werden. Für den Ton gibt es die → Tonleitung.

Bildmeister
[TV] Ein speziell in der Bildtechnik ausgebildeter Mitarbeiter, der die Verbindung zwischen Bildtechnik und Produktion herstellt. Er ist verantwortlich für die technische Qualität der Bilder bei der elektronischen Fernsehproduktion.

Bildmischer
[TV] 1. Person, die im → Regieraum des Fernsehsenders das → Bildmischpult bedient. Der Bildmischer schaltet nach Absprache mit der → Regie während der Aufnahme die ausgewählten → Bildgeber (z.B. bei verschiedenen Kameras diejenige mit dem roten Licht) auf den Ausgang zur Sendung oder Aufzeichnung. Nicht zu verwechseln mit dem → Cutter. 2. Kurzbezeichnung für → Bildmischpult

Bildmischpult
[TV] Arbeitsplatz des → Bildmischers. Es steht im → Regieraum eines Fernsehstudios. In ihm laufen die Signale aller angeschlossenen → Bildgeber zusammen. Nach Auswahl werden sie zur → Aufzeichnung oder direkt auf Sendung geschaltet. Die Bilder können dabei überblendet oder hart geschaltet werden (→ Hartschnitt). Es ist durch Tricktechnik möglich, die verschiedensten Ein- oder Überblendungen vorzunehmen.

Bild-Nachricht
[Ze] Eine eventuell erweiterte → Bildunterschrift wird zum Haupttext, es gibt keinen weiteren Artikel zu einem Foto.

Bildnegativ
[TV] Ein entwickelter Negativfilm weist das negative Bild des Aufnahmeobjektes auf. Bei Farbnegativfilmen werden die Farben komplementär wiedergegeben, bei schwarzweißfilmen sind die Hell- und Dunkelwerte vertauscht.

Bildregie
[TV] Meist kurz Regie genannt. 1.) Raum in dem das → Bildmischpult eines Fernsehstudios steht. Auch → Regieraum genannt. 2.) Teil der Tätigkeit eines → Regisseurs bei einer Film- oder Fernsehproduktion.

Bildschirmtext
[TV, Co] Abk. = → Btx.

Bildschirmzeitung
[Co, Ze] Inhalte einer Zeitung werden in einem elektronischen Medium auf einem Bildschirm sichtbar. Meist ist die bloße Wiedergabe der gedruckten Inhalte z.B. im Internet der erste Schritt. Dann können → interaktive Möglichkeiten hinzu kommen, die im gedruckten Exemplar nicht vorhanden und dort auch technisch nicht machbar sind. → E-Zine

Bildschnitt
[Fi, TV] 1.) Der harte Wechsel von Film- oder Fernsehbildern, z.B. von einer Kamera zur anderen. Der → Bildmischer erzeugt ihn mittels der Schnitttasten des → Bildmischpultes. Der Wechsel von einem → Bildgeber auf den nächsten erfolgt in 1/25 Sekunde. Der weiche Übergang wird → Überblendung genannt. 2.) Die Bezeichnung für die Tätigkeit des → Cutters bei Fernsehproduktionen.

Bildstart
[TV, Fi] Bezeichnung für die Startmarkierung (→ Startkreuz) auf dem → Startband eines Films oder einer → MAZ.

■ Bildstrich
[Fo] Der Trennungsstrich zwischen den Einzelbildern eines Films. Auch Rasen genannt.

■ Bild-Text
[Ze] → Bildunterschrift

■ Bildträger
1.) [Fo, Fi] Das Material, auf dem die Bildinformation gespeichert ist. Im üblichen fotografischen Verfahren ist dies das Filmmaterial. Beim elektronischen Filmen ist es das Magnetband (→ MAZ). 2.) [TV] Die Trägerfrequenz eines Fernsehsenders für ein Videosignal.

■ Bildunterschrift
[Ze] Abk. = BU. Der zu einem Foto gehörende Text, der überwiegend erklärend beschreibt, was auf dem Bild zu sehen ist, z.B. Namen der abgebildeten Personen. Sie steht meist unter dem Foto und ist durch Textsatz, z.B. durch die Verwendung einer anderen Schrift, optisch vom → Fließtext unterschieden. Die BU wird auch als Bildzeile oder Bildtext bezeichnet.

■ Bildwechselfrequenz
[TV] Die Anzahl der dargestellten Bilder pro Sekunde. Wird das Bild 25mal pro Sekunde gewechselt, spricht man von 25 Hertz. Ist die Bildwechselfrequenz zu niedrig, treten Flimmereffekte auf. Abhängig von der Verschmelzungsfrequenz des menschlichen Auges und der Beleuchtung des Ortes, an dem der Bildschirm aufgestellt ist liegt die auch als Bildwiederholfrequenz bezeichnete Wechselfrequenz für flimmerfreie Bildschirmdarstellung zwischen 75 und 100 Hz. → Zeilensprungverfahren

■ Bildwiederholfrequenz
[TV] → Bildwechselfrequenz

■ Bildzeile
[Ze] → Bildunterschrift. Gelegentlich als BZ abgekürzt.

■ Binden
[Dt] Kurzwort für → Buchbinden.

■ Bindestrich
[Dt] → Divis

■ Binnenpluralismus
Innerhalb der Programme einer → öffentlich-rechtlichen Rundfunkanstalt ist die Meinungsvielfalt sowohl organisatorisch als auch inhaltlich abgesichert. Rechtliche Grundlage dafür sind die Landesmediengesetze, die die Sender dazu verpflichten, dass sich alle gesellschaftlich relevanten Kräfte und Meinungen widerspiegeln müssen und in Rundfunk- und Verwaltungsrat vertreten sind. Im Gegensatz hierzu herrscht unter den → Printmedien aufgrund der Vielzahl der Presseunternehmen und Publikationen ein → Außenpluralismus. Die einzelne Zeitung oder Zeitschrift kann also durchaus nur einseitig eine Meinung wiedergeben. Es wird diskutiert, ob das Erfordernis des Binnenpluralismus aufgrund der vielfältiger gewordenen Struktur im Rundfunkmarkt noch gegeben ist, oder ob auch hier eine außenplurale Struktur den Anforderungen des Grundgesetzes entspricht. → privater Rundfunk → Vollprogramm → Rundfunkstaatsvertrag

■ Binnenraum
[Dt] Innerhalb der Schriftzeichen liegender Weißraum. Die Gestaltung des Binnenraums ist wichtig für die Lesbarkeit und Ästhetik einer Schrift.

■ Bit
[Co] Abk. für Binary Digit (engl. = Dualziffer, Binätzeichen) Die kleinste Informationseinheit in der Datenverarbeitungstechnik und in digitalen Systemen. Ein bit ist eine einzelne Zahlenstelle im Dualzahlensystem und kann entweder den Wert null oder eins annehmen. Die Informationen werden aufgeschlüsselt in 0 oder 1, ja oder nein, d.h. es fließt Strom oder es fließt kein Strom. Die digitale 16-bit-Audiotechnik basiert auf einer Kombination von 16 bits, mit der rund 65.000 unterschiedliche Spannungswerte dargestellt werden können. Acht Bit bilden ein Byte, 1024 Byte entsprechen einem Kilobyte, 1024 Kilobyte sind ein Megabyte.

■ **Bitmap**
[Co, Fo] Andere Bezeichnung für → Pixelgrafik.

■ **Black**
[Dt] Bezeichnung für Schwarz im → Vierfarbdruck. Häufig ist auch die Bezeichnung K (= Key) oder T (= Tiefe).

■ **Black Burst**
[TV] (engl. = schwarzes Ausbrechen, Bersten) Das in der → Austastlücke übertragene Farbsynchronsignal.

■ **Blank**
[Fi] Ein schwarzes Bild. Durch das Fehlen jeglicher „Bildinformationen" soll die Aufmerksamkeit des Zuschauers vom bloßen Zusehen z.B. auf eine → Off-Stimme oder vereinzelte Einblendungen gelenkt werden.

■ **Blankfilm**
[TV] Ein nicht belichteter und nicht entwickelter, jedoch fixierter Negativfilm. Dieser Film dient meist als → Vor- oder → Nachlauf bei Negativen, findet aber auch als Zugfilm in Entwicklungsmaschinen Verwendung.

■ **Blankieren**
[Fo, TV] Bezeichnung für ein Verfahren, mittels dessen Schrammen auf der → Blankseite von Filmmaterial beseitigt werden können.

■ **Blanking Interval**
[TV] Englische Bezeichnung für → Austastlücke.

■ **Blankschramme**
[Fo, Fi] Eine Schramme, d.h. eine strichförmige Beschädigung befindet sich auf der → Blankseite eines Filmes. Diese mechanische Beschädigung kann durch Blankieren beseitigt werden.

■ **Blankseite**
[Fo, TV] Die Seite des fotografischen Trägermaterials, die nicht mit fotografischer Emulsion beschichtet ist. Sie wird auch Glanzseite genannt. Schrammen auf ihr, so genannte Blankschrammen, können durch Blankieren beseitigt werden.

■ **Blätterwald**
[Ze] Gesamtheit der auf dem Markt befindlichen → Printmedien. „Ein Rauschen ging durch den Blätterwald" = alle Medien haben über ein Ereignis berichtet und sich z.B. aufgeregt.

■ **Blattkritik**
[Ze] Eine → Ausgabe einer Zeitung wird kritisch betrachtet. Sowohl formale als auch inhaltliche Gesichtspunkte kommen dabei zur Sprache. Die meisten Zeitungen und Zeitschriften machen nach jedem Erscheinen eine Konferenz, in der eine ausführliche Blattkritik geübt wird.

■ **Blaupause**
[Dt] Eine Art Fotokopie der fertig montierten Filme. Von der Blaupause wird die → Druckform hergestellt. Auf den Blaupausen werden fehlende oder falsch montierte Teile angezeichnet. Heute ist die Anwendung von → Formproofern üblich. Auch Lichtpause genannt. Die englische Bezeichnung ist blueprint.

■ **Blauraum**
[TV] Er ermöglicht das Einblenden einer ganzen, räumlich erscheinenden Kulisse. Verfahren ähnelt einer blauen Leinwand, die das Einblenden eines Bildes, z.B. einer Wetterkarte ermöglicht. Virtuelles Studio. → Blue Box

■ **Bleisatz**
[Dt] Ältestes Verfahren des Schriftsatzes. Früher wurde beim Textsatz (→ Satz) eine Druckvorlage aus einzelnen → Lettern zusammengesetzt. Diese „Buchstaben-Stempel" bestanden oft aus Blei, aber auch Antimon-Zinn-Legierungen wurden verwendet. Vereinzelt wurden auch Stempel aus Hartholz geschnitzt, die sich jedoch sehr schnell abnutzten und daher weder für höhere → Auflagen eigneten noch über einen langen Zeitraum hinweg einsatzfähig waren. Neben dem manuellen Bleisatz (auch als Handsatz bezeichnet) gibt es den maschinellen Bleisatz, bei

dem mit Setzmaschinen einzelne Drucktypen oder ganze Zeilen gegossen werden. Die marktbeherrschende Setzmaschine war die → Linotype. Seit 1960 verdrängt der → Fotosatz mehr und mehr den Bleisatz. Die letzte Bleisatz-Maschine wurde 1976 hergestellt.

■ Bleiwüste
[Ze] Viel → Fließtext auf einer Seite ohne optische Auflockerung (z.B. durch Grafiken, → Zwischenüberschriften). Zu viel Text hält den Leser meist davon ab, überhaupt mit dem Lesen zu beginnen. Der Begriff leitet sich von dem früher ausschließlich verwendeten → Bleisatz her.

■ Blende
[Fo, TV] Im allgemeinen Sprachgebrauch werden alle Vorrichtungen so bezeichnet, die vor unerwünschtem Licht abschirmen (z.B. Sonnenblende). 1.) [Fo] Bei fotografischen Objektiven ist die Blende eine mechanische Einrichtung zur variablen Regelung des Lichtdurchlasses auf das Fotomaterial. Meist kommt die Kamerablende in Form der Irisblende vor, einer Ringblende, deren Lichtdurchlass in der Mitte variiert. → Blendenzahl 2.) [Fo, Fi] Eine Vorrichtung an Objektiven zur Abschirmung von Störlicht, z.B. Gegenlichtblende. 3.) [TV] Veränderung der Helligkeit von Szenen. → Aufblenden, → Abblenden, → Überblenden 4.) [TV] Weicher Übergang von einem Bild zum nächsten beim elektronischen → Bildschnitt (Gegensatz ist der → Hartschnitt). Ausgeführt werden die Blenden meist am Bildmischpult. Die zeitliche Dauer der Blende ist veränderlich. 5.) [Ra] Das Einblenden, Überblenden und Ausblenden von Tonereignissen bei Tonaufnahmen, Tonbearbeitungen und Sendungen. 6.) Ein Normteil, das für die Herstellung von Dekorationsteilen wie z.B. Wänden, Unterzügen etc. beim Szenenbau verwendet wird. 7.) [Fo] Scheinwerfer haben oft Blenden, um die Menge des auf die Szene gestrahlten Lichtes zu regulieren.

■ Blendenzahl
[Fo] Verhältnis zwischen dem geöffneten Durchmesser der → Blende eines Kameraobjektivs und seiner → Brennweite. Je kleiner der Wert ist, desto mehr Licht wird durchgelassen. Die Blendenzahl ist ein Maß für die Helligkeit des auf Film oder Mattscheibe projizierten Bildes. Sie ist unabhängig von konstruktiven Merkmalen eines Objektivs wie z.B. Brennweite, d.h. ein mit Blende f = 5,6 aufgenommenes dargestelltes Bild ist immer gleich hell. Die Blendenstufen eines Objektivs sind international genormt. Nach DIN 4522 wird folgende Blendenreihe gebildet: 1 – 1,4 – 2 – 2,8 – 4 – 5,6 – 8 – 11 – 16 – 22 – 32 – 45 – 64 – 90. Dabei entspricht jeder Schritt genau einer Verdoppelung bzw. Halbierung der Belichtungszeit bzw. einer Verdoppelung oder Halbierung der → ASA-Zahl eines Filmes.

■ Blimp
[Fi] Englische Bezeichnung für eine schalldichte Kamerahülle. Durch dieses Schallschutzgehäuse werden störende Laufgeräusche der Kamera z.B. während Tonaufnahmen oder bei Konzerten unterbunden.

■ Blindmaterial
[Dt] Nicht druckendes Material im → Bleisatz. Blindmuster waren niedriger als → Lettern. Mit ihrer Hilfe konnten leere Räume dargestellt werden, z.B. Wortabstände, Zwischenräume zwischen den Zeilen und Spalten. Nicht zu verwechseln mit dem → Blindtext. → Spatium → Geviert → Reglette

■ Blindmuster
[Dt] Aus dem gleichen Material wie die späteren Drucke hergestellte Muster, jedoch unbedruckt, z.B. Bücher, Broschüren, Prospekte.

■ Blindtext
[Dt] Nonsens-Text ohne besondere Sinnbedeutung. Er wurde als → Klebemuster für Layout-Entwürfe verwendet, um die Wirkung der gewählten Schrift im → Lay-

out darzustellen und dadurch einen ersten optischen Eindruck des künftigen Produktes zu erhalten. Die Größe und Art der Schrift und daher auch der → Grauwert sind mit der späteren Satzarbeit identisch. Die Struktur des Blindtextes ähnelt mit unterschiedlichen Wortlängen und Interpunktion der eines regulären Texts. Der fehlende Sinn soll vermeiden, dass der Betrachter durch den Inhalt von der Optik abgelenkt wird. Einer der bekanntesten Blindtexte ist der → Lorem Ipsum-Text.

■ **Blindzeile**
[Dt] Synonym für eine Leerzeile.

■ **Blitzer**
[Dt] Ugs. für → Blitzkante.

■ **Blitzkante**
[Dt] 1.) Wenn Bilder nicht passgenau nebeneinander gedruckt werden, „blitzt" eine weiße, unbedruckte Papierstelle durch. 2.) Wenn angeschnittene Bilder aufgrund zu großer Beschnittzugabe nicht ausreichend beschnitten werden und ein Rand bleibt.

■ **Block, eine Geschichte im Block haben**
Fertig recherchiert haben. Die Recherche-Notizen existieren bereits, die Geschichte muss nur noch geschrieben werden.

■ **Blockade**
[Dt] Im → Bleisatz wurden mit dem Letterfuß nach oben stehende → Lettern an Stellen eingefügt, wo im Manuskript Buchstaben fehlten oder unleserlich waren. Diese Platzhalter sollten beim → Korrekturlesen auf die fehlende Information aufmerksam machen. Der Platz wurde auf diese Art vor allem dann blockiert, wenn noch einzelne Zahlen fehlten, der Rest des Textes jedoch bereits komplett war.

■ **Blocksatz**
[Dt] Ein Absatz wird derart gesetzt, dass die Zeilen rechts und links bündig, d.h. senkrecht untereinander abschließen. Alle Zeilen haben die gleiche → Zeilenlänge, es ergibt sich ein geschlossener → Zeilenfall. Dafür variiert der Abstand zwischen den einzelnen Worten einer Zeile. In Blocksatz gesetzte Texte wirken optisch „ordentlich". Man spricht auch von ausgeschlossenem Satz (→ Ausschließen). Im → Bleisatz wurde der Blocksatz als → glatter Satz bezeichnet. Gegensatz ist der → Flattersatz. → Rausatz → volllaufen

■ **Blockschrift**
[Dt] 1.) Variante einer → Antiqua-Schrift ohne → Serifen, die gleichmäßig gezogene, blockförmige Buchstaben besitzt. Häufig wird für das Ausfüllen von Formularen Blockschrift gefordert. 2.) Ugs. als Synonym für die → Versalien von handschriftlichen Druckbuchstaben verwendet.

■ **Blockzeitung**
[Ze] Begriff aus der DDR für eine Tageszeitung, deren Leserschaft sich auf ein räumlich abgrenzbares Gebiet konzentriert. Ihr Verbreitungsgebiet war nur in einem Kreis. Sie sind keinesfalls zu verwechseln mit den Zeitungen der Blockparteien. Auch heute noch haben die ehemaligen DDR-Blockzeitungen häufig die Vormachtstellung in ihrem jeweiligen Verbreitungsgebiet.

■ **Blow up**
[Fi] Die englische Bezeichnung für → Aufblasen.

■ **Blubbern**
[Ra, Fi] Lautmalerische Umschreibung des Geräusches, das bei Mikrofonaufnahmen durch mechanische Erschütterung des Mikrofons oder Luftzug entsteht.

■ **Blue Box**
[TV] (engl. = blaue Kiste) Ugs. Bezeichnung für das → Chroma-Key-Verfahren. Elektronischer Trick, der einen Vordergrund mit einem Hintergrundbild zu einem neuen (Gesamt-) Bild kombiniert. Die Bezeichnung Blue Box kommt daher, dass der Hintergrund meist blau ist; z.B. sitzt ein Nachrichtensprecher vor einem

blauen Hintergrund, in den die Skyline einer Stadt elektronisch eingefügt wird, sodass es wirkt, als säße der Sprecher nicht im Studio. Dieser „Trick" soll eine optische Verbindung zwischen der gelesenen Nachricht und dem Ort des Geschehens herstellen. Früher auch Blue Screen genannt, wegen der blauen Wand, vor der sich die Personen bewegen. → digitales Studio

■ **Blue Movie**
[TV] (engl. = blauer Film) Erotischer und eventuell sogar pornographischer Film.

■ **Blue Screen**
[TV] (engl. = blauer Bildschirm) Veraltete Bezeichnung für → Chroma Key.

■ **Blueprint**
[Dt] Engl. = → Blaupause.

■ **Bluetooth**
[Co] Neue Technologie der Funkübertragung im Nahbereich. Laptops, Drucker, Mobiltelefone und Organizer können sich innerhalb weniger Meter drahtlos verständigen. Hinter dem Bluetooth-Projekt stehen u.a. Nokia, Ericsson, Intel, IBM und Toshiba.

■ **Bobby**
[Ra] Spulenkern. Runder Metallträger, auf den das Tonband oder Film-Magnetband aufgewickelt wird. Jeder Beitrag hat seinen eigenen Bobby und wird separat gestartet. Durch den digitalen Schnitt (→ electronic editing) ist die Benutzung von Tonbandgeräten und Bobbys so gut wie verschwunden.

■ **Bodenstativ**
[Fi] Kleines, leichtes, nicht fahrbares Kamerastativ, das speziell für besonders niedrige Aufnahmepositionen der Kamera eingesetzt wird.

■ **Bodenwelle**
[Ra] Die Bodenwelle ist eine Funkwelle, die über den Erdboden läuft. Sie folgt der Erdkrümmung und wird allmählich von der Erde absorbiert. Je nach Frequenz und Sendeleistung können hier Entfernungen bis zu einigen hundert Kilometern überbrückt werden. Ihre Intensität nimmt mit dem Quadrat der Entfernung ab.

■ **Bodycopy**
[We, Dt] (engl. = Körperkopie) Fließtext. Der Begriff wird meist im Zusammenhang mit dem Text einer Werbeanzeige verwendet. Oft als Copy oder Copytext abgekürzt.

■ **Bodytext**
[Dt] (engl. = Körpertext) Bezeichnung für den Haupttext oder große Textmengen beim → DTP. Meist ist damit der Fließtext gemeint. Der Bodytext entspricht dem Text, der in der Bleisatz-Ära mit → Brot- und Butterschriften gesetzt wurde.

■ **Bogen**
1.) [Dt] → Druckbogen 2.) → Plakatformat

■ **Bogendruck**
[Dt] Druck eines → Druckbogens.

■ **Bogensignatur**
[Dt] Ein kleiner, meist in 6 → Punkt gesetzter Vermerk am unteren Rand des → Druckbogens. Mit Ausnahme der Titelseite enthält er die → Bogenziffer und evtl. Verfasser und Titel des Werkes in Kurzform.

■ **Bogenziffer**
[Dt] Am unteren Rand des → Druckbogens erfolgt die Nummerierung des Bogens in arabischer Ziffer. Auf der ersten Seite des → Schöndrucks steht die Prime, auf dem → Widerdruck die gleiche Ziffer mit einem Stern versehen als Sekunde.

■ **Book on Demand**
(engl. = Buch auf Verlangen) Der Inhalt eines Buches wird digitalisiert und gespeichert. Der Ausdruck erfolgt später auf digitalem Weg (→ Digitaldruck). Im Gegensatz zum üblichen → Offsetdruck, bei dem eine vorher festgesetzte → Auflage gedruckt werden muss, können hierbei einzelne Exemplare kurzfristig auf direkte Bestellung hin gedruckt werden.

Booklet
(engl. book = Buch) 1.) Kleines Heftchen, z.B. bei Musik-CDs. 2.) [PR] → Ausschnitte (→ Clippings) oder selbst erstelltes Material werden häufig nach Art eines Buches gebunden. Ziel ist die geordnete Aufbewahrung oder „schöne“ Präsentation des Materials.

Bool'sche Operatoren
[Co] Logische Verknüpfungen von Suchbegriffen, die die Suche nach → Web-Sites mittels → Suchmaschinen einschränken. Standardisierte Verknüpfungen sind „AND“ (häufig in der Form eines „+“ vor Suchbegriffen), das eine Schnittmenge zweier Suchaspekte bildet, „NOT“ (oft ein „-“ vor Suchbegriffen), das ein Merkmal ausschließt, und „OR“, das eine Gesamtmenge ergibt. Diese zweiwertigen logischen Aussagen beruhen auf den Erkenntnissen des britischen Mathematikers George Boole (1815-1864), der als Professor in Cork die mathematische Logik begründete.

Boom
[Fi] Englische Bezeichnung für den → Galgen, an dem das Mikrofon hängt.

Boom Operator
[Fi] Derjenige, der den → Galgen, an dem das Mikrofon hängt (auch Boom genannt) bedient. Das ist in der Regel der → Tonassistent.

Booster
[Ra] Allgemeine Bezeichnung für einen Verstärker. Im akustischen Bereich sind damit speziell die Verstärker für den Tieftonbereich zwischen 15 und 60 Hz gemeint.

Borgis
[Dt] Bezeichnung für den Schriftgrad 9 → Punkt. Auch *Bourgeois* genannt. → Didot

Börsenverein des Deutschen Buchhandels
Spitzenorganisation des herstellenden und verbreitenden Buchhandels, die rund 7.000 Mitgliedsfirmen vertritt. Er wurde im Jahr 1825 als „Börsenverein der deutschen Buchhändler zu Leipzig“ gegründet. Die jährlich stattfindende Frankfurter Buchmesse wird von ihm veranstaltet und der Friedenspreis des Deutschen Buchhandels, einer der bedeutendsten Kulturpreise Deutschlands, jährlich an eine bedeutende Persönlichkeit verliehen.

Botschaft
Das was der Journalist inhaltlich „rüberbringen“ will. Ugs. wird häufig auch die englische Übersetzung message verwendet.

Boulevard-Journalismus
„Sex, crime and sports“ beherrschen den Inhalt der Publikation oder Sendung. Trockenere Themen wie Politik, Wirtschaft und Wissenschaft werden angerissen, aber nicht erschöpfend behandelt, sondern die Positionen, Meinungen und Aussagen teils extrem zugespitzt. → Boulevardpresse

Boulevardpresse
[Ze] Print-Form des → Boulevard-Journalismus. In meist hoher → Auflage erscheinende Zeitung, die für wenig Geld im Straßenverkauf vertrieben wird, z.B. Bild-Zeitung, Express. Typisch sind sehr große → Schlagzeilen auf der Titelseite mit wenig Text dazu, meist ein → Aufreger, sowie → Hingucker. Häufiges Papierformat ist das → Tabloid. Auch als Yellow Press oder Regenbogenpresse bezeichnet.

Bouncen
[Fo] (engl. bounce = abprallen) Bezeichnung für die indirekte Blitzbeleuchtung in der Fotografie.

Bourgeois
[Dt] Bezeichnung für die Schriftgröße 9 → Punkt. Auch *Borgis* genannt. → Didot

BR
[Ra, TV] Abk. für Bayerischer Rundfunk. Öffentlich-rechtlicher Radio- und Fernsehsender des Landes Bayern, München. Er wurde am 10. August 1948 konstituiert.

■ Brandertainment
[TV] (engl. Kunstwort aus brand = Marke und entertainment = Unterhaltung, etwa „Unterhaltung durch eine Marke“) Relativ neue Art der Werbung im Fernsehen. Da die Aufmerksamkeit der Zuschauer bei → Werbeblocks für die Werbetreibenden zu wünschen übrig lässt, d.h., da die Zuschauer in der Regel → zappen und bei Werbung zu anderen Sendern wechseln, hat sich die Werbewirtschaft eine neue Form der Werbe-Show einfallen lassen: z.B. die „Hohes-C-Familien-Show“. Statt Werbeblocks für Schokoriegel, Mega Perls und Babywindeln sponsert das werbende Unternehmen Spiel und Spaß mit Kandidaten.

■ Brand-Value
[PR, We] (engl. = Marken-Wert) Je bekannter und beliebter eine Marke ist, umso höher ist ihr Wert. Jede Marke, egal ob die eines Prokuktes oder des Unternehmens selbst, hat einen Wert, der auch veräußerbar ist. Werbung und → PR werden dazu eingesetzt, diesen Wert zu steigern. → Corporate Brand

■ Braune Ware
[Ra, TV] Haushaltselektronik aus dem Unterhaltungsbereich. Dazu gehören u.a. Fernseher, Rundfunkgeräte und Videorecorder. Der Begriff entstand, weil diese Geräte früher vorrangig in Holz gefertigt wurden. In Abgrenzung dazu steht die so genannte „weiße Ware“, die traditionell in weißer Farbe hergestellte Haushaltsgeräte bezeichnet, d.h. Waschmaschinen, Geschirrspüler, Kühlschränke etc. Weil die braune Ware inzwischen vorrangig in der Farbe schwarz produziert wird, wird sie inzwischen auch häufig als schwarze Ware bezeichnet.

■ Breitbandnetz
[Ra, TV] Andere Bezeichnung für das → Kabelfernsehnetz, in dem Hörfunk und Fernsehen gleichermaßen verbreitet werden. Durch eine größere Bandbreite können deutlich größere Datenmengen schneller als im üblichen Telefonnetz verbreitet werden.

■ Brennweite
[Fo] Der Abstand zwischen dem Brennpunkt und der Brechungsebene einer Linse. Je länger eine Brennweite ist, desto stärker vergrößert die Linse. Die Brennweite ist abhängig vom Linsenmaterial, den Krümmungsradien der Linse und der Brechzahl der umgebenden Medien (Luft ungefähr = 1; Wasser = 1,333). Bei Objektiven ist die Brennweite die Entfernung zwischen dem Film und der hinteren Hauptebene des auf „unendlich“ eingestellten Objektivs. Die Hauptebene liegt meist knapp hinter dem Objektivmittelpunkt, bei Objektiven nach dem Retrofokus-Prinzip außerhalb des Objektivgehäuses. Ein Linsensystem aus mehreren nah beieinander liegenden Linsen wirkt wie eine einzige Linse. Dadurch sind auch Objektive mit „langer“ Brennweite in relativ kurzer Bauweise möglich. I.d.R. wird die Brennweite in mm angegeben. Objektive mit variabler Brennweite werden → Zoom-Objektiv genannt.

■ Breviarium
[Dt] (lat. brevis = kurz) Auszug aus einem (literarischen) Werk; kurze Übersicht.

■ Brevier
[Dt] (lat. brevis = kurz) 1.) Kurze Sammlung von Texten aus einem Themengebiet, z.B. das „Wein-Brevier.“ 2.) Aus dem Werk eines Dichters oder Schriftstellers werden die wichtigsten Stellen zusammengetragen. 3.) Das Gebetbuch eines katholischen Geistlichen.

■ Brillant
[Dt] Bezeichnung für die Schriftgröße 3 → Punkt. Synonym für Viertelcicero. → Didot

■ Brillanz
[Fo] Ausdruck für die subjektiv empfundene Qualität eines Bildes, z.B. mit leuchtenden Farben, scharfen Konturen und hohem Kontrast.

■ British Broadcasting Corporation
[Ra, TV] Abk. = → BBC.

■ **British Forces Broadcasting Service**
[Ra, TV] Abk. = → BFBS.

■ **B-Rolle**
[TV] Eine der beiden beim → AB-Schnitt hergestellten Filmrollen.

■ **Broschur**
[Dt] Dünnes Buch oder Heft mit einfachem Einband aus Papier oder weicher Pappe und einfacher Bindung.

■ **Broschüre**
[Dt] Nicht periodisch erscheinende Publikation mit Papier- oder Kartonumschlag, die von 5 bis 48 Seiten umfasst.

■ **Brot- und Butterschriften**
[Dt] Alltagsschriften eines Schriftsetzers, z.B. in der Zeitung häufig die Times Roman als Grundschrift für den → Fließtext und Helvetica für Überschriften. Schriften, mit denen die Handsetzer Massentext setzten und damit ihr „Butterbrot" verdienten. → Typographie

■ **Brotobjekt**
Diejenigen Produkte, mit deren Erträgen die Verlage fest rechnen und die auch einen wesentlichen Teil zum Verlagsumsatz beitragen. Dazu gehören z.B. Fernseh-Programmzeitschriften.

■ **Browser**
[Co] (engl. browse = schmökern, blättern, umherstreifen) Computerprogramm, mit dem man sich im → World Wide Web bewegen kann. Moderne Browser können nicht nur Dateien im → HTML-Format darstellen und erstellen, sondern auch E-Mails versenden und empfangen sowie andere Formen der Datenübertragung übernehmen. Die populärsten Web-Browser sind das Programm „Internet Explorer" von Microsoft und „Navigator" von Netscape. Eine jüngere Entwicklung sind die sogenannten → WAP-Browser, mit denen Seiten im → WML-Format z.B. auf Handys dargestellt werden können.

■ **Bruch**
[Ze] Generell eine andere Bezeichnung für → Falz. Im Speziellen wird die Mittellinie einer Zeitungseite als Bruch bezeichnet, an der das Blatt gefaltet wird. Das über dem Bruch Geschriebene liegt im Kiosk offen sichtbar, das unterhalb des Bruches bleibt verdeckt. Schlagzeilen müssen über dem Bruch stehen, um am Kiosk zum Kauf zu animieren.

■ **Bruchziffer**
[Dt] Darstellungsweise von mathematischen Brüchen. Die Bruchziffer setzt sich aus zwei Zahlen zusammen, von denen die eine an der Oberkante, die andere an der → Grundlinie der Zeile orientiert ist.

■ **Bruststativ**
[Fi] Spezielle Tragevorrichtung für Kameras mit einer Brustplatte mit Kamerabefestigung und zwei Schulterbügeln.

■ **Btx**
[Co] Abk. für Bildschirmtext. Text-Dienst der (ehemaligen) Deutschen Bundespost. Zwischenzeitlich als → Datex-J bezeichneter Vorgänger von T-Online. Als erster „Online-Dienst" ermöglichte Btx die Übermittlung von persönlichen Nachrichten und den individuellen Abruf von Textinformationen und grafischen Darstellungen aus Datenspeichern über das öffentliche Fernsprechnetz auf den Fernsehbildschirm oder spezielle Btx-Telefone.

■ **BU**
[Ze] Abk. für → Bildunterschrift.

■ **Buch**
1.) [Dt] UNESCO-Definition von 1964: „Eine nicht periodisch erscheinende Publikation mit mindestens 48 Seiten". Für Buchdrucker ein in eine → Buchdecke eingeschlagener → Buchblock. 2.) [Ze] Teil einer Zeitung, der separat gefaltet ist, sodass man ihn problemlos herausnehmen kann; z.B. Wirtschaftsteil, Sportteil, Veranstaltungskalender.

■ **Buchbearbeitung**
[TV] Eine dramatische Vorlage wird für die Realisierung im Fernsehen bearbeitet. Bei einem wesentlichen Eingriff in das dramaturgische Gefüge hat das Umschreiben zum → Drehbuch urheberrechtliche Folgen.

■ **Buchbesprechung**
→ Rezension

■ **Buchbinden**
[Dt] Zusammenfassen gedruckter Seiten in einem Einband zu einem Buch. Das Wort leitet sich von der ursprünglichen Technik des Heftens der Seiten mit Bindfaden her. Heute wird dies nur noch bei hochwertigen bzw. bei dicken Büchern verwendet, ansonsten wird meist geleimt. → Fadenbindung → Klebebindung → Deckenband → Hardcover → Paperback → Lumbecken → Hotmelts

■ **Buchblock**
[Dt] Die inneren Seiten eines → Buches. Er besteht aus mehreren → Lagen. Um den Block wird ein Umschlag oder eine → Buchdecke gelegt.

■ **Buchdecke**
[Dt] Einband eines → Buches, der meist aus Karton besteht. Ugs. auch als Buchdeckel bezeichnet.

■ **Buchdrucker**
[Dt] Ausbildungsberuf. Zu den Tätigkeiten des Buchdruckers gehören das Vorbereiten der → Druckformen zum Druck, Vorbereiten der → Bedrucktstoffe, Druckfarben und der Druckmaschine, Drucken und die Druckweiterverarbeitung.

■ **Buchpreisbindung**
In Deutschland ist die vertikale Preisbindung grundsätzlich verboten (2. Novelle zum Gesetz gegen Wettbewerbsbeschränkungen, § 15), d.h., der Hersteller darf dem Einzelhändler den Verkaufspreis nicht diktieren. Von diesem Verbot ausgenommen sind Verlagserzeugnisse (§ 16). Daher werden Bücher von jedem Buchhändler zum gleichen Preis verkauft, der Preiswettbewerb ist unterbunden. Der deutsche Buch- und Zeitschriftenhandel hat sich in einem Kartellvertrag verpflichtet, die von Verlagen festgesetzten Ladenpreise einzuhalten. Im Gegenzug versichern die Verlage, keine Bücher an Endverbraucher zu verkaufen. Bei Nichteinhaltung der Preisbindung droht den Buchhändlern ein Lieferboykott. Eine Ausnahme von der Buchpreisbindung ist die → Verramschung von → Restauflagen. Das EU-Recht verbietet jedoch jegliche Preisbindung. Die grenzüberschreitende Buchpreisbindung zwischen Deutschland und Österreich war jahrelang rechtlich umstritten. Im Februar 2000 teilte der EU-Wettbewerbskommissar Monti mit, dass das bisherige System, zumindest was seine grenzüberschreitenden Auswirkungen betrifft, Ende Juni 2000 aufgehoben wird. Es soll durch einzelstaatliche Regelungen ersetzt werden.

■ **Buchstabe**
Schriftzeichen. Der Name leitet sich etymologisch von Stäben aus Buchenholz her, aus denen vor Einführung des Bleisatzes die „Zeichen-Stempel" bestanden. → Letter

■ **Buchstabenbegegnung**
[Dt] → kritische Buchstabenverbindung

■ **Buffen**
[Dt] Einpassen eines Fließtextes in ein Layout im Computer. Hierbei wird der Text auf die Länge und Breite vorgegebener Spalten formatiert.

■ **Bügelfunk**
[Ra] → Begleitmedium → Dudelfunk

■ **Bulk-Mail**
[Co] (engl. bulk = Größe, Umfang, Masse, bulk mail = Postwurfsendung) Massenaussendung per E-Mail, z.B. → Spam.

■ **Bullykreis-Werbung**
[We] Werbung, die innerhalb des Bullykreises im Eishockeystadion platziert wird.

Bund
[Dt] Der jeweils innere Rand einer Seite. In der Regel ist der Bund dort, wo das Dokument gebunden wird. Der Bund ist meist asymmetrisch, d.h., der innere Rand ist größer als der äußere. Das ermöglicht z.B. das leichtere Abheften.

Bundesprüfstelle für jugendgefährdende Schriften
Bundesbehörde, die den → Index erstellt, d.h. die Liste der Schriftstücke erstellt und aktualisiert, deren Abgabe an Jugendliche unter 18 Jahren untersagt ist. → Zensur

Bundesverband Deutscher Zeitungsverleger
Zusammenschluss der Arbeitgeber in den Printmedien. Er handelt als Tarifpartner der Gewerkschaften die Tarifverträge aus. Ugs. wird er auch als Verlegerverband bezeichnet.

buntes Thema
Irgendein „nettes" Thema. Wenn zu viele Wirtschafts- und Politikthemen ein Blatt oder eine Sendung zu ernst machen, lockert ein schön zu lesendes bzw. anzuschauendes Thema (z.B. Elefantengeburt im Zoo) die Mischung auf. So wird vermieden, dass der Inhalt zu schwer oder einseitig wird. → Soft News

Buntfarbe
[Dt] Im → Vierfarbdruck die Druckfarben → Cyan, → Magenta und → Yellow, nicht die Druckfarbe Schwarz.

Bürgerfunk
[Ra, TV] Offener Kanal. Jedem Bürger wird die Möglichkeit gegeben, ein von ihm erstelltes und gestaltetes TV- oder Radioprogramm zu senden. Dem Bürger werden die technischen Mittel zur Ausstrahlung zur Verfügung gestellt. Wie das Programm erstellt wird, ist hingegen von ihm selbst abhängig. Von Laien gemacht sind daher die auf diesem frei zugänglichen Kanal gesendeten Beiträge häufig von geringer journalistischer Qualität und laienhafter technischer Ausführung.

Bürstenabzug
[Dt] → Druckfahne

Business-Channel
[TV] (engl. = Wirtschaftskanal) Auf Wirtschaftsberichterstattung spezialisierter Fernsehsender. → Spartensender, z.B. Blomberg TV, n-tv, N24. Nicht zu verwechseln mit → Business-TV.

Business-TV
[TV] Einige, vor allem größere Unternehmen haben ein firmeneigenes Fernsehprogramm, das nur intern gesehen werden kann. Meist sendet es nicht den ganzen Tag lang, sondern lediglich z.B. eine halbe Stunde täglich. Es bietet kein → Vollprogramm. Oftmals werden die Sendungen nicht zu einer festen Sendezeit ausgestrahlt, sondern können von den Angestellten z.B. während ihrer Pausen auf Abruf angesehen werden. Business-TV agiert in einer rechtlich diffusen Zone: Je nach Zielgruppe ist das → Teledienstegesetz oder der Mediendienste-Staatsvertrag anwendbar. Nicht zu verwechseln mit → Business-Channel.

Butterschrift
[Dt] → Brot- und Butterschrift

Buy out
[Fi, TV, Re] (engl. = Ausverkauf) Insbesondere Schauspieler, → Regisseure und Kameraleute erhalten eine Klausel im Vertrag, in der sie sämtliche Rechte an ihrer Arbeit abtreten. Vor allem private Produktionsfirmen gehen verstärkt zu dieser Buy-Out-Klausel über, um sonst fällige Tantiemen-Auszahlungen bei Zweitausstrahlungen im In- und Ausland zu vermeiden.

byline
[Ze] (engl.) → Autorenzeile in englischen Printmedien („By Helen Miller"). Sie wird auch von internationalen → Presseagenturen verwendet, jedoch nur ausnahmsweise. Daher ist sie für den Autor hier eine große Ehre.

■ **BZ**
1.) Abk. für die ursprünglich „Berliner Zeitung" genannte Berliner Boulevardzeitung des Springer Verlages 2.) Manche kürzen auch die vom Verlag Gruner + Jahr verlegte Abonnementzeitung „Berliner Zeitung" so ab, was zu Verwechslungen führt. 3.) Seltener verwendet als Abkürzung für Bildzeile. → Bildunterschrift

C

CA
[TV] Abk. für → Conditional Access.

Call-in
[Ra, TV] (engl. = hineinrufen) Sendung im Radio oder TV, bei der Hörer anrufen und live ihre Meinung zu einem bestimmten Thema sagen können. Oft werden diese Sendungen nachts ausgestrahlt, z.B. die TV → Talkshows „Arabella Night" auf Pro7 oder „Domian" im WDR-Rundfunk.

Candela
(lat. = Kerze) Einheit der → Leuchtdichte. Diese Maßeinheit ist seit 1979 gültig. Sie lässt sich auf Naturkonstanten zurückführen. Die Lichtstärke einer monochromtischen Lichtquelle, die Licht der Wellenlänge 555 nm (grün) mit 1/683 Watt/Steradient ausstrahlt, entspricht einer Candela. Ihr Zahlenwert ist so gewählt, dass ältere photometrische Messgrößen ohne Korrektur weiterverwendet werden können. Bei der Wellenlänge 555 nm hat das Auge die höchste Empfindlichkeit. Abk. ist cd.

Capitalis
[Dt] Die korrekt Capitalis monumentalis genannte römische Schrift besteht aus Großbuchstaben (→ Versalien). Sie ist einer der Vorläufer der → Antiqua.

Cart
[Ra] (Abk. von engl. cartridge = Patrone) Kurzwort für Cart-Maschine. Ein Multi-Kassetten-Automat, der gleichzeitigen Zugriff auf eine große Anzahl von Kassetten mit → Jingles etc. gestattet.

Cast
[Fi] Engl. für → Besetzungsliste.

Casting
[TV] (engl. = Rollenverteilung) Test-Vorstellung. Probeaufnahmen. Vorsprechen, z.B. eines neuen → Moderators. Auch bei Film und Theater. Synonym für → Besetzen.

CB
[Ra] (Abk. von engl. citizen band = Bürger-Band) Jedermann-Funk, d.h. für alle offene Funkkanäle.

CD
1.) Abk. für → Corporate Design. 2.) Abk. für Compact Disc, ein digitaler Datenträger mit etwa 650 Megabyte Speicherkapazität für Daten oder 74 (vereinzelt bis zu 80) Minuten für Tonaufnahmen.

Champagner-Journalisten
Journalisten, die immer wieder auf Empfängen mit Büfett und teuren Getränken auftauchen, ohne von einer Redaktion beauftragt zu sein, und die über diese Ereignisse im Grunde nicht berichten wollen.

Changieren
[TV] Ein Störeffekt auf dem Bildschirm. Er entsteht durch Streifen, die in der Bildvorlage vorhanden sind und die parallel zu den Bildzeilen verlaufen, z.B. gestreifte Kleidung.

Channel hopping
[TV] → zappen

■ Character generator
[TV] Englische Bezeichnung für den → Schriftgenerator.

■ Charakterziffer
[Dt] → Mediävalziffer

■ Chat-Room
[Co] (engl. = Plauder-Zimmer) Spezieller Dienst im → Internet, in dem sich mehrere Menschen live per Tastatur unterhalten können. Der virtuelle Gegenüber kann direkt auf einen eingetippten Satz reagieren und antworten. Damit eine Unterhaltung flott vonstatten geht, werden häufig → Akronyme verwendet. Gefühle werden mit → Emoticons ausgedrückt.

■ Chef vom Dienst
(Abk. CvD) Intern Verantwortlicher für den Inhalt einer Veröffentlichung. Koordinator für die aktuelle Ausgabe. Er nimmt in der Regel die organisatorische Funktion des → Chefredakteurs wahr, ist jedoch mit diesem nur sehr selten identisch.

■ Chefredakteur
Vorgesetzter der → Redakteure. Er ist dafür zuständig, die Termine des Tages an die ihm unterstellten Journalisten zu verteilen. Der Chefredakteur kann auch in Personalunion die Funktionen des → Chef vom Dienst wahrnehmen.

■ Chefreporter
Der wichtigste → Reporter eines Blattes oder Senders, der die größten Geschichten macht und ständig unterwegs ist. Er ist nicht der Chef der übrigen Reporter.

■ chemische Blende
[Fo] Das → Aufblenden und → Abblenden wurde früher häufig auf chemischem Wege hergestellt, indem die optische Dichte der Filmschicht verändert wurde. Dieses Verfahren der Filmbearbeitung ist veraltet.

■ Chiffre
[Ze] (arab.-mlat.-frz., 18. Jh., frz. chiffrer = verschlüsseln) Bei → Kleinanzeigen werden häufig Chiffre-Nummern anstelle von Name und Adresse angegeben. Dadurch bleibt der Auftraggeber der Anzeige für die Öffentlichkeit unbekannt. Zuschriften werden unter Angabe der Chiffre-Nummer an die Zeitung gesandt und von dieser an den Inserenten weitergeleitet. Häufig bei Mietangeboten, bei denen der Vermieter nicht von Wohnungssuchenden ohne Terminabsprache bestürmt werden möchte.

■ Chorus
[Ra] Mit Hilfe diese Gerätes wird das Klangvolumen verbreitet und ein räumlicher Klang eingerichtet.

■ Chroma
[Fo] Englische Bezeichnung für die Farbsättigung (→ Sättigung) oder Farbstärke. Der Ausdruck wird aber auch für die Farbart, d.h. für Farbton plus Farbsättigung verwendet.

■ Chroma nulling
[TV] Vollständige Entfärbung des Farbsignals (→ Chroma), sodass nur noch Hell-Dunkel-Werte bzw. schwarz-weiß übrig bleiben.

■ Chroma-Key
[TV] (engl.) Farb-Stanzverfahren. Verfahren zum Übereinanderlegen von zwei Videobildern mit Hilfe eines Stanzsignals. Dieses Signal wird aus der Farbinformation des Vordergrundbildes gewonnen. Wählt man z.B. Blau als Stanzfarbe, so erscheinen alle blauen Farbpunkte des Vordergrundbildes durchsichtig, sodass das Hintergrundbild an diesen Stellen durchscheint. Größe, Form und Position des Stanzsignals lassen sich nur mit Hilfe der Kamerabewegung und nicht am Bildmischpult verändern. Chroma-Key wird vor allem im → Blue box-Verfahren angewandt, wo die Vordergrundszene durch das Hintergrundbild ersetzt wird. → Bildmischer können oft mit einem Regler die Stanzfarbe einstellen.

■ Chrominanz
[TV] Andere Bezeichnung für den → Farbauszug.

■ Chronistenpflicht

In seinen Artikeln, Berichten und Reportagen notiert ein Journalist Merkmale der Zeit, in der er lebt. Er ist Chronist seiner Zeit.

■ Chyron

[TV] (sprich: Kairen) → Insert. Diese Bezeichnung erfolgte nach dem Namen des Schriftcomputers.

■ CI

Abk. für → Corporate Identity.

■ Cicero

[Dt] Bezeichnung für die Schriftgröße 12 → Punkt. Die Benennung dieses → Schriftgrads soll nach dem Buchdrukker Ulrich Hans Cicero erfolgt sein, der im 15. Jahrhundert in Rom eine 12-Punkt-Schrift geschaffen hat. Eine andere Deutung sagt, dass die ersten Bücher der Reden Ciceros erstmals in einer 12-Punkt-Schrift gedruckt worden seien.

■ CIE

Abk. von Commission Internationale d'Eclairage (frz. = Internationale Beleuchtungskommission) Diese Vereinigung führte im Jahr 1931 einen Standard für Farbsysteme (Illuminanten) ein, der unabhängig vom eingesetzten technischen Gerät ist. Als Basis für die Transformation dient der geräteunabhängige CIE-XYZ-Farbraum, der alle vom menschlichen Auge sichtbaren Farben umfasst. Zur Zeit setzt sich die CIE aus 40 nationalen Verbänden zusammen. Ihr Sitz ist in Wien.

■ Cinemascope

[Fi] Von dem französischen Physiker Henri Chrétien 1937 entwickeltes Verfahren für Breitwand-Kinofilme. Das Verfahren wurde von der US Film-Produktionsgesellschaft Twentieth Century Fox unter diesem Namen eingeführt. Die Aufnahme erfolgt auf einen Negativfilm mit 55 mm Breite. Die Kopien werden mittels eines → anamorph verzerrenden Linsensystems, einem → Anamorphoten, hergestellt. Dabei wird das Bild im Verhältnis 7:3 (entspricht 2,35:1) in der Horizontalen im Verhältnis 2:1 verkleinert, sodass es auf einen 35-mm-Normalfilm (→ Normalfilm) passt, der das Standard-Verhältnis Breite zu Höhe von 4:3 besitzt. Bei der Projektion im Kino wird dieser Vorgang durch ein entsprechendes Objektiv rückgängig gemacht. Bei der Filmabtastung zur Fernsehübertragung geschieht das Entzerren auf optischem oder elektronischem Weg. Ein ähnliches Verfahren ist → Panavision → Letterbox → Pan & Scan.

■ claim

[We] (engl. = Behauptung, Anspruch, Forderung) Werbebehauptung, Werbeaussage, z.B. „Unser Produkt wäscht am weißesten". Schwierig wird es für den Werbetreibenden immer dann, wenn er den Claim nicht durch Fakten stützen kann, z.B. bei „Wir sind die Guten".

■ Click Through Rate

[Co, We] → Clickrate. Abk. = CTR.

■ Clickrate

[Co, We] Sie ist eine wichtige Maßzahl für die Effizienz einer Bannerwerbung. Sie gibt das Verhältnis der Anzahl der Sichtkontakte zur Anzahl der tatsächlich angeklickten → Banner an. Sie zeigt also an, wie viele Besucher einer → Web-Site sich den Werbeinhalt eines Banners tatsächlich angesehen haben. Wenn einer von zehn Besuchern einer Seite die Anzeige anklickt, so beträgt die Klickrate zehn Prozent.

■ Click-Through

[Co, We] (engl. = durchklicken) Das Anklicken eines Werbe-Banners (→ Banner). Synonym für → AdClick.

■ Cliffhanger

[TV] (engl. = Klippen-Hänger) Hochdramatische Schlussszene einer Serienfolge, die beim Zuschauer Neugierde auf die nächste Folge wecken soll. Typisches Ende bei täglich ausgestrahlten → Seifenopern (Daily Soaps).

■ Clip
[TV] Kurzwort für Video-Clip oder Film-Clip. Ein kurzer Ausschnitt, eine Szene oder Bildsequenz. Ugs. werden kurze Musik-Videos als Clip bezeichnet, die z.B. auf Viva oder MTV laufen.

■ Clipped key
[TV] (engl. clip = abschneiden, key = Schlüssel) Andere Bezeichnung für das → Luminanz-Signal.

■ Clipping
[Ze, PR] (engl. clipping = Ausschnitt) Zeitungsausschnitt, den beispielsweise ein → Ausschnittdienst an seine Kunden versendet. Oft wird die Anzahl der Clippings, d.h. der Erwähnungen in Printmedien, als Messgröße für den Erfolg einer PR-Kampagne angesehen.

■ Close
[TV] (engl. = nah) Kurz für Close-up. Detailaufnahme in Film und Fernsehen, z.B. Gesicht, Hände. Auch als Nah bezeichnet. Gegenteil von → Totale. → Einstellung

■ CMYK
[Dt] Bezeichnung für die nach der → Europaskala genormten Druckfarben des → Vierfarbdruckes: Cyan, Magenta, Yellow und Key (entspricht Schwarz). Grundfarben der → subtraktiven Farbmischung.

■ Coder
[TV] (engl. code = verschlüsseln, chiffrieren) 1.) Ein Gerät, das in der Fernsehtechnik die Farbwertsignale Rot, Grün und Blau verschlüsselt und in ein normgerechtes Fernsehsignal umwandelt. → Fernsehnorm 2.) Mit diesem Gerät werden verschlüsselte Zeitsignale zur Aufzeichnung auf Film oder Magnetband erzeugt. 3.) Elektronische Signale werden mit diesem Gerät verschlüsselt und dadurch übertragbar oder speicherbar gemacht. Zum Auflösen der Verschlüsselung wird ein → Decoder benötigt.

■ Codierung
[Co, TV] Eine Nachricht wird von einem Zeichenvorrat, also einer endlichen Menge vereinbarter Zeichen, in einen anderen Zeichenvorrat umgewandelt.

■ Coinidental-Check
(engl. coincidence = zufällige Übereinstimmung, check = Überprüfung) Überprüfung der Zuverlässigkeit eines elektronischen Messverfahrens durch zusätzliche Stichproben. Bei den Teilnehmern des Untersuchungspanels werden zusätzlich Kontrollanrufe durchgeführt. Die Antworten auf die Frage nach ihrer Fernsehnutzung im Augenblick des Anrufes werden mit den elektronisch ermittelten Messdaten des gleichen Zeitpunktes verglichen und eine Fehlerquote errechnet. Die Übereinstimmung zwischen elektronischer Messung und Kontrollanruf beträgt durchschnittlich 95 Prozent. → Einschaltquote

■ Colombier
[Dt] Französisches → Plakatformat, 60 x 80 cm.

■ Color Killer
[TV] (engl. = Farb-Töter) Schwarzweißfernseher besitzen diese Einrichtung zur Unterdrückung des Farbträgers.

■ Colorieren
[Fo, Fi] Nachträgliches Einfärben von Schwarzweißfotos oder alten schwarzweiß gedrehten Filmen.

■ Color-Matching
[TV] Mehrere Farbbild-Geber werden untereinander angeglichen, sodass sie gleiche Farben anzeigen.

■ Commercial
[We, Ra, TV] Englische Bezeichnung für Werbesendung. Werden Werbung und Produktinformationen vermischt, so spricht man von → Infomercial.

■ Commission Internationale d'Eclairage
→ CIE

Community-TV
[TV] (engl. = Gemeinschaft) Fernsehprogramm, das sich an Nutzergruppen mit gleich gerichteten Interessen wendet, an so genannte Communities.

Composing
[Dt, Fo] (engl. = zusammensetzen) Fotomontage. Die moderne →EBV kombiniert verschiedene Bildvorlagen mit einer speziellen Software.

Compromise format
[TV] (engl. = Kompromiss-Format) Breitbilder (z.B. in →Cinemascope) werden auf dem 4:3-Bildschirm wiedergegeben. Dabei werden rechts und links vom Bild gleich große Teile abgeschnitten, damit die schwarzen Balken am oberen und unteren Bildrand nicht zu breit werden und die Details des Bildes besser zu erkennen sind. →Letterbox

Compurverschluss
[Fo] Üblicher Zentralverschluss, der die Belichtung in Fotokameras dosiert.

Computer Based Training
[Co] Selbststudium mittels elektronischer Lehrmittel. Der Autodidakt nutzt ein Lernprogramm und eignet sich das zu erlernende Wissen durch eine Interaktion mit der Software an. Häufig werden auch die Prüfungen durch eine spezielle Prüfsoftware abgenommen. Nicht zu verwechseln mit dem angeleiteten Lernen des →Telelearning. Abk. ist CBT.

Computer-to-plate
[Dt] (engl. = Computer auf Platte) Abk. = Ctp. Verfahren der Druckformherstellung für den →Offsetdruck, bei dem statt der Filmbelichtung die im Computer gestaltete Druckvorlage im Ctp-Belichter direkt auf die Druckplatte übertragen wird. Aus dem digitalen Datenbestand des →DTP oder des Fotosatzes wird die Druckform durch eine zeilenweise Laserbelichtung lichtempfindlich beschichteter Aluminiumplatten hergestellt. Die Herstellung von Film- und Kopiervorlagen, wie sie bei anderen Verfahren notwendig ist, entfällt hierbei.

Conditional Access
[TV] (engl. = bedingter Zugang) Abk. = CA. Jedes System zur Erteilung von Zugriffsberechtigungen, z.B. zur Einschränkung von Nutzergruppen. Es kommt u.a. bei →Pay-TV zur Anwendung.

condré
[Dt] (frz.) aschfarben →unbunt

Continuity
[Fi] Der Continuity ist außer für die Dokumentation der Daten einer Szene wie deren Dauer, Nummer der Filmrolle, Cutterberichte, Festhalten der →Kopierer etc. auch für die Dokumentation der →Anschlüsse zuständig. →Skript

Cookie
[We, Co, Re] (engl. = Keks) Internetverbindungen sind anonym. Aus technischen Gründen kann der Anbieter einer Seite im Internet weder die Identität der Besucher feststellen noch erkennen, ob ein Nutzer die Seite wiederholt besucht. Damit gehen auch Einstellungen verloren, die ein Besucher auf einer Internetseite vorgenommen hat, wenn der Anwender diese wieder verlässt. Damit sich die Site die Eingaben eines Nutzers merken kann, werden Cookies eingesetzt. Ein Cookie ist nichts anderes als eine kleine Datei, die auf der Festplatte des Rechners des Besuchers gespeichert wird. Sie enthält eine Zahlenfolge, anhand derer die Site den Nutzer und seine Einstellungen wiedererkennen kann. Durch den Einsatz von Cookies ist es auch möglich, das Verhalten der Nutzer einer Webseite zu registrieren. So kann beispielsweise festgestellt werden, wie sich eine Person durch das Angebot der Webseite bewegt. Cookies sind aus Datenschutzgründen in Verruf geraten, denn durch „Markierung" des Nutzers können Verhaltensprofile angelegt werden. Gibt der Nutzer Informationen preis, z.B. zum Zweck einer Warenbestellung, so können auch diese gespeichert werden. Einige Anbieter registrieren so die Vorlie-

ben ihrer Kunden, um zielgerecht → Banner mit Werbung zu platzieren. In Deutschland ist das Anlegen von Nutzerprofilen nur bei ausdrücklicher Zustimmung des Betroffenen („opt in") zulässig, in den USA z.B. genügt es, wenn er nicht ablehnt („opt out"). Da jedoch Nutzer und Anbieter im Internet sich häufig in verschiedenen Ländern mit unterschiedlichen Rechtsnormen aufhalten, ist es schwierig, ein gemeinsames Recht zu finden.

■ **Copy**
[We, Dt] → Bodycopy

■ **Copyflow**
(engl. = Kopien-Fluss) Der Weg, den ein Text nimmt, angefangen von der Entstehung beim Autor über die Weiterleitung an Ressortleiter und Textchef bis zum Druck.

■ **Copy-Preis**
[Ze, MaFo] (engl. copy = Kopie) Begriff aus der Marktforschung, der den Preis eines Exemplars einer Zeitung/Zeitschrift bezeichnet. Wird eine → Nullnummer einer neuen Zeitschrift erstellt, so wird mit ihr der Herstellungspreis herausgefunden. Die Marktforschung stellt anhand von Umfragen fest, ob dieser Preis vom Markt akzeptiert wird, zu hoch ist oder das Limit noch nicht ausgeschöpft ist.

■ **Copyright**
[Re] Englische Bezeichnung für die Urheber- und Vertriebsrechte. Meist ist die Angabe des Copyright mit einer Jahreszahl versehen. Das Recht, das → geistige Eigentum (auch das eines anderen) zu verwerten, d.h. zu vervielfältigen etc. Mit dem Copyright-Vermerk im → Impressum von Büchern und Broschüren macht ein → Verlag sein alleiniges → Verwertungsrecht kenntlich, das dann → Verlagsrecht genannt wird. Mit dem internationalen Schutz des Copyrights ist die → World Intellectual Property Organization befasst. Symbol = ©, Abk.= (c).

■ **Copy-Test**
[Ze, Ma] (engl. copy = Kopie) Mit Hilfe dieser werbepsychologischen Untersuchungsmethode wird die Nutzung von Printmedien festgestellt. Nutzung heißt hier, welche Artikel, Rubriken oder Anzeigenseiten wie oft vom Leser angeschaut werden. Vom Ergebnis des Copy-Tests hängen u.a. die Anzeigenpreise ab. Erhält eine Rubrik ein schlechtes Copy-Test-Ergebnis, wird sie oft eingestellt oder erhält künftig weniger Platz. → Leser-Blatt-Bindung

■ **Copytext**
[We, Dt] → Bodycopy

■ **Cord**
[TV] Andere Bezeichnung für → Magnetfilm. → Cordläufer

■ **Cordläufer**
[TV] Ein Gerät zur Wiedergabe von → Magnetfilm. Das speziell perforierte Magnettonband, Cord, ist entweder 16 mm oder 17,5 mm breit.

■ **Corporate Brand**
[PR] (engl. = Unternehmens-Marke) Identitätsprozesse der klassischen Art werden allmählich abgelöst. Übergreifend über → Corporate Design und → Corporate Identity werden die Unternehmen selbst als Wert und Marke etabliert. Ziel dieses Prozesses ist, dass nicht mehr allein die Produkte vom Kunden wieder erkannt und positiv bewertet werden, sondern das Unternehmen als solches. Der Kunde soll denken: „Das Produkt kommt von Unternehmen X, das ist eine sympathische und qualitativ hochwertige Firma, da kaufe ich auch deren Produkt." Wenn das Unternehmen an sich einen Wert bekommt, ist er leichter zu kapitalisieren, beispielsweise durch einen Börsengang. → Brand-Value

■ **Corporate Design**
[PR] (engl. = Unternehmens-Aussehen) Abk. = CD. Ein äußeres Erscheinungsbild nach einheitlichen Regeln soll den Wiedererkennungswert steigern. Einbezogen

werden beispielsweise die Festlegung auf bestimmte Farben (z.B. Spiegel = orange), Schriftzug (z.B. Süddeutsche Zeitung), Uniform (z.B. alle Straßenverkäufer tragen eine einheitliche Jacke). CD ist Bestandteil der → Corporate-Identity, das Design (kühl, flippig, etc.) spiegelt die allgemeine Firmen-Philosophie wieder.

■ Corporate Identity
(engl. = Unternehmens-Identität) Abk. = CI. Ein Unternehmen/Institution legt seine/ihre Philosophie und ein einheitliches Erscheinungsbild nach innen und außen fest. Die Corporate Identity spiegelt sich unter anderem in einem einheitlichen äußeren Erscheinungsbild, dem → Corporate Design, aber auch in Führungsstil (kooperativ, autoritär) und Arbeitsorganisation (Teamarbeit, Fließbandarbeit) wieder. Das Ansehen eines Unternehmens von außen wird ebenso von ihr beeinflusst wie das Arbeitsklima im Inneren.

■ Couch-Potatoe
[TV] (engl. = Sofa-Kartoffel) Die bildhafte Bezeichnung beschreibt einerseits das Festkleben eines Vielsehers auf dem Fernsehsessel bzw. Sofa. Andererseits karikiert die Bezeichnung die Neigung, während des TV-Konsums Kartoffelchips in sich hineinzustopfen. Ende der Siebziger-, Anfang der Achtzigerjahre entstand der Begriff Couch-Potatoe in den USA.

■ Covalieren
[Fi] Ein chemisches Verfahren, mit dem die Laufeigenschaften eines Film verbessert und die elektrostatische Aufladung verhindert wird.

■ Cover
[Ze] (engl. = Umschlag) → Titelseite

■ Cover-gate-folder
[Ze, We] Nach links aufklappbare Umschlagseite bei Zeitschriften, die mit der Titelseite verbunden ist.

■ Covergirl
[Ze] (engl. = Titelseiten-Mädchen) Attraktive Frau als Motiv des → Titelfotos, meist der → Hingucker.

■ covern
(engl. = abdecken) Das Besetzen eines Ereignisses. Die Redaktion schickt einen Journalisten zu einem Termin und berichtet darüber. („Warum haben wir die Eröffnung der Messe nicht gecovert?")

■ Cover-Photo
Engl. Bezeichnung für das → Titelfoto.

■ Crab Dolly
[Fi] (engl. = Krabben-Kamerawagen) Besonders gut seitlich bewegliches Kamerastativ (→ Dolly) mit einer so genannten Crab-Steuerung. Durch Hydraulik ist es ruckfrei höhenverstellbar. Durch Luftbereifung ist er unempfindlich gegen kleine Unebenheiten des Bodens. Auf dem Kamerawagen befindet sich ein Sitz für den Kameramann.

■ Crawl
[TV] (engl. = kraulen, kriechen, krabbeln) Von rechts nach links über den Bildschirm laufende Einblendung in ein Fernsehbild (Laufschrift, „laufender → Insert"), z.B. „Die nächste Sendung beginnt ca. 10 Minuten später" oder Sondermeldung: „Flugzeugabsturz in Berlin". Ein Crawl hat im Vergleich zum Insert einen erhöhten Aufmerksamkeitswert. Zudem sind längere Texte möglich.

■ Crawl title
[TV] Ungebräuchliche Langform von → Crawl.

■ Creative Director
[We] (engl. = kreativer Leiter) Er ist für die gesamte konzeptionelle Einbindung der kreativen Elemente einer Werbekampagne verantwortlich. → Art Director

■ Cross-Media-Provider
(engl. = Kreuz-Medien-Versorger) Weder Nachrichten noch unterhaltende Inhalte sind beliebig vermehrbar. Mit einer zuneh-

menden Anzahl an Medien können daher nicht immer neue Informationen angeboten werden. Sie erreichen den Mediennutzer lediglich auf mehreren Wegen. Medienunternehmen werden daher verstärkt versuchen, ihre Informationen über unterschiedliche Kanäle anzubieten, z.B. werden die Inhalte einer Tageszeitung auch im Internet angeboten. Schafft ein Unternehmen es nicht, die Bereiche abzudekken, kooperiert es mit anderen Unternehmen, die genau die fehlende Mediensparte bedienen und schafft so eine → Medienfamilie. → Cross-Promotion

■ Cross-Promotion
Die einzelnen Bereiche einer → Medienfamilie empfehlen und bewerben die Angebote der jeweils anderen. Ziel ist es, die Kunden innerhalb der Medienfamilie zu halten. Dies ist dann offensichtlich, wenn z.B. ein Radiosender immer nur Spielfilme eines Fernsehsenders positiv darstellt oder auf die Internet-Angebote eines bestimmten Providers hinweist.

■ Crosstalk
[Ra, TV] (engl. = Kreuz-Sprechen) Ein Moderator überspricht den Text oder die Musik eines Beitrages. (Nebensprechen, Einstreuung)

■ Ctp
[Dt] Abk. für → Computer to plate.

■ CTR
[Co] Abk. für CLick-Through-Rate. → Clickrate

■ Cue
[TV] (engl. = Stichwort, Einsatz) 1.) Markierungssignal auf Filmbändern beim elektronischen Schnitt. Sie wird z.B. zum Wiederfinden der vorgesehenen Schnittstelle einer → MAZ benötigt. 2.) Oft wird cue im Sinne von „Bildsuchlauf vorwärts" verwendet.

■ Cue Card
→ Neger

■ Cue Marke
[TV] Ein kurzer Piepton, der eine Schnittstelle (→ cue) auf einer → MAZ markiert.

■ Cue track
[TV] (engl. = Stichwort-Spur) Hilfstonspur, Kommandospur, Merkspur. Diese Tonspur wurde früher für Kommentare oder Regieanweisungen, aber auch zur Markierung einer Schnittstelle (→ Cue) verwendet. Heute werden auf dieser Spur vor allem die digitalen Adresscodes gespeichert. → Zeitcode

■ curtain opener
(engl. = Vorhangöffner) Einleitung einer Reportage. Er soll erste Einblicke gewähren.

■ cut
[Fi, TV] (engl. = (Film-)Schnitt) 1.) Andere Bezeichnung für Schnitt. Beim Film das Trennen einzelner Szenen (→ Einstellungen) eines Film- durch Durchschneiden des Film- und Tonmaterials und anschließendem Zusammenkleben in anderer Reihenfolge (mechanischer Schnitt). Bei der heute üblichen → MAZ erfolgt das Cutten durch elektronisches Umkopieren einzelner Einstellungen von dem ursprünglichen Aufnahmeband (→ Rohmaterial) auf ein anderes Video- oder MAZ-Band (electronic editing). Das → Bandmaterial wird dabei nicht mehr durchtrennt. 2.) Harter Schnitt. Abruptes Einblenden ohne weichen Übergang, z.B. in Form einer Überblendung. 3.) Kommando des Regisseurs, wenn eine → Einstellung „im Kasten ist".

■ Cutter
[Fi, Ra, TV] Die deutsche Berufsbezeichnung Schnittmeister wird selten verwendet für denjenigen, der den → cut (Film-, EB- oder → MAZ-Schnitt) macht. In Zusammenarbeit mit dem Redakteur gestaltet der Cutter/die Cutterin das unbearbeitete Bild- bzw. Tonmaterial nach dramaturgischen und inhaltlichen Gesichtspunkten. Dabei erhält die Produktion ihre endgültige Form.

■ Cutterbericht
[Fi, TV] Ein Formular, in dem alle Angaben enthalten sind, die der → Cutter für den Schnitt benötigt.

■ CvD
Abk. für → Chef vom Dienst.

■ cyan
[Dt] Blaue Farbe, die beim Drucken im → Vierfarbdruck verwendet wird. Sie ist nach der → Europaskala genormt. Das „C“ in CMYK.

■ Cyberspace
[Co] Bezeichnung für eine künstliche, nur virtuell vorhandene Compterwelt. Der Science-Fiction-Autor William Gibson leitete diese Wortschöpfung in seinem 1984 erschienenen Roman „Neuromancer“ von dem englischen Begriff cybernetics (auf Deutsch: Kybernetik; Steuerungs- und Regelungstechnik) ab. Unter dem Gibson'schen Cyberspace sind vom Computer generierte virtuelle Welten zu verstehen, in denen sich der Nutzer mittels spezieller Kleidung bewegen kann, z.B. mit Sensoren ausgestattetem Helm oder Datenhandschuh. Der Begriff wird immer häufiger als allgemeines Synonym für Erlebniswelten im → Internet, die virtuelle Realität, gebraucht.

■ Cybersquatter
[Co] (engl. = Internet-Hausbesetzer) Personen oder Unternehmen, die → Domaingrabbing betreiben.

D

D2-MAC
[TV] (Abk. für Duobinary Multiplexed Analogue Components) Die europäische Industrie entwickelte für das Satellitenfernsehen ein TV-System, bei dem der Stereoton digital in mehreren Kanälen (D2), die Bildinformation hingegen analog (MAC) gesendet werden. Durch dieses EU-Prestigeprojekt wurde die mehrsprachige Übertragung von Programmen ermöglicht. D2-MAC-Geräte können das europäische 1.250-Zeilen-Fernsehen empfangen, jedoch nur mit 625 Zeilen wiedergeben. D2-MAC wurde als PAL-Plus in Deutschland eingeführt. Die Entwicklung dieser → Fernsehnorm ist ein Zwischenschritt auf dem Weg zu → HDTV.

DAB
[Ra] Abk. für → Digital Audio Broadcast.

Dachzeile
[Ze] Vor der Haupt-Überschrift steht in etwas kleinerer Schrift noch eine Art Vor-Überschrift, die meist sachliche Informationen erhält. Auch Vorzeile genannt.

Daily Soap
[TV] Täglich ausgestrahlte Soap Opera. → Seifenoper

Daily Talk
[TV] (engl. = tägliche Rede) Täglich ausgestrahlte → Talkshow. In jüngster Zeit häufig nachmittags bei privaten TV-Sendern mit reißerischem Inhalt.

DAT
[Ra] Abk. für → Digital Audio Tape. → Bandmaterial für digitale Tonaufnahmen.

Datenautobahn
[Co] Von dem englischen „Information-Highway“ abgeleiteter Begriff. Über Kabel fließen immer mehr Informationen. Um die Steigerung des Informationsflusses gegenüber früher deutlich zu machen, wird von einer Datenautobahn gesprochen. Diese wird z.B. durch die → ISDN-Technik ermöglicht. Ugs. wird der Begriff auch als Synonym für das → Internet verwendet. In diesem ursprünglich für das Militär und später für die Wissenschaft entwickelten Netz wird heute ein Großteil der Daten transferiert. Diese schnelle Übertragung großer Datenmengen ermöglicht auch die Übertragung von Hörfunk- und Fernsehprogrammen. Der Begriff geht auf eine Initiative der Clinton-Regierung in den USA zur Schaffung eines nationalen „Super Information Highway“ zurück. Dabei sollte eine moderne Hochleistungs-Kommunikations-Infrastruktur aus Glasfasernetzen und Satellitenverbindungen zur Übertragung großer Datenmengen errichtet werden.

Datex-J
[Co] Kunstwort, das sich aus Data und exchange zusammensetzt (engl. = Daten-Austausch). Das J steht für „Jedermann“. Diese spätere Bezeichung für den Bildschirmtext-Dienst (→ Btx) der damaligen Deutschen Bundespost lehnt sich an die des professionellen Datex-P-Dienstes an. Seit Oktober 1995 wird er zusammen mit einem Internet-Zugang als T-Online angeboten.

DAU
[Co] Abk. für Dümmster anzunehmender User. Damit ist in der Regel ein Computer-

Nutzer gemeint, der keine oder kaum Ahnung von der Technik hat. Software soll so gestaltet sein, dass sich auch der unbedarfte Anwender zurechtfindet. Sie muss zudem vor Fehlbedienung geschützt sein. Wird beispielsweise aus Unwissenheit Text eingegeben anstelle einer Zahl (z.B. bei der Abfrage einer Postleitzahl), darf dies nicht zu Systemfehlern führen, sondern der Nutzer sollte auf den Fehler hingewisen werden, am besten zusammen mit einer Erlärung, was zu tun ist. Das Internet, insbesondere das → World Wide Web, macht Informationen für eine sehr breite Masse zugänglich, von denen die Mehrheit kein tiefer gehendes Computer-Fachwissen besitzt. Die Navigation durch → Web-Seiten sollte daher auch für solche Nutzer möglich sein, wie auch Bestellformulare immer für den DAU gestaltet werden sollten. Es gilt Murphy's Prinzip: „Es gibt immer jemanden, der an Stellen etwas falsch macht, die man vorher nicht für möglich gehalten hat".

■ **Dauerwerbesendung**
[We, TV] Redaktionell gestaltete Werbesendung. Der Werbecharakter muss erkennbar im Vordergrund stehen und die Werbung einen wesentlichen Bestandteil der Sendung ausmachen. Ihre Zulässigkeit richtet sich nach den → Werberichtlinien sowie § 6 IV des → Rundfunkstaatsvertrags. Zu Beginn der Sendung muss sie als Dauerwerbesendung angekündigt werden. Erforderlich ist auch, dass sie während ihrer gesamten Dauer also solche gekennzeichnet ist. Dies geschieht in der Regel mittels Einblendung des Dauerlogos „Werbesendung". Dies ist z.B. bei der Sat.1-Sendung „Glücksrad" der Fall, in der die zu gewinnenden Preise alle unter Nennung des Herstellers vorgestellt und auch im Bild gezeigt werden. Oftmals ist die Abgrenzung zum → Product Placement schwierig.

■ **DBS**
[TV] Abk. für Direct Broadcast Rundfunksatellit. Von ihm ausgestrahlte Programme sind direkt mit einer Satellitenantenne zu empfangen.

■ **ddp**
Abk. für → Deutscher Depeschen Dienst.

■ **Deadline**
Zeitpunkt, nach dem redaktionelle Änderungen aus technischen Gründen nicht mehr ins Blatt/in die Sendung gehoben werden kann. Er entspricht meist dem → Redaktionsschluss.

■ **Decke**
→ Buchdecke

■ **Deckenband**
Klassische Art des Bindens von Büchern, bei der der Umschlag größer ist als der → Buchblock. → Hardcover

■ **Decoder**
[Ra, TV] Elektronisches Zusatzgerät, mit dessen Hilfe verschlüsselte Bild- und Tondaten so entschlüsselt und aufbereitet werden, dass sie an Radio- und Fernsehgeräten des Empfängers ausgegeben und dort ohne Verzerrung angesehen oder gehört werden können. Dazu gehören nicht nur die Decoder für den Empfang von Videotext und → Pay-TV, sondern auch Stereo-Decoder in Hörfunkempfängern. Jedes Farbfernsehgerät enthält einen Decoder, der aus einem sendefähigen Farbfernsehsignal die darin verschlüsselt enthaltenen drei Grundfarben Rot, Grün und Blau zurückgewinnt. → Set-top-Box → Encoder

■ **Deep Link**
[Co] Ein → Link, der von einer Internet-Seite nicht zur Homepage des Partners führt, sondern direkt zu dem Teil der Site, der inhaltlich zu der Seite passt, auf der der Link angebracht ist. Dies ist besonders praktisch bei E-Commerce, wenn ein Unternehmen seine Artikel auch über fremde Sites vertreibt, nähere Informationen zum Produkt jedoch auf seinen eigenen Seiten anbietet. → Internet

Degauss
[TV, Co] Das Entmagnetisieren u.a. von Monitoren und Magnetbändern.

Dekoration
[Fi, TV] Die gesamte Ausstattung eines Aufnahmeortes, z.B. eines Fernsehstudios.

Dekorationsmarkierung
[TV] Im Probenraum wird der Grundriss der Dekoration markiert, damit die Schauspieler in realistischerer Umgebung proben können.

Dekorrelation
[Fo, Co] Die Beseitigung von Ähnlichkeiten und Redundanzen bei der Kompression von Bilddaten; Erfassung von Unterschieden. Engl. = decorrelation.

Deleatur-Zeichen
(lat. = es werde getilgt) → Korrekturzeichen, das das Streichen eines Buchstabens bzw. einer Textpassage kennzeichnet. Auch Tilgungszeichen genannt.

Delta E
[Dt] Maßeinheit für Farbabweichungen. Nur ein Fachmann erkennt mit geschultem Auge eine Abweichung von einem Delta E kleiner eins. Ein Delta E größer als zehn fällt auch dem Laien sofort auf.

Delta-Frame
[TV] Beim MPEG-2-Verfahren erfolgt die → Kompression von bewegten Bildern, indem lediglich die Unterschiede zwischen den Bildern gespeichert werden, nicht jedoch die gesamte Information eines jeden einzelnen Bildes. Damit sich eventuelle Fehler nicht „anwachsen", werden in regelmäßigen Abständen dazwischen so genannte Key Frames gespeichert, die alle Bildinformationen enthalten.

Dementi
Zurücknahme oder Berichtigung einer Aussage, indem der Zitierte sagt „Das habe ich nicht gesagt" oder „Das habe ich so nicht gesagt, ich bin falsch zitiert worden". Eine neue (Gegen-) Aussage wird oft nicht aufgestellt. Es bleibt dann dem Leser, Zuschauer oder Zuhörer überlassen, ob er eher dem Medium oder dem Zitierten Glauben schenkt. Nicht zu verwechseln mit dem → Widerruf.

DENA
Abk. für Deutsche Nachrichtenagentur. Sie war die Nachrichtenagentur in der amerikanisch besetzten Zone nach dem Zweiten Weltkrieg und einer der Vorläufer der → dpa.

Denglisch
[Sp] Kunstwort, das sich aus Deutsch und Englisch zusammensetzt. Neudeutsche Vermischung von deutschen und englischen Sprachelementen, wobei gelegentlich auch englische Grammatik auf deutsche Worte angewendet wird (z.B. wird immer häufiger gesagt, „etwas macht keinen Sinn", obwohl es in korrekter deutscher Grammatik „es ergibt keinen Sinn" heißen müsste). Ursprünglich aus der Jugendkultur entstanden, ist Denglisch heute, nicht zuletzt durch die Computerisierung der Gesellschaft, Allgemeingut. Z.B. gefaket, recycelt, gesponsert, Mode-Label (statt Marke). Diese Spracherscheinung ist nicht zu verwechseln mit einer Fachsprache, bei der komplizierte Sachverhalte durch ein entsprechendes fremdsprachiges Fachwort kurz ausgedrückt werden können. Ähnliche Erscheinungen gibt es auch in anderen Ländern, z.B. das Franglais in Frankreich.

DENIC
[Co] Abk. für Deutsches Network Information Center. e.G. mit Sitz in Frankfurt/Main. Zu den Aufgaben gehört der Betrieb des primary Name-Servers für die → Top-Level-Domain.de im Internet und die bundesweite Registrierung von → Domains unter .de

Densitometer
[Fo] Schwärzungsmesser. Die fotografische → Dichte wird mit diesem Gerät gemessen. Vor allem im Kopierbetrieb wird der Dichtemesser zur Feststellung der

Grau- und Farbdichtewerte verwendet. Bildbearbeitungsprogramme simulieren Densitometer digital.

■ **Depesche**
(lat.-frz. se depecher = sich beeilen) Veraltete Bezeichnung für Telegramm, Funknachricht. → Eilmeldungen der Presseagenturen werden manchmal so bezeichnet.

■ **Desk**
(engl. = Tisch) Bei Nachrichtenagenturen sind die Zuständigkeiten meist geographisch aufgeteilt. Bei der dpa in Berlin gibt es z.B. den Nordtisch, der für die nördlichen neuen Bundesländer und Berlin, und den Südtisch, der für die südlichen neuen Bundesländer zuständig ist.

■ **Desk Research**
[MaFo] (engl. = Tisch-Forschung) Ursprüngliche Bezeichnung für die Recherche vom Schreibtisch aus (→ kalt schreiben). Im engeren Sinne ist jedoch lediglich die wissenschaftliche Sekundärforschung und die Auswertung bereits vorhandenen Materials, z.B. Zeitungen, Filme, Statistiken, gemeint. Diese Vorgehensweise wird meist zum Zweck der Markt- und Meinungsforschung eingesetzt. Der Gegensatz ist das → Field Research.

■ **Desktop-Publishing**
[Dt, Ze, Co] (engl. = „Publizieren am Schreibtisch") Abk. = DTP. Ein druckfähiges, digitales → Layout wird am Computer hergestellt. Ganzseitenaufbau. Moderne Art des Produzierens von Drucksachen. Das Layout erfolgt am Arbeitsplatzcomputer (häufig Mac-Geräte der Firma Apple), der Ausdruck per Laserdrucker. Einige DTP-Systeme erlauben die Anbindung von → Scannern zur Digitalisierung von → Strichvorlagen und → Halbtonvorlagen. Mit Hilfe von Grafik- und Layoutprogrammen lassen sich Text, Grafiken und andere Elemente am Bildschirm an der gewünschten Stelle positionieren und auf die erwünschte Größe bringen. Texte können mit unterschiedlichen Schriften ausgezeichnet werden. Der Seitenumbruch erfolgt unter Sichtkontrolle und erlaubt jederzeit Korrekturen an Text und Gestaltung. → Ganzseitenlayout, → wysiwyg. Zu den bekanntesten DTP-Programmen gehören PageMaker von der Firma Adobe (ursprünglich von Aldus entwickelt) und QuarkXPress von Quark. Nicht zu verwechseln mit → electronic publishing.

■ **Deutsche Bibliothek**
Gesamtarchiv und nationalbibliographisches Informationszentrum für das deutschsprachige Schrifttum seit 1913 mit Sitz in Frankfurt/Main. Sie hat aufgrund des Gesetzes über die Deutsche Bibliothek von 1969 und die Pflichtstückverordnung von 1982 gesetzlichen Anspruch auf ein → Belegexemplar von jedem in der Bundesrepublik regelmäßig erscheinenden Druckerzeugnis, egal ob Buch, Zeitschrift oder Schülerzeitung. Diese Gesetze sind laut Einigungsvertrag von 1990 auch auf die Deutsche Bücherei in Leipzig anzuwenden. Ziel ist, sämtliche deutschen Druckerzeugnisse zu archivieren. Für den Rundfunkbereich gibt es die → Aufzeichnungspflicht.

■ **Deutsche Journalisten Union**
Abk. = → DJU. Ehemalige Journalisten-Gewerkschaft, die sich 1985 u.a. mit der IG Druck und Papier zur → IG Medien zusammenschloss.

■ **Deutsche Presse Agentur**
Bekannteste und größte Nachrichtenagentur Deutschlands. Sie wird fast ausschließlich mit der Abk. → dpa bezeichnet. → Presseagentur

■ **Deutsche Welle**
[Ra, TV] Abk. = DW. Öffentlich-rechtlicher Rundfunksender mit Sitz in Köln, der sein Programm außerhalb Deutschlands ausstrahlt. Die Sendungen sind teils auf Deutsch, teils in anderen Sprachen, ähnlich wie → BBC. Seit 1992 gibt es auch DW-Fernsehen, das aus der Auflösung des → RIAS heraus entstand und seinen Sitz in Berlin hat. Aus Kostengründen wurde ein Zusammenschluss von Deut-

scher Welle, DeuschlandRadio und Deutschlandfunk diskutiert, der jedoch so nicht zustande kam.

■ **Deutscher Depeschen Dienst**
Abk. = ddp. Nachrichtenagentur, die sich nach der deutschen Einheit mit → ADN zusammenschloss.

■ **Deutscher Fernsehfunk**
[TV] Abk. = DFF. Fernsehen der DDR. Der DFF strahlte von Berlin-Adlershof ab 1952 ein Versuchsprogramm, ab 1956 ein regelmäßiges Fernsehprogramm und ab 1969 ein zweites Fernsehprogramm aus. Von 1972 bis 1990 war die offizielle Bezeichnung des DFF „Fernsehen der DDR“. Es wurde vom Staatlichen Komitee für Fernsehem beim Ministerrat der DDR kontrolliert. Im Einigungsvertrag wurde die Auflösung des DDR-Fernsehens festgeschrieben. Die neu geschaffenen öffentlich-rechtlichen Rundfunkanstalten → MDR und → ORB sowie der → NDR lösten am 1. Januar 1992 den DFF in den neuen Bundesländern ab.

■ **Deutscher Journalisten Verband**
Abk. = DJV. Außerhalb der → IG Medien stehende Gewerkschaft der Journalisten. Gleichzeitig eine Art Standesvertretung der Journalisten.

■ **Deutscher Pressedienst**
→ dpd

■ **Deutscher Presserat**
Der 1956 ins Leben gerufene Deutsche Presserat nimmt als Gremium des Trägervereins Deutscher Presserat e. V. Aufgaben der Presse-Selbstkontrolle wahr. Mitglieder sind der Bundesverband Deutscher Zeitungsverleger, der Verband Deutscher Zeitschriftenverleger, die IG Medien und der Deutsche Journalisten Verband. Der Deutsche Presserat rügt Verstöße gegen den → Pressekodex. Sein Sitz ist in Bonn.

■ **Deutsches Rundfunkarchiv**
[Ra, TV] Abk. = DRA. Archiviert und dokumentiert zeithistorisch relevante Ton-, Bild- und Schriftdokumente. 1952 als Lautarchiv des Rundfunks von den → ARD-Anstalten in Frankfurt/Main gegründet. Die Stiftung bürgerlichen Rechts ist eine Gemeinschaftseinrichtung der ARD mit Standorten in Frankfurt/Main und seit 1994 auch in Berlin-Adlershof. Die durch Zentralkatalog und Datenbanken erschlossenen Sammlungen stehen für rundfunkinterne Zwecke zur Verfügung. Auch Wissenschaftler und die mit Kultur, Bildung und Unterricht befasste Öffentlichkeit haben Zugang zu den Dokumenten.

■ **Deutschlandfunk**
[Ra] Abk. = DLF. Öffentlich-rechtlicher Rundfunksender, der mit den beiden Berliner Radiosendern → RIAS und Deutschlandsender Kultur zum DeutschlandRadio zusammengelegt wurde.

■ **DeutschlandRadio**
[Ra] → Öffentlich-rechtlicher Rundfunksender als Radio aller Bundesländer. Es entstand durch Zusammenlegung der beiden Berliner Radiosender → RIAS und Deutschlandsender Kultur mit dem Kölner Deutschlandfunk.

■ **DFF**
[TV] → Deutscher Fernsehfunk

■ **Dia**
[Fo] Abk. für Diapositiv. Bildvorlage für durchscheinendes Licht.

■ **Diaabtaster**
[TV] Bildgeber, der Diapositive abtastet und in Fernsehsignale umwandelt.

■ **diagonal split**
[TV] (engl. = diagonale Aufspaltung) Funktion des → Bildmischpultes, der den Bildschirm X-förmig aufteilt, also entlang zweier Diagonallinien. Es entstehen vier Teilbilder, die aus unterschiedlichen Bildquellen ausgefüllt werden können.

■ **Diagonalschwenk**
[TV] Veränderung des Bildes durch diagonale Kamerabewegung. → Schwenk

■ **diakritische Zeichen**
[Dt] (gr. dia = zwei) Aus mehreren Zeichen zusammengesetzte Buchstaben, z.B. á oder ç. In der Regel wird durch diese Zeichen die besondere Betonung eines Buchstabens oder einer Silbe angezeigt. Nicht zu verwechseln mit → Ligaturen.

■ **Diamant**
[Dt] Bezeichnung für die Schriftgröße 4 → Punkt. Synonym für Halbpetit. → Didot

■ **Diamond-Blende**
[Fo] (engl. = diamond wipe) Rautenblende, rautenförmige Trickblende.

■ **Diapositiv**
[Fo] Langform für das allgemein gebräuchliche → Dia.

■ **DIAS**
[Ra] Abk. für Drahtfunk im Amerikanischen Sektor. Dieser Sender war der Vorläufer des → RIAS.

■ **Diazotypie**
[Dt] Lichtpausverfahren, das die Lichtempfindlichkeit von Diazoverbindungen nutzt, um transparente Strichvorlagen abzubilden. Mit diesem silberlosen Kopierverfahren werden direktpositive, monochrome Strichdias hergestellt. Diazoemulsionen enthalten lichtempfindliche Farbkuppler. Diese zerfallen bei Lichtkontakt in nicht mehr kupplungsfähige Bestandteile. Daher entsteht bei der Belichtung nur an den unbelichteten Stellen ein positives Farbstoffbild. Es gibt auch Diazoemulsionen, die positiv-negativ arbeiten. Auch unter der Bezeichnung Ozalidkopie bekannt.

■ **Dichroitischer Spiegel**
[TV] Ein selektiver Spiegel, der nur eine bestimmte Farbe, d.h. einen bestimmten Teil des Farbspektrums reflektiert. Alle anderen Lichtanteile lässt er ungehindert durch. Dichroitische Spiegel werden u.a. im Farbverteilersystem von Fernsehkameras verwendet.

■ **dicht machen**
[Ja, Ze] Aus redaktioneller Sicht druckfertiges Vorliegen einer Seite, d.h. alle Texte sind korrigiert und die Fotos ausgewählt. Ist eine Seite dicht, sind Änderungen nicht mehr möglich. Ausnahme ist der → Schub.

■ **Dichte**
[Dt] Allgemein ist die Dichte das Maß für die Eigenschaft eines Materials, Licht zu absorbieren. Sie wird logarithmisch gemessen, mit jeweils der halben Lichtmenge erhöht sich der Wert der Dichte um 0,3. Die fotografische Dichte ist das Maß für die Lichtdurchlässigkeit von → Durchsichtsvorlagen bzw. für die Lichtabsorption von → Aufsichtvorlagen (z.B. Drukken); → Dichteumfang. Gemessen wird die Dichte mit dem → Densitometer.

■ **Dichtefilter**
[Fi] Dieser Filter schwächt das Licht im gesamten Farbspektrum gleichmäßig ab. Er wird bei Kameras und Kopiermaschinen zur Lichtschwächung eingesetzt. Auch als Neutralfilter bezeichnet.

■ **Dichteumfang**
[Dt] Abstand zwischen der hellsten und der dunkelsten Stelle einer Abbildung, d.h. der Stelle mit der höchsten und der geringsten Dichte. Je größer dieser Wert, umso kontrastreicher ist die Abbildung. Auch der Umfang des → Tonwertes ist größer.

■ **Dickte**
[Dt] Die Breite eines Schriftzeichens mit dem freien Raum (→ Fleisch), d.h. mit → Vor- und → Nachbreite. Die Dickte gewährleistet den nötigen Abstand zum vorangehenden und nachfolgenden Buchstaben.

■ **Didot**
[Dt] Maßeinheit für Schriftgröße, d.h. → Schriftgrad. Im in Europa üblichen, von dem Franzosen Firmin Didot 1775 entwickelten Didot-System entspricht ein typographischer Punkt 0,376 mm, 12 Punkt (d.h. ein Cicero) entsprechen

4,512 mm. Die Buchdrucker-, Verleger- und Schriftsetzerfamilie Didot beeinflusste im 18. und 19. Jahrhundert das europäische Druckwesen erheblich. François Ambroise Didot (1730 – 1804) gilt als Schöpfer der Schrift Didot Antiqua, sein Sohn Firmin (1764 – 1836) gab der Didot Antiqua ihre endgültige Gestalt. Seit dem 1. Januar 1978 soll in Deutschland nur noch das metrische System gelten. Jedoch wird das Didot-Punktsystem weiterhin eingesetzt. Im anglo-amerikanischen Raum wird nach dem → Pica-System gemessen. Symbol ist das Gradzeichen.

Didot-Punktsystem

Punkte	Name (deutsch)	mm
1	Achtelpetit	0,376
2	Viertelpetit (Non plus ultra)	0,752
2 1/2	Microscopique	0,940
3	Viertelcicero (Brillant)	1,128
4	Halbpetit (Diamant)	1,504
5	Perl	1,880
6	Nonpareille	2,256
6 1/2	Insertio	2,444
7	Kolonel (Mignon)	2,632
8	Petit	3,008
9	Borgis (Bourgeois)	3,384
10	Korpus (Garmond)	3,761
11	Rheinländer	4,137
12	Cicero	4,513
14	Mittel	5,265
16	Tertia	6,017
18	1 1/2 Cicero	6,769
20	Text	7,512
36	Kanon	13,536
48	Kleine Missal	18,048
60	Grobe Missal	22,560
72	Kleine Sabon	27,072
84	Große Sabon	31,584

■ **Diffusionsfilter**
[Fo] Dieser Filter lenkt dosierte Anteile parallel einfallenden Lichts in einem Objektiv ab, sodass sie nicht im Brennpunkt vereinigt werden. Durch diesen Objektivzusatz können absichtlich diffuse, unscharfe Bildkonturen als Bildgestaltungselemente erzeugt werden. Die Spitzlichter erhalten sternförmige Strahlungen und der gesamte Bildkontrast wird herabgesetzt. → Weichzeichnen

■ **digital**
(lat. = mit dem Finger) Im allgemeinen Sprachgebrauch jede numerische Anzeige durch Ziffern, z.B. bei Uhren ohne Zeiger oder die Frequenzanzeige bei Radios. Beim Digitalisieren werden analoge Signale, also auch Ton- und Bildinformationen zur Reproduktion, in den binären Code, also in Nullen und Einsen elektronisch umgewandelt. Gegensatz ist → analog.

■ **Digital Audio Broadcast**
[Ra] Abk. = DAB. Digital ausgestrahlte Radioprogramme in CD-Qualität, die nur mit speziellen Endgeräten empfangen werden können. Zusätzlich zur Hörinformation können auch Daten oder Bilder übertragen werden. DAB soll langfristig den herkömmlichen FM-UKW-Hörfunk ablösen. Unter Federführung Deutschlands beschäftigte sich das Forschungsprojekt Eureka EU 147 mit DAB. Zur Berliner Funkausstellung 1995 startete DAB in Deutschland, bis Ende des Jahres 2002 soll eine 80-prozentige Gebietsabdeckung erreicht sein. Ugs. meist Digitalradio genannt.

■ **Digital Audio Tape**
[Ra] Abk. = DAT. Digitales Tonkassettenformat mit Magnetband-Schrägspuraufzeichnung. Die Kassette hat ein kleineres Format als die handelsüblichen Audio-Kassetten. Sie ist außen geschlossen wie eine Videokassette. DAT kam 1987 auf den Markt und war eines der ersten digitalen Aufzeichnungssysteme. Das Datenformat ist nicht datenreduziert, sondern linear und CD-kompatibel. Die Standard-Abtastrate wurde mit 48 kHz definiert. Digitalsignale mit anderen Raten können aber ebenfalls aufgezeichnet werden. → Abtastfrequenz. Vor allem in der Studiotechnik hat sich DAT fest etabliert. Im EDV-Bereich wird die DAT-Technologie bei Daten-Streamern z.B. zur Datensicherung angewendet.

■ **Digital Video Broadcast**
[TV] Abk. = DVB. Digital ausgestrahlte Fernsehprogramme. Eine internationale

Projektgruppe, an der auch die → EBU beteiligt ist, befasst sich mit den Standards für die Übertragung. Vorrangig wird das → MPEG-Verfahren zur Datenkomprimierung eingesetzt. Die höchste Qualitätsstufe innerhalb dieses Projektes ist → HDTV. Es ist eine digitale Übertragungsrate von 20 – 30 Mbit/s geplant.

■ **digital watermark**

[Co] Engl. Bezeichnung für → digitales Wasserzeichen.

■ **Digitaldruck**

[Dt] Druckverfahren speziell für Kleinauflagen. Die benötigten Kopien werden direkt aus dem Computer mit einem speziellen Laserdrucker ausgedruckt. Bei digital gedruckten Bildern sind → CMYK-Dateien nötig. Der Seitenpreis bei diesem → xerographischen Verfahren ist zwar höher als z.B. beim → Offset-Druck, aber da keine Reprovorlagen, → Matrizen usw. angefertigt werden müssen, kann dieses Verfahren bei kleinen Auflagen insgesamt preiswerter sein. Sehr geringe Rüstzeiten für die Druckmaschine ermöglichen eine hohe Flexibilität bei der Auflagenplanung. Bei einigen neueren Maschinen ist auch eine Buchbindemaschine integriert.

■ **digitale Signatur**

[Co] Unterschrift unter eine E-Mail, um den Absender eindeutig zu identifizieren. Mit der ditigalen Signatur kann sichergestellt werden, dass ein Dokument tatsächlich von der angegebenen Person abgesendet wurde. Neben der Identifizierung enthält die digitale Signatur die Funktion der Authentifizierung, die belegt, dass das Dokument auf seinem Weg durch das → Internet nicht verändert wurde. Alle modernen Signatursysteme funktionieren asymmetrisch, d.h. es existieren zwei Schlüssel, ein öffentlicher und ein geheimer. Die Schlüssel werden von einer Zertifizierungsstelle vergeben. Mit dem geheimen Schlüssel „unterschreibt" der Autor sein Dokument. Dabei wird eine Prüfsumme gebildet, die bei einer Änderung des Dokumentes nicht mehr stimmt. Mit Hilfe des öffentlichen Schlüssels kann die Echtheit überprüft werden. In der Praxis wird meist nicht das gesamte Dokument signiert, sondern lediglich der so genannte digitale Fingerabdruck. Häufig wird neben Dokumenten auch Software signiert, die über das Internet vertrieben wird. Der Kunde kann so feststellen, ob die Software unterwegs manipuliert wurde, z.B. ob sie mit einem Virus verseucht wurde. Der Authentizität des Signierschlüssels kommt großes Gewicht zu, sodass die Infrastruktur von Zertifizierungsstellen für die Sicherheit des gesamten Signierverfahrens einen hohen Stellenwert besitzt.

■ **digitales Buch**

[Co] Oft auch als eBook bezeichnete neuere Form des Publizierens. Bücher werden nicht mehr in einer physischen Form wie z.B. aus Papier hergestellt, sondern nur noch als Computer-Informationen, die mit einem speziellen Lesegerät („Reader") angezeigt werden können. Vorteile sind der Wegfall von Kosten für Druck, Transport und Lagerhaltung und eine Reduzierung der Lieferzeiten auf wenige Minuten. Zudem wird Direktvertrieb z.B. via Internet möglich. Hinzu kommen zusätzliche Möglichkeiten wie Such- und Vorlesefunktion oder → interaktive Elemente. Eines der Hauptprobleme bei der Festlegung des Standards (→ OEB) war die Weitergabe-Möglichkeit von Büchern. Da sich niemand für jedes eBook ein separates Lesegerät anschaffen würde, sein Lesegerät aber auch nicht weitergeben möchte, muss die Weitergabe in elektronischer Form geschehen. Dabei hat der Kopierschutz eine große Bedeutung. Analog zu einem gedruckten Buch, das nur eine Person gleichzeitig lesen kann, muss sichergestellt sein, dass der Weitergebende nicht mehr zeitgleich auf dieses Buch zugreifen kann.

■ **digitales Studio**

[TV] Nur noch der → Moderator ist echt. Der gesamte Hintergrund wird elektronisch erstellt und in das Bild einkopiert. Auch virtuelles Studio. → Blue Box

digitales Wasserzeichen

[Co] Unsichtbarer Identifikationscode, der dauerhaft in die Daten von Ton-, Bild- oder Multimedia-Dateien eingebettet ist und Informationen über Autor und Copyright enthält. Es kann nur mit speziellen Programmen sichtbar gemacht werden. Im optimalen Fall führt das Entfernen des digitalen Wasserzeichens dazu, dass die Datei unbrauchbar wird. Grundsätzlich können digitale Dateien beliebig vervielfältigt werden, ohne dass dies später nachweisbar ist oder es zu Qualitätsverlusten kommt. Ein digitales Wasserzeichen wird bei jeder Vervielfältigung mitkopiert, der Urheber bleibt nachweisbar, z.B. kann so ein Fotograf, der seine Bilder im → World Wide Web zeigt, diese als sein Eigentum markieren. Digitale Wasserzeichen werden unter Verwendung der Methoden der → Steganographie unmerkbar eingebettet und beeinträchtigen bei Audio-Dateien nicht die Klangqualität und bei Bilddateien nicht die Bildqualität – keine Zeitung würde ein Bild mit deutlichem, im Bild sichtbarem Schriftzug „Fotografiert von Hans Meier" drucken. Das Verbergen bietet zudem Schutz gegen Entfernung. Digitale Wasserzeichen müssen allerdings auch robust gegen Änderungen an der Datei sein. Je nach Verfahren genügen schon kleine Manipulationen (z.B. das Drehen des Bildes um 1 Grad), um das Wasserzeichen unlesbar zu machen.

Digitalproof

[Dt] Probedruck vor Beginn des → Auflagendrucks. Ein Proof dient der Kontrolle von Druckqualität und Farben. Der Digitalproof wird direkt von digitalen Daten erzeugt, eine Zwischenbelichtung entfällt. Ein Digitalproof muss in der Lage sein, innerhalb enger Toleranzgrenzen den Druck identisch mit dem folgenden Auflagendruck herzustellen. → Analogproof

Dimmer

Stufenloser Regler, mit dem die Helligkeit geändert werden kann.

DIN

Abk. für das Deutsche Institut für Normung mit Sitz in Berlin. Für die Druckindustrie sind die folgenden DIN-Normen wichtig: DIN 476 (Papierformate), DIN 5033 (Farbmessung), DIN 16511 (Korrekturzeichen), DIN 16514 (Drucktechnik/Hochdruck), DIN 16520 (Grundfarben zur Farbmischung), DIN 16524 (Prüfung von Drucken und Druckfarben), DIN 16528 (Drucktechnik/Tiefdruck), DIN 16529 (Drucktechnik/Flachdruck), DIN 16536 (Farbdichtemessung), DIN 16539 (→ Euroskala/→ Offsetdruck), DIN 16544 (Reproduktionstechnik), DIN 16547 (Rasterwinkelung) und DIN 16610 (Drucktechnik/Siebdruck). Die für Druckproduktionen wichtige DIN-Normen sind im DIN-Taschenbuch 153 zusammengefasst: „Publikation und Dokumentation, Gestaltung von Veröffentlichungen, terminologische Grundsätze, Drucktechnik", Beuth-Verlag, Berlin. Auch für die Lichtempfindlichkeit von Filmmaterial gibt es eine DIN → ASA.

DIN-Format

[Dt] Papierformate sind in Deutschland nach der DIN-Norm 476 festgelegt. Unterschieden werden die Hauptreihe A und die Nebenreihen B und C. Das Verhältnis von Breite und Höhe der A-Formate ergibt die Wurzel aus zwei ($\sqrt{2} = 1{,}414 \ldots$). Die Fläche von DIN A 0 entspricht genau einem Quadratmeter, alle folgenden Formate (DIN A 1, DIN A 2 etc.) werden durch Halbierung der längeren Seite des jeweils vorhergehenden Formates gebildet. Papier des Formates DIN A 4 ist 21 cm breit und 29,7 cm hoch. In den USA sind die Papierformate Letter (8,5 x 11 Zoll), Legal (8,5 x 14 Zoll) und Executive (7,25 x 10,5 Zoll) geläufig (1 Zoll = 2,54 cm), in Europa ist das Letter-Format bei EDV-Endlospapier üblich → Plakatformat.

Dioptrieausgleich

[Fo] Das Betrachtersystem, z.B. der Kamerasucher oder das Okular, kann an das Auge des Anwenders angepasst werden.

■ Direktmarketing
[We, PR] Kunden werden direkt von dem Unternehmen angesprochen. Dies geschieht auch unter Umgehung der regionalen oder lokalen Zwischenhändler. Die schriftliche Variante des Direkt-Marketing ist beispielsweise die Versendung von Massenbriefen (→ Mailings) mit persönlicher Anrede. Für telefonisches Direkt-Marketing werden Call-Center eingesetzt.

■ Dissolve
[TV] Bezeichnung für die weiche Überblendung beim Videoschnitt. → Mixing

■ Dithering
(engl. = zittern) Farbmischung, Rasterung, Schattierung; andere Bezeichnung für Halbtonverfahren. 1.) [Dt] Im Druck oder am Monitor werden Graustufen und Farbtöne simuliert. Durch → Rastern der vorhandenen Farben können mehr Farbschattierungen dargestellt werden. Dithering erzeugt meist eine „kornartige" Struktur. 2.) [TV] Feine Graustufen bzw. fein abgestimmte Mischfarben werden im Videobild erzeugt, indem die vorhandenen Schwarzweiß- bzw. Farbpixel mit Hilfe von ausgeklügelten Algorithmen geeignet angeordnet werden.

■ Divis
(lat. dividieren = teilen) Veralteter Ausdruck für Trennungszeichen. Bei Druckwerken ein Bindestrich. Die Aufgabe dieses kürzesten Strichs ist es, Elemente aneinander zu binden. Er ist etwa ein → Viertelgeviert lang.

■ DJU
Abk. für → Deutsche Journalisten Union, inzwischen → IG-Medien.

■ DJV
Abk. für → Deutscher Journalisten Verband.

■ DLF
[Ra] Abk. für Deutschlandfunk, Sitz in Köln.

■ Doku-Drama
[TV] Sonderform des → Dokumentar-Spiels, das auf einem tatsächlichen, dramatischen Geschehen beruht.

■ Dokumentarfilm
[Fi] Filmische, möglichst exakte (→ Objektivität) Dokumentation einer wahren Begebenheit anhand von originalem Bildmaterial und Aussagen von Zeugen. Er enthält keine Schauspiel-Elemente.

■ Dokumentar-Spiel
[TV] Auf einem tatsächlichen Geschehen beruhender Fernsehfilm, der die Geschehnisse möglichst wirklichkeitsgetreu nachstellt. Oft wechselt sich authentisches Spielmaterial mit von Schauspielern nachgestellten Szenen ab, z.B. Politiker auf Staatsbesuch, Filmaufnahmen in der Öffentlichkeit sind authentisch, Gespräche sind nachgestellt. Die Spielszenen können auch interpretatorische oder spekulative Inhalte haben, um Informationslücken des Zuschauers zu füllen. Nicht zu verwechseln mit einem → Dokumentarfilm, der keine schauspielerischen Elemente enthält. → Fernsehspiel

■ Dolby
[Ra] Verfahren zur → Rauschunterdrükkung. Das System wurde von Ray M. Dolby erfunden. Bei der Aufnahme werde Signale oberhalb einer bestimmten Frequenz verstärkt. Sie heben sich dadurch vom Bandrauschen besser ab. Zusammen mit dem Bandrauschen werden diese verstärkten Signale bei der Wiedergabe wieder abgesenkt, d.h., die verstärkten Signale erhalten ihren ursprünglichen Pegel zurück, aber die Signale des Bandrauschens werden unterdrückt. Bereits im Aufnahmesignal enthaltenes Rauschen kann durch das Dolby-Verfahren nicht unterdrückt werden.

■ Dolby-Surround
[Ra, TV, Fi] Durch den Einsatz von vier Lautsprechern (links, Mitte, rechts, Surround) soll z.B. bei Kino- und Videofilmen ein räumlicher (3-dimensionaler) und damit realistischerer Toneindruck für den

Zuhörer erreicht werden (→ Quadrophonie), der dadurch unmittelbarer in das Filmgeschehen hineinversetzt wird. Das Verfahren ist kompatibel zur Stereotechnik. Der Ton kann auch mit herkömmlichen Geräten „normal“ flach wiedergegeben werden. → Stereo → Virtual Dolby Surround.

■ **Dolly**

[Fi] Ein fahrbarer Kamerawagen, auf dem der Kameramann (und manchmal auch der Kameraassistent) auf einem Hochsitz sitzend eine → Szene filmt und mitsamt des Untersatzes eine Kamerafahrt macht. Die Kamera ist auf dem Dolly fest installiert und stufenlos in der Höhe verstellbar. Der Dolly ermöglicht ruckelfreie Kamerafahrten auch auf unebenem Gelände. Für das Bewegen des Dolly ist der → Dolly Grip zuständig.

■ **Dolly Grip**

[Fi] Er zieht oder schiebt den Wagen, auf dem die Kamera montiert ist (→ Dolly). Er ist der Assistent des Kameramanns.

■ **Domain**

[Co] (engl. = Bereich, Herrschaftsbereich, Domäne) Symbolischer Name für einen Computer im Internet. Da Menschen mit verständlichen Namen besser umgehen können als mit langen Ziffern, wurde das Domain Name System (DNS) eingeführt. Jeder Rechner im Internet erhält zusätzlich zu seiner eindeutigen numerischen → IP-Adresse einen Domain-Namen zugeteilt. Der Benutzer gibt einen Namen in seine Anwendung ein (bei einem Web-Browser www. ...). Dieses Programm übermittelt diesen Namen zunächst an einen Name-Server, der ihn in die zugehörige IP-Nummer auflöst. Mit dieser Nummer kann nun das Programm die eigentliche Netzwerk-Verbindung aufbauen. Der Benutzer bemerkt diesen ganzen Vorgang nicht. Zu jedem Namen kann nur eine IP-Adresse, d.h. genau ein Rechner, gehören. Jedoch können viele Namen auf einen Recher verweisen. Domain-Namen setzen sich in der Regel aus drei, mit Punkten voneinander getrennten Bestandteilen zusammen. Der letzte gibt die so genannte → Top-Level-Domain an. Dabei handelt es sich oft um ein Länderkürzel, dass Rückschlüsse auf den Standort des Rechners zulässt. Der mittlere Teil bildet die Sub-Level-Domain, er kennzeichnet das eigentliche Netzwerk, in dem sich der Rechner befindet. Dieses ist i.d.R. der Organisation zugeordnet, der er gehört. Die Sub-Level-Domain kann, je nach Bedarf, in weitere Teilbereiche aufgeteilt werden. Dies ist jedoch mehr im Inhouse-Bereich, weniger bei kommerziellen öffentlichen Web-Servern üblich. Der vordere Teil bildet den eigentlichen Namen des Rechners. Dieser ist frei wählbar. Aus praktischen Gründen wird er jedoch entsprechend seiner Funktion gewählt, also „WWW“ für einen Server im → World Wide Web, „FTP“ für einen Rechner, der File-Transfer-Dienste anbietet. Beispielsweise wird der Domain-Name „www.mi-verlag.de“ im Rechner aufgelöst in „www“ (also ein Web-Server) und in der Sub-Level-Domain „mi-verlag“ in Deutschland. Für Internet-Adressen in Deutschland vergibt → DENIC. Da jede Domain nur ein einziges Mal vergeben werden kann, versuchen findige Geschäftemacher mittels → Domain-grabbing finanzielle Vorteile zu erzielen. Häufig werden Domain-Namen in Form einer URL notiert.

■ **domain-grabbing**

[Co] (engl. = Domänengreifen) Die Registrierung von Domain-Namen mit dem Ziel, sie später Gewinn bringend zu verkaufen, da es jeden Namen nur einmal geben kann. In Österreich ist dies sittenwidrig (Urteil OGH vom 27. April 1999 – jusline II – ÖBl 1999, 225). Jedoch ist auch in Deutschland das Registrieren eines Domain-Namens nicht erlaubt, wenn ein anderer „bessere“ Rechte darauf hat. In einem Urteil des OLG Hamburg (Az 3 U 58/98) wird das Führen eines generischen Domainnamens (z.B. Gebrauchtfahrrad.de) ohne individuelle Erweiterung (z.B. Gebrauchtfahrrad-mayer.de) als unzulässig erachtet. Gegen das Urteil wurde Revision eingelegt. Im Dezember 1999 wurde unter dem Dach der

→ WIPO ein Online-Schiedsgericht eingerichtet, das bei Streitigkeiten über internationale Internet-Adressen mit den Endungen .com, .net und .org angerufen werden kann. Die ersten Urteile fällte es Ende Februar 2000. In allen Fällen wurde die Internet-Firma, bei der die umstrittene Adresse registriert war, aufgefordert, diese zu löschen und damit freizugeben. Die Urteile des Gerichtes sind nicht rechtlich bindend. Jedoch haben sich alle Firmen, die eine Lizenz zur Domain-Vergabe besitzen, auf die Respektierung der WIPO-Urteile geeinigt. Domain-grabbing wird von so genannten Cybersquattern betrieben. → Domain

■ **Doppelbelichtung**

[Fo] Eine einzige Filmstelle wird zweimal unterschiedlich belichtet. Der Film wird in der Kamera nicht weitertransportiert. Dies kann absichtlich geschehen oder weil die Kamera defekt ist.

■ **Doppelhopser**

[TV] → Uplink-Sendeverbindung bei Satellitenübertragung, die statt vom Sender via Satellit zum Empfänger über zwei Satelliten mit zwischengeschalteter Bodenstation gesendet wird. → SNG

■ **Doppelkrone**

[Dt] Englisches → Plakatformat double crown, 30 x 20 inches = 76 x 51 cm.

■ **Doppelschriftzumischer**

[TV] → Schriftzumischer

■ **Doppelseite**

[Ze] Wird eine Zeitung oder Zeitschrift aufgeschlagen, so liegen zwei gegenüberliegende Seiten offen, nämlich die linke und die rechte. Zusammen ergeben sie eine Doppelseite. Die Doppelseite ist beim → Layout als Gestaltungseinheit zu behandeln. Die linke Seite ist stets die gerade, die rechte stets die ungerade Seite bei der → Paginierung.

■ **Doppelspuraufzeichnung**

[TV] Auf zwei parallelen Tonspuren wird Ton aufgezeichnet. Die Spuren des Magnetbandes laufen in die gleiche Richtung und enthalten getrennte Informationen.

■ **dot-com**

[Co] (Abk. für engl. dot-Company = Punkt-Firma) Handelsfirmen, die ihr Geschäft sehr stark auf den Handel im Internet ausgerichtet haben, z.B. Amazon. Die Bezeichnung stammt aus dem US-amerikanischen Sprachraum und beschreibt Unternehmen, deren Adresse im → World Wide Web mit „.com" endet. In Deutschland enden die meisten Internet-Adressen auf „.de".

■ **Double**

[Fi] (frz. = doppelt) Eine Filmszene wird nicht mit dem eigentlichen Schauspieler gedreht, sondern mit einem Ersatz. Erfordert das → Drehbuch z.B., dass der Darsteller Klavier spielt und er kann dies nicht, so kommt ein Finger-Double zum Einsatz, bei Nacktszenen ein Body-Double. → Stuntman

■ **double crown**

[Dt] Englisches → Plakatformat: 30 x 20 inches = 76 x 51 cm.

■ **Double Tracking**

[TV] Ein Tonsignal wird künstlich verzögert und dann dem direkten Signal beigemischt. Es entsteht ein Verdopplungs-Effekt, z.B. eine Stimme. Mit diesem akustischen Verfahren kann eine große Menschenmenge vorgetäuscht werden.

■ **Doubletten**

[Ze] (auch: Dubletten, frz.) Mehrfach in einer Zeitungsausgabe vorkommende Meldung, z.B. im überregionalen Teil und zusätzlich im Lokalteil. Der gedruckte Text muss nicht identisch sein, häufig kommt nur das gleiche Thema mehrfach vor. Doubletten sollten vermieden werden.

■ **Downlink**

[TV] (engl. = Abwärtsverbindung) Die Nachrichtenverbindung abwärts vom Satelliten zur Bodenstation. Auch als down-path bezeichnet. Die entgegengesetzte Richtung heißt Uplink. Zwischen Uplink und Downlink können Störungen (Intermodularitäten) auftreten, wenn zwischen den Frequenzbändern kein ausreichender Sicherheitsabstand liegt. In der Satelliten-Kommunikation liegen daher die Frequenzbereiche für Downlinks bei 6 GHz, für Uplinks bei 4 GHz. → Ausleuchtzone

■ **down-path**
(engl. = Abwärts-Weg) Andere Bezeichnung für → Downlink.

■ **downstream**
[TV] (engl. = stromabwärts) Gegenteil von → upstream.

■ **dpa**
Abk. für Deutsche Presse Agentur. Diese → Presseagentur ist der wichtigste Nachrichtenlieferant der deutschen Medien. Fast jede deutsche Tageszeitung ist dpa-Kunde, ebenso alle nationalen TV-Sender mit Nachrichtenprogrammen, jedes öffentlich-rechtliche Radio und fast alle Privatsender. Die Kunden abonnieren den Nachrichtendienst. Gegründet wurde die dpa im Jahr 1949 aus einem Zusammenschluss der von den Westalliierten kontrollierten Nachrichtendienste DENA (Deutsche Nachrichtenagentur in der amerikanischen Besatzungszone), dpd (Deutscher Pressedienst in der britischen Besatzungszone) und SüDENA (französische Besatzungszone). Heute beschäftigt die dpa rund 1.000 fest angestellte Mitarbeiter, davon etwa 800 Redakteure. Dazu kommen mehrere Tausend freie Mitarbeiter für Wort und Bild. Die Geschäftsanteile an der dpa GmbH werden von 198 Gesellschaftern aus den Medien (Zeitungs- und Zeitschriftenverlage und Rundfunkanstalten) gehalten. Zur Sicherung der Unabhängigkeit sind der Anteil am Stammkapital (16,5 Millionen Mark) sowie das Stimmrecht für jeden Einzelgesellschafter auf höchstens 1,5 Prozent begrenzt. Rundfunkanstalten dürfen maximal 25 Prozent des Kapitals und Stimmrechts halten. Im Nachrichtenaustausch kooperiert die dpa mit rund 70 anderen Nachrichtenagenturen. Im Geschäftsjahr 1998 betrug der Umsatz 195 Millionen Mark, in der Unternehmensgruppe mit Töchtern waren es 222 Millionen Mark. Zur dpa-Firmengruppe gehören neben der dpa GmbH, Globus-Kartendienst GmbH, Fotoagentur Zentralbild GmbH und News Aktuell GmbH. Zu den wichtigsten Nachrichtendiensten gehören: der dpa-Basisdienst, zwölf regionale Landesdienste, Auslandsdienste in englischer, spanischer und arabischer Sprache, dpa-Bilderdienst, dpa-Grafik, Online-Dienst, Hörfunk-Nachrichtendienst, Wirtschftsdienst dpa/AFX sowie aktuelle Nachrichten zu ausgewählten Themen in der dpa-Selektion. Dazu kommen mehrere Sonderdienste und Chroniken.

■ **dpd**
Abk. für Deutscher Pressedienst, die Nachrichtenagentur der britischen Besatzungszone nach dem Zweiten Weltkrieg. Der dpd ging in der → dpa auf.

■ **DRA**
→ Deutsches Rundfunkarchiv

■ **Dramaturgie**
[Fi] 1.) Die Lehre von Wesen, Wirkung und Formgesetz des Dramas. 2.) Gesteuerte Wirkung der filmischen Darstellung.

■ **Dreh**
[TV, Ja] „Einen Dreh machen“ = Filmen; → drehen von TV-Beiträgen; Dreharbeiten. Die Bezeichnung hat ihren Ursprung darin, dass die ersten Kameras manuell mittels einer Kurbel betrieben wurden.

■ **Drehbuch**
[Fi] Grundlage eines Films; Ablaufplan und Textbuch für die Produktion. Es enthält je nach Art des Films unterschiedlich exakte Handlungsanweisungen für Aufnahmeteam und Darsteller (z.B. Texte, Mimik, Gestik, Kameraeinstellung, Licht). Lückenlos werden die hörbaren und sichtbaren Inhalte der einzelnen Szenen und → Einstellungen und ihre Verbindung zueinander angegeben. Im Unterschied zum → Aufzeichnungsplan ist

das Drehbuch chronologisch im Sinne der Handlung aufgebaut.

■ **drehen**
[Fi] Filmaufnahmen machen. Die Bezeichnung hat ihren Ursprung darin, dass die ersten Kameras manuell mittels einer Kurbel betrieben wurden.

■ **Drehgenehmigung**
[Fi, TV] Auch als Aufnahmeerlaubnis bezeichnet. Sobald außerhalb des Studiogeländes gefilmt werden soll, ist das vorherige Einholen einer Drehgenehmigung erforderlich. Ist das Drehen in Innenräumen vorgesehen, muss die Erlaubnis vom Hausherrn eingeholt werden. Bei Drehs im Freien muss der Eigentümer des Grundstücks einwilligen. Für Drehs auf der Straße ist prinzipiell die Genehmigung des Straßenverkehrsamtes und/oder der Polizei nötig. Dies gilt insbesondere dann, wenn z.B. Beleuchtung die Autofahrer stören könnte. Nicht nötig ist es, für eine Umfrage in der Fußgängerzone mit einer Handkamera eine spezielle Drehgenehmigung einzuholen. Eine Drehgenehmigung ist auch einzuholen, wenn eine → öffentlich-rechtliche Rundfunkanstalt im Sendegebiet einer anderen drehen will.

■ **Drehplan**
[Fi] Der Drehablauf eines Filmes wird grafisch dargestellt. Im Drehplan sind alle wichtigen Daten und Fakten für alle beteiligten Sparten vermerkt. Der Drehplan beim Film entspricht dem Aufzeichnungsplan bei Fernsehaufnahmen.

■ **Drehverhältnis**
[TV] Die Länge des aufgenommenen (belichteten) Filmmaterials für eine Produktion unterscheidet sich wesentlich von der vorgesehenen Sendelänge. Das Drehverhältnis ist ein wichtiger Indikator für die Höhe der Produktionskosten.

■ **Dreibein**
[Fo, Fi] Abk. für das Dreibeinstativ, ein dreibeiniges, höhenverstellbares leichtes Stativ für Foto-, Film- und Fernsehkameras.

■ **Drei-Kopf-Gerät**
[Ra] Ein spezielles Tonbandgerät mit getrennten → Lösch-, Aufnahme- und Wiedergabeköpfen. Diese Technik ermöglicht die → Hinterbandkontrolle.

■ **Dreiländeranstalt**
[Ra, TV] → MDR

■ **Dreizeilenfall**
[Dt] Man unterscheidet konvexen und konkaven → Zeilenfall. Bei dem konvexen Zeilenfall ist die mittlere Zeile kürzer als die beiden äußeren. Beim konkaven Zeilenfall sind die beiden äußeren Zeilen die kürzeren. Konvexe Lösungen sind vorzuziehen.

■ **Dritte Fernsehprogramme**
[TV] 1964 begannen die Fernsehanstalten der → ARD mit der Ausstrahlung dritter Fernsehprogramme in der Bundesrepublik Deutschland. Es gibt acht Dritte (Regional-)Programme, die sich besonders an den Interessen und Bedürfnissen von Minderheiten orientieren. Die Schwerpunkte liegen in den Bereichen Bildung, Information und regionale Berichterstattung. Aus einem „Programmpool" kann das jeweilige Angebot ergänzt werden. Mittlerweile haben sich die dritten Programme teilweise zu Vollprogrammen mit eigenen Nachrichtensendungen entwickelt. Gemeinsame Tagesprogramme gestalten SFB und MDR sowie NDR und ORB. Durch Verbreitung über Satellit sind das Bayerische Fernsehen, das MDR-Fernsehen, N3, Südwest 3, das WDR-Fernsehen, B1, hessen 3 sowie das Fernsehen Brandenburg überregional zu empfangen.

■ **Drittel-Banner**
[Co, We] → Banner

■ **Drittelgeviert**
[Dt] → Geviert

■ **drüberlegen**
[Dt] Platzierung eines Artikels über dem Aufmacher beim Layout. Gegenteil von → drunterlegen.

Druckausfallmuster
[Dt] Probedruck, um die Farb- und Tonwerte zu kontrollieren, d.h. zu überprüfen, wie der Druck ausfällt. Es wird beim → Andruck erzeugt.

Druckbogen
[Dt] Großes ungeknicktes „Blatt“ aus Papier oder Karton, auf das meist mehrere Seiten gleichzeitig gedruckt werden. Gefaltet wird es als → Lage bezeichnet. Auf einen Druckbogen werden 4 (Folio), 8 (Quart), 16 (Oktav) oder ein sonstiges Mehrfaches von vier Seiten gedruckt. Bei 16 Seiten z.B. stehen je acht Seiten auf einer Druckplatte. Auf einer Bogenseite werden die Seiten 1, 4, 5, 8, 9, 12, 13 und 16 gedruckt, auf der anderen die Seiten 2, 3, 6, 7, 10, 11, 14 und 15. → Ausschießen. Die zuerst bedruckten Seiten werden → Schöndruck genannt, die Rückseiten → Widerdruck.

Drucker
[Dt] Jemand, der eine Druckmaschine bedient. Lehrberuf.

Druckerschwärze
[Dt] Farbe, mit der eine Zeitung gedruckt wird. Färbt beim Lesen häufig auf Finger und Kleidung ab. Grundlage bildete früher aus Leinöl hergestellter Firnis, vermischt mit Ruß.

Druckfahne
[Dt] Ursprünglich die erste gedruckte Version einer Seite (Zeitung, Zeitschrift, Buch). Heute wird die Druckfahne per Computer erstellt. Auch als Bürstenabzug bezeichnet → Fahnenabzug.

Druckform
[Dt] Endgültige → Druckvorlage, die ohne weitere Änderungen gedruckt wird.

Druckplatte
[Dt] Platte aus Kunststoff oder Metall. Auf der Oberfläche ist ähnlich wie bei einem Stempel das zu druckende Muster (Schrift, Grafik, Foto etc.) reliefartig aufgeprägt. Durch Einfärben des Reliefs und Anpressen auf das zu bedruckende Material (z.B. Zeitungspapier) entsteht der Druck. → Drucktechnik

Drucktechnik
[Dt] Seit Johannes Gutenberg den Buchdruck erfunden hat, haben sich verschiedene direkte und indirekte Verfahren entwickelt, wie Druckfarbe auf Papier gelangt. Zu unterscheiden sind u.a. Buchdruck (→ Hochdruck) mit reliefartigen, erhabenen, eingefärbten Druckformen, → Tiefdruck mit einem vertieften, in Metall geätzten Bild und → Offsetdruck, bei dem die Farbe über einen Zwischenträger, meist eine Gummiwalze, vom Druckstock mit der Druckvorlage auf das Papier gebracht wird (→ Flachdruck). Weitere Verfahren sind der → Siebdruck sowie mit der Entwicklung von Hochleistungslaserdrukkern in jüngster Zeit der Laserdruck nach chemisch-→ xerographischen Verfahren wie beim Fotokopieren. → Digitaldruck

Druckverfahren
→ Drucktechniken

Druckvorlage
[Dt] Seiten, die ohne weitere Zwischenschritte in Druck gehen können. Nach dieser Vorlage werden die Druckplatten für den → Offsetdruck angefertigt.

Druckvorstufe
[Dt] Vorbereitende Arbeitsgänge vor dem eigentlichen Druckvorgang.

Druckzuwachs
[Dt] Die Druckplatte im → Offsetdruck nutzt sich bei hohen Auflagen allmählich ab. Ein Punkt oder Strich wird so immer dicker. Beim Zeitungsdruck, der auf qualitativ geringwertigem Papier geschieht, kann dies bis zu 30 Prozent betragen. Bei dem relativ teuren → Tiefdruck gibt es so gut wie keinen Druckzuwachs. Der Zuwachs von Rasterpunkten wird Punktzuwachs genannt.

drunterlegen
[Dt] Platzierung eines Artikels unter dem Aufmacher beim Layout. Gegenteil von → drüberlegen.

DTP
Abk. für → Desktop-Publishing.

Duales Rundfunksystem
[Ra, TV] In Deutschland existieren öffentlich-rechtlicher und privatwirtschaftlich organisierter Rundfunk nebeneinander. Der → Rundfunkstaatsvertrag legt die Rahmenbedingungen, Finanzierungsformen und Aufgabenzuweisungen für beide Systeme fest. Hauptunterschiede sind die Gebührenfinanzierung (→ Rundfunkgebühren), Werbebeschränkung, → Binnenpluralität und der → Grundversorgungsauftrag für den → öffentlich-rechtlichen Rundfunk. Dem stehen für den → privaten Rundfunk die Werbefinanzierung, → Außenpluralität und geringere Programmanforderungen gegenüber. Mit dem sog. „vierten Fernsehurteil" des Bundesverfassungsgerichts 1986 wurde das duale Rundfunksystem festgeschrieben. In dem Urteil wurden dem öffentlich-rechtlichen und dem privaten Rundfunk unterschiedliche Funktionen zugewiesen. Das duale Rundfunksystem begann mit dem Ludwigshafener Kabelpilotprojekt 1984.

Dubs
[Fo, Ze] Ugs. Abk. für Duplikat, abfotografiertes Foto, kein Original. Fotoagenturen geben selten Originale heraus,worunter die Qualität leidet.

Dudelfunk
[Ra, Ja] Da Radio immer mehr zum → Begleitmedium wird, nimmt der Anteil der → Wortbeiträge an der Sendezeit ab und es wird mehr Musik gesendet. Die Musik „dudelt" meist im Hintergrund vor sich hin, kaum ein Hörer hört aufmerksam zu.

Duftlackanzeige
[Ze, We] Für Parfum-Werbung etc. werden Duftstoffe mikroverkapselt, mit farblosem Lack vermischt und verdruckt. Durch leichte Reibung können die Duftstoffe wieder freigesetzt werden.

Duktus
[Dt] Strichführung einer Schrift.

Dummy
(engl. = Leerpackung) Handmuster, Blindmuster, wirklichkeitsgetreues Muster. 1.) Wird eine neue Zeitschrift entwickelt, so werden von der Entwicklungsredaktion Musterhefte erstellt, um Layout und Inhalt auszuprobieren. Ist ein solches Produkt aus redaktioneller Sicht fertig, wird meist durch eine Marktstudie erforscht, ob es beim angepeilten Kundenkreis auch ankommt. Dazu muss ein vorzeigbares, tatsächlich vorhandenes Zeitschriftenexemplar vorliegen, das Dummy genannt wird. Mit Hilfe von Dummies wird auch das Interesse der Werbekunden ermittelt, in dem geplanten neuen Objekt Anzeigen zu schalten. Hat der Verlag beschlossen, das neue Produkt in der letzten Form herauszubringen, wird dies → Nullnummer genannt. Ursprünglich stammt der Begriff Dummy aus der Automobilindustrie, wo Testpuppen so bezeichnet werden (z.B. Crash Test Dummies). 2.) Bei Foto- oder Filmshootings werden unter Umständen speziell angefertigte Muster eingesetzt, die besondere, für einen solchen Einsatz unabdingbare Anforderungen erfüllen. Z.B. Wärmebeständigkeit bei Eis, visuelle Makellosigkeit.

Dunkelsack
[Fo] Eine Hülle, die aus lichtundurchlässigem Stoff oder Plastik besteht. Zwei Armstulpen ermöglichen, dass beide Hände im Inneren des Beutels frei arbeiten können. In der Regel wird der Dunkelsack mittels Reißverschluss verschlossen. Klemmt ein Film in einer Fotokamera oder ist gerissen, so kann auch ohne Dunkelkammer das belichtete Filmmaterial „gerettet" werden. Mit einem Dunkelsack ist auch das blinde Ein- und Auslegen von Filmmaterial in oder aus Kassetten möglich.

Dünnschichtfilm
[Fi] Auf Filme mit besonders guter Bildschärfe werden extrem dünne Emulsionsschichten aufgetragen.

Duplex
[Dt] Kurzwort für → Duplexdruck.

Duplexdruck
[Dt] 1.) Man unterscheidet den echten und den unechten Duplexdruck. Ersterer ist ein zweifarbiger Druck von zwei Druckplatten, die sich in → Tonwerten, Tonabstufungen und der → Rasterwinkelung unterscheiden. Der unechte Duplexdruck ist ein zweifarbiger Druck von einer Druckplatte, die beim zweiten Druckgang minimal diagonal verschoben wird. Vorteil sind die geringeren Kosten im Vergleich zum → Vierfarbdruck. 2.) Das beidseitige Bedrucken einer Ware oder eines Papierbogens.

Durchblende
[Fi] Von einem Bild zum nächsten wird weich überblendet. Gegenteil ist der → Hartschnitt.

durchkoppeln
[Ze] → koppeln

durchscheinen
[Dt] Auf der Vorderseite ist das Druckbild der Rückseite sichtbar.

durchschlagen
[Dt] Druckfarbe dringt durch das Papier durch und ist auf der Rückseite sichtbar. → abliegen

Durchschuss
[Dt] Zeilenabstand. Raum zwischen zwei Zeilen. Im Bleisatz wurden nicht druckende Metallplatten (Regletten) dazwischen gelegt. Als Faustregel der Buchdrucker gilt, dass er 20 Prozent der Schriftgröße betragen soll. Im Fotosatz wird der Zeilenabstand durch die Entfernung von → Schriftlinie zu Schriftlinie bestimmt.

Durchsichtvorlage
[Dt, Fo] Dias und Folien, durch die man durchsehen kann, im Unterschied zur → Aufsichtvorlage. Sie werden durch Durchleuchten projiziert.

Durchzeichnung
[Fo] Fotos sollten auch im Licht und in der Tiefe einen ausreichenden → Kontrast aufweisen, d.h gut durchgezeichnet sein, um später eine optimale Druckqualität zu erzielen.

DVB
[TV] Abk. für → Digital Video Broadcast.

DVD
[Fi] (Abk. für engl. Digital Versatile Disc = digitale vielfältige Platte) Die silbern glänzende runde Scheibe sieht aus wie eine Compact-Disc oder CD-ROM und hat ebenfalls 12 cm Durchmesser. Ihr Europa-Verkaufsstart wurde anlässlich der Berliner Funkausstellung 1997 bekanntgegeben. Die DVD wurde als digitales Ablöseprodukt des Videobandes konzipiert und daher stand die Abkürzung DVD anfangs für Digital Video Disc. Bald jedoch war klar, dass es auch für die DVD unterschiedliche Nutzungsmöglichkeiten vergleichbar mit der CD geben würde. DVD-Audio, DVD-ROM, DVD-Video dienen dabei als sog. vorbespielte Formate, d.h., hier sind beim Kauf bereits Daten in digitaler Form auf der Disc vorhanden. Dagegen sind die bespielbaren Formate DVD-R und DVD-RW (DVD-recordable bzw. DVD-rewritable) zunächst leer und bieten dem Nutzer ein Medium zur digitalen Speicherung beliebiger Daten. Daher wurde das DVD-Format in Digital Versatile (Vielfalt) Disc umbenannt. Wesentlicher Unterschied der DVD gegenüber der CD ist die höhere Speicherkapazität. Um tatsächlich das Videoband ablösen zu können, benötigt die DVD eine Kapazität von 4,7 GB (Gigabyte) und damit etwa die siebenfache Kapazität einer CD, die es „nur" auf etwa 650 MB (Megabyte) bringt. Mit diesem Volumen von 4,7 GB lassen sich bis zu 135 Minuten Film in hoher, digitaler Qualität, verbunden z.B. mit Surround-Sound, 8 Tonspuren und über 30 weiteren Sprachen als Untertitel speichern. Der Film wird dabei nach dem → MPEG-Verfahren komprimiert. Damit wird es möglich, etwa 90 Prozent aller Hollywood-Spielfilme über das neue Medium zu verbreiten. Vor allem die hohe Kapazität der DVD wird diesem Medium in Zukunft großes Wachstumspotential bescheren und letztlich zu einer Ab-

lösung der bisherigen magnetischen Datenträger (Kassette, Videoband), aber auch der CD führen. Wesentliche Vorteile der CD und DVD gegenüber anderen Datenträgern sind die Speicherung und Wiedergabe digitaler Daten, die hohen Speicherkapazitäten, die relativ einfache Handhabung und insbesondere die geringen Produktionskosten. Ländercodes sollen eine nicht llizensierte Verbreitung verhindern.

■ **DW**
[Ra, TV] Abk. für → Deutsche Welle.

■ **Dynamik**
[Ra, TV] In dB (Dezibel) angegebenes Verhältnis von leisester zu lautester Stelle eines Schallereignisses.

E

■ EB
[TV] Abk. für Elektronische Berichterstattung; engl. = Electronic News Gathering. Schnelle und bewegliche Berichterstattung von den Brennpunkten des Geschehens mittels tragbarer, leichter elektronischer, in der Regel netzunabhängiger Kameras (EB-Kamera) und sonstiger Aufzeichnungsgeräte.

■ eBook
[Co] (Abk. für engl. electronic book = elektronisches Buch) → digitales Buch

■ EBU
[TV] Abk. für → European Broadcasting Union.

■ eBusiness
[Co] Kunstwort aus electronic (engl. = elektronisch) und business (engl. = Geschäft). Wahrscheinlich zuerst von der Firma IBM verwendete Bezeichnung für denjenigen Teil des Handels im → Internet, der zwischen Unternehmen abgewickelt wird. In der abkürzenden Internet-Sprache wird das „Business to Business" auch als „B2B" bezeichnet. Häufig wird eBusiness irreführend als Synonym für → e-Commerce verwendet.

■ EBV
[Fo] Abk. für Elektronische Bildverarbeitung. Übergeordnete Bezeichnung für alle Verfahren der elektronischen Datenverarbeitung, die mit der Erzeugung oder Verarbeitung von Bilddaten zu tun haben.

■ eCentives
[Co] Wortschöpfung, die sich aus electronic (engl. = elektronisch) und incentive (engl. = Ansporn, Leistungsanreiz) ableitet. Internetgestütztes Bonussystem zur Kundenbindung. Marketingtool zur Kundenbindung im → Internet. Ein eCentive-Konzept zielt darauf ab, die Zugriffszahlen auf die Seiten unterschiedlichster Anbieter im → World Wide Web zu erhöhen. Jede Transaktion z.B. ein Einkauf auf den angeschlossenen Webseiten wird mit Bonuspunkten belohnt, d.h. es ist die Übertragung des Rabattmarken-Systems auf das Internet. Die eCentive-Anbieter tauschen die vergebenen Bonuspunkte in verschiedene Prämien um. Die Stärke des eCentives liegt in der Potenz der angeschlossenen Unternehmen. Das bekannteste deutsche eCentive ist Webmiles.de.

■ Eckenbrüller
[Ze] Kleine, einspaltige Meldung, die ganz oben rechts oder links auf einer Seite platziert ist.

■ Eckfeldanzeige
[Ze, We] → Anzeige, die im redaktionellen Teil einer Zeitung in der Ecke einer Seite platziert ist, meist einer der unteren Ecken. Sie grenzt mit zwei Seiten an den redaktionellen Text an.

■ Eckplatzierung
[TV, We] Ein Werbespot wird am Anfang oder am Ende des → Werbeblocks ausgestrahlt. Bei dieser Platzierung hat der Werbetreibende die größte Chance, dass seine Reklame angesehen wird, bevor der Zuschauer wegzappt bzw. weil er zur Fortsetzung des Films bereits wieder in das Programm zurückgeschaltet hat. In einigen Ländern müssen für diese zuschauerträch-

tige Platzierung höhere Preise gezahlt werden.

■ **eCommerce**
[Co] Kunstwort aus electronic (engl. = elektronisch) und commerce (engl. = Handel). Bezeichnung für Geschäftsvorgänge aller Art, die über einen → Server im → World Wide Web (→ Internet) abgewickelt werden. Im engeren Sinne wird mit eCommerce lediglich der Teil des Handels bezeichnet, der zwischen einem Unternehmen und dem Endverbraucher abgewickelt wird. Durch den hohen Automatisierungsgrad und die quasi völlige Markttransparenz sparen sowohl Anbieter als auch Käufer Kosten. Zudem ist das Angebot für den Kunden rund um die Uhr verfügbar. Gut geeignet für eCommerce sind z.B. Katalog-Bestellungen, die schon immer von Kunden ohne direkten Beraterkontakt getätigt wurden. Häufig sind auch Bankgeschäfte online möglich, bei denen der Kunde nicht nur den Auftrag (z.B. Überweisung) erteilen kann, sondern auch Informationen (z.B. den aktuellen Kontostand) erhält. Probleme bereiten noch Sicherheitsaspekte wie die eindeutige Identifizierung des Kunden und die Übermittlung vertraulicher Daten. In diesem Rahmen wird auch über eine elektronische Währung (eCash) nachgedacht. Oft wird eCommerce irreführenderweise als Synonym für → eBusiness verwendet.

■ **Edelfeder**
[Ze] Große Namen unter den Schreibern, mit denen sich das Blatt schmückt. Besonders bekannte, bewährte Autoren, die z.B. Kommentare verfassen.

■ **edit bay**
[TV] Engl. Bezeichnung für den Schnittplatz.

■ **edit suite**
[TV] Engl. Bezeichnung für den Schneideraum.

■ **editieren**
(engl. = bearbeiten, herausgeben) 1.) [Dt] Ein Druckerzeugnis herausgeben. 2.) [TV] Schnittbearbeitung, (elektronischer) Schnitt, Bearbeiten.

■ **Editor**
(engl. = Herausgeber) → Herausgeber

■ **Editorial**
[Ze] (engl.) „Vorwort einer Zeitung". Im Unterschied zum Vorwort eines Buches wendet sich der → Herausgeber oder der Chefredakteur an die Leser, um sie auf den Inhalt des Blattes einzustimmen. Inhalt kann ein kurzer Anriss der wichtigsten Themen der Ausgabe oder aber auch ein Kommentar oder eine Glosse zu aktuellen Ereignissen sein.

■ **EDTV**
[TV] Abk. für Extended Definition Television. Fernsehprogramme werden in verbesserter Bild- und Tonqualität gesendet. Dieses Fernsehsystem ist für die Wiedergabe auf Geräten mit mittelgroßen bis großen Bildschirmen geeignet. Zum Empfang erforderlich ist eine feste Dach- oder Parabol-Antenne. Die Daten-Übertragungsrate beträgt sechs bis acht Mbit/Sekunde.

■ **Effektbeleuchtung**
[TV] Einzelheiten in der Dekoration von Fernseh- und Filmstudios werden speziell beleuchtet, z.B. mit stroboskopischen Lichteffekten (→ Stroboskop), Wasserreflexen, Spitzlichtern, frequenzabhängigen Beleuchtungsschaltungen etc.

■ **Eidophor**
[TV] Fernseh-Projektionsverfahren, mittels dessen elektronische Bildsignale auf großen Projektionsflächen abgebildet werden. Großbild-Projektionsverfahren.

■ **Eigenanzeige**
[Ze] Werbung des Verlages/Herausgebers für sich selbst oder eigene Produkte in seinen Publikationen.

■ **Eilmeldung**
Von den Presseagenturen herausgegebene, als besonders dringlich gekennzeichnete Nachricht (z.B. „Attentat auf Bundeskanzler"). Sie besteht meist aus nur einem

Satz. In einigen Redaktionen wird durch Klingelzeichen auf Eilmeldungen aufmerksam gemacht oder sie werden über Lautsprecher verlesen.

Einbandverfahren
[TV] → Einstreifenverfahren

Einbein
[Fo] Gebräuchliches Kurzwort für das Einbeinstativ. Dieses einfache Stativ mit nur einem Standbein dient bei Fotokameras nur als Stütze, um die Kamera ruhig zu halten.

Einblenden
1.) [TV] In ein bereits vorhandenes Bild wird ein zweites Bild eingefügt. 2.) [Ra] Von völliger Stille ist ein lauter werdender Ton zu hören. Der Ton kann auch einen bereits vorhandenen allmählich ersetzen.

Einbringen
[Dt] Verringern des Satzumfangs durch Kürzen einer Zeile bzw. eines Absatzes mittels Veränderungen der Formulierung oder des Wort- und Buchstabenabstandes. Dadurch werden optische Fehler wie → Hurenkinder und → Schusterjungen vermieden. Eine Änderung bzw. Korrektur des Inhaltes ist nicht Ziel des Einbringens. Das Gegenteil heißt → Austreiben.

Eindampfen
[Ze] Kürzen von Texten, weil der Text zu lang für das vorgesehene Layout oder teilweise unsinnig ist.

Einheitsformat
Schweizerisches → Plakatformat, 95 x 128 cm.

Einkopierung
[TV] Ein Trickteil, das mit einem vorhandenen Bild meist Schrift, seltener auch ein oder mehrere weitere fremde Bilder kombiniert. Das Einkopieren kann am Tricktisch oder beim Kopiervorgang durchgeführt werden.

Einlaufzeit
[TV, Fi] Die Zeit vom Start bis zum einwandfreien Funktionieren einer Aufnahme- oder Wiedergabemaschine.

Einlegemarke
[TV, Fi] Optische Markierung, mit deren Hilfe ein Film an einen vorgegebenen Punkt der Abtastmaschine eingelegt wird. Dies gewährleistet beim Zweibandverfahren einen exakten Start und die Synchronität von Bild und Ton.

Einleger
[Ze, We] Werbe-Broschüren werden zwischen die Blätter einer Zeitung gelegt. Ist die Zeitung gefaltet, befinden sich diese „Zusatzblätter" innen. Ugs. auch Werbe-Beilage genannt.

Einleser
[Dt] Synonym für → Vorspann.

Einleuchten
[TV] Vor Produktionsbeginn, d.h. vor Beginn des Drehs, werden Scheinwerfer und andere Beleuchtungsgeräte zur Beleuchtung einer Szenerie gesetzt und eingerichtet. Die Lichtintensitäten werden festgelegt, um nach gestalterischen und technischen Gesichtspunkten eine optimale Helligkeit der Dekoration und der Akteure zu erreichen.

Einpflegen
[PR] In eine existierende Liste werden zusätzliche Informationen eingearbeitet. Ein → Verteiler beispielsweise muss ständig auf dem aktuellen Stand gehalten werden, d.h. er muss gepflegt werden. Wird z.B. eine neue Zeitung gegründet, so fügt man eine zusätzliche Zeile in die Verteilerliste ein, das neue Medium wurde eingepflegt.

Einrichten
[Dt] Das Vorbereiten einer Druckmaschine oder einer Maschine zur Druckverarbeitung für die gesamte Auflage.

Einrücken
[Dt] Synonym für → Einzug.

■ Einrückgebühr
[Ze] Wird der Abdruck einer zu langen → Gegendarstellung verlangt, so kann der Verlag wegen der Überlänge die Zahlung einer Geldsumme verlangen, da ihm dieser Platz z.B. für Anzeigenverkauf nicht zur Verfügung steht.

■ Einschaltquote
[TV, Ra] Ugs. auch Quote genannt. Sie ist der am häufigsten benutzte Messwert der Zuschauerforschung. Bezogen auf die gesamte Anzahl der Fernsehhaushalte (31. März 1996: 32,75 Millionen) gibt die Einschaltquote den Prozentsatz der Haushalte an, die eine bestimmte Sendung eingeschaltet hatten. Die Quote gibt nicht die Zuschauerzahl an, die bei gleicher Quote erheblich differieren kann, denn pro Haushalt schauen unterschiedlich viele Personen zu. In Deutschland ermittelt die → Gesellschaft für Konsumforschung (GfK) die Einschaltquote im Auftrag der → Arbeitsgemeinschaft Fernsehforschung (AGF). Synonym für Haushaltsreichweite. Häufig wird die Einschaltquote als Oberbegriff für alle Zahlen zur Sehbeteiligung benutzt. In der → Prime-Time ist die Einschaltquote regelmäßig am höchsten.

■ einspiegeln
[Ze] In den → Satzspiegel einpassen. → Layout

■ Einspielung
[TV] 1.) Auf Kommando des Regisseurs wird ein Film in einer Sendung gestartet. In eine laufende Produktion wird ein vorbereiteter Beitrag über eine → Bildleitung übermittelt, entweder von Außenübertragungsorten oder anderen Szenenanstalten (z.B. Einzelbeiträge der Sportschau). 2.) Während einer Studioaufnahme wird zur Information der an der Produktion Beteiligten ins Studio ein Bild- und/oder Ton-Anteil eingespielt.

■ einstarten
[TV] Die Startmarkierungen (→ Startkreuz) werden auf zusammengehörigen Bild- und Tonträgern angebracht, um deren synchronen Ablauf zu gewährleisten.

■ Einsteller
[TV] Korrekte, aber nicht häufig verwendete Bezeichnung für die einzelnen Regler am → Tonmischpult. Fälschlicherweise oft Tonregler genannt.

■ Einstellung
[Fi] 1.) Ein zusammenhängender, ohne Unterbrechung hergestellter Aufnahmeabschnitt mit Filmkameras. Das kleinste Element eines Filmes. → Sequenz → Szene („Die Einstellung ist im Kasten"). → Take 2.) Der zum Filmschnitt ausgemusterte Teil eines Szeneabschnitts im Sinne von 1.), der vom → Cutter nicht weggeschnitten wird. 3.) Art und Weise der Sicht und der Blickpunkt, von dem aus ein gewähltes Bild festgehalten wird. Es wird unterschieden zwischen Weit, → Totale, → Halbtotale, Halbnah, Close (auch Nah), Groß, Ganz-Groß, Detail. Während die Einstellungen Weit bis Halb-Totale eher einen Überblick über eine Szenerie zeigen, geben die anderen Einzelheiten wieder.

■ Einstieg
Der Anfang eines Berichts. Eine Reportage beginnt meist mit einem szenischen Einstieg, z.B. der Beschreibung einer exemplarischen Situation. Besteht der erste Absatz komplett aus einem Einstieg, so wird er manchmal in fetter Schrift gesetzt. Ein interessanter, packender Einstieg soll erreichen, dass der Leser weiterliest. Für den Journalisten ist der Einstieg meist der am schwersten zu verfassende Teil eines Textes („Ist der Anfang geschafft, läuft der Rest fast von selbst", sagen viele Journalisten). Im Gegensatz zum → Vorspann muss der Einstieg nur neugierig machen, nicht die Quintessenz der Geschichte vorab darstellen.

■ Einstreifenverfahren
[TV] Bild und Ton sind auf einem Band kombiniert. Auch Einbandverfahren genannt.

■ eintasten
[TV] In ein Fernsehbild werden Bildsignale von fremden Bildquellen elektro-

Weit

Totale

Halbtotale

Halbnah

Nah

Groß

Ganz groß

Detail

nisch eingesetzt, z.B. → Videotext, Schriften usw.

■ **Einzelbildaufnahme**
[TV] Sie wird für besondere Filmtrick-Effekte eingesetzt. Im Gegensatz zur normalen Filmlaufgeschwindigkeit von 25 Bildern pro Sekunde wird bei Einzelbildaufnahmen das Kameralaufwerk nach jedem einzelnen Bild angehalten. Die Zeit bis zur Belichtung des nächsten Bildes ist beliebig variierbar. Sie kann z.B. dazu genutzt werden, Veränderungen am Aufnahmegegenstand vorzunehmen oder abzuwarten. Mittels Einzelbildaufnahmen entstehen Zeichentrick- und Puppenfilme, aber auch → Zeitraffer-Aufnahmen (z.B. Sonnenblume wandert im Laufe des Tages dem Sonnenstand nach).

■ **Einzelbildschaltung**
[TV] 1.) Schalterstellung an der Film- oder Fernsehkamera, die → Einzelbildaufnahmen ermöglicht. 2.) Schrittweise Wiedergabe des Aufgezeichneten Bild für Bild in → MAZ-Anlagen.

■ **Einziehen**
[Dt] In der Reprotechnik werden beim Einziehen Bild-Lithos in einen Film einmontiert.

■ **Einzug**
[Dt] Der Beginn einer Zeile ist nach rechts versetzt. Damit wird eine Zeile innerhalb eines Textblocks verkürzt. Dies wird auch Einrücken genannt. Meist erfolgt der Einzug am Anfang eines Absatzes (→ Alinea), manchmal werden aber auch ganze Textteile eingezogen. Die Breite eines Einzugs hat oftmals den Wert eines → Gevierts der eingesetzten Schriftgröße. Gegensatz ist der → Auszug.

■ **E-Journal**
[Co] Abk. für electronic journal = elektronische Zeitung oder Zeitschrift. Zeitung oder Zeitschrift, die in digitaler Form im → Internet erscheint. Dies kann zusätzlich zu einer Printversion geschehen, was den Unterschied zu einem → E-Zine bildet, mit dem der Begriff E-Journal gelegentlich synonym verwendet wird.

■ **electronic editing**
[TV] Elektronischer Schnitt (→ cut). Schneidemethode, bei der das → MAZ-Band nicht mechanisch zertrennt wird. Die einzelnen → Takes werden in der richtigen Abfolge nahtlos auf ein zweites Band überspielt.

■ **electronic magazine**
[Co] Langform von → E-Zine.

■ **Electronic News Gathering**
[TV] (engl. = elektronische Nachrichten-Erfassung) Elektronische Berichterstattung, → EB

■ **Electronic Program Guide**
[TV, Co] Abk. = EPG. Bildschirm-Informationssysteme, die Informationen zum Fernsehprogramm bieten. Sie erreichen den Nutzer per → Teletext. EPG sind schneller und aktueller als gedruckte Programmzeitschriften und gelten daher als wachsende Konkurrenz.

■ **electronic publishing**
(engl. = elektronisches Veröffentlichen) Printmedien werden auf elektronischem Wege veröffentlicht, z.B. über CD-ROM, Videotext, Datenbanken, Mailboxen, Datennetze. Nicht zu verwechseln mit → Desktop Publishing.

■ **Elefantenrüssel**
[Dt, Ja] Die charakteristischen langen Ansatzstriche bei den Großbuchstaben der → Fraktur-Schrift werden ugs. als Elefantenrüssel bezeichnet.

■ **Elektronische Berichterstattung**
[TV] Abk. = → EB.

■ **Elektronische Bildverarbeitung**
[Fo] Abk. = → EBV.

■ **Elektronische Medien**
Alle so genannten neuen Medien außer den Printmedien. Dazu zählen Radio,

TV, → Videotext, Audiotext, Datennetze, CD-ROM, → E-Zine etc.

■ **Elektronischer Schnitt**
[TV] Bearbeitungsverfahren für → MAZ-Produktionen beim Fernsehen. Bei diesem Verfahren werden zwei MAZ-Maschinen benötigt. Einzelne → Einstellungen werden dabei mittels festgelegter → Zeitcode-Markierungen auf ein zweites MAZ-Band kopiert, sodass ein chronologisch richtiges, lückenloses und damit sendefertiges Band entsteht.

■ **Embossing**
[TV] (engl. = erhaben) Gestaltungsart beim → Key-Vorgang. Dabei werden die Ränder des überlagerten Bildes so bearbeitet, dass das Bild erhaben über dem Hintergrund stehend erscheint.

■ **Emoticon**
[Co] (engl. etwa Stimmungssymbol, Kunstwort aus emotion = Gefühl und icon = Symbol) Um Tipparbeit und Online-Zeit zu sparen, hat sich bei den Internet-Nutzern die Verwendung von Emoticons durchgesetzt. Durch eine bestimmte Zeichenkombination soll ein Gefühl oder ein Gemütszustand ausgedrückt werden. Sie setzen sich aus Sonderzeichen zusammen und werden i.d.R. von der rechten Seite betrachtet. Das Standard-Emoticon ist der Smiley, :-), der mit Doppelpunkt, Bindestrich und Klammer ein auf der Seite liegendes lächelndes Gesicht darstellt. Der Smiley steht für „ich bin fröhlich", „mir geht es gut". Wird statt des Doppelpunktes ein Semikolon verwendet, steht das Emoticon für einen „augenzwinkernden" Kommentar.

Emoticons

:-)	lachendes Gesicht, „nicht-alles-so-ernst-nehmen"
:-(	trauriges Gesicht, „find' ich schade!", unglücklich
;-)	Augenzwinkern, „war nicht so ernst gemeint"
:-O	„Oh!", Erstaunen, Erschrecken, „Aaa" beim Zahnarzt
:-o	„oh!", Erschrecken
:-D	lautes Lachen
:-P	Zunge rausstrecken, Lippen lecken, hecheln wie ein Hund
:-X	Lippen versiegelt, Mund zusammenkneifen
:-I	„darüber kann ich nicht lachen"
:-/	„Na ja!", skeptisch, Mund verziehen, ungut
:-\	wie oben, aber DOS-Anwender
':-/	sehr skeptisch!
:-S	so ähnlich, aber noch unentschlossener
:'-(	weinen
:~-(	heulen
:'-)	vor Freude weinen
:-	küssen

■ **Empfindlichkeit**
[Fo] Auch als Licht- oder Filmempfindlichkeit von Film- und Fotomaterial bezeichnet. Empfindlichkeit einer Filmemulsion für auffallendes Licht. Sie ist entscheidend für die Belichtungsdauer und die Blendenöffnung und wird in DIN- oder → ASA-Werten angegeben.

■ **Encoder**
Mit diesem Gerät werden Signale verschlüsselt. Sie werden mit einem → Decoder wieder entschlüsselt.

■ **Endallonge**
[TV] → Allonge

■ **Endformat**
[Dt] Format der fertig beschnittenen Drucksache. → Beschnitt

■ **ENG**
[TV] Abk. für Electronic News Gathering = elektronische Berichterstattung. → EB

■ **Englische Linie**
[Dt] Eine Linie, die sich zur Mitte hin verdickt.

■ **Enhancer**
[TV] (engl. = Erweiterer) Beim elektronischen Schnitt hilft dieser „Bildverbesserer", Kopierverluste zu vermeiden.

■ **Ente**
Falschmeldung, z.B. „Raubtier aus Zoo ausgebrochen", während in Wahrheit

eine stattliche Hauskatze durch die Felder streunt.

■ Entsättigung
[TV, Fo] Die Farbintensität wird reduziert. → Sättigung

■ Entwicklungsmaschine
[Dt] Eine automatisierte Anlage, die eine standardisierte Produktion von Filmen für die Herstellung von Druckplatten in einer Druckerei ermöglicht. Die Maschine besteht aus einem Bedienungsteil mit Schaltpult, einem Tankteil mit Entwickler, Fixierbad, Wässerung und Trockenstrecke sowie der Ausgabe mit Auffangbehälter.

■ ePaper
[Co] Abk. für electronic paper = elektronisches Papier. Mehrere Unternehmen (u.a. Xerox, Adobe, 3M, EInk) arbeiten an der Entwicklung eines papierähnlichen Materials, auf dem, wie bei einem LCD-Computerbildschirm, elektronisch gesteuert Bilder und Texte dargestellt werden können. Anders als bei LCD-Displays wird für die Erhaltung der Darstellung kein Strom benötigt. Das Material ist so leicht und flexibel, dass es sogar zu Büchern verarbeitet werden kann. Dadurch werden → digitale Bücher (eBooks) möglich, die die Vorteile der leichten und gewohnten Handhabung von Büchern aus Papier mit den → interaktiven Möglichkeiten (z.B. Suchfunktion, verbesserte Navigation) verbinden. Ebenso sind ultradünne Displays für Kleincomputer oder Reklametafeln möglich. Zur Zeit lässt jedoch die Auflösung und Lesbarkeit bei hellem Sonnenlicht zu wünschen übrig. Das ePaper besteht aus einer dünnen Kunststoffschicht, in die schwarz-weiße Perlen eingebettet sind, die in ölgefüllten Hohlräumen schwimmen. Da die Hälften dieser Kügelchen unterschiedlich elektrisch geladen sind, können sie einzeln angesteuert werden. Je nach angelegter Spannung drehen sie die eine oder die andere Farbseite nach oben. Aus dem angezeigten Raster ergibt sich eine Art Bildschirmdarstellung. Durch das ePaper könnte die Aussage von Stuttgarts Ex-Oberbürgermeister Manfred Rommel ad absurdum geführt werden, dass „es eine Zeitung aus Papier geben wird, solange man die Wespen nicht mit dem Bildschirm erschlagen kann“.

■ epd
Abk. für Evangelischer Pressedienst. Presseagentur der Evangelischen Kirche Deutschlands. Schwerpunkt der Berichterstattung liegt auf religiösen und sozialen Themen.

■ EPG
[TV, Co] → Electronic Program Guide

■ Equipment
[TV, Ja] (engl. = Ausrüstung) Die technische Ausrüstung eines Kamerateams.

■ Erratum
[Dt] Beilage bei einem fertigen Druckwerk, in der Druckfehler aufgeführt und diese berichtigt werden.

■ Erstes Deutsches Fernsehen
[TV] Nationales Gemeinschaftsprogramm der → ARD. Seit 1. November 1954 wird es gesendet und setzt sich aus Gemeinschaftssendungen und Einzelbeiträgen der → Landesrundfunkanstalten zusammen.

■ Erstkopie
[Fo, TV] Erste Kopie, die vom abgezogenen Negativ- oder Umkehr-Original mit Licht- und Farbausgleich gezogen wird. Im Unterschied zur → Nullkopie weist sie keine Mängel im Lichtausgleich und in der Farbabstimmung auf.

■ Erstrecht
[Re] Ugs. für Erst-→ Verwertungsrecht.

■ Erstsendung
[TV, Ra] Die erste Ausstrahlung einer Fernseh-, seltener einer Radio-Produktion. Für die Erstsendung gelten in der Regel besondere Vertragsabsprachen. Im Gegensatz dazu steht die Wiederholungssendung.

■ Erstverwertungsrechtrecht
Das Recht, Text- und Bildmaterial zuerst abzudrucken bzw. auszustrahlen. → Verwertungsrecht.

■ Eskapismus
[KoWi] (engl. escape = entfliehen) Die Mediennutzung dient vorrangig dazu, aus den Alltagssorgen in die künstliche, sorgenfreie Welt der Medien zu entfliehen. Begründet wird der Fluchtversuch mit Spannungen zwischen den Individuen, die aus der Entfremdung untereinander herrühren und zu einem Kompensationsbedürfnis führen.

■ Essay
(engl. = Versuch) Literarische Kunstform. Abhandlung in knapper, geistvoller, allgemein verständlicher Form.

■ Essayist
Verfasser von → Essays.

■ essayistisch
In der Art eines → Essays.

■ Establishing-Shot
[TV] (engl. = etablierender Schuss) Bei einem Wechsel des Handlungsortes wird im Film eine kurze → Einstellung gezeigt, die für den Zuschauer mit dem kommenden Ort verbunden ist. Dies soll dem Zuschauer v.a. die Orientierung erleichtern, gibt ihm auch Hintergrundinformationen über die Umgebung, wie beispielsweise „Luxus-Viertel". Häufig werden dabei immer wieder dieselben Bilder gezeigt, handelnde Personen befinden sich meist nicht im Bild. Z.B. wird vor dem Bildwechsel in die Arztpraxis die Außenansicht des Gebäudes gefilmt, in dem sich diese Praxis befindet. Diese Aufnahme- und Schnittechnik wird häufig bei → Seifenopern verwendet, die aus Zeit- und Kostengründen mit wenigen Außenaufnahmen außerhalb des Studiogeländes auskommen müssen. → Totale → Halbtotale

■ Et-Zeichen
[Co] Das Zeichen „&", das laut Duden lediglich bei Firmenbezeichnungen verwendet werden darf und stellvertretend für „und" steht.

■ EU-Fernsehrichtlinie
[Re, TV] Sie bildet die Basis für die Regelungen des deutschen Privatfernsehens. Die EU-Fernsehrichtlinie wurde am 3. Oktober 1989 erlassen und zuletzt im Juni 1997 novelliert. Sie enthält z.B. Vorschriften über die maximale Werbedauer (Art. 18: 15 Prozent der täglichen Sendezeit oder 20 Prozent einer Sendestunde) oder die Häufigkeit der Unterbrecherwerbung, die durch den → Rundfunkstaatsvertrag für Deutschland geregelt werden.

■ Europaskala
[Dt] → Farbskala für den → Vierfarbdruck. Die DIN 16539 wird im → Offsetdruck und die DIN 16538 im → Hochdruck überwiegend verwendet. Nach Farbton, → Sättigung und Druckreihenfolge sind die Druckfarben Cyan, Magenta, Yellow und Key genormt. Auch als Euroskala bezeichnet.

■ European Broadcasting Union
[TV] Abk. = EBU. Zusammenschluss europäischer Länder im Rundfunkbereich. Die EBU dient der Vertretung der Interessen ihrer Mitglieder u.a. auf dem Programm-, Rechts- und Techniksektor. Sie baut Beziehungen zu anderen Rundfunkorganisationen und Rundfunkveranstaltern auf und pflegt sie. Die EBU tritt als professioneller Ansprechpartner europäischer Institutionen und internationaler Organisationen auf und trägt gegebenenfalls zur Entwicklung rechtlicher Instrumentarien oder zur Einführung von den Rundfunk betreffenden Standards und Normen bei. Des Weiteren koordiniert und fördert die EBU Studien zu Rundfunkfragen und gewährleistet den Informationsaustausch unter den Rundfunkorganisationen. Sie fördert den Nachrichten- und Programmaustausch, z.B. Eurovision und Euroradio. Die EBU trägt dafür Sorge, dass alle Mitglieder internationale Vereinbarungen über Rundfunkangelegenheiten einhalten und unterstützt aktive Mitglieder in Streitfragen bzw. vertritt diese in Streitfragen, wenn dies von den aktiven Mitgliedern gewünscht wird. Aktive Mitglieder sind: Ägypten, Algerien, Belgien, Bosnien-Herzegowina, Bulgarien, Deutschland, Dänemark, Estland, Finnland, Frankreich, Griechenland, Großbritannien, Irland, Island, Israel, Italien, Jor-

danien, Kroatien, Lettland, Libanon, Libyen, Litauen, Luxemburg, Malta, Marokko, Mazedonien, Moldawien, Monaco, Niederlande, Norwegen, Österreich, Polen, Portugal, Rumänien, Russland, Schweden, Schweiz, Slowakei, Slowenien, Spanien, Tschechien, Türkei, Tunesien, Ukraine, Ungarn, Vatikan, Weißrussland, Zypern. Assoziierte Mitglieder sind: Albanien, Australien, Bangladesh, Barbados, Brasilien, Chile, Gabun, Grönland, Hongkong, Indien, Iran, Japan, Kanada, Korea, Kuba, Kuwait, Malawi, Malaysia, Mauritius, Mexiko, Nepal, Neuseeland, Oman, Pakistan, Senegal, Simbabwe, Sri Lanka, Südafrika, Syrien, USA, Venezuela, Vereinigte Arabische Emirate.

■ **Eurovision**
[TV] Zusammenschluss von 31 europäischen Fernsehanstalten, die im Rahmen der → UER untereinander die Programme austauschen. Die Mitglieder liefern Programme mit einer Gesamtlänge von mehr als 3.000 Stunden jährlich. Neben Sportereignissen werden auch aktuelle oder Unterhaltungssendungen wie der Grand Prix d'Eurovision übertragen. Im allgemeinen Sprachgebrauch steht Eurovision für Fernsehprogramme, die von mehreren Ländern gleichzeitig übernommen werden. Die Eurovisionshymne entstammt dem „Tedeum" in D-Dur von Marc-Antoine Charpentier (1645–1704) → Programmaustausch

■ **Eutelsat**
[TV] Europäische Satelliten-Betriebs-Organisation mit Sitz in Paris.

■ **Evangelischer Pressedienst**
→ EPD

■ **Event number**
[TV] (engl. = Ereignis-Nummer) Die Schnittnummer, die der Schnitt-Numerierung in der Schnittliste entspricht. → cut

■ **Excelsior**
[Dt] Gebräuchliche → Serifen-Schrift aus der Familie der → Antiqua-Schriften.

■ **Exit**
[TV] (engl. = Ausgang) Endpunkt der Schnittbearbeitung. Er wird auf dem Bildschirm in der Regel als → Zeitcode-Marke angezeigt. → cut

■ **Explosionsblende**
[Fi] Trickblende. Ein Bild breitet sich von der Mitte her zum Rand hin aus und überlagert dabei die vorhergehende Einstellung.

■ **Exposé**
Schriftliche Zusammenfassung oder Entwurfskonzept für einen journalistischen Beitrag. Es besteht meist nur aus einer Gliederung mit kurzer Inhaltsangabe. Viele Redaktionen erwarten von → freien Mitarbeitern ein Exposé, wenn diese Themenvorschläge einreichen. Vorstufe zum → Treatment.

■ **external key**
[TV] (engl. = externer Key) Fremdschablone. Der → Bildmischer erhält das Stanzsignal (z.B. ein Trickmuster oder Schrift) von außen. Es ist daher unabhängig vom Vordergrund-Signal. → Key-Verfahren

■ **Eye-Catcher**
[Ze, We] (engl. = Augen-Fänger) Blickfang einer Seite, z.B. Seitenfoto, große Überschrift, Farbe. Dies alles soll die Aufmerksamkeit des Betrachters auf die (Werbe-)Botschaft lenken.

■ **E-Zine**
[Co] Abk. für electronic magazine (engl. = elektronisches Magazin). Nicht in gedruckter Form verkauftes (nur als Datei, also elektronisch vorhandenes) Magazin/ Zeitschrift, das im → Internet über das → World Wide Web verbreitet wird. Typischerweise wird diese Online-Publikation von einer Einzelperson, meist einem besonders engagierten → Netizen, und nicht von einem kommerziellen Verlag herausgegeben. Es zählt zu den elektronischen Medien. → electronic publishing → Bildschirmzeitung

F

■ **Fachartikel**
[Ze] Bericht in einer → Fachzeitschrift.

■ **Fächerblende**
[Fi] Trickblende. Die folgende Einstellung öffnet sich wie ein Fächer.

■ **Fächerklebebindeverfahren**
[Dt] → Lumbecken

■ **Fachzeitschrift**
Zeitschrift mit einem Inhalt, der nicht jedermann interessiert, z.B. „Rute und Rolle", „Schöner Wohnen", „Neue Juristische Wochenschrift". Auch special interest magazines oder Spartenzeitschrift genannt. Gegenteil sind → Publikumszeitschriften (general interest magazines).

■ **Factsheet**
[PR] (engl. = Fakten-Blatt) Eine kurze Sammlung von Fakten und Informationen. Das Factsheet eines Unternehmens weist beispielsweise Firmengeschichte, Mitarbeiterzahl, Umsatz und Produkte aus.

■ **Fade**
[Fi, TV] (engl. = verblassen) → Abblende bis das Bild schwarz ist; Überblendung. Mit „fade in" wird das stufenlose, weiche Einblenden bezeichnet, mit „fade out" die Ausblendung.

■ **Fadenbindung**
[Dt] Die einzelnen Seiten eines → Werkes werden mittels dünner Fäden zusammengehalten. → Klebebindung

■ **Fadenzähler**
Aufklappbare Lupe, die auf einem kleinen, meist aus Metall bestehenden Gestell montiert ist. Dieses Gestell gewährleistet den richtigen Abstand zur Betrachtung einer Vorlage. Der Fadenzähler wird zur Beurteilung und Kontrolle von Bildvorlagen, Rastern, Drucken etc. verwendet.

■ **Fader**
[TV] Elektronischer Regler, mit dem bei der Aufnahme oder der Nachbearbeitung Bilder oder Ton weich ein- und ausgeblendet werden.

■ **Fahne**
1.) [Dt] → Druckfahne → Korrekturfahne → Satzfahne 2.) [Fo, Fi] → Neger 3.) Bildfehler beim → Nachziehen.

■ **Fahnenabzug**
[Dt] Der Abzug des Textes vor dem → Umbruch im → Bleisatz. Er wurde zur Überprüfung der sprachlichen Richtigkeit verwendet (1. Hauskorrektur).

■ **Fahraufnahme**
[Fi] Film- oder Fernsehaufnahme mit bewegter Kamera. Sie entsteht entweder mittels → Dolly oder Kran. Es kann jedoch auch aus einem fahrenden Auto oder einem Flugzeug heraus gefilmt werden. Selbst wenn der Kameramann die Kamera trägt und im Gehen filmt, wird von einer Fahraufnahme gesprochen.

■ **fahren**
[Ra, TV] Abspielen, aussteuern der Lautstärke usw. von Musiktiteln und Moderationsbeiträgen in vorgegebener Reihenfolge durch den → Moderator, d.h., er fährt die Sendung. → Selbstfahrerstudio

■ **Fahrstativ**
[Fi] Dreibeiniges Stativ auf Rädern, auf das eine Film- oder Fernsehkamera aufgesetzt wird.

■ **faken**
(engl. = fälschen, vortäuschen, „frisieren") Ein Journalist erfindet eine Geschichte oder verfälscht eine uninteressante Gegebenheit derart, dass sie eine Schlagzeile ergibt.

■ **Falz**
[Dt] Es gibt verschiedene Arten, Papier zu falten, z.B. die Einfachfalz, → Leporello-Falz, → Altarfalz, → Kreuzbruch- und → Wickelfalz. Auch als → Bruch bezeichnet.

■ **Fancy Frame**
[Dt] (engl. = peppig-modischer Rahmen) → Zierrand. Er ist häufig um einen Text herum angebracht.

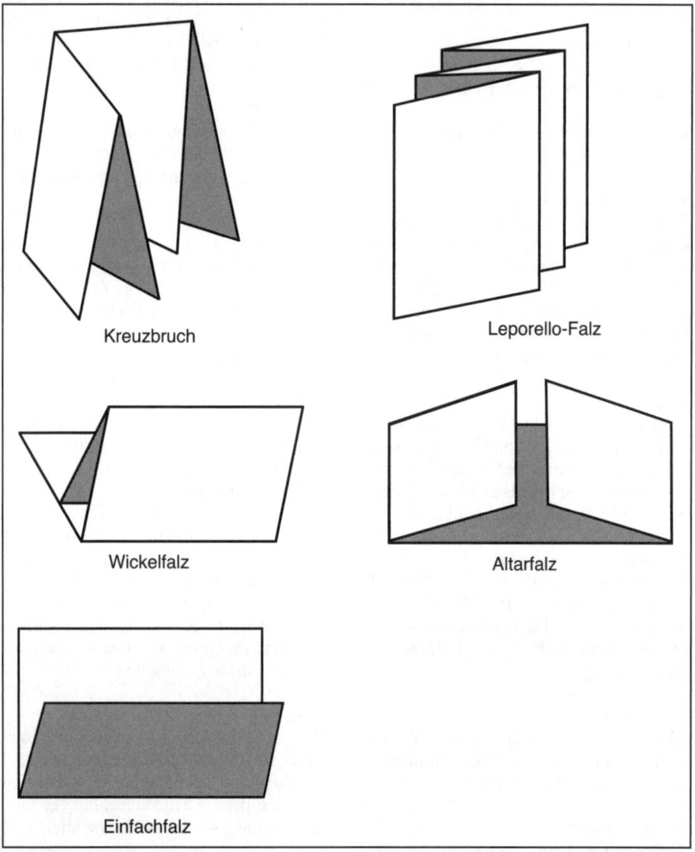

Abb: Falzmuster

Farbauszug
1.) [Dt] Beim → Andruck hergestellte einzelne Bilddarstellung der einzelnen Prozessfarben. 2.) [TV] Farbanteil eines elektrischen Farbsignals bzw. Farbinhalt eines Objekts. Auch als Chrominanz bezeichnet.

Farbbalance
[Dt] Die Farbanteile sind in ihren Größen aufeinander abgestimmt, damit sich bei → additiver Farbmischung Weiß ergibt. Kontrolliert wird die Farbbalance mit den Graubalancefeldern des Kontrollstreifens.

Farbbalken
[TV] Farbstreifen im → Testbild. Er wird auf elektronischem Weg erzeugt und enthält die wichtigsten Farben.

Farbe
1.) Farbton 2.) Kurzwort für Druckfarbe. 3.) (politische) „Färbung"/Tendenz eines Mediums. → gefärbt

Farbfernsehnorm
[TV] → Fernsehnorm

Farbflächengenerator
[TV] Dieses elektronische Gerät erzeugt Farbflächen. Damit können z.B. Schriften eingefärbt werden.

Farbkompensationsfilter
[Fo] → Konversionsfilter

Farbprüfverfahren
[Dt] Von einem → Farbsatz auf fotografischem Weg hergestelltes Muster zur Beurteilung der Farbwiedergabe.

Farbraum
Bereich der unter den jeweiligen Vorgaben darstellbaren Farben, z.B. RGB, CMYK, CIELAB.

Farbrauschen
[TV] Bunte, flimmernde Pünktchen auf dem Bildschirm, die von einem Störsignal herrühren.

Farbsättigung
Langform von → Sättigung.

Farbsatz
[Dt] Farbauszüge aller Grundfarben beim Druck. Ergebnis der → Farbseparation.

Farbsaum
[Fo, Fi] Farbunschärfen (chromatische Aberration), die durch Linsenfehler des Kameraobjektivs erzeugt werden. Sie zeigen sich vor allem an scharfen Konturen als so genannter Farbsaum.

Farbseparation
[Dt] Auch als Vier-Farbseparation bezeichnet. Da bei jedem Druckvorgang immer nur eine Farbe auf das Papier gebracht werden kann, müssen die Farben von Farbfotografien in Dichtewerte für die vier Druckfarben (Cyan, Magenta, Yellow, Black) aufgesplittet werden (→ subtraktive Farbmischung). Ergebnis ist der Farbsatz. Dieser Vorgang fällt bei jeder → Drucktechnik an und ist unabhängig vom → Rastern. Der Separationsvorgang war früher sehr aufwendig und teuer, da mehrere Repros angefertigt und aufeinander abgestimmt werden mussten. Heute erledigt dies der Computer auf Knopfdruck, zumal in der Produktion und in der Bildbearbeitung immer mehr die Computertechnik zum Einsatz kommt und Bilder daher sowieso schon in elektronischer Form vorliegen.

Farbskala
[Dt] Die Kombination von Druckfarben beim Mehrfarbendruck. Im → Offsetdruck werden vorwiegend Farbkombination nach der → Europaskala verwendet.

Farbtafel
[Fi] Eine Tafel, auf der sich die genormten Primär- und Komplementärfarben sowie ein Graukeil befinden. Sie wird oft bei Filmaufnahmen anstelle des → Weißabgleichs am Anfang einer Szene aufgenommen. So können später die Eigenheiten der Film-Emulsion und des verwendeten Lichts bestimmt werden und dies kann beim Kopieren und Überspielen berücksichtigt werden.

Farbtemperatur
[Fo] Maß für den überwiegenden Farbanteil eines Lichts. Aus der Farbe des Lichts, also dem spektralen Verlauf der Helligkeitskurve einer Lichtquelle, wird die Temperatur abgeleitet. Je höher der Blauanteil eines weißen Lichts, umso größer ist die Farbtemperatur. Sie wird in Kelvin (K) gemessen. Die Farbtemperatur beeinflusst das subjektive Helligkeitsempfinden: weißes Licht beispielsweise wirkt heller als gelbes. Die Lichtquelle wird anhand des so genannten Planck'schen Strahlers beschrieben. Dabei handelt es sich um einen innen geschwärzten Hohlkörper mit einer kleinen Öffnung. Wird dieser Körper erhitzt, so tritt aus der Öffnung eine Strahlung aus. Deren Farbe ändert sich mit der Temperatur des Körpers. Bei niedrigen Temperaturen ist die Strahlung dunkelrot. Je höher die Temperatur wird, umso gelber und heller erscheint die Strahlung. Aus dem Planck'schen Kurvenzug ergibt sich die Normfarbtafel. Dir Farbtemperatur wird auch als Illuminat bezeichnet.

Farbtripel
[TV] Auf dem Fernsehbildschirm setzt sich das Bild aus vielen Bildpunkten zusammen. Zu jedem dieser Bildpunkte gehören die drei Farbelemente Rot, Grün und Blau. → additive Farbmischung

Farbumfang
[Fo] Der sichtbare Lichtbereich liegt zwischen 400 und 700 Nanometer. Die einzelnen Spektralfarben reichen von kurzwelligen, kalten Blautönen bis zu langwelligen, warmen Rottönen. → Farbtemperatur

Farbwert
[Fo] Messgröße, die durch → Leuchtdichte, Farbton und Farbsättigung bestimmt wird.

FAT
[TV] Abk. von → Filmabtaster.

Faxverteiler
Besonders schneller → Presseverteiler, aufgrund dessen Pressemitteilungen per Fax versandt werden. Ursprünglicher Einsatz nur für Journalisten, mit denen besonders eng zusammengearbeitet wird und die auf diese Weise einen zeitlichen Informationsvorsprung gegenüber dem Postversand erhalten oder für besonders eilige Mitteilungen an die Presse verwendet. Zunehmend wird ein Faxverteiler auch als Ersatz für den regulären Postverteiler eingesetzt, da er bei Einsatz von Computer und Faxmodem weniger zeit- und personalaufwändig und damit kostengünstiger ist.

FBAS-Signal
[TV] Das vollständige Fernsehsignal, bestehend aus Farbart-, → Leuchtdichte-, Austast- und Synchronsignal.

FCC
Abk. für Federal Communications Commission, die staatliche Telekommunikationsbehörde in den USA. Die FCC wurde 1934 gegründet. Sie reguliert den Rundfunk und führt Aufsicht über den gesamten Telekommunikationssektor. Ihre wichtigste Aufgabe ist die Lizensierung der lokalen Hörfunk- und Fernsehveranstalter. Ihr Einfluss sinkt stetig. Die FCC ist mit den deutschen Landesmedienanstalten vergleichbar.

Feature
(engl. = charakteristisches Merkmal, wichtiger Bestandteil) Bericht mit zumeist dokumentarischem Charakter. In Radio und Fernsehen wird durch den Einsatz von Musik, O-Tönen oder Aufnahmen an Originalschauplätzen von der klassischen Vortragsform deutlich abgewichen. Manche → Landesrundfunkanstalten haben eigene Feature-Abteilungen.

Feedback
[Ra] Engl. Bezeichnung für → Rückkopplung.

Feindaten
[Dt] Bilder in der für den Druck erforderlichen Auflösung. Dadurch liegen riesige Datenmengen vor. Für die ersten Arbeitsschritte bis zum fertigen Layout sind Feindaten nicht erforderlich, es kann mit → Grobdaten gearbeitet werden.

■ **Feinraster**
[Dt] → Raster mit 60 bis 120 Linien pro Zentimeter.

■ **Feinschnitt**
[Fi] Nach dramaturgischen und künstlerischen Gesichtspunkten wird ein Filmablauf ein letztes Mal kritisch überarbeitet. → cut

■ **Fenster**
[Ra, TV] → Programmfenster

■ **Fensterfalz**
[Dt] Falt-Technik. Andere Bezeichnung für → Altarfalz.

■ **Fernsehhaushalt**
[TV] Ein Haushalt, in dem mindestens ein Fernsehgerät steht. In der Bundesrepublik Deutschland gab es am 31. März 1996 rund 32,75 Millionen Fernsehhaushalte, das sind nach Ermittlungen der → GfK 98 Prozent aller Haushalte. In den Fernsehhaushalten leben 71,16 Millionen Zuschauer, die älter als drei Jahre sind.

■ **Fernsehkopie**
[TV] Eine Filmkopie, die in den fotografischen Werten auf die Übertragungskennlinie der Fernsehsysteme abgestimmt ist. Wichtig hierbei sind die Werte für Kontrast, → Dichte und → Gradation.

■ **Fernsehnorm**
[TV] Technische Norm, die die Art der Übertragung des Fernsehbildes und -tones vom Sender zum Empfänger für ein Gebiet festlegt. Eine Fernsehnorm beschreibt die Zeilenzahl, die → Bildwechselfrequenz und das Bildseiten-Verhältnis. In Westeuropa werden 625 Zeilen und 25 Hertz übertragen, in Japan und den USA 525 Zeilen und 30 Hertz. Die verschiedenen Länder haben unterschiedliche technische Lösungen des Übertragungsweges entwickelt, z.B. → PAL, → SECAM, → NTSC, → D2-MAC. Gemeinsam mit dem Farbcodier-Verfahren ergibt sich das → Fernsehsystem.

■ **Fernsehrat**
[TV] Aufsichtsgremium des → ZDF mit 66 Mitgliedern. Er entspricht dem → Rundfunkrat.

■ **Fernsehspiel**
[TV] Meist einteiliger nicht dokumentarischer Film, der für die Ausstrahlung bei Fernsehsendern produziert wurde.

■ **Fernsehsystem**
[TV] Eine → Fernsehnorm wird mit einem Farbcodier-Verfahren kombiniert. In Deutschland gibt es PAL-B und PAL-G. → PAL

■ **Fernsehtext**
[TV] → Videotext

■ **Fernsehuntersuchungen**
[TV] Fachausdruck für Sendungen in der DDR, die Missstände im Bereich der Volkswirtschaft aufdeckten und bedingte Lösungsvorschläge zur Beseitigung anboten.

■ **Fernsehurteil**
[Re] → Rundfunkurteile

■ **fester Freier**
→ Freier Journalist. Er ist selbstständig und nicht im Angestelltenverhältnis tätig. Oft einziger Ansprechpartner der Redaktion in einem bestimmten Themengebiet, z.B. Konzertkritiken, Gesundheitsthemen. Manchmal ist er in den Dienstplan einer Redaktion vollständig mit einbezogen und bezieht den Großteil seines Einkommens von einem einzigen Arbeitgeber. Weil in einem solchen Fall die Grenzen zum fest angestellten Redakteur verwischen, besitzt er in gewissen Fällen einen einklagbaren Rechtsanspruch auf Festanstellung und entsprechende Sozialleistungen (Scheinselbstständigkeit).

■ **Fetten**
[Ja, Dt] Buchstaben, Worte oder ganze Absätze in Fettschrift → setzen.

■ **Feuilleton**
(frz. feuille = Blatt, Papierbogen) Ursprünglich: Zeitungsbeilage. Heute: kultureller Teil einer Zeitung (Literatur, Theater-Kritiken etc.)

■ **Feuilletonist**
Verfasser von Artikeln im Feuilleton.

■ **feuilletonistisch**
Im → Feuilletonstil geschrieben; inhaltlich zum Feuilleton gehörig. Aber auch: oberflächlich, unwissenschaftlich geschrieben.

■ **Feuilletonstil**
Unterhaltender, geistreich-witziger Schreibstil.

■ **Field Research**
[MaFo] (engl. = Feld-Recherche) Im Gegensatz zum → Desk Research werden bei dieser Primärforschung neue, bisher nicht erhobene Daten mittels Befragung oder Beobachtung gewonnen und analysiert.

■ **Field still**
[TV] (engl. field = Feld, still = Stand) Bei diesem Standbild werden nur die Informationen eines Halbbildes genutzt. Im Unterschied dazu der Frame still.

■ **Fill**
[TV] (engl. = ausfüllen) Signal zum Ausfüllen eines → Keys, d.h. eines ausgestanzten Bildteils. Auch als insert fill oder key fill bezeichnet.

■ **Fill-In-Brief**
[We] Werbebrief, in dem der an jeden Adressaten gerichtete gleiche Haupttext gedruckt ist. Er wird durch nachträgliches Einfügen von Anrede und Anschrift mittels eines Druckers personalisiert.

■ **fill-up**
[Fi] (engl. = auffüllen) → Beifilm

■ **Film**
1.) [Fo] Fotografisches Material. Seine wesentlichen Bestandtteile sind eine lichtempfindliche Schicht und der Schichtträger. Benötigt werden Filme sowohl zum Fotografieren und Drehen als auch zur Herstellung von Druckplatten in einer Druckerei. 2.) Kurzwort für Kinofilm.

■ **Filmabtaster**
[TV] Gerät zur fernsehgerechten Wiedergabe von Filmen im Super 8-, 16- und 35-mm-Format. Der Filmabtaster wandelt die Filmbilder in elektrische Bildsignale um. Sowohl für s/w- als auch für Farbfilme besteht die Wiedergabemöglichkeit im Normal-, Breitwand- und → Cinemascope-Format. Abk. = FAT. Auch als Filmgeber bezeichnet. → Bildabtastgerät

■ **Filmbearbeitung**
[Fi] Alle Arbeiten, die sich an die Filmaufnahme anschließen. Dazu gehören u.a. die filmtechnische → Abnahme, → Mustervorführung, Ausmustern, → Anlegen von Bild und Ton, Rohschnitt und → Feinschnitt, Vertonung, Mischung und Abnahmevorführung.

■ **Filmbewertungsstelle**
[Fi] Die Organisation wurde von den Bundesländern gegründet mit dem Ziel, den guten Film zu fördern und Filme einheitlich zu behandeln. Filme, denen die Filmbewertungsstelle das Prädikat „wertvoll" oder „besonders wertvoll" erteilt hat, werden steuerlich begünstigt. Sitz ist Wiesbaden.

■ **Filmempfindichkeit**
[Fo] → Empfindlichkeit

■ **Filmformat**
[TV] Die Breite des Filmmaterials. Im Bereich des Amateurfilms sind das Doppel-8-mm und das Super-8-mm-Format gebräuchlich. Das 16-mm-Format wird als Schmalfilm bezeichnet, 35 mm ist der Normalfilm.

■ **Filmgeber**
[Fi] Andere Bezeichnung für den → Filmabtaster.

■ **Filmhobel**
[Fi] Dieses Gerät wird beim Filmschnitt verwendet (cut). Ein Teil der Schicht

wird vom Trägermaterial so abgehobelt, dass der Film mit flüssigem Filmkitt zusammengeklebt werden kann.

Filmkitt
[Fi] Beim Filmschnitt verwendetes chemisches Klebemittel, mit dem zwei Filmteile verbunden werden.

Filmsatz
[Dt] Ein vollständiger, aus allen Farbauszugsfilmen bestehender Satz, wie er für den Mehrfarbendruck benötigt wird.

Filmschleife
[Fi] → Schleife

Filter
[Fo] Vor dem Objektiv von Kameras oder vor der Austrittsöffnung des Lichts bei Beleuchtungskörpern befestigte Glasscheibe oder Folie. Filter sondern bestimmte Licht- und Farbanteile aus oder bewirken optische Effekte (z.B. Sternfilter). Farbfilter lassen ihre eigene Farbe durch und absorbieren Licht ihrer → Komplementärfarbe (z.B. Gelbfilter sperren blau, lassen grün und rot durch).

Finanzausgleich
[Ra, TV] Zwischen den einzelnen → öffentlich-rechtlichen Rundfunkanstalten gibt es ein finanzielles Gefälle, da durch unterschiedlich große Sendegebiete unterschiedlich hohe Gebühreneinnahmen erreicht werden. Die → Rundfunkgebühren bemessen sich nach den Zuschauerzahlen im Einzugsgebiet der jeweiligen Sendeanstalten. Deshalb bekommen die kleinen (RB, SR, SFB) von den größeren Anstalten (NDR, HR, BR, WDR, SWR) einen Anteil der Rundfunkgebühren, um die laufenden Kosten zu decken und damit arbeitsfähig zu sein. 1999 zahlten die finanzstarken Anstalten 186 Millionen DM. Dieser Betrag soll bis zum Jahr 2006 auf 90 Millionen DM gesenkt werden.

Firewall
[Co] (engl. = Brandschutzmauer) Elektronischer Schutz vor unerwünschten Eindringlingen in ein internes Computernetz. In der Regel besteht die Firewall aus einem zwischen → Intranet und → Internet geschalteten Computer, über den alle ein- und ausgehenden Daten z.B. auf Viren geprüft werden. Eine Firewall soll auch Schutz gegen Hacker bieten.

Fischauge
[Fo] Spezielles Weitwinkel-Objektiv für Kameras. Bei seinem extremen Aufnahme-Bildwinkel von nahezu 180 Grad und geringer Brennweite entsteht ein stark kugelig verzerrtes Bild. Im Englischen als fisheye-lens bezeichnet.

Flachdruck
[Dt] Druckverfahren. Die Druckform ist flach, das zu druckende Muster wird nicht durch Erhebungen bzw. Vertiefungen wie beim → Hoch- bzw. → Tiefdruck, sondern durch unterschiedliche Imprägnierungen, die Tinten abweisen oder annehmen, auf die Druckform aufgebracht. Druckende und nicht druckende Teile liegen auf gleicher Ebene. → Offsetdruck

Flächenleuchte
[Fo] Breit strahlende → Lichtwanne.

Flame War
[Co] (engl. = Flammen-Krieg) Heftige Diskussion im → Internet, die in gegenseitige Beschimpfungen und destruktive Bemerkungen der Autoren ausgeartet ist. Sie ist gelegentlich bei Chats im → Usenet anzutreffen.

Flange back
[Fo] Engl. Bezeichnung für das → Auflagemaß.

Flare-Effekt
1.) [Fo, Fi] Streulicht-Effekt in Objektiven bei Verwendung von Optiken ohne → Vergütung oder im Glas einer Bildröhre. 2.) [Fi] Effekt bei digitalen Trickmustern, bei denen das Trickmuster einseitig trompetenförmig aufgeweitet wird.

Flatrate
[Co] (engl. = flache Rate) Bezeichnung für eine pauschale Abrechung von Kommuni-

kationsdienstleistungen, d.h. ohne Berücksichtigung der tatsächlichen Nutzung. Fast immer wird mit Flatrate der nach Online-Volumen und - Zeit nicht beschränkte Internet-Zugang bezeichnet, d.h. der Nutzer kann z.B. ohne weitere Online-Gebühren und Telefonkosten beliebig lange Surfen.

■ Flattersatz
[Dt] Text schließt nicht beidseitig bündig im → Blocksatz ab, sondern ist meist linksbündig und rechts sind die einzelnen Zeilen unterschiedlich lang, d.h., sie flattern aus. Der Abstand zwischen den einzelnen Worten einer Zeile ist immer gleich. Es ergibt sich ein freier → Zeilenfall. → Rausatz ist immer im Flattersatz.

■ Fleisch
[Dt] Freier Raum um den gedruckten Teil eines Buchstabens herum. Bei → kritischen Buchstabenverbindungen führt das zu optisch größerem Buchstabenabstand. → Dickte

■ Flexodruck
[Dt] Bei diesem → Hochdruckverfahren werden im → Rotationsdruck Rundschablonen eingesetzt, wobei jede Walze eine Farbe druckt. Erst mehrere Druckgänge ergeben das Gesamtbild. Der Flexodruck wird u.a. in der Tapetenproduktion eingesetzt.

■ Flickwort
→ Füllwort

■ Fliegenkopf
[Dt] Auf dem Kopf stehender Buchstabe.

■ Fließtext
[Dt] Laufender Text einer Publikation ohne Überschriften usw. Hauptmenge des Textes, Haupttext, „eigentlicher Text". Auch als Bodytext oder Grundtext bezeichnet.

■ Flimmerkiste
[Ja, TV] Ugs. Bezeichnung für ein Fernsehgerät.

■ Flitzer
[TV] Im Fernsehen auftretende gelegentliche Störimpulse unterschiedlicher Ursache.

■ Flügelblende
[Fo] Andere Bezeichnung für → Sektorenblende.

■ Flutlicht
[Fo] Größere Flächen oder Räume werden gleichmäßig ausgeleuchtet, sodass überall eine gleich bleibende Beleuchtungsstärke herrscht. Zur Ausleuchtung werden → Lichtwannen oder ähnliche Beleuchtungskörper verwendet.

■ Flyer
(engl. = Flieger) In der Regel als Synonym für Flugblatt oder Handzettel verwendet. Auch die Werbebeilage einer Zeitung oder Zeitschrift oder ein Kurzprospekt werden als Flyer bezeichnet. Oft wird ein Flyer im DIN A 5-Format oder als ein zweimal gefaltetes DIN A 4-Blatt hergestellt (→ Falz).

■ FM
[Ra] Abk. für → Frequenzmodulation.

■ Focusgruppe
[PR, We] Teil einer → Zielgruppe. Eng begrenzter Testmarkt.

■ Folio
[Dt] Vier Seiten werden auf einen → Druckbogen gleichzeitig gedruckt.

■ footage
[Fi] (engl. = Gesamtlänge, Filmmeter) Länge oder Menge des benötigten Filmmaterials. Der Begriff leitet sich von dem im angelsächsischen Sprachraum verbreiteten Längenmaß Foot (Fuß) ab.

■ footprint
[TV] (engl. = Fußabdruck) Andere Bezeichnung für → Ausleuchtzone.

■ Format
1.) [Ze] Zeitungen und Zeitschriften haben standardisierte Größen und Seitenpropor-

tionen. Teils beruhen diese Formate auf Tradition, teils auf technischen Erfordernissen. Zu den am häufigsten verwendeten Formaten gehören → Berliner Format, → Magazinformat und → nordisches Format. (→ DIN-Formate) 2.) Das → Hochformat ist häufiger als das → Querformat. 3.) [TV] Themenbereiche in Fernsehsendungen oder -sendern, Sendungsgattung. 4.) [Ra] → Musikformat

■ Formproofer
[Dt] Zu Korrekturzwecken können auf diesem Gerät → Druckformen als digitale → Blaupausen ausgegeben werden.

■ Fortdruck
[Dt] Der Druck der eigentlichen Auflage. Er geschieht zeitlich nach dem → Andruck. Synonym für Auflagendruck.

■ Fotoagentur
[Fo] → Bildagentur

■ Fotoarchiv
[Fo] Eine nach Themen sortierte Sammlung von Fotografien.

■ Fotograf
Berufsbezeichnung für jemanden, der fotografiert. Voraussetzung ist eine Ausbildung. → Bildjournalist

■ Fotografenpool
[Fo] (engl. pool = (Arbeits-, Fahr-)Gemeinschaft, (Mitarbeiter-)Stab) Nur ausgewählte Fotografen haben die Erlaubnis, bei einem Ereignis dabei zu sein und zu fotografieren. Diese Einschränkung der Freiheit der Berichterstattung wird insbesondere in Fällen angewendet, in denen sehr großes Interesse der Öffentlichkeit zu erwarten ist und sich daher zu viele Fotografen und Fernsehteams → akkreditieren möchten. Z.B. bei einem herausragenden Staatsbesuch würden zu viele Fotografen stören oder bei der Verkündung wichtiger Gerichtsurteile, wenn der Ansturm der Medienvertreter die Räumlichkeiten des Gerichtsgebäudes sprengen würde. Häufig verwenden z.B. Gerichte diese Formulierung: „Es werden zwei Fernsehteams (jeweils ein öffentlich-rechtlicher und ein privat-rechtlicher Sender) sowie fünf Fotografen (drei Agenturfotografen, zwei freie Fotografen) zugelassen. Die Bestimmung der ‚Pool-Führer' bleibt den Fernsehanstalten bzw. den Agenturen/Fotografen überlassen. Sie sind verpflichtet, die Aufnahmen Konkurrenzunternehmen zur Verfügung zu stellen. Der hiesigen Pressestelle sind die beiden ‚Pool-Führer' bis zum (Datum) mitzuteilen."

■ Fotojournalist
[Fo] Synonym für → Bildjournalist.

■ Fotokopiervergütung
[Re] Die Herstellung von Fotokopien zum privaten Gebrauch ist rechtlich zulässig. Da jedoch nicht kontrollierbar ist, welche Kopie für Privatzwecke hergestellt wird, haben Hersteller oder Importeure von Kopiergeräten bei der erstmaligen Inbetriebnahme eine Gerätevergütung zu zahlen. Die Kosten hierfür wälzen sie auf ihre Kunden ab. Sie sind in der Regel im Preis für eine Kopie enthalten. Für Universitäten, die gewerbliche Wirtschaft und die Betreiber von Copy-Shops wurde eine Großbetreiberabgabe eingeführt. Diese Vergütungen für → Urheberrecht werden von den → Verwertungsgesellschaften kassiert und an ihre Mitglieder ausgeschüttet.

■ Fotomontage
[Fo] Mehrere Fotografien werden zu einem neuen Bild zusammengesetzt (z.B. ein Gebäude wird auf eine Wiese kopiert, um ein Bauvorhaben zu verdeutlichen). Dies wird inzwischen meist mit Computer-Bildbearbeitung per Mausklick gemacht. Die Gefahr einer unerkannten Fälschung ist groß. Seriöse Zeitungen weisen daher in der → Bildunterschrift auf die Montage hin. Nur noch digital vorliegende Bilder gelten als besonders gefährdet, da es kein Negativ mehr gibt, an dem physische Veränderungen nachgewiesen werden könnten. Als Hilfs- und Beweismittel wurden → digitale Wasserzeichen entwickelt, die als kleine, zwischen den Bildda-

ten versteckte Datensequenzen auch nach Veränderungen wieder zu erkennen sind und Manipulationen, wenn schon nicht verhindern, so doch zumindest deutlich machen sollen.

■ **Fotoreporter**
[Fo] → Bildjournalist

■ **Fotosatz**
[Dt] Ein Text wird durch negative Schriftscheiben oder -bänder hindurch auf Film oder -Fotopapier belichtet. Der Fotosatz löste den → Bleisatz ab.

■ **Fotoshooting**
[Fo] → Shooting

■ **Fotostrecke**
[Fo, Ze] → Strecke

■ **Fraktur**
[Dt] Schrift der → Gebrochenen Schriften. DIN 16518, → Schriftklasse Xd. Die Bezeichnung Fraktur wird oft fälschlich als Oberbegriff für alle → Gebrochenen Schriften verwendet. Charakteristisch sind die so genannten Elefantenrüssel, lange geschwungene Ansatzstriche bei den Großbuchstaben.

■ **Frame**
(engl. = Rahmen) 1.) [TV] Vollbild; einzelnes Fernsehbild; kleinste Einheit eines → Zeitcodes. Eine Sekunde besteht aus 25 Frames. 2.) [Co] In diesem Teil einer → Web-Seite können andere Webseiten angezeigt werden.

■ **Frame still**
[TV] Standbild, bei dem die Informationen beider → Halbbilder verwendet werden, im Gegensatz zum field still. Es besteht die Gefahr der Bewegungsunschärfe.

■ **Frame-Store-Synchronizer**
[TV] Bildspeicher, der zur Synchronisation fremder Bildquellen verwendet wird.

■ **Freelancer**
Engl. für → freier Journalist.

■ **Free-TV**
[TV] Im Gegensatz zum → Pay-TV muss der Zuschauer bei solchen Fernsehprogrammen für den Empfang nichts zahlen. Free-TV wird in der Regel durch Werbung und/oder → Rundfunkgebühren finanziert.

■ **Freeze**
[TV] (engl. = einfrieren) Das Stehenbleiben eines Fernsehbildes; Standbild. Das Bild wird im Standbild-Puffer gepeichert.

■ **freeze buffer**
[TV] Speicher für ein → Standbild.

■ **Freianweisung**
[Ze] Kostenloses → Abonnement einer Zeitung oder Zeitschrift. Verlage gewähren Freianweisungen u.a. Werbeagenturen, da sie hoffen, dass diese dann intensiver in den betreffenden Objekten Anzeigen schalten.

■ **Freier**
Ugs. für → freier Journalist.

■ **freier Journalist**
Meist kurz „Freier" genannt. Oft ausgebildeter, selbstständig und nicht im Angestelltenverhältnis tätiger Journalist, der meist für verschiedene Blätter/Sender arbeitet. Hat er einen Arbeitsvertrag, so enthält dieser keine Exklusivitätsklausel. Häufig sind freie Journalisten auf ein Themengebiet spezialisiert, z.B. Motorsport, Wissenschaft, Mode. Entspricht dem → freien Mitarbeiter. → fester Freier → Pauschalist

■ **freier Mitarbeiter**
Synonym für → freier Journalist. Meist verwendet aus Sicht der Redaktion.

■ **freier Zeilenfall**
[Dt] Das optische Bild des → Zeilenfalls, das sich beim → Flattersatz ergibt.

■ **Freigabe**
1.) [Dt] Ist ein Druckerzeugnis inhaltlich fertig und korrekturgelesen, wird es freigegeben, d.h. es geht in den Satz und

dann in den Druck. Die Freigabe ist die verbindliche Entscheidung des Auftraggebers, den Teil- oder Gesamtauftrag durchzuführen. 2.) [TV, Ra] Ein fertiger Radio- oder TV-Beitrag geht dann auf Sendung. → Abnahme

■ **Freistellen**
[Ze, Dt] Eine Abbildung wird ohne Hintergrund dargestellt. Das Kernobjekt, z.B. eine Person, wirkt wie ausgeschnitten. Dies geschieht durch Löschen oder Abdecken des Hintergrundes. Freistellungen werden nicht auf der Originalvorlage vorgenommen. Das Verfahren wird häufig bei Modefotos angewendet. Freigestellte Bildelemente werden auch für Montagen oder Composings eingesetzt. Nicht zu verwechseln mit → Anschneiden.

■ **Freistück**
[Ze] Exemplar einer Zeitung oder Zeitschrift, das unentgeltlich geliefert wird, z.B. an die Angehörigen des eigenen Verlages oder zu Werbezwecken. Regelmäßig ausgelieferte Freistücke werden auch Freianweisung genannt.

■ **Freiwillige Selbstkontolle der Filmwirtschaft**
[Fi] Abk. = FSK. Das „K" wurde abgeleitet von Kino. Rechts- und Verwaltungsträgerin der FSK ist die SPIO, die Spitzenorganisation der Filmwirtschaft, der Dachverband der deutschen Filmwirtschaft. Sie prüft Filme, Videokassetten und vergleichbare Bildträger und beschließt deren Freigabe für eine bestimmte Altersklasse. Ebenso wird geprüft, ob sich die Filme zur Ausstrahlung an Feiertagen eignen oder die religiösen Gefühle der Zuschauer verletzen können. 150 ehrenamtliche Prüfer sind für die FSK tätig. Es besteht keine Pflicht, Filme bei der FSK vorzulegen. Allerdings haben sich die Mitglieder der SPIO entschlossen, nur von der FSK geprüfte Filme anzubieten. Von 1949 bis heute hat sich die FSK von einem reinen Kontrollgremium zu einer anerkannten Institution gewandelt.

■ **Freiwillige Selbstkontrolle Fernsehen e.V.**
[TV] Abk. = FSF. 1993 u.a. vom → VPRT gegründeter und in Berlin ansässiger Verein mit dem Ziel, den Jugendschutz im deutschen Fernsehen zu verbessern und einen bewussteren Umgang mit dem Medium Fernsehen zu fördern. Kinder und Jugendliche sollen durch die Darstellung von Gewalt und Sexualität nicht in ihrer seelischen, moralischen und geistigen Entwicklung beeinträchtigt werden. Der Jugendschutz soll über die seitens des Gesetzgebers festgelegten Schranken hinaus verbessert und durchgesetzt werden. Zu diesem Zweck legt ein aus Sachverständigen bestehendes Kuratorium Leitlinien fest, wie z.B. die Festlegung von Sendezeiten. Der Verein strebt eine sachdienliche Zusammenarbeit mit den Landesmedienanstalten und der Bundesprüfstelle für jugendgefährdende Schriften an. Mitglieder sind z.Zt. zwölf private Fernsehveranstalter in Deutschland, u.a. Pro7, RTL, RTL 2, Sat.1, VOX, n-tv, Der Kabelkanal und das Deutsche Sportfernsehen. Durch seine Zielsetzung ähnlich derjenigen der → Freiwilligen Selbstkontrolle der Filmwirtschaft ist der Verein nicht mit einer → Zensur zu verwechseln.

■ **Freiwillige Selbstkontrolle Multimedia-Dienstanbieter e.V.**
[Co] Abk. = FSM. 1997 gegründeter Zusammenschluss von Verbänden, u.a. dem → VPRT, und Unternehmen der Multimediabranche mit Sitz in Bonn. Ziel ist es, Nutzer und Allgemeinheit insbesondere vor rassistischen und gewaltverherrlichenden Inhalten zu schützen. Vorbild war u.a. der → Deutsche Presserat. Die Beschwerdestelle der FSM hat ihren Sitz unter dem Dach der Spitzenorganisation der Filmwirtschaft (SPIO).

■ **Frequenz**
(lat. = häufig, stark besucht) 1.) Die Frequenz ist eine charakteristische Größe eines Schwingungsvorganges. Sie gibt die Anzahl der Schwingungen pro Zeiteinheit an. Gemessen wird sie in Hertz. 1 → Hz entspricht einer Schwingung pro

Sekunde. Das Produkt aus Frequenz und Wellenlänge einer Schwingung ergibt ihre Ausbreitungsgeschwindigkeit: fxl = c. Für Licht ist dieses die Konstante „Lichtgeschwindigkeit" (rund 300.000 km/s), Schall erreicht in der Luft rund 330 m/s. → Höhen → Tiefen 2.) [TV] Anzahl der Bilder pro Zeiteinheit. → Bildwechselfrequenz 3.) [Ra] Je niedriger eine Tonfrequenz ist, desto tiefer ist ihr Ton. Im Allgemeinen gelten Frequenzen außerhalb des Bereichs von 16 – 20.000 Hz als für das menschliche Ohr nicht wahrnehmbar.

■ **Frequenzfalle**
[Ra] → notch filter

■ **Frequenzmodulation**
[Ra] Abk. für FM. Gezielte Veränderung der Parameter physikalischer Größen. Es wird von analoger Modulation gesprochen, wenn die physikalische Größe analog ist, also in gewissen Grenzen unendlich viele Werte annehmen kann. Diskrete Modulation liegt dagegen vor, wenn die Größe nur endlich viele Werte annehmen kann. Die moderne Telekommunikationstechnik baut fast ausschließlich auf der Modulation elektromagnetischer Wellen zum Zwecke der Informationsübertragung auf. Elektromagnetische Wellen haben drei Parameter, die gezielt verändert werden können: Amplitude, Frequenz (bzw. Wellenlänge) und Phasenlage. Daher unterscheidet man nach Art des Informationsparameters zwischen: Amplituden- (AM), Frequenz- (FM) und Phasenmodulation (PM) sowie deren Mischformen.

■ **Friktionsschwenkkopf**
[Fi] Schwenkkopf eines Kamerastativs. Durch einen Friktionstrieb ermöglicht es ein sanftes, gleichmäßiges und ruckfreies Schwenken der Kamera in horizontaler sowie in vertikaler Richtung.

■ **Frischband**
[TV] Ein noch nicht benutztes, fabrikneues → MAZ-Band oder Tonband (Magnettonband, Magnetfilm).

■ **frisieren**
→ faken

■ **Frontallicht**
[Fo] Das aufzunehmende Objekt wird aus Richtung der Kamera beleuchtet.

■ **Frontispiz**
[Dt] (lat.-frz.) Verzierung eines Buchtitelblattes.

■ **Frontlinse**
[Fo] Die äußere Linse eines Kamera-Objektivs, die dem aufzunehmenden Objekt zugewandt ist. Die Qualität ihrer → Vergütung ist besonders wichtig für die Qualität des → Objektivs.

■ **Frühredakteur**
Redakteur, der vor dem normalen Arbeitsbeginn der Redakteure meist zwischen 6 und 8 Uhr morgens arbeitet und das Tagesprogramm vorbereitet, indem er die in der Nacht von der → Presseagentur zur Verfügung gestellten Meldungen → sichtet. Häufig bei Tageszeitungen.

■ **FSF**
[TV] Abk. für → Freiwillige Selbstkontrolle Fernsehen.

■ **FSK**
[Fi] Abk. für → Freiwillige Selbstkontrolle der Filmwirtschaft.

■ **FSM**
[Co] Abk. für → Freiwillige Selbstkontrolle Multimedia-Dienstanbieter e.V.

■ **Führungslicht**
[Fo] Die Hauptlichtquelle, mit der ein Objekt beleuchtet wird. Auch Hauptlicht genannt.

■ **Füll-Licht**
[Fo] Andere Bezeichnung für die Aufhellung.

■ **Füllsender**
[Ra, TV] Reicht in einer Region die Empfangsstärke der Sender wegen → Abschattung nicht aus, so werden Füllsender zu-

sätzlich zu den → Grundnetzsendern eingesetzt. Diese haben nur eine geringe Leistungsstärke und arbeiten wie eine Relaisstation, d.h. sie empfangen von einem anderen Sender die Signale, verstärken diese, setzen sie in eine andere Frequenz um und strahlen diese wieder aus.

■ **Füllsignal**
[TV] Bildsignal, das beim → Key-Verfahren ein anderes ersetzt.

■ **Füllwort**
[Sp] (auch Flickwort, Füllsel) Eingeschobenes Wort ohne eigentlichen Sinn, z.B. „nur" in: „Schau nur!". → Redundanz

■ **Fundus**
[TV] Ausstattungsgegenstände, die mehrfach in verschiedenen Produktionen eingesetzt werden können, werden archiviert und gelagert. Die wichtigsten Abteilungen sind der Baufundus (er enthält z.B. Fenster, Türen, Treppen, Kamine, Gitter und Stuckteile), der Möbelfundus (Schränke, Tische, Sitzmöbel, Öfen, Bilder, Lampen), der Kostümfundus (mit Kostümen aller Epochen, meist mit dem Schwerpunkt Neuzeit) und der Kleinrequisitenfundus (enthält z.B. Haushaltsgegenstände, Uhren, Werkzeuge, Kleinhandwaffen und Telefone).

■ **Fuß**
[Dt] Artikel am unteren Rand einer Seite.

■ **Füßchen**
[Dt] → Serifen

■ **Fußnote**
[Dt] Eine Anmerkung zu einer bestimmten Textstelle steht am Fuß einer Seite oder am Ende des Kapitels. Die Hinweise im Text erfolgen meist mit hoch stehenden → Bruchziffern, manchmal auch durch Sternchen. Fußnoten werden in der Regel in einer kleineren Schrift als der Haupttext gesetzt. Häufig trennt eine kurze Linie die Fußnoten vom → Grundtext. Manchmal werden die Fußnoten gesammelt am Ende des Buches erläutert. Fußnoten werden häufig bei wissenschaftlichen Texten verwendet, z.B. um die exakte Quelle eines Zitates zu nennen.

■ **Fußzeile**
[Dt] Die letzte Zeile einer Seite. Sie kann innerhalb oder außerhalb des Satzspiegels stehen als lebender oder toter → Kolumnentitel.

G

Gadget-Brief
[We] (engl. ugs. gadget = Dingsbums, Gerät, technische Spielerei) Brief mit aufgeklebtem oder angestecktem Blickfänger (z.B. Streichholzbriefchen, Münze u.a.), der die Aufmerksamkeit des Empfängers auf das beworbene Produkt lenken soll.

Gaffer
[Fi] Der Oberbeleuchter bei Film- und Fernsehaufnahmen. Sein Assistent ist der → Best Boy.

Galgen
1.) [Fi] Bezeichnung für eine galgenähnliche Apparatur mit einer Aufhängevorrichtung für das Mikrofon. Sie besteht aus einem Mikrofonwagen und einem aufgesetzten Schwenkarm, der Bewegungen des Mikrofons in den drei Ebenen erlaubt: Schwenk nach rechts und links, nach oben und unten und den Schub nach vorne und zurück. Das Mikrofon selbst ist um einen Drehpunkt schwenkbar. Der Galgen wird manuell bedient. Manchmal wird auch ein stationäres Mikrofonstativ mit langem Ausleger als Galgen bezeichnet. Seine maximale Länge beträgt fünf Meter. Engl. = Boom. → Angel 2.) [Ja, Fi] Ausgemusterte kurze Filmszenen werden in einer Rahmen-Aufhängevorrichtung aufbewahrt. Längere Filmteile werden in einem samtbezogenen Kasten unter dem Rahmen gesammelt.

Game Show
[TV] (engl. = Spiel-Schau) Vor laufender Fernsehkamera lösen Kandidaten Aufgaben und spielen um Geld- oder Sachpreise, z.B. Sat.1-„Glücksrad". Sachpreise werden oft gesponsort und bei der Präsentation der Preise wird mehr oder minder ausführlich auf die besonderen Qualitäten dieses Produktes hingewiesen.

Gamma
1.) [Fo] Die → Gradation eines Bildes. 2.) [TV] Kennzeichnung der Übertragungskennlinien von Aufnahme- und Wiedergaberöhren sowie Verstärkern. Der Signalverlauf zwischen Schwarz (kein Signal) und Weiß (maximales Signal) verläuft nicht linear, sodass elektronisch korrigiert werden muss.

Ganzseiten-Layout
[Dt] Auf dem Bildschirm erscheint die ganze Seite; per Computer wird das Layout eingegeben. → Desktop Publishing. Nicht zu verwechseln mit dem → electronic publishing.

Ganzseitenumbruch
[Dt] Einzelne Elemente einer Seite (Texte, Bilder, Grafiken) werden elektronisch oder manuell zusammengestellt. Die → Montage ist formatgerecht und kann anschließend belichtet werden.

Garamond
[Dt] Claude Garamond, französischer Schriftgießer und Stempelschneider (1480 – 1561). Nach ihm sind der Schriftgrad → Garmond und die Garamond-Antiqua benannt. → Antiqua

Garmond
[Dt] Bezeichnung für den Schriftgrad 10 → Punkt. Synonym für Korpus. → Didot

■ **Garnitur**
[Dt] Sämtliche → Schriftgrade einer Schrift.

■ **Gastautor**
[Ze] Verfasser von Artikeln, der von seiner Ausbildung her entweder kein Journalist ist oder normalerweise für andere Blätter schreibt. Z.B. schreibt ein Romanschriftsteller in einer Tageszeitung einen Bericht über die Buchmesse.

■ **Gastkommentar**
Vom → Gastautor verfasster → Kommentar.

■ **Gatefolder-Anzeige**
[Ze, We] Aufklappbare Anzeigenseite. Eine an beiden Seiten aufklappbare doppelseitige Anzeige wird Altarfalz-Anzeige genannt.

■ **Gatekeeper**
(engl. = Torwächter) Ein Journalist hat die Funktion eines Hüters über die Schleusen der Information, da viele Informationen über seinen Schreibtisch gehen und er die Macht hat auszuwählen, was davon in die Zeitung gelangt.

■ **Gautschen**
[Dt] 1.) Das Entwässern und Pressen von Fasern bei der Papiererzeugung. 2.) Die Buchdruckertaufe. Auch heute noch wird der angehende Geselle in einem Wasserfass oder einem Brunnen untergetaucht. Erst dann erhält er seinen Gesellenbrief (auch Gautschbrief genannt) und gilt als ausgelernt.

■ **GDT**
Abk. für Genossenschaft Deutscher Tonsetzer. 1903 unter maßgeblicher Mitwirkung von Richard Strauss gegründete Vorgängerorganisation der → GEMA.

■ **Gebrochene Schriften**
[Dt] 1.) Im Gegensatz zu den → runden Schriften sind bei diesem Teil der Schriften die Kleinbuchstaben nicht kreis- oder bogenförmig, sondern gebrochen. Dies geschah etwa ab dem 13. Jahrhundert. Umgangssprachlich werden gebrochene Schriften „Gotisch", „Fraktur" oder gar „Gotische Fraktur" genannt. Auch als deutsche Schrift bezeichnet. Die Zwischenformen zwischen runden und gebrochenen Schriften werden Bastardschriften genannt. 2.) Nach DIN 16518 die Schriftklasse X, die in die Untergruppen → Gotisch (Xa), Rundgotisch (Xb), → Schwabacher (Xc), → Fraktur (Xd) und Frakturvarianten (Xe) unterteilt ist.

■ **Gebühreneinzugszentrale der öffentlich-rechtlichen Rundfunkanstalten der Bundesrepublik Deutschland**
Abk. = → GEZ.

■ **Geda**
[Ja] Abk. für → Gegendarstellung.

■ **gedruckte Auflage**
[Ze, Dt] → Auflage

■ **gefärbt**
[Ze] Davon spricht man, wenn in einem Medium eine bestimmte politische Meinung beherrschend ist, z.B. ist die taz, „tageszeitung" aus Berlin, links gefärbt. → Tendenzjournalismus → Rotfunk → Schwarzfunk

■ **Gegendarstellung**
[Re] Von Journalisten meist kurz Geda genannt. Wer sich gegen den Inhalt einer Veröffentlichung wehren will, kann dies in Form einer Gegendarstellung tun. Die Redaktion ist zum Abdruck/zur Ausstrahlung der Gegendarstellung ohne Überprüfung ihres Wahrheitsgehaltes rechtlich verpflichtet. Im Unterschied zum gerichtlich erstrittenen → Widerruf wird damit nur eine Gegenbehauptung aufgestellt. Bleibt eine Redaktion bei ihrer Meinung, kann sie den → Redaktionsschwanz hinzufügen, der seinerseits wiederum Gegenstand einer Gegendarstellung sein kann. Eine Gegendarstellung muss in der gleichen Form und an gleicher Stelle wie die beanstandete Veröffentlichung erscheinen (stand diese z.B. auf Seite 1, so muss die Gegendarstellung ebenfalls auf die Ti-

telseite) und sich inhaltlich deutlich auf den beanstandeten Artikel beziehen, etwa „Es wird behauptet, dass ich Schmiergeld angenommen habe. Dies ist falsch, richtig ist vielmehr ...“. Die Form ist in den Pressegesetzen der Länder geregelt. → Presserecht

■ Gegenfarbe
Synonym für → Komplementärfarbe.

■ Gegengeschäft
[We] Eine Zeitung oder Zeitschrift stellt kostenlos Anzeigenplatz zur Verfügung, wenn ihr dafür z.B. keine Kosten für die Aufstellung von Werbetafeln bei Veranstaltungen in Rechnung gestellt werden. Das Prinzip „eine Hand wäscht die andere“: „Ich werbe bei dir und du wirbst bei mir“, und niemand zahlt dafür. → Bartering

■ Gegenlichtblende
[Fo] Vor einem Kamera-Objektiv wird eine Blende angebracht, die aus Klappen besteht oder die Form eines Tubus besitzt. Sie soll von der Seite einfallendes Störlicht fernhalten. Durch einen trichterförmigen Vorsatz mit mattschwarzen Innenflächen wird der Einfall von unerwünschtem Streulicht und Reflexe vermieden. → Kompendium

■ Gegenschuss
[Fo, TV] Eine aus normaler Sicht aufgenommene Szene wird aus entgegengesetzter Richtung gezeigt.

■ Geisterbild
[TV] Das Fernsehbild oder Teile davon werden doppelt oder mehrfach wiedergegeben. Ursache dafür sind unterschiedliche Laufzeiten im Signalweg, die aufgrund von Mehrwegübertragung oder Reflexion entstehen können.

■ geistiges Eigentum
[Re] Eigentumsähnliches Recht des Schöpfers eines Werkes (z.B. der Literatur, Musik, Kunst, Fotografie, Entwicklung von PR- oder Werbekonzepten, Texten journalistischer Artikel oder Werbebotschaften, Computerprogramm) an seinem Werk. Es entspricht dem → Urheberrecht. Jede geistige Leistung hat einen Urheber, der die Rechte daran besitzt. Das geistige Eigentum ist keine bewegliche Sache, deswegen gilt das StGB nicht. Die Hauptschwierigkeiten beim Diebstahl geistigen Eigentums liegen in der Beweisführung.

■ Gelatine
[Fo] Das Kunststoff-Trägermaterial für lichtempfindliche Emulsionen oder Filterschichten.

■ Gelatinefilter
[Fo] Farb- oder Graufilter, bei denen als Trägermaterial Gelatine verwendet wird. → Filter

■ GEMA
Abk. für Gesellschaft für musikalische Aufführungs- und mechanische Vervielfältigungsrechte. Sie ist eine → Verwertungsgesellschaft im Sinne des Wahrnehmungsgesetzes und hat die Rechtsform eines wirtschaftlichen Vereins kraft staatlicher Verleihung (§ 22 BGB). Ihr Sitz ist in Berlin. Bei einer nicht angemeldeten Veranstaltung ist die GEMA berechtigt, den doppelten Tarifbetrag als Schadenersatz zu fordern. Sie untersteht der Aufsicht durch das Deutsche Patentamt. Wegen ihrer praktischen Monopolstellung führt das Bundeskartellamt die Missbrauchsaufsicht. Die GEMA schützt in Deutschland die → Urheberrechte ihrer rund 30.000 Mitglieder, die mit der Gesellschaft einen → Wahrnehmungsvertrag abgeschlossen haben. Vorgänger der GEMA waren die Genossenschaft Deutscher Tonsetzer (GDT), die 1903 unter maßgeblicher Mitwirkung des Komponisten Richard Strauss gegründet wurde, und die Anstalt für musikalische Aufführungsrechte (AFMA). 1947 wurde der Name per Beschluss des Alliierten Kontrollrats in GEMA geändert.

■ Gemeine
[Dt] Kleinbuchstaben einer Schrift.

■ **Gemeinschaftsprogramm**
[Ra, TV] Die → Landesrundfunkanstalten der → ARD betreiben gemeinsames Programm. Dazu gehört nicht nur das Erste Deutsche Fernsehen, sondern auch das gemeinsam mit dem → ZDF getragene Vormittagsprogramm.

■ **Gemeinschaftssendungen, -einrichtungen, -aufgaben**
[Ra, TV] Abk. = GSAE. Dieser Sammelbegriff bezeichnet die von den Rundfunkanstalten der → ARD organisatorisch gemeinsam ausgeführten Aktivitäten. Dazu gehören Sendungen wie die Tagesschau ebenso wie das Netz der Auslandskorrespondenten und das → Deutsche Rundfunkarchiv.

■ **general interest**
(engl. = allgemeines Interesse) Themen, die jeden interessieren. Solche Themen werden vorrangig in → Publikumszeitschriften aufgegriffen.

■ **Genossenschaft Deutscher Tonsetzer**
Abk. GDT. 1903 unter maßgeblicher Mitwirkung von Richard Strauss gegründete Vorgängerorganisation der → GEMA.

■ **Geräuscharchiv**
[Fi, TV] In diesem Archiv werden alle Geräuschaufnahmen zusammengefasst und gelagert, um sie für die Produktionen zur Verfügung zu halten.

■ **Geräuschband**
[Ra, TV] 1.) Tonträger, auf dem Geräusche aufgezeichnet sind, z.B. verschiedene Windgeräusche, trabende Pferde, galoppierende Pferde. Geräuschbänder sind in einer Geräuschkartei verzeichnet und liegen im Geräuscharchiv. → Geräuschemacher 2.) In der Filmbearbeitung wird zu definierten Bildsituationen ein Tonband aus Originaltönen (→ O-Ton) und anderen Tonquellen angelegt. 3.) Zuspielschleife für die Mischung.

■ **Geräuschemacher**
[TV] Er erzeugt oder imitiert mittels entsprechender Vorrichtungen fehlende Geräusche und spezielle Effekte, die zur Bildsituation benötigt werden. Häufig wird bei → Synchronisationen ein Geräuschemacher eingesetzt. → Geräuschband

■ **Gerichtsreporter**
→ Journalist, der über Gerichtsverhandlungen und -urteile berichtet.

■ **Gesamtaufhellung**
[TV] Allgemeinlicht, das Dekorationen und Szene mit einem gleichmäßigen beleuchtungsstarken Niveau ausleuchtet. Es wird meist mit breit strahlenden → Lichtwannen erzeugt.

■ **geschlossene Anzeige**
[Ze, We] Anzeigen-Doppelseite, die geschlossen ist und durch den neugierigen Leser geöffnet wird.

■ **geschlossener Zeilenfall**
[Dt] Das optische Bild, das sich beim → Blocksatz ergibt.

■ **Gesellschaft für Konsum-, Markt- und Absatzforschung**
Abk. = → GfK.

■ **Gesellschaft für musikalische Aufführungs- und mechanische Verfielfältigungsrechte**
→ GEMA

■ **Gesellschaft für Unterhaltungs- und Kommunikationselektronik mbH**
Abk = → gfu.

■ **Gesellschaft zur Förderung der Unterhaltungselektronik**
Bis 1986 Firmenbezeichnung der „Gesellschaft für Unterhaltungs- und Kommunikationselektronik mbH". → gfu

■ **Gesellschaft zur Übernahme und Wahrung von Filmaufführungsrechten mbH**
Abk. = GÜFA. → Verwertungsgesellschaft

Gesellschaft zur Verwertung von Leistungsschutzrechten mbH
Abk. = GVL. → Verwertungsgesellschaft

Gesellschaft zur Wahrnehmung von Film- und Fernsehrechten mbH
Abk. = GWFF. → Verwertungsgesellschaft

Gesellschaftskolume
→ Klatschspalte

Gesellschaftskolumnist
So bezeichnen sich → Klatschreporter selbst.

gestrichenes Papier
[Dt] Hochwertiges Papier, das eine feste Oberfläche (Beschichtung = Strich) aufweist, von der man beispielsweise mit einem scharfen Messer die Druckfarbe ablösen kann, ohne das Papier selbst zu verletzen. Gestrichenes Papier wird z.B. für Kunst- und Bilderdrucke verwendet. → ungestrichenes Papier

gestürzte Zeile
[Dt] Senkrecht gedruckter Text. Die Senkrechtstellung nach oben (leichter lesbar durch die Neigung des Kopfes nach links) wird häufiger verwendet als die Senkrechtstellung nach unten.

Geviert
[Dt] Leerraum in der → Dickte des → Schriftkegels. Bei einer 9-Punkt-Schrift ist das Geviert also 9 → Punkt breit. In dieser Breite wird nichts gedruckt. Ein Geviert wird häufig als → Einzug verwendet. Neben dem Geviert werden auch Halbgeviert und Viertelgeviert verwendet. Als gut lesbarer → Wortabstand wird ein Drittelgeviert empfohlen.

Geviertstrich
[Dt] Gedankenstrich, der genau ein → Geviert lang ist.

Gewerkschaft
→ IG Medien → Deutscher Journalisten Verband

GEZ
[Ra, TV] Abk. für Gebühreneinzugszentrale der → öffentlich-rechtlichen Rundfunkanstalten der Bundesrepublik Deutschland. Die öffentlich-rechtlichen Rundfunk- und Fernsehanstalten in Deutschland finanzieren sich aus → Rundfunkgebühren, die jeder Besitzer eines Radio- und Fernsehgerätes zu zahlen hat. Die GEZ ist eine Gemeinschaftseinrichtung von → ARD und ZDF und hat 1976 ihre Tätigkeit aufgenommen. Die GEZ wurde 1968 gegründet, nachdem das Bundesverwaltungsgericht in zwei Urteilen festgestellt hatte, dass der bis dahin von der Post vorgenommene Gebühreneinzug Ländersache sei. Die GEZ fungiert als gemeinsames Rechen- und Servicezentrum von ARD und ZDF und verwaltet den Teilnehmerbestand, kontrolliert den Gebühreneingang und die Weiterleitung der Gebühren entsprechend der staatsvertraglichen Regelungen an das → ZDF und die → Landesmedienanstalten.

GfK
[MaFo, TV] Abk. für Gesellschaft für Konsum-, Markt- und Absatzforschung. Marktforschungsunternehmen, das seit 1985 mit der regelmäßigen Messung der Fernsehnutzung beauftragt ist. → Einschaltquote. Auftraggeber ist die → Arbeitsgemeinschaft Fernsehforschung, in der sich öffentlich-rechtliche und die großen privatrechtlichen Fernsehveranstalter zusammengeschlossen haben mit dem Ziel, gemeinsam die Daten der Fernsehnutzung zu ermitteln. Sie teilen sich die Kosten von jährlich mehr als 30 Mio. Mark. Die GfK mit Sitz in Nürnberg ermittelt laufend die Fernsehnutzung in etwa 4.700 repräsentativ ausgewählten deutschen Haushalten mit insgesamt mehr als 10.000 Personen. In den Haushalten ist ein → Audimeter installiert. Anhand der über Nacht übermittelten Daten werden am nächsten Morgen die Reichweite und der Marktanteil einer Sendung oder eines Werbeblocks in der Bevölkerung bzw. der Zielgruppe hochgerechnet. → öffentlich-rechtlicher Rundfunk → privater Rundfunk

■ gfu
[TV] Abk. für „Gesellschaft für Unterhaltungs- und Kommunikationselektronik mbH“. 1973 von elf Firmen der Unterhaltungselektronik mit Sitz in Frankfurt/Main gegründete Gesellschaft mit dem Ziel, die Internationale Funkausstellung (IFA) in Berlin zu veranstalten und die Öffentlichkeit über Entwicklungen der Unterhaltungselektronik zu informieren. Die gfu hat zur Zeit 14 Gesellschafter. Bis 1986 firmierte die gfu unter der Bezeichnung „Gesellschaft zur Förderung der Unterhaltungselektronik“.

■ Ghostwriter
(engl. = Geist-Schreiber) Autor, der unter dem Namen eines anderen für diesen schreibt, z.B. bei Politikern die Redenschreiber oder Biografen.

■ Gittergeber
[TV] Testbildgenerator, der auf elektronischem Wege ein gitterartiges Testbild erzeugt. Dieses Gerät dient der Einstellung der Geometrie von Wiedergabegeräten, z.B. Monitoren.

■ Gittertesttafel
[TV] Auf einer → Testtafel sind horizontale und vertikale schwarze Linien auf weißem Grund angebracht. Diese Tafel dient dem Überprüfen der Rasterdeckung an elektronischen Röhrenkameras.

■ Giveaway
[We] (engl. = weggeben) Werbegeschenk. Ein kleiner Präsentartikel, der als Zugmittel für eine Werbekampagne eingesetzt wird. Oft wird eine große Anzahl dieser Produkte verschenkt, d.h. unter die Leute gestreut. Deshalb wird das Giveaway auch als Streuartikel bezeichnet.

■ Glanzseite
[Fi] Andere Bezeichnung für → Blankseite.

■ Glasfaserkabel
[TV, Co] Lichtwellen leitendes Kabel. Signale werden darin nicht über elektronische Impulse, sondern über Lichtblitze übermittelt. Elektrische Signale werden in der optischen Nachrichtentechnik mit Halbleiterlasern in optische Signale transformiert. Diese werden über Glasfaserkabel übertragen und durch Fotodioden wieder in elektrische Signale zurückverwandelt. Vorteil der Glasfaser-Kabelnetze ist ihre große Bandbreite, die sie als „Stütze“ der → Datenautobahnen prädestiniert.

■ glatter Satz
[Dt] Ein fortlaufend gesetzter Text, der in der Regel aus einem einheitlichen Schriftgrad ohne Auszeichnungen besteht. Seine Ränder schließen rechts und links glatt ab. Heute meist als → Blocksatz bezeichnet. Gegensatz ist → Rausatz.

■ Global-Beam
[TV] Weitflächige → Ausleuchtzone eines Satelliten. Sie können bis zu einem Drittel der Erdoberfläche ausstrahlen. Nur geostationäre Satelliten, die in einer Höhe von etwa 36.000 km von der Erde an einer festen Position über der Äquatorlinie positioniert sind, erreichen diese weite Abdeckung. Das extrem große Abstrahlfeld ist der Vorteil von Global Beams. Ihr Nachteil liegt in der geringen Empfangsstärke auf der Erde, d.h. die Empfangsanlagen müssen entsprechend aufwändig sein.

■ Glossar
Verzeichnis der Fachausdrücke mit Erklärungen.

■ Glosse
[Sp] (gr. glossa = Zunge, Sprache) 1) Spöttische, ironische Randbemerkung. 2) Kurzer Kommentar in Tageszeitungen mit (polemischer) Stellungnahme zu Tagesereignissen. Verwandtschaft zur Satire. Die Glosse bildet oft eine eigene → Rubrik (z.B. in der Süddeutschen Zeitung das „Streiflicht“).

■ gms
Themendienst für Zeitungsbeilagen von der → dpa-Tochter Global Media Services.

Goldener Schnitt
[Dt, Fo] Regel, nach der ein harmonischer optischer Aufbau erfolgt. Das kürzere Teilstück einer Strecke verhält sich zum längeren wie das längere zur Gesamtlänge, die Formel lautet: a/b = a+b/a. Am häufigsten werden die Verhältniszahlen 3:5, 5:8, 8:13 und 13:21 angewendet. In klassischen Stilperioden wurde dieses Streckenverhältnis als besonders harmonisch empfunden. Der Goldene Schnitt lässt sich ebenso auf die Gestaltung von Seiten anwenden wie auf die Auswahl des Ausschnitts beim Fotografieren.

Gotisch
[Dt] Schrift der → Gebrochenen Schriften. DIN 16518, Schriftklasse Xa. Diese mittelalterliche Schrift mit eckigen, gebrochenen Buchstaben ergibt ein gitterartiges Schriftbild und wird daher auch als → Textur bezeichnet. Ursprünglich war Gotisch eine reine → Minuskelschrift. → Versalien wurden daher als → Unziale eingesetzt.

Grabben
[TV] (engl. = Greifen) Einzelbilder eines laufenden Videos werden digitalisiert.

Grabplatte
[Ze, Ja] Ugs. Bezeichnung für eine Seite eins einer Zeitung, die immer in gleichem oder ähnlichem → Layout erscheint, z.B. die Seite eins der „Zeit".

Grad
[Dt] → Schriftgrad

Gradation
[Fo] Sie kennzeichnet die Beziehung zwischen Belichtung und erzielter Schwärzung. Auch unter der Bezeichnung Gamma bekannt. Die Dichte kann mit dem → Densitometer gemessen werden. Durch die Veränderung der Gradationskurve kann ein Bild weicher oder härter gezeichnet werden. Je weniger → Graustufen, desto härter die Gradation.

Grafik-Dienst
[Ze] Wird auch ugs. als Layout-Dienst bezeichnet. Er versendet Grafiken an → Redaktionen zum Abdruck. Dies können Zeichnungen, aber auch Diagramme (z.B. die Entwicklung der Benzinpreise seit 1990) sein. Auch die → dpa hat einen Grafik-Dienst. → Artikeldienst

Grammatur
[Dt] Das Gewicht von → Bedrucktstoffen wird in Gramm pro Quadratmeter angegeben. Ein handelsübliches Kopierpapier hat eine Grammatur von 80 kg/m^2.

Grauabgleich
[TV] Mit Hilfe einer Tafel, die einen → Graukeil enthält, werden Farbbildaufnahmegerät und Wiedergabegerät abgeglichen. → Weißabgleich

Graukeil
[Dt] Teststreifen mit von Weiß nach Schwarz abgestuften Tonwerten. Auch Grauskala genannt. Das Hilfsmittel wird vor allem für Messzwecke verwendet, um Lichtstrahlen definiert abzuschwächen. Der Anstieg der Dichte des Graukeils kann sowohl kontinuierlich als stufenweise erfolgen. Die Abstufung der Tonwerte liegt zwischen 10 und 100 Prozent. Die Vorlage wird mit Hilfe eines Densitometers mit dem Graukeil verglichen und, falls nötig, lithographisch korrigiert. → Farbtafel.

Graupappe
[Dt] Diese grobe Pappe wird z.B. für die Herstellung von → Buchdecken verwendet. Sie besteht aus Altpapier und Zellulose und hat eine Stärke von 0,5 bis 1 mm.

Grauskala
[Dt] → Graukeil

Graustufen
[Dt] Die Grauwerte zwischen Weiß und Schwarz. Sie werden von der Bittiefe der einzelnen → Pixel bestimmt.

■ Grauwert
1.) [Dt] Prozentzahl, die einen grauen Farbton bezeichnet. Weiß hat einen Grauwert von Null, Schwarz einen von Hundert. Auch ein gesetzter Text hat einen Grauwert. Seine Hell-Dunkel-Wirkung ist abhängig von → Schriftschnitt, → Laufweite, → Wortabstand und Durchschuss. Ein optimaler Grauwert ist Voraussetzung für gute Lesbarkeit. → Halbtonvorlage → Rastern 2.) [TV] Der einer Farbwiedergabe äquivalente Helligkeitswert. Dazu zählt u.a. der Helligkeitswert eines Fernsehbildes bei der Wiedergabe auf einem Schwarzweiß-Bildschirmgerät.

■ Grauwirkung
[Dt] Je nachdem wie eng Schriftzeichen gesetzt werden, wirkt ein gesetzter Text bei der Draufsicht grau. Ein locker gesetzter Text wirkt weniger grau als ein dicht gesetzter. Auch verschiedene Schriften sind Ursache für eine unterschiedliche Grauwirkung, ebenso gefettete oder kursive Buchstaben. Auch bei Verwendung unterschiedlicher Schriften sollte ein Druckwerk möglichst überall die gleiche Grauwirkung haben.

■ Green box
[TV] (engl. = grüner Kasten) Dieses Verfahren für → Chroma-Key entspricht im Prinzip dem → Blue-box-Verfahren. Hier wird jedoch als Stanzfarbe nicht Blau sondern Grün verwendet. → Key-Verfahren

■ Greiferrand
[Dt] Der Rand eines Papierbogens kann nicht bedruckt werden, weil dort die Greifen und Klammern ansetzen, die ihn durch die Druckmaschine führen.

■ Grobdaten
[Dt] Damit beim → Desktop Publishing nicht mit riesigen Datenmengen gearbeitet werden muss, ist bis zur Erstellung des fertigen → Layouts nicht erforderlich, dass → Feindaten vorliegen. In diesem Arbeitsschritt kann auch mit einer erheblich geringeren Auflösung der Fotos, d.h. wesentlich reduzierten Datenmengen gearbeitet werden.

■ Grobraster
[Dt] → Raster mit 22 bis 36 Linien pro Zentimeter.

■ Großaufnahme
[TV] Sie ist die größte Detaileinstellung (→ Einstellung). Meist trägt die Großaufnahme die eigentliche Aussage einer Sequenz oder eines → Takes. Die Großaufnahme wird erst dann voll wirksam, wenn sie in eine Sequenz eingebettet ist.

■ Grossist
[Ze] Presse-Großhändler. Er vertreibt Presse-Erzeugnisse an den Einzelhandel und beliefert Kioske.

■ Grotesk
[Dt] Schriftschnitte, die im Gegensatz zu → Antiqua keine → Serifen besitzen. Erste Entwürfe stammen aus dem 19. Jahrhundert, z.B. → Helvetica (wird oft für Zeitungsüberschriften verwendet). Andere Bezeichnung für eine serifenlose Linear-Antiqua.

■ Grundhelligkeit
[Fi] Die allgemeine Helligkeit eines Aufnahmeortes. Sie kann auch als Aufhellung verwendet werden.

■ Grundlicht
[Fi] Andere Bezeichnung für die → Grundhelligkeit.

■ Grundlinie
[Dt] Eine gedachte Linie, auf der die Schriften unterschiedlicher Größe gesetzt werden. Synonym für Schriftlinie → Vierliniensystem

■ Grundnetzsender
[Ra, TV] Im terrestrischen Hörfunk- und Fernsehsendernetz übernimmt ein leistungsstarker Sender den größten Teil der Versorgungsaufgabe. Zusätzlich zu diesem Grundnetzsender werden in hügeligen Gebieten auch → Füllsender eingesetzt.

■ Grundschrift
[Dt] Die Schrift, in der die Hauptmenge des Textes, d.h. der → Grundtext gesetzt ist. Meist werden magere Schriftschnitte dazu verwendet. → Brot- und Butterschrift

■ Grundtext
[Dt] In einheitlichem Schriftbild gesetzter überwiegender Textteil eines Druckerzeugnisses. → Fußnoten sind meist in kleinerem Schriftgrad als der Grundtext gesetzt, Überschriften größer. Auch als Fließtext oder Bodytext bezeichnet.

■ Grundversorgung
[Ra, TV] Das Bundesverfassungsgericht prägte im „Niedersachsen-Urteil" 1986 diesen Begriff. Im 4. Rundfunkurteil (1. November 1986) legte das Gericht einen Anspruch der Bürger auf Information durch ein „umfassendes Programmangebot" fest, das „essentielle Funktionen.... für die demokratische Ordnung ebenso wie für das kulturelle Leben der Bundesrepublik erfüllt". Daher sprechen die Richter von der „unerlässlichen Grundversorgung", die eben nicht „Mindestversorgung" bedeute (6. Rundfunkurteil). Vielmehr ist sie Voraussetzung dafür, dass an „die Breite des Programmangebots und die Sicherung gleich gewichtiger Vielfalt im privaten Rundfunk nicht gleich hohe Anforderungen zu stellen (seien) wie im öffentlich-rechtlichen Rundfunk" (5. Rundfunkurteil). Die Grundversorgung ist eine Grundlage für die Herausbildung des → dualen Rundfunksystems in der Bundesrepublik Deutschland. → Rundfunkurteile

■ GSEA
[TV, Ra] Abk. für → Gemeinschaftssendungen, -einrichtungen, -aufgaben.

■ Gummilinse
[Fo] Ugs. für → Zoom-Objektiv.

■ gussgestrichenes Papier
[Dt] Hochglänzendes Druckpapier. Der Glanzeffekt entsteht durch kräftiges Anpressen an einen hochpolierten, verchromten Trockenzylinder. Während des Pressvorgangs verdampft die Feuchtigkeit aus der Streichmasse. Wie beim Dampfbügeln wird die Glätte des Zylinders auf das Papier übertragen.

■ Gutenberg, Johannes
[Dt] Eigentlich Henne Gensfleisch zur Laden (geboren zwischen 1397 und 1400 in Mainz, gestorben 1468 in Mainz). Der Mainzer Patrizier erfand den Buchdruck. Er beherrschte bereits um 1450 die Herstellung identischer Metallbuchstaben (→ Letter), die er mit einem Handgießinstrument herstellte. Seine Erfindung ermöglichte die preiswerte Herstellung von Büchern, die so einer breiteren Masse zugänglich wurden. Sein bekanntestes Druckerzeugnis ist die 42-zeilige so genannte Gutenberg-Bibel. Er stellte auch 30-zeilige Ablassbriefe her.

H

■ Halb-Banner
[Co, We] → Banner

■ Halbbild
[TV] Beim → Zeilensprungverfahren wird das Fernsehbild in zwei ineinander verschachtelte Halbbilder aufgeteilt. Diese Vorgehensweise löst Bewegungen bei gleicher Bandbreite besser auf und das Bild flimmert nicht. Beim Fernsehformat → PAL beträgt jedes Halbbild 312,5 Zeilen. Das erste Halbbild enthält die geraden Zeilen des Gesamtbildes, das zweite die ungeraden.

■ Halbbildaufzeichnung
[Fi] Bei diesem Aufzeichnungsverfahren wird jeweils nur ein → Halbbild aufgezeichnet. Das zweite Halbbild wird dunkel getastet. In dieser Zeit wird der Film transportiert.

■ Halbes Rheinisches Format
[Ze] Maße einer Zeitungsseite, 255 x 365 mm in vier Grundspalten.

■ Halbgeviert
[Dt] → Geviert

■ Halbkulisse
Hintergrundbild einer Bühne oder eines Studios, z.B. für Film- und Fotoaufnahmen. Meist nur eine nicht begehbare Attrappe im Gegensatz zur → Vollkulisse.

■ Halbnah
[Fi] Bei dieser Kameraeinstellung wird das Objekt nur zum Teil bildfüllend dargestellt. Der gewählte Bildausschnitt liegt zwischen Großaufnahme und Halbtotale. → Einstellung

■ Halbpetit
[Dt] Bezeichnung für den Schriftgrad 4 → Punkt. Die Hälfte der Größe von einem Petit. → Didot

■ Halbtonverfahren
[TV] Deutsche Bezeichnung für → Dithering.

■ Halbtonvorlage
[Dt] Eine Vorlage für Abbildungen, die eine Vielfalt grauer Tonwerte zwischen weiß/hell und schwarz/dunkel, aber auch Farbwerte aufweisen kann. Im Druck werden die Helligkeitsstufen durch Auflösung des Bildes in verschiedene Rasterpunkte (→ Raster) erreicht. → Grauwert

■ Halbtotale
[Fi] Kameraeinstellung mit einem Bildausschnitt zwischen → Halbnah und → Totale, weder weitwinklig noch herangezoomt (→ Zoomen). Ein verhältnismäßig großer Ausschnitt des gesamten Raumes wird bildfüllend aufgenommen. Der Maßstab entspricht dem → Normalobjektiv in der Fotografie. → Einstellung

■ Hall
[Ra] Reflexion von Schall in einem Raum oder im Freien. Gebräuchliches Kurzwort für Nachhall. Er kann künstlich geschaffen und einer Tonaufnahme nachträglich hinzugefügt werden. Dadurch wird ein größerer Raum vorgetäuscht oder der Musikaufnahme ein besserer Klang gegeben.

■ Hallplatte
[Ra] Früher benutztes Gerät, um einen Nachhalleffekt für Tonspannungen zu erzeugen. Tonaufnahmen erhalten einen de-

finierten Nachhall. Heute wird dazu eine elektronische Schaltung eingesetzt.

■ Hallraum
[Ra] Früher wurde zur Erzeugung von → Hall ein spezieller Raum mit harten Wänden und langer Nachhallzeit genutzt. Bei dem veralteten und heute durch eine elektronische Schaltung ersetzten Verfahren wurde das mit → Hall zu versehende Tonsignal durch einen Lautsprecher abgestrahlt und mit einem Mikrofon wieder aufgenommen.

■ Haloeffekt
[TV] (engl. halo = Heiligenschein) Fernsehbildfehler, der sich als dunkler Rand um besonders helle Bildstellen zeigt.

■ Halogendampflampe
[Fi] Zusätze von Halogen enthaltende Glühlampe für Beleuchtungskörper. Durch die Bedampfung bleibt die Lichtausbeute über die gesamte Lebenszeit der Lampe gleich und es ergibt sich auch eine längere Lebensdauer.

■ Handicam
[TV] (engl. = handliche, praktische Kamera) Englische Bezeichnung für → Handkamera.

■ Handkamera
[TV] Eine kleine, leichte elektronische oder Filmkamera, die ohne Stativ verwendet werden kann. Oft wird sie vom Kameramann auf der Schulter getragen. Im Englischen auch als Handicam bezeichnet.

■ Handlampe
[Fo] Zum Aufhellen von kameranahen Objekten wird dieses tragbare, handliche Beleuchtungsgerät verwendet.

■ Handsatz
[Dt] Manueller → Bleisatz.

■ hängender Einzug
[Dt] → Auszug

■ Hardcopy
[Co] Der Bildschirminhalt wird mit einem Drucker ausgedruckt.

■ Hardcover
(engl. = harter Einband) Mit einer festen → Buchdecke gebundenes Buch. → Deckenband → Paperback

■ Hard-News
(engl. = harte Nachrichten) Nachrichten mit allgemein interessierenden Fakteninhalte, die eher aus den Bereichen Politik, Gesellschaft und Kultur stammen. Aktuelle Hard-News werden ohne zeitliche Verzögerung in eine Nachrichtensendung aufgenommen und können nicht beliebig geschoben (→ schieben) werden, z.B. Politik, Wirtschaft, Verkehrsinformationen. Gegenteil von → Soft-News.

■ Harmonizer
[Ra] Mit diesem Gerät lassen sich Tonhöhen manipulieren, z.B. zur Nachahmung einer Mickeymaus-Stimme.

■ Hartschnitt
[Fi] Am Bildmischpult wird ohne Übergangszeit von einer zur anderen Bildquelle umgeschaltet. Auch cut genannt. Der Gegensatz ist → Überblendung.

■ Hauptlicht
[Fo] Andere Bezeichnung für → Führungslicht.

■ Hauptstadt-Korrespondent
Aus der Hauptstadt berichtender → Korrespondent.

■ Haupttitel
1.) [Dt] Titelseite eines Buches innerhalb des Umschlages, in der Regel die dritte Seite. Sie enthält meist den Namen des Verfassers, den vollen Werktitel, eventuell vorhandene Untertitel, Verlagsname und -logo, Erscheinungsjahr und -ort. Er ist Teil der → Titelei. 2.) [TV] Am Anfang einer Produktion bzw. einer Sendung gezeigter Titel.

Hauptzeile
[Ze] Hauptüberschrift über einem Artikel. Häufig steht über der Hauptzeile eine etwas kleinere → Dachzeile oder unter ihr eine → Unterzeile Ugs. auch kurz als Zeile bezeichnet.

Hausberichterstattung
→ Hofberichterstattung

Hausfarbe
[PR] Vorherrschende Farbe in den Drucksachen eines Unternehmens, die über einen längeren Zeitraum unverändert bleibt. Sie gilt als Teil der → Corporate Identity.

Haushaltsreichweite
[TV] Synonym für → Einschaltquote beim Fernsehen.

Hauskorrektur
[Dt] Der erste Vergleich des gesetzten Textes mit dem Manuskript. Der Korrektor kennzeichnet die Setzfehler mit → Korrekturzeichen. Sie liegt zeitlich vor der → Autorenkorrektur.

Hauszeitung
[Ze] Fast jedes größere Unternehmen gibt eine Publikation heraus, die für Mitarbeiter und Kunden speziell dieses Betriebs bestimmt ist.

HD-MAC
[TV] Andere Bezeichnung für die Fernsehnorm → HDTV.

HDTV
[TV] Abk. für High Definition Television. Neue → Fernsehnorm. Hochzeilen-Fernsehsystem. Das hoch auflösende Fernsehsystem sendet 1.250 Zeilen, davon 1.150 sichtbare, mit einer Bildwechselfrequenz von 50 Halbbildern pro Sekunde. Im Vergleich zu dem heute üblichen → PAL werden also doppelt so viele Zeilen in der Hälfte der Zeit gesendet. Die Übertragung der Farbe erfolgt getrennt nach den einzelnen Komponenten. Mit seinem Bildformat von 16:9 nähert sich HDTV gegenüber dem bisher üblichen 4:3-Format der Form des menschlichen Gesichtsfeldes besser an. Ein Zwischenschritt zu HDTV war die Entwicklung von → D2-MAC. HDTV ist als höchste Qualitätsstufe bei → DVB geplant.

head clog
[Ra] (engl. clog = behindern, verstopfen, vollpfropfen) Verschmutzung des Ton- und Videokopfspaltes; Zuschmieren.

head wheel
[TV] Engl. Bezeichnung für → Kopfrad.

Headline
[Ze] (engl. = Kopflinie) Überschrift. → Schlagzeile

heben
[Ja] Bericht ins Blatt/in die Sendung (rein-)heben, d.h. entscheiden, dass ein Bericht im Blatt/in der Sendung erscheint.

Heimatblatt
[Ze] Zeitung, die mit ihrer Themenauswahl an die Heimatverbundenheit der Leser anknüpft, diese → bedienen und verstärken möchte.

heiße Nadel
Eine Story ist „mit heißer Nadel gestrickt", d.h. sie ist unsicher, ggf. ausgedacht oder erfunden. Die Fakten sind nicht überprüft bzw. bestätigt. Dies kommt häufig vor, wenn ein Text unter starkem Zeitdruck z.B. bei Redaktionsschluss verfasst werden muss und z.B. eine Anfrage von einer Pressestelle nicht rechtzeitig beantwortet wird.

Helvetica
[Dt] → Grotesk-Schriftart ohne → Serifen. Sie wird häufig für Überschriften verwendet.

Herausgeber
Abk. = Hrsg. Jemand, der etwas veröffentlicht, z.B. Buch, Zeitung. Bei Büchern ist der Herausgeber oft derjenige, der für den Inhalt verantwortlich ist, während der → Verleger dies für den Druck ist.

■ **Hertz**
Die Maßeinheit der Frequenz, d.h. Perioden pro Sekunde. Basiseinheit des 1960 vereinbarten Système International d'Unités, in Deutschland gesetzlich vorgeschrieben, Abk. = Hz.

■ **Herunterbrechen**
Synonym für → Herunterziehen.

■ **Herunterziehen**
Überregionale Geschichten auf Lokalebene „herunterziehen", d.h. ein überregionales Thema mit lokalen Gesprächspartnern recherchieren. Z.B. „Welchen Einfluss hat die Asienkrise auf den im Ort ansässigen Computerhändler X?" oder „Bundesregierung kürzt Mittel für Jugendarbeit, was dazu führt, dass der örtliche Jugendclub in seiner Existenz gefährdet ist".

■ **Hessischer Rundfunk**
[Ra, TV] → HR

■ **HiFi**
Abk. für High Fidelity (engl. = hohe Treue, hohe Genauigkeit). Bezeichnung für Audio- und Videogeräte, deren Wiedergabe besondere Originaltreue besitzt, d.h. die Qualität genügt hohen Ansprüchen. In Deutschland ist der Begriff HiFi in der DIN 45 500 definiert. Sie schreibt z.B. vor, dass HiFi-Geräte in der Lage sein müssen, Töne von 50 – 12500 Hz wiederzugeben.

■ **High Fidelity**
(engl. = hohe Treue, hohe Genauigkeit) → HiFi

■ **High-Band**
[TV] Norm für die Aufzeichnung von Fernsehbildern auf → MAZ. Die Trägerfrequenzlage reicht von 7 bis 9 MHz.

■ **High-Contrast-Film**
[Fi, Fo] Spezialfilm für grafische Aufnahmen, die eine sehr harte, kontrastreiche Bildwiedergabe erfordern.

■ **High-Key**
[Fo] Beleuchtungsart. Bei Portraitfotos wird die abzubildende Person schattenlos ausgeleuchtet.

■ **High-Speed-Film**
[Fi] (engl. = Hochgeschwindigkeitsfilm) Filmmaterial, das sehr empfindlich ist und sich daher für kurze Belichtungszeiten eignet.

■ **High-Speed-Shutter**
[Fi] (engl. = Hochgeschwindigkeitsverschluss) Erst durch diesen an Filmkameras angebrachten Verschluss ist es möglich, schnell bewegte Szenen ohne Wischeffekte aufzunehmen.

■ **H-Impuls**
[TV] Abk. für → Horizontalimpuls.

■ **Hingucker**
[Ze, Ja] Ein großes Foto, das die Aufmerksamkeit des Lesers auf sich zieht. Jeder schaut hin. Typischer Hingucker in der → Boulevardpresse ist eine nackte Frau. Ein Hingucker muss nicht das Aufmacherfoto sein und er steht auch nicht zwangsläufig über dem → Bruch.

■ **hinlegen**
[Ze] Eine → Strecke hinlegen bedeutet, mehrere Fotos hintereinander auf mehreren Seiten drucken.

■ **Hinterbandkontrolle**
[Fi] Der aufgezeichnete Ton wird noch während der Aufnahme kontrolliert. Dies ist nur bei Tonbandgeräten mit getrennten Aufnahme- und Wiedergabeköpfen möglich. Der hinter dem Aufnahmekopf angebrachte Wiedergabekopf spielt das Band unmittelbar nach der Aufnahme wieder ab. Aufgrund des kurzen Weges zwischen den Köpfen ist die Zeitverzögerung zwischen Aufnahme und Abspielen nur minimal.

■ **Hintergrundausleuchtung**
[Fi] Vor allem in großen Studioräumen und großer Dekoration, d.h. bei großer

Raumtiefe, ist eine separate Ausleuchtung des Bildhintergrundes erforderlich.

Hintergrundprojektion
[Fi] Ein Bild wird auf eine Bildwand projiziert. Diese Bildwand ist als Hintergrund einer Dekoration aufgebaut. Dadurch wird das projizierte Bild zum Hintergrund der Szene. → Rückprojektion

Hinterklebeband
[Ra] Meist als → Hinterkleber bezeichnet.

Hinterkleber
[Ra] Dünne selbst klebende Folie, die nach dem → mechanischen Schnitt hinter stumpf aneinander gefügte Bandenden geklebt wird.

Hinterlegen
[TV] → Unterlegen

Hinterlicht
[Fo] Effektlicht. Das Licht fällt entgegengesetzt zur Aufnahmerichtung der Kamera. Personen und Dekorationen werden rückwärtig beleuchtet. Dies verstärkt den räumlichen Eindruck des Bildes.

Hintersetzer
[TV] Flächiger Dekorationsteil; mobile Dekorationswand; gestalterisches Mittel im Szenenbau. Er wird entweder im Hintergrund oder als Hintergrund einer Dekoration verwendet.

Hit
[Co] (engl. = Treffer) Jede technisch erfolgreiche Datenübertragung im Internet. Diese Größe kann nicht als Messkriterium für die → Werbeträgerleistung dienen, da z.B. eine Seite mit vielen Grafiken mehr „Hits“ erzeugt als eine einfacher gestaltete Seite.

HiVision
[TV] Hochauflösendes Fernsehen mit auf 1.125 Zeilen und 30 Hertz erhöhter Ausstrahlung. Es wurde in Japan entwickelt. Der öffentliche Sender Nippon Hoso Kyoka (NHK) begann im Jahr 1991 mit der Ausstrahlung von acht Stunden täglichem Programm in HiVision. Die Sendungen werden über direkt strahlende Satelliten zu den Empfangsgeräten übermittelt. Japanische Firmen arbeiten an der Entwicklung von → UDTV.

HKS
[Dt] Abk. für eine Druckfarbenpalette der Firmen Hostmann-Steinberg, K+E Druckfarben und Schmincke. HKS-Farbfächer sind für Naturoffsetpapiere (HKS N), Bilderdruckpapiere (HKS K, K steht für Kunstdruckpapier), Endlospapier (HKS E) und Zeitungsdruckpapiere (HKS Z) mit jeweils 84 Farben erhältlich.

Hochdruck
[Dt] Druckverfahren bei dem das Druckbild auf der Druckform erhöht ist. Ähnlich einem Stempel wird nur die Farbe auf diesen Erhebungen beim Druck auf das Papier übertragen.→ Flexodruck. Gegenteil ist → Tiefdruck → Drucktechnik.

Hochformat
[Dt] Papierformat, bei dem der seitliche Papierrand länger ist als der obere. Gegensatz ist das → Querformat. In Englisch als portrait bezeichnet.

Hochlicht
[Fo] Der hellste Bereich in einem Bild (Positiv). Im Negativ ist das Hochlicht der Bereich mit der größten Schwärzung und größten Dichte. Auch als Spitzlicht bezeichnet.

Hochzeit
[Dt, Ja] Scherzhafte Bezeichnung der Schriftsetzer für ein versehentlich doppelt gesetztes Wort. Gegensatz ist die → Leiche.

Hofberichterstattung
(auch: Hausberichterstattung) Eher abwertende Bezeichnung für eine Berichterstattung, die kritiklos und ohne Überprüfung auf deren Wahrheitsgehalt Mitteilungen einer Presseabteilung o.ä. verbreitet. Ursprünglich die Berichterstattung aus dem Herrscherhaus. Auch als Hausberichterstattung bezeichnet.

■ Höhen
[Ra] Bezeichnung für den oberen Tonfrequenzbereich, ab 3 Kilo-Hertz bis etwa 20 Kilo-Hertz (kHz). Im Tonstudio sind für die Einstellung der Höhen spezielle Regler vorhanden, ebenso an den Radio-Empfangsgeräten.

■ Holzstativ
[Fi] Aus dem Material Holz bestehendes leichtes, dreibeiniges Stativ für Foto-, Film- und elektronische Kameras.

■ Homepage
[Co] Die Eingangsseite zu einer → Web-Site.

■ Home-Story
→ Reportage über das Zuhause (Wohnung, Garten) einer Person, z.B. „Heino Privat". → Personality-Story

■ Homonym
[Sp] (gr. hom'onymos = gleichnamig) Wörter, die gleich klingen, aber eine unterschiedliche Bedeutung haben. Z.B. ehe und Ehe, Strauß (Blumen – Vogel), Niete (Lotterielos – Metallbolzen).

■ Hörbuch
[Ra] Vorgelesenes Buch. Eine Person liest vor, im Unterschied zum → Hörspiel, in dem mehrere Personen die Rollen der Handelnden übernehmen.

■ Hördauer
[Ra] Bei Befragungen wird die durchschnittliche Zeit ermittelt, die die befragten Personen innerhalb eines bestimmten Zeitraumes Radio gehört haben. Der Durchschnittswert bezieht sich auf die Gesamtzahl aller Rundfunkteilnehmer, unabhängig davon, wie viele in dem Zeitraum tatsächlich ihr Gerät eingeschaltet hatten. Die so ermittelte Hördauer kann sich auf Programme oder auch auf einzelne Sendungen beziehen. Die absolute Hörzeit der Befragten, die Radio gehört haben, wird als Verweildauer, der relative Anteil der Hördauer an einzelnen Programmen oder Sendungen als → Marktanteil bezeichnet. Die Werte der Hördauer liegen höher als die tatsächliche Nutzung. Da der Anteil nicht nutzender Personen an Bedeutung verliert, lassen sich vor allem Aussagen zur langfristigen Rundfunknutzung machen. Das Äquivalent beim Fernsehen ist die Sehdauer.

■ Hörerbefragung
[Ra] Demoskopisch werden jeweils zu einem bestimmten Stichtag repräsentativ Personen und Haushalte ausgewählt und nach ihrem allgemeinen Nutzungsverhalten ebenso wie nach ihrer Meinung und Einstellung zu einzelnen Sendungen und Programmen befragt. So entsteht ein Meinungsbild, das auf Erinnerungsleistungen basiert (z.B.: „Wann haben Sie gestern/heute Radio gehört? Welche Sendungen haben Sie gehört?"). Über viele Jahre hinweg wurden demoskopische Hörerbefragungen in großem zeitlichen Abstand, nämlich jährlich, durchgeführt. Mit monatlichen Telefonumfragen hat der SDR einen neuen Standard zur Überprüfung der Hörgewohnheiten und Programmbewertungen entwickelt. Mit Hilfe eines „Demometers" werden monatlich rund 1000 Erwachsene ab 14 Jahre ausgewählt und angesprochen. Inzwischen führen fast alle → ARD-Anstalten ähnliche Trend-Befragungen in ihren Sendegebieten durch.

■ Hörfilm
[Fi] Mittels → Audiodescription nachbearbeitete Filme.

■ Horizont
[TV, Fi] Ugs. Bezeichnung für den Vorhang, der sich auf der Baulinie als hintere Begrenzung von Film- und Fernsehstudios befindet.

■ Horizontalimpuls
[TV] Synchronimpuls, der den Zeitpunkt für den Zeilenwechsel im Fernsehbild angibt. → Zeilensprungverfahren

■ Horizontalschwenk
[TV] Veränderung des Bildes durch Kamerabewegung von links nach rechts oder umgekehrt. → Schwenk

Horror vacui
[Dt] (lat. = Angst vor der Leere) Davon wird meist scherzhaft gesprochen, wenn eine Seite mit Text, Bildern und grafischen Elementen derart dicht gefüllt ist, dass kein → Weißraum bleibt.

Hörspiel
[Ra] „Theaterstück" für die Ohren. Mehrere Personen übernehmen die Rollen der Handelnden, im Unterschied zum → Hörbuch, das von einem Vorleser vorgetragen wird.

Hospitant
Synonym für Praktikant.

Hospitanz
Synonym für Praktikum.

Hotmelts
[Dt] (engl. = Heißschmelzer) Schmelzklebestoffe, die bei der → Klebebindung von Büchern verwendet werden. Sie werden bei hoher Temperatur eingesetzt.

HR
[Ra, TV] Abk. für Hessischer Rundfunk. Die → öffentlich-rechtliche Radio- und Fernsehsendeanstalt des Landes Hessen mit Sitz in Frankfurt/Main wurde am 02. Oktober 1948 konstituiert.

Hrsg.
Abk. für → Herausgeber.

HTML
[Co] Abk. für Hypertext Markup Language. Diese Seitenbeschreibungssprache wird im → Internet für das → World Wide Web benutzt. Neben dem eigentlichen Text enthält eine HTML-Datei so genannte Tags, also bestimmte Kennungen, die das Anzeigeformat des Textes festlegen (z.B. große Überschrift, fetter Text, Tabellendefinition). Die Möglichkeiten, einen Text zu formatieren, ensprechen im Wesentlichen denen eines modernen Textverarbeitungsprogramms. Hinzu kommen → Hyperlinks, die einen assoziativen Aufbau nach dem → Hypertext-Prinzip ermöglichen.

HTTP
[Co] Abk. für Hypertext Transport Protocol. Dieses Protokoll legt fest, in welcher Weise ein www-→ Server mit einem Web-Browser kommuniziert. HTTP enthält auch die Definition der Seitenadressen von → HTML-Seiten. → World Wide Web → Internet → Browser

Human Touch
(engl. = menschliche Berührung) Menschlicher Aspekt in einem Bericht. Eine Geschichte „menschelt". Typische Human Touch-Stories sind z.B. „Mein Mann geht fremd" oder „Zuerst die Scheidung, dann arbeitslos". Typische Themen für → Talkshows der privaten TV-Sender am Nachmittag.

Human-Interest-Story
(engl. = menschliches Interesse) Das interessiert jeden; Zwischenmenschliches. Typische Themen für → Talkshows der privaten TV-Sender am Nachmittag. → Klatschberichte sind typische Human-Interest-Stories.

Hurenkind
[Dt, Ja] Der Seitenumbruch macht die letzte Zeile eines Absatzes zu der ersten Zeile einer Spalte oder Seite. Dies ist optisch unschön, stört den Lesefluss und gilt als schwerer Verstoß gegen die Regeln des Seitenumbruchs. Es wird versucht, den Textfluss so zu ändern, dass eine Seite oder Spalte mit mindestens zwei Zeilen eines Absatzes beginnt. Dies wird entweder durch Umformulierung erreicht oder durch Veränderung des Zeichen- und → Wortabstandes. In manchen → DTP-Programmen fälschlich als Waisenkind übersetzt, da die englische Bezeichnung „orphan" ist. → Einbringen → Austreiben

Hydrostativ
[Fi] Stativ für Film- und Fernsehkameras mit einem Schwenkkopf, bei dem bestimmte Bewegungseigenschaften (z.B. Gleichmäßigkeit) durch eine zähe Flüssigkeit erreicht werden.

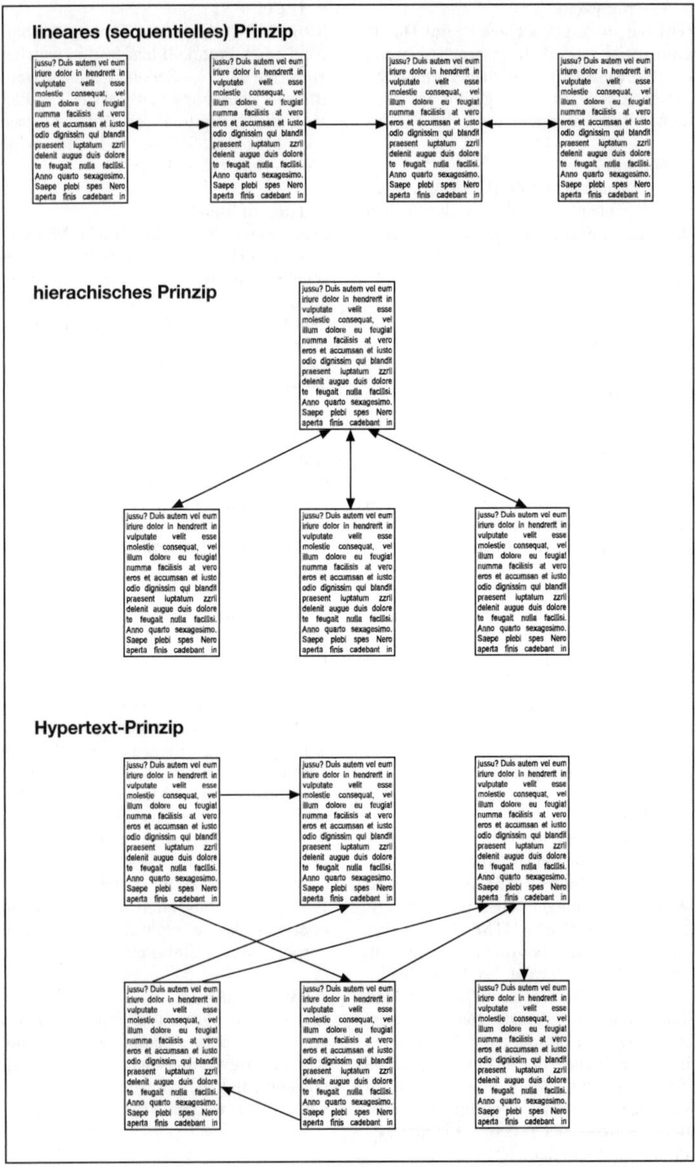

lineares (sequentielles) Prinzip
hierachisches Prinzip
Hypertext-Prinzip

Hyperlink
[Co] Querverweis von einer → Hypertext-Seite auf eine andere oder innerhalb einer Hypertext-Seite. Durch einen Maus-Klick wird die Seite gewechselt. Im → Internet werden so www-Seiten (→ World Wide Web), die auf den verschiedensten weltweit verteilten Web-Servern liegen können, vernetzt. Auch das Hilfesystem von Microsoft Windows beispielsweise nutzt Hyperlinks. Meist werden sie mit dem Kurzwort → Link bezeichnet.

Hypertext
[Co] Elektronischer Text, der assoziativen und keinen linearen Aufbau besitzt. Informationen sind in zusammenhängenden Kontexten miteinander verknüpft. Dadurch wird dem Leser ein intuitives Springen von einem Informationsangebot zum nächsten ermöglicht. Dies geschieht durch → Hyperlinks. Der Begriff Hypertext wurde 1968 von Ted Nelson geprägt. 1989 übernahm Tim Berners-Lee das Konzept des Hypertexts für das → World Wide Web. Hypertext-Anwendungen kommen nicht nur im www vor. Auch einfache Dokumente in Textverarbeitungsprogrammen können beispielsweise interne Querverweise besitzen, viele Hilfen von Windows-Programmen sind als Hypertext aufgebaut.

Hz
[Ra] Abk. für → Hertz.

■ Ich-Reportage
Eine → Reportage, die aus der Sicht des Reporters erzählt, also in der ersten Person Singular verfasst ist. Die Ich-Reportage soll dem Leser/Hörer eine besondere Nähe zum Geschehen vermitteln. Häufig wird jedoch dabei nur der Eitelkeit des Journalisten genüge getan. („Da war ich überall dabei, bin ich nicht toll?")

■ Icon
[Co] (engl. = Heiligenbildchen) Kleines Symbolbild, das eine bestimmte Funktion symbolisieren soll, z.B. einen Ordner oder ein Programm. Klickt der Nutzer darauf, öffnet sich der Ordner oder das Programm wird gestartet.

■ IDTV
[TV] Abk. von Improved Definition Television (engl. = Fernsehen mit verbesserter Auflösung) Bci IDTV handelt es sich nicht um eine → Fernsehnorm. IDTV-Geräte bieten durch aufwendigere Technik eine verbesserte Bildqualität, z.B. durch Einsatz der 100-Hertz-Technik und Verwendung digitaler Kammfilter.

■ IG Druck und Papier
Frühere Gewerkschaft der → Drucker. 1985 Zusammenschluss unter anderem mit der → Deutschen Journalisten Union (DJU) zu der → IG Medien.

■ IG Medien
Industriegewerkschaft aller in den Medien Beschäftigter. Sie entstand am 3. Dezember 1985 durch den Zusammenschluss der IG Druck und Papier (die für die Druckerstreiks verantwortlich waren) und der → Deutschen Journalisten Union, Gewerkschaft Kunst, Deutscher Musiker Verband, Gewerkschaft der Musikerzieher und konzertierenden Künstler und die Berufsvereinigung der Gewerkschaftsverbände Bildender Künstler. Die IG Medien ist Tarifpartner der → Verlegerverbände.

■ Illuminant
Andere Bezeichnung für die → Farbtemperatur.

■ Illustrierte
Zeitschrift mit Bildern. Die erste Illustrierte war die 1843 in Leipzig gegründete „Illustrirte Zeitung". Früher gab es nur Zeitungen mit Text. Der Abdruck von Fotos war technisch sehr aufwendig und glich einer kleinen Sensation. Anstelle von Fotos wurden → Lithografien zur Illustration verwendet. Während bei Zeitungen vor dem Computerzeitalter Farbbilder nur vereinzelt erschienen, wurden Illustrierte schon früh teilweise oder ganz in Farbe produziert. Das „große Illustrierten-Sterben" wurde mit der Einstellung von „Quick" (das letzte Heft erschien am 27. August 1992) deutlich. Der technische Fortschritt nahm den Illustrierten ihre Besonderheit, da inzwischen fast jede Tageszeitung mit Farbfotos erscheint. Ein großer Teil ihrer einstigen Werbeetats landet inzwischen nicht mehr bei den Printmedien, sondern im TV, da sich die Werbestrategen dort mehr Aufmerksamkeit versprechen. Das rückläufige Anzeigenaufkommen ging einher mit sinkenden Leserzahlen.

■ impact factor
(engl. = Einschlag-Faktor) Besonders im Bereich des Wissenschaftsjournalismus

gebräuchlicher Ausdruck. Anzahl der Zitate der letzten zwei Jahre aus einem Fachmagazin, dessen Artikel in Publikumsmedien Anstoß für Berichte bildeten. Z.B. „New England Journal of Medicine“ hat einen impact factor von 22.673, d.h. so häufig wurde ein hier erschienener Artikel in Tageszeitungen etc. zitiert.

Impressum
[Ze] (lat.) Ein Pflichtvermerk, der in allen Presseerzeugnissen wie Zeitungen, Zeitschriften, Büchern und Broschüren vor allem die presserechtlich für den Inhalt des Druckerzeugnisses Verantwortlichen nennt. Die Veröffentlichungspflicht des Impressums ist in den Landespressegesetzen festgelegt. (→ Presserecht). Das Impressum bei Zeitungen und Zeitschriften beispielsweise gibt Auskunft über den Herausgeber, die Zusammensetzung der Redaktion, die Anschrift des Verlages und der Druckerei. In Büchern und Broschüren werden neben dem → Copyright des Verlages auch die Auflagenhöhe, die Verlagsnummer sowie die an der Herstellung Beteiligten genannt.

Imprimatur
[Dt] (lat. imprimatur = es werde gedruckt) 1.) Bezeichnung für das Erteilen der Druckerlaubnis durch den Auftraggeber. 2.) Staatliche oder kirchliche Behörden vermerken im → Impressum eines Werkes die Druckerlaubnis.

Impulsgeber
[TV] Andere Bezeichnung für den → Taktgeber.

Impulskauf
[We] Spontane Kaufentscheidung. Die Mehrzahl der nicht im → Abonnement verkauften Zeitungen und Zeitschriften werden aufgrund spontaner Entschüsse erworben.

Index
(lat. = Anzeiger, Register, Verzeichnis) 1.) Ein alphabetisches Stichwortverzeichnis (von Namen, Sachen, Orten etc.), meist am Ende eines Buches. 2.) „Auf dem Index stehen“ = verboten sein (von Büchern); indiziert sein. → Bundesprüfstelle → Zensur

Index librorum prohibitorum
(lat. = Verzeichnis verbotener Bücher) Seit dem Mittelalter von der katholischen Kirche erstellte, aber inzwischen nicht mehr fortgeführte, Liste von Büchern, die gegen die kirchliche Lehre verstoßen. Das Verbot ihrer Lektüre hat erst seit 1966 keine kirchliche Gesetzkraft mehr, behält jedoch weiterhin seine moralische Verpflichtung. Die letzte Fassung von 1948 mit der Ergänzung von 1954 umfasst rund 6.000 Titel, u.a. von Luther und Sartre. → Zensur

Indikativ
[Ra, TV] Feststehende Erkennungsmelodie zum Beginn einer Sendung. Meist wird der Titel der Sendung über den Indikativ gesprochen. Auch Thema- oder Titelmusik genannt. → Jingle

Infografik
Grafische Aufbereitung von meist statistischen Informationen. Sie besteht nicht unbedingt nur aus grafischen Elementen; z.B. Blockdiagramme für das Ergebnis bei einer Wahl. Infografik wird immer häufiger verwendet, da durch dieses Mittel eine Seite optisch aufgelockert wird und der Leser sich die Information einfacher vorstellen kann.

Infokasten
[Ze] In einer Zeitung stehen in diesem dem Haupttext beigestellten und oft farbig hinterlegtem Kasten Zahlen und sonstige Informationen zu dem im Haupttext behandelten Thema. Z.B. Reisereportage über Russland, im Kasten daneben die Adresse der Konsulate und die aktuellen Visabestimmungen.

Infomercial
[We, TV] (lat.-engl. Kunstwort, das sich zusammensetzt aus „Information“ und „commercial“ = Werbesendung) Unterhaltender Produktfilm. Statt das zu bewerbende Produkt lediglich anzupreisen werden verwertbare Informationen „nett ver-

packt". Der Infomercial ist jedoch nicht so faktenbezogen, trocken und nüchtern wie eine reine Produktinformation.

■ Informant
Jemand, der Informationen liefert. Darunter fallen nicht nur Geheim-Informationen. Journalisten sind darauf angewiesen, dass jeder Leser/Zuschauer z.B. von ihm beobachtete Missstände mitteilt, sodass dann zielgerichtet nachgehakt werden kann. Bekannt ist z.B. „Bild hilft" von der Bild-Zeitung, RTL „Wie bitte?"

■ Informantenschutz
→ Pressegeheimnis

■ Information-Highway
[Co] (engl. = Informations-Autobahn) → Datenautobahn, auch als Synonym für das Internet verwendet.

■ Informations- und Kommunikationsdienste-Gesetz
[Re] IuKDG. Es wird ugs. als → Multimediagesetz bezeichnet.

■ Informationsgemeinschaft zur Feststellung der Verbreitung von Werbeträgern
[We, Ze] → IVW

■ Informations-Junkie
[Ja] Mensch, speziell aus der Medienbranche, der süchtig nach Informationen ist, der also kribbelig wird, wenn er z.B. im Urlaub nicht täglich eine Zeitung lesen oder Nachrichten hören kann.

■ Infotainment
(lat.-engl., Kunstwort, das sich zusammensetzt aus „Information" und „entertainment" = Unterhaltung) Neues Konzept für Nachrichtenmagazine, die den Zuschauer (auch Leser, z.B. bei „Focus") gleichzeitig unterhalten und informieren möchten. Entweder ist die Präsentation leichter konsumierbar oder die Nachrichten selbst werden nach ihrem Unterhaltungswert ausgewählt.

■ Infraschall
[Ra] Schallschwingungen unterhalb 16 Hz. Derart tiefe Töne sind für das menschliche Ohr nicht hörbar, werden jedoch gefühlt und tragen daher zum Hörerlebnis z.B. eines Musikstückes bei. Infraschall breitet sich vor allem in festen Medien aus.

■ Initial
[Dt] Auch Initiale. Hervorgehobener erster Buchstabe eines Textabschnittes, dessen Schriftgröße diejenige des → Fließtextes überragt. Das Initial kann bis zu mehrere Zeilen groß sein. In den Handschriften des Mittelalters wurden Initialen besonders aufwendig mittels Farbgebung, Schnörkeln und Ornamenten gestaltet.

■ Initialwort
Kurzwort, das aus zusammengerückten Anfangsbuchstaben gebildet wird, z.B. Unesco, Unicef, Hapag = **H**amburg-**A**merikanische **P**acketfahrt-**A**ctien-**G**esellschaft. Werden diese Buchstabe jeder einzeln ausgesprochen, so wird das Kurzwort in der Regel als Akronym geschrieben.

■ Inkunabel
(lat.) In der Technik des Wiegedrucks vor dem Jahr 1500, d.h. vor Erfindung des Gutenbergschen Buchdrucks, hergestelltes → Buch.

■ Inlay-Kamera
[Fi] Spezial-Filmkamera. Diese kleine s/w-Kamera nimmt Schablonen für das → Inlay-Verfahren auf.

■ Inlay-Verfahren
[TV] engl. Stanztrick. Bei dem Inlay-Verfahren stammen das Stanzsignal, das Vordergrund- und das Hintergrundsignal von drei unterschiedlichen Bildquellen , d.h. es sind drei Bildgeber nötig. Ein der Schablone entsprechender Teil des Hintergrundbildes wird in den Vordergrund eingeblendet. Wird z.B. beim Luminanz Key-Trick verwendet. Ggs. Overlay-Verfahren.

■ Inline-Finishing
[Dt] (engl. = in der Reihe fertig gemacht) Das Druckprodukt wird noch in der

Druckmaschine weiterverarbeitet. Dieses Verfahren wird z.B. bei Broschüren und Flyers angewendet.

■ **Innenrequisiteur**
[TV] Bei Studioproduktionen beschäftigter → Requisiteur.

■ **innere Pressefreiheit**
Freiheit des Journalisten vor Einflussnahme seitens seines Arbeitgebers auf Recherche, Themenwahl und die Besetzung der Posten leitender Redakteure. Letztendlich geht es um die Frage, wer bestimmen darf, über was wie berichtet wird: Journalist oder Verleger. Weil Medienunternehmen → Tendenzbetriebe sind, gilt ein Großteil der betrieblichen Mitbestimmungsrechte nicht. Gerade in Zeiten wirtschaftlicher Rezession häufen sich die Reibereien zwischen Verleger und Redaktion. Anfang der Siebzigerjahre gewährten einige Verlage ihren Redaktionen die Sicherheit der Unabhängigkeit ihrer Berichterstattung in Form von schriftlichen → Redaktionsstatuten.

■ **innere Zensur**
Ein Journalist wählt in der Regel seine Themen selbst aus. Dabei fallen einige Themen von vornherein weg, weil er sie z.B. für zu kompliziert oder die Recherche für zu gefährlich hält. Dass ein Thema von vornherein nicht angegangen wird und schon beim Denkprozess wegfällt, nennt man innere Zensur.

■ **Inselanzeige**
[Ze] Gestaltete Anzeige, die von Text umgeben ist wie eine Insel von Wasser. Dieser Text kann sowohl redaktionell sein als auch ein anderer Werbetext.

■ **Inserat**
[Ze] Anzeige, Synonym für → Kleinanzeige.

■ **Inserent**
[Ze] Anzeigenkunde

■ **Insert**
[TV] (engl. = Einfügung) 1.) Im unteren Drittel des Bildschirms stehende Einblendung eines Textes, meist eines Namens, in einen laufenden Film, z.B. der Name des Interviewpartners. Im Unterschied zum → Crawl, der über den Bildschirm läuft, ist der Text des Inserts statisch. Auch Chyron oder Bauchbinde genannt. 2.) Einschaltung oder Zwischenschaltung eines Teilbildes in einen laufenden Film mittels Dia-Projektor oder E-Kamera. 3.) Eine eingeschnittene kurze Filmszene.

■ **Insertio**
[Dt] Bezeichnung für den Schriftgrad 6 1/2 → Punkt. → Didot

■ **Insert-Kamera**
[TV] (engl. = Einfügung) Diese Kamera nimmt Schrifteinblendungen auf. Meist handelt es sich um eine Schwarzweißkamera. Die Schrifteinblendungen werden an Bildmischpulte weitergegeben oder in Grafikgeräten bzw. Schriftgeneratoren gespeichert.

■ **Insertmaschine**
[TV] Vorrichtung, in der mit einer elektronischen Kamera Vorschau-Inserts (→ Insert) aufgenommen werden. Diese werden dann in eine Sendung eingespielt. → Insert-Kamera

■ **Insertschnitt**
[TV] Im Unterschied zum → Assemble-Schnitt wird nachträglich eine neue Szene in eine bestehende Aufnahme eingefügt. Dabei werden die Bilder ausgetauscht, der Ton bleibt erhalten. Nur hochwertige Geräte erreichen eine störungsfreie Einfügung.

■ **Insertständer**
[TV] In dieser Standvorrichtung werden → Inserts aufgestellt.

■ **Intendant**
Er ist das oberste Exekutivorgan einer → Landesrundfunkanstalt. Rundfunkgesetze bzw. -staatsverträge nennen ihn als Alleinverantwortlichen für Betrieb und

Programmgestaltung. In der Regel wird der Intendant vom → Rundfunkrat oder auch auf Vorschlag des → Verwaltungsrates gewählt. Seine Amtsdauer beträgt zwischen vier und sechs Jahren.

▪ interaktiv
(lat. inter = zwischen) Zwei oder mehrere Parteien beeinflussen gegenseitig ihre Handlungsweisen; z.B. ist eine Diskussion interaktiv. → interaktive Medien

▪ Interaktive Medien
1.) [TV] Der Zuschauer empfängt nicht nur passiv das Fernsehprogramm vom Sender, sondern kann auch aktiv am Programm teilnehmen und es beeinflussen, sodass Kommunikation und nicht nur Konsum stattfindet. Mittels eines → Rückkanals kann der Zuschauer z.B. per Fernbedienung direkt auf Fragen antworten. Im Unterschied dazu muss man sich beim → Teledialog eines anderen Kommunikationsmittels, nämlich des Telefons, bedienen. Erste Tests in den USA haben ergeben, dass kaum Interesse der Zuschauer besteht, Einfluss auf das Programm zu nehmen. 2.) [Co]Auch das → World Wide Web ist ein interaktives Medium.

▪ Intercarrier
[TV] Elektronische Zwischenträgerfrequenz in älteren Fernsehgeräten. Sie kann → Moiré- und Brummstörungen auslösen. Ein so genanntes Intercarrier-Brumm entsteht, wenn durch die Abbildung vertikaler Streifenmuster oder Schriften unerwünschte Mischfrequenzen erzeugt werden.

▪ Interfield
[TV] Die Beziehungen zwischen zwei benachbarten → Halbbildern.

▪ Interframe
[TV] Die Beziehungen zwischen zwei benachbarten → Vollbildern.

▪ Interlace
[TV] (engl. = verschachteln, verflechten, verzahnen) Zwischensprung, Zwischenzeile. Andere Bezeichnung für das → Zeilensprungverfahren.

▪ International Telecommunication Union
[TV] Abk. = → ITU

▪ Internationaler Ton
[Ra, TV] Abk. = IT. Geräusch- und Musikanteile einer Vertonung ohne zusätzlich gesprochenen Kommentar. Die → IT-Fassung wird bei Live-Sendungen an andere Fernsehsender geliefert und dort mit einem Kommentar in der jeweiligen Landessprache versehen.

▪ Internationalismen
[Sp] Wörter, die in gleicher Bedeutung in gleicher oder ähnlicher Form in mehreren Sprachen vorkommen, z.B. Telefon, Theater, Musik, Radio.

▪ Internegativ
[Fo] (lat. inter = zwischen) Farbnegativ, das als Zwischenschritt bei der Wiedergabe eines Farbdias auf Fotopapier oftmals angefertigt wird. Entfällt der Arbeitsschritt der Internegativ-Herstellung, so spricht man von einem → Rush-Print. Auch als Zwischennegativ bezeichnet.

▪ Internet
[Co] Kurzform von „interconnected networks" (engl. = weltumspannendes Computernetz). Es gibt keinen verantwortlichen Betreiber, im Unterschied zu anderen Online-Diensten. Vielmehr setzt es sich aus Millionen von unabhängigen Informationsanbietern aus den verschiedensten Bereichen zusammen. Das Internet wurde in den Sechzigerjahren entwickelt. Zunächst suchte das US-Militär nach einem dezentralen Informations-Netzwerk, das auch dann noch funktionsfähig bleiben sollte, wenn ein großer Teil davon ausfällt. Auch Wissenschaftler und Universitäten zeigten großes Interesse am Internet. Sukzessive vergrößerte sich das Computernetzwerk. 1973 wurde ein Übertragungsprotokoll eingeführt (TCP/IP genannt), das Informationen in kleine Dateneinheiten (sog. packets) aufspaltet. Sie finden

unabhängig voneinander ihren Weg durch das Netz und fügen sich erst an der Bestimmungsadresse wieder zusammen. Dadurch lässt sich „Stau" auf der Datenautobahn vermeiden und Unterbrechungen der Leitung haben keinen Ausfall des Systems sondern höchstens eine Zeitverzögerung der Informationsübertragung zur Folge. Seither können Daten der unterschiedlichsten Art übertragen werden: Texte, Bilder, Software etc. Die bekannteste Anwendung im Internet ist das → World Wide Web. Durch seine grafische Benutzeroberfläche ist es benutzerfreundlich und erreicht dadurch, dass nicht nur Spezialisten sich mit dem Medium beschäftigen. Eine der ältesten Anwendungen ist das → Usenet → Domain → URL

■ **Internet-Gemeinde**
[Co] Alle Nutzer des → Internet. Sie werden auch als → Netizen bezeichnet.

■ **Internet-News**
[Co] → Usenet

■ **Internet-Portal**
[Co] Seite des → World Wide Web im → Internet, über die der Zugang zu anderen Seiten stattfindet. Portal-Seiten sind der erste Anlaufpunkt für das Surfen im WWW. Was eine → Home-Page für eine → Web-Site ist, das wollen die Portale für das Internet sein. Oft werden → Suchmaschinen als Internet-Portale bezeichnet, denn viele Menschen erhalten den Zugang zum Internet über Suchmaschinen wie z.B. Yahoo, altavista oder web.de. Meist bieten Portal-Seiten außer dem bloßen Zugang zu Informationen noch zusätzlichen Nutzen an. Dies kann sowohl das Präsentieren aktueller Nachrichten sein als auch eine e-Commerce-Plattform oder Informationsaustausch in Diskussionsforen. Wegen der hohen Besucherzahlen wollen viele Werbetreibenden ihre → Banner auf den Portal-Seiten platzieren.

■ **Internet-Provider**
[Co] (engl. provider = Versorger) Kurzbezeichnung für einen Internet Service Provider, Abk. = ISP. Anbieter von Internet-Zugängen. Ein Dienstleister, der Teile seines Computer-Netzwerkes an Unternehmen und Privatpersonen verkauft, die über ihn am → Internet teilnehmen möchten. Mit einem Modem oder einer ISDN-Karte wählt sich der Nutzer in den Computer des Providers ein und erhält über diesen den Zugang zum Internet. Die größten Internet-Provider in Deutschland sind T-Online und AOL Europe.

■ **Internet-Seite**
[Co] Ugs. Synonym für → Web-Site.

■ **Internet-Werbung**
[Co, We] Werbung im Internet geschieht vorwiegend durch die Platzierung von → Bannern. Aber auch das Sponsoring einzelner Web-Seiten ist üblich. Unbeliebt und rechtlich nicht so ohne Weiteres zulässig ist das massenhafte Versenden von Werbemails (→ Spam).

■ **Interpunktion**
1.) [Sp] Satzzeichen, die grammatikalisch notwenig sind, um Gedanken in geschriebener oder gedruckter Form gegliedert wiedergeben zu können. Interpunktionen sind: Punkt, Komma, Strichpunkt (Semikolon), Doppelpunkt (Kolon), Fragezeichen, Ausrufezeichen, runde und eckige Klammern, Gedankenstrich, Anführungszeichen, Apostroph und → Divis. 2.) Zeichensetzung nach grammatikalischen Regeln.

■ **Interview**
Journalist stellt einem oder mehreren Gesprächspartnern Fragen, um die Antworten entweder als „Frage-Antwort-Text" (klassisches gedrucktes Interview) oder in einem Artikel als Zitat zu verwerten.

■ **Intrafield**
[TV] Die Beziehung zwischen den einzelnen Punkten eines → Halbbildes.

■ **Intraframe**
[TV] Die Beziehung zwischen den einzelnen Punkten eines → Vollbildes.

Intranet
[Co] Auf der Technologie des → Internet basierendes firmeneigenes, internes Computernetzwerk. Dadurch, dass das Intranet die gleiche Technologie verwendet, kann es recht leicht mit dem Internet verbunden werden.

Inverted Key
[TV] (engl. = umgekehrte Taste) Diese Taste bewirkt das Gegenteil dessen, was eine Key-Taste normalerweise bewirkt: Statt das Füllsignal (→ Fill) einzufügen, erscheint der Bildhintergrund - und umgekehrt. → Key-Verfahren

Invertieren
[Fo] Umwandeln der Tonwerte eines Bildes von Positiv in Negativ.

Investigativer Journalismus
Ausführliche und tiefschürfende Recherche zur Aufdeckung von Missständen, z.B. politische Affären. Ein bekanntes Beispiel ist der „Watergate-Skandal" in den USA, der im August 1974 zum ersten Rücktritt eines US-Präsidenten, Richard Nixon, führte. Nicht zu verwechseln mit → Skandaljournalismus.

IP-Adresse
[Co] Jeder mit dem Internet verbundene Rechner hat innerhalb des Netzes eine eindeutige, nur diesem Rechner zuzuordnende Adresse, die IP-Adresse. Die Adressen werden zentral vergeben, wodurch ihre Eindeutigkeit gewährleistet ist. Zu jeder Zahlenkombination einer IP-Adresse gehört ein „ausgeschriebener" → Domain-Name, der meist in Form einer URL notiert ist. So genannte Name-Server lösen die URL in IP-Adressen auf. Auch wenn die Verbindung zum Internet durch einen → Internet-Provider aufgebaut wird, erhält der Rechner eine IP-Adresse. Sie gilt dann nur für die Online-Zeit und fällt danach in den Pool des Providers zurück, der sie dynamisch an den nächsten vergeben kann, der sich im Internet anmeldet. Da sich nicht alle Kunden gleichzeitig im Internet anmelden, benötigt ein Internet-Provider deutlich weniger IP-Adressen in seinem Vorrat als er Kunden hat. Zur Zeit bestehen die IP-Adressen nach IP-Version 4 (IPv4) aus vier Gruppen à drei Ziffern, die durch Punkte voneinander getrennt sind (z.B. 123.145.167.189). Durch den Internet-Boom wird davon ausgegangen, dass in spätestens zehn Jahren alle Adressen vergeben sind. Daher wurde bereits das IPv6 verabschiedet, das die Anzahl der verfügbaren Adressen bis zu 128 Bit ermöglicht – bisher sind 32-Bit-Adressen möglich. Die künftigen IP-Adressen werden aus acht 4-stelligen Hexadezimalstellen bestehen, die durch Doppelpunkt getrennt sind.

Irisblende
[Fo] In Foto- und Filmkameras verwendete variable → Blende, die aus vielen Einzelsegmenten besteht und sich fast kreisförmig öffnen und schließen lässt.

Irisdruck
[Dt] Spezielle Technik des Farbdrucks, bei dem mehrere Farben in einem Farbkasten nebeneinander liegen. Sie verlaufen auf den Farbwalzen ineinander. So färben sie die → Druckplatte in Bahnen oder Streifen mehrfarbig ein.

ISBN
(engl.) Abk. für International Standard Book Number. 10-stelliger Zahlencode, der jedes Buch weltweit eindeutig identifiziert. Er setzt sich zusammen aus dem Code für das Erscheinungsland, den Verlag, den einzelnen Titel sowie einer Prüfziffer, die helfen soll, Tippfehler zu vermeiden. In Deutschland wird seit 1973 die ISBN vom → Börsenverein des Deutschen Buchhandels vergeben. Für Zeitschriften wird die → ISSN vergeben.

ISDN
(engl.) Abk. für Integrated Services Digital Network = Integriertes Sprech- und Datennetz. Ein internationales öffentliches Fernmeldenetz, das eine schnelle und sichere Übertragung von großen Datenmengen ermöglichen soll. In einem ersten Schritt wurden alle schmalbandigen Dienste, z.B. Telefon, Telefax und Daten-

übertragung zusammengefasst. Mit der Einführung von breitbandigen Lichtwellenleitern (z.B. Glasfaserkabel) können auch Bewegtbilder auf dieser einen Verbindung übertragen werden.

■ ISSN

(engl.) Abk. für International Standard Serial Number. Zahlencode, der weltweit für jedes Periodikum wie z.B. Zeitschriften eindeutig ist. Nach der Norm ISO 3297 besteht er aus zwei mit einem Bindestrich verbundenen Gruppen mit je vier Ziffern. Die letzte Ziffer ist eine Prüfziffer und kann auch „x" sein, z.B. ISSN 0724-8679. Die ISSN wird in Deutschland vom Nationalen ISSN-Zentrum für Deutschland in Frankfurt/Main vergeben. In Deutschland vergibt die Centrale für Co-Organisation (CCG) in Köln eine internationale Lokations-Nummer (ILN), die z.B. den Strichcode auf Zeitungen und Zeitschriften regelt.

■ Italic

[Dt] Englische Bezeichnung für → kursive Schrift.

■ IT-Band

[TV] Tonträger, der die → IT-Fassung enthält. Vor allem bei Spielfilmen, die in einer anderen Sprache → synchronisiert werden, wird dieses Tonband gewünscht.

■ IT-Fassung

[TV] Abk. für internationaler Ton. Fertiger Bericht, der nur Musik-, Geräusch- und Effektaufnahmen beinhaltet, jedoch keine Sprachaufnahmen (IT-Band). Wird für die Filmbearbeitung oder spätere Synchronisation eine Sprachaufnahme (Dialog, Kommentar) gewünscht, so wird diese gesondert aufgenommen und dann mit dem internationalen Ton gemischt. Die Vertonung kann somit in beliebiger Sprache erfolgen. → Programmton

■ IT-Mischung

[TV] Mehrere getrennt aufgenommene Tonbänder mit Musik, Geräuschen und Effekten werden zu einem einzigen Band zusammengefasst, dem → IT-Band. → IT-Fassung

■ IT-Spur

[TV] Eine separate Spur des Magnetbandes enthält nur den internationalen Ton. So wird eine nachträgliche Mischung mit einem neuen Kommentarton zu einem → Programmton jederzeit möglich. → IT-Fassung

■ ITU

[TV] Abk. für International Telecommunication Union. Unter der Obhut der UNO regelt diese internationale Organisation die Belange der Telekommunikation. Der Hauptsitz der ITU ist in Genf. → World Radiocommunication Conference

■ IVW

[We, Ze] Abk. für Informationsgemeinschaft zur Feststellung der Verbreitung von Werbeträgern. Unabhängige Organisation, die u.a. vierteljährlich die → Auflage von Zeitungen und Zeitschriften selbst ermittelt und veröffentlicht. An ihren Angaben orientieren sich die Preise von Werbung. Sie stellt damit verlässliche Daten für die Mediaplanung für Werbetreibenden zur Verfügung. → Werbeträgerleistung

J

■ **Jaggies**
[TV] (engl. = Ausfransung, Ausfaserung) → Treppeneffekt

■ **Japanpapier**
Manuell aus der Rinde des Maulbeerbaumes hergestelltes Papier. Japanpapiere sind extrem leichte Papiere mit einem Gewicht von 10 g/qm.

■ **Jaulen**
[Ra] Ungleichmäßige Laufgeschwindigkeit eines Tonbandes ruft Tonhöhenschwankungen hervor. Eine Stimme wird verzerrt. Ugs. wird diese Verzerrung als Jaulen bezeichnet.

■ **Jingle**
[Ra, TV] Erkennungsmelodie einer Sendung/eines Senders oder einer Rubrik, z.B. Veranstaltungshinweise. Jingles werden aber auch für Eigenwerbung eingesetzt. → Indikativ

■ **Jitter**
[TV] (engl. = bibbern, nervös sein) Das Fernsehbild verschiebt sich periodisch in horizontaler Richtung.

■ **Jog/Shuttle**
[TV] Eine drehbare Scheibe am Schneidetisch. Mit ihr kann das Umspulen des Bandes punktgenau gesteuert werden. Vom schnellen Bildsuchlauf bis in Zeitlupe und sogar zur Ansicht von Einzelbildern kann das Drehen die Laufgeschwindigkeit ändern. Auf diese Weise können einzelne Szenen bildgenau angefahren werden. Diese exakte Positionswahl eignet sich für den Bildschnitt ebenso wie für Detailstudien.

■ **jour fixe**
(frz. = fester Tag) Bestimmter Stichtag, z.B. Tag, an dem Redaktionsschluss ist.

■ **Journalist**
Autor von Berichten, die ein Thema über Funk- und Printmedien einer größeren Öffentlichkeit bekannt machen. Zu diesem Zweck recherchiert er Informationen. Journalist ist keine geschützte Berufsbezeichnung, d.h., jeder darf sich Journalist nennen. In der Regel verdient ein Journalist seinen Lebensunterhalt überwiegend durch journalistische Tätigkeit. Nicht jeder Journalist ist gleichzeitig auch ein → Redakteur.

■ **Journalisten-Preis**
Journalisten werden für ihre Berichterstattung ausgezeichnet. Meist sind die Preise mit hohen Geldsummen dotiert. Immer mehr Wirtschaftsverbände schreiben einen Journalistenpreis aus in der Hoffnung, dass mehr über ihre Arbeit berichtet wird, z.B. Preis der deutschen Weinwirtschaft, der Aluminiumindustrie etc. Renommiert ist z.B. der Theodor-Wolf-Preis.

■ **Journalistenschule**
Im Unterschied zum klassischen → Volontariat, das bei einem einzigen Publikationsorgan absolviert wird, hat hier der Volontär die Möglichkeit, in verschiedenen Medien für unterschiedliche Zielgruppen zu arbeiten. Die Ausbildung ist daher vielseitiger, z.B. Axel-Springer, Henri-Nannen, als „Verlagsschulen". Kölner Schule für Publizistik als unabhängige.

■ JPEG
[Co, Fo] Abk. von Joint Photographic Expert Group. Die Arbeitsgruppe hat das gleichnamige Verfahren zur Komprimierung digitalisierter farbiger Einzelbilder normiert. Für bewegte Bilder entstand die Norm Motion-JPEG. → MPEG

■ Judder
[Fi] (engl. = rubbeln) Ruckartige Bewegung, die z.B. beim langsamen Abspielen eines Tonbandes entsteht.

■ Jugendpresse
Gesamtheit der von Jugendlichen hergestellten Presseerzeugnisse. Dazu gehören → Schülerzeitungen und Publikationen von Jugendverbänden etc. Jugendpresseerzeugnisse haben oft einen nicht-kommerziellen Charakter. Zu unterscheiden sind sie von für die Zielgruppe „Jugend" hergestellten Publikationen (z.B. Bravo)

■ Jumppage
[Co] (engl. = Sprung-Seite) Eine Seite im → Internet, die ausschließlich → Links zu anderen → Web-Sites enthält. Diese Linklisten sind meist thematisch sortiert. Von der Jumppage aus kann der Nutzer schnell zu den eigentlich gesuchten Informationen „springen".

■ Jungfer
[Ze, Ja] → jungfräulich

■ Jungfrau
[Ze, Ja] → jungfräulich

■ jungfräulich
[Ze] Eine Seite ist jungfräulich, wenn beim → Korrekturlesen kein Fehler entdeckt und daher nichts handschriftlich auf dem Korrekturabzug vermerkt wurde.

■ Junket
(engl.) In den USA gebräuchliche Bezeichnung für einen Interview-Tag, an dem einen ganzen Tag lang ein Interview auf das nächste folgt. Dies ist häufig bei Werbetouren der Fall, wenn beispielsweise ein Star seinen neuen Film promotet und sich die Interviewer die Klinke in die Hand geben.

■ Justiergreifer
[Fi] Andere Bezeichnung für → Sperrgreifer.

K

Kabelfernsehen
[TV] Fernsehprogramme werden per Kabel (meist Breitband-Kupferkabel) in die Wohnungen übertragen. Ursprünglich ohne → Rückkanal installiert, ermöglicht es den Informationstransport nur in eine Richtung. In letzter Zeit wird dieser Rückkanal immer häufiger nachgerüstet, sodass bidirektionale Anwendungen möglich sind, z.B. Interaktives Fernsehen. Auch für Kommunikationsanwendungen wie Internet-Zugang und Telefon wird das Kabelnetz zunehmend interessanter, da es neben Strom- und Telefonleitung das einzige Leitungssystem ist, das eine größere Anzahl von Haushalten verbindet und somit möglicherweise ein Gegenstück zum „Monopol der → letzten Meile" der Telekom bilden kann. Die Kabelnetze werden nach und nach privatisiert.

Kabelgroschen
[Ra, TV] In Bayern wird zur Finanzierung von Aufbau und Betrieb des Kabelnetzes für das → Kabelfernsehen eine Gebühr erhoben, vergleichbar mit dem Kohlepfennig.

Kabelweitersendevergütung
[Re] Für die Weiterleitung von bestehenden Rundfunk- und Fernsehprogrammen zahlen in Deutschland die Betreiber von Kabelnetzen (bisher vor allem die Telekom) Vergütungen für das → Urheberrecht an die → Verwertungsgesellschaften. Diese schütten die Gelder an ihre Mitglieder aus.

Kalenderjournalismus
Ein Datum wird zum Anlass (als → Aufhänger) genommen, um über ein Ereignis oder eine Person zu berichten. Z.B. Jahrestage, Almanach. Ein typisches Beispiel ist die tägliche Rubrik „Zeitzeichen" im WDR.

Kalotten-Lautsprecher
[Ra] Schallwandler mit halbkegelig geformter Membran. Er wird meist als Hoch- oder Mitteltöner eingesetzt.

kalt schreiben
[Ja, Ze] Eine Story ist kalt geschrieben, wenn der Journalist nicht vor Ort recherchiert hat, sondern z.B. nur aus bereits veröffentlichten schriftlichen Unterlagen zusammenschreibt.

Kameraassistent
[Fi] Mitarbeiter und Helfer des Kameramannes. Er ist für die Ausrüstung verantwortlich, d.h. er stellt die Geräte zusammen und wartet sie. Außerdem macht er den Aufbau am Drehort, zieht die Schärfe u.ä.

Kamerakopf
[Fi] Auf dem Stativ am Aufnahmeort angebrachte Fernsehkamera. Meist wird er in großen Fernsehstudios verwendet. Er ist Teil eines → Kamerazuges.

Kameralampe
[Fi] An der Kamera befestigter Beleuchtungskörper.

Kameramann
[Fi] Berufsbezeichnung desjenigen, der bei Filmaufnahmen für die Bedienung der Kamera zuständig ist.

■ **Kamera-Rotlicht**
[TV] Kleines rotes Signallämpchen, das vorne in der Kamera angebracht ist. Es zeigt den Sendezustand an, d.h., wenn es leuchtet, werden die Bilder dieser Kamera gesendet. Der → Moderator einer Sendung erkennt anhand des Lämpchens, in welche Kamera er schauen muss. Es wird auch Tally genannt.

■ **Kamerateam**
[TV] Besteht aus Redakteur, Kameramann und Tonmeister. Bei technisch aufwendigeren Aufnahmen kommen Kameraassistent und Tonassistent hinzu.

■ **Kameraverstärker**
[Fi] Stationärer Teil des → Kamerazuges im Studio. Er befindet sich meist in der Nähe der Bildregie.

■ **Kamerazug**
[TV] Bei großen Studio-Fernsehkameras besteht der mobile Kamerazug aus dem auf dem Stativ am Aufnahmeort befindlichen Kamerakopf und dem → Kameraverstärker.

■ **Kamingespräch**
Hintergrundgespräch in vertraulicher Atmosphäre. Einladungen hierzu erhalten nur ausgewählte Journalisten.

■ **Kanal**
[TV] Ursprünglich Sendefrequenz; heute u.a. als Synonym für Sender (also ARD, ZDF, RTL etc.) gebraucht.

■ **Kanon**
[Dt] Bezeichnung für die Schriftgröße 36 → Punkt.

■ **Kantenflackern**
[TV] Bei sehr detaillierten Bildern ist an den horizontalen Linien ein Flackern wahrnehmbar. Eine horizontale Linie, z.B. der obere Rahmen einer Tür, ist im → Zeilensprungverfahren immer nur in einer Linie darstellbar. Diese Linie wird also jeweils nur in einem → Halbbild übertragen. Folge davon ist, dass dieses Bilddetail nur mit der Bildwiederholrate von 25 oder 30 Hz dargestellt wird. Das Auge kann diesen störenden Effekt trotz seiner Trägheit sehr deutlich wahrnehmen. Besonders intensiv tritt das Kantenflackern z.B. bei Fensterläden auf. In einer ruhig gedrehten Passage scheint der gesamte Fensterladen zu oszillieren.

■ **Kantenkorrektur**
[Fo] → Aperturkorrektur

■ **Kapitälchen**
[Dt] → Schriftschnitt, bei dem die → Gemeinen die Form von → Versalien haben, d.h. so hoch sind wie die → Mittellänge von Kleinbuchstaben. Werden die Großbuchstaben kleinerer Schriftgrade verwendet, so spricht man von Pseudokapitälchen, da sie in der Regel größer als die Mittellinie sind und eine geringere Schriftstärke und → Laufweite haben.

■ **Karikatur**
Zeichnung, die durch übertriebene oder verzerrende Darstellung eine Situation teilweise humorvoll anprangert oder eine Person dem Spott preisgibt. Bei Tageszeitungen hat eine Karikatur oft politischen Inhalt. → Glosse

■ **Karolingische Minuskel**
[Dt] Vorläufer unserer heutigen Kleinbuchstaben. Diese Schrift der Karolingerzeit wurde von den Gelehrten der Renaissance irrtümlich für antik gehalten. Die Schrift wurde bis weit ins Mittelalter hinein als gut lesbare Buchschrift verwendet. Vorläufer der → Antiqua.

■ **Karton**
1.) [Dt] Dickeres, stabiles Paier ab einer → Grammatur von 200 g, d.h. etwa ab Postkartendicke. 2.) [TV, Ja] Ugs. Bezeichnung für das äußere Erscheinungsbild und Auftreten eines Menschen. Der Ausdruck wird vor allem von Casting-Agenturen verwendet, die z.B. Teilnehmer für → Talk-Shows rekrutieren.

■ **Kaschieren**
[Dt] Zwei oder mehrere fertige Flächen werden aufeinander geklebt, z.B. Papier

auf Karton oder Stoff auf Pappe. Z.B. werden große Formate auf ein festes Trägermaterial gebracht, um sie aufzuhängen, oder empfindliche Produkte werden mit Folien geschützt. → Laminieren

■ **Kästchensystem**
[Ra, TV] Im Tages- oder Wochenrhythmus regelmäßig zur selben Zeit wird eine bestimmte Sendung geboten, z.B. Kinderfunk oder die Übertragung von Konzerten. Die Sendung hat einen festen Programmplatz.

■ **Katalogsuche**
[Co] Eine → Suchmaschine wird redaktionell betreut und ordnet die gefundenen Suchbegriffe übergeordneten Stichworten zu, z.B. Sport, Nachrichten oder Kunst.

■ **Katholische Nachrichten-Agentur**
→ KNA

■ **KEF**
Abk. für → Kommission zur Ermittlung des Finanzbedarfs der Rundfunkanstalten.

■ **Kegelhöhe**
[Dt] Die Höhe des Bleikörpers der → Lettern im → Bleisatz, nicht die Schriftgradhöhe.

■ **Kehlkopfmikrofon**
[Ra] Außen am Kehlkopf getragenes Mikrofon. Durch den direkten Körperkontakt erhält es die Sprachschwingungen. Es ist gegen Störschall von außen relativ unempfindlich, hat jedoch sehr schlechte Übertragungseigenschaften.

■ **Keilplatte**
[TV, Fi] Auf einem Film- oder Fernseh-Kamerastativ angebrachte Platte mit einer keilförmigen Aussparung. In diese passt ein Passstück des → Kamerakopfes hinein. Dieses System gewährleistet eine schnelle Montage der Kamera und deren sicheren Sitz.

■ **KEK**
[TV] Abk. für → Kommission zur Ermittlung der Konzentration im Medienbereich.

■ **Keller**
[Ze] Im unteren Teil einer Zeitungs- oder Zeitschriftenseite sind → Spalten getrennt untergebracht, z.B. für einen Fortsetzungsroman, Leserbriefe oder Anzeigen.

■ **Kelvin**
[Fo] Maßeinheit für die → Farbtemperatur des Lichts. Abk. = K

■ **Kennzeichnungspflicht**
[Ze] Anzeigen müssen vom redaktionellen Teil sichtbar abgegrenzt werden, damit der Leser die Werbung nicht mit objektiver Information verwechselt; z.B. müssen Anzeigen, deren → Layout an das Layout der jeweiligen Publikation angelehnt ist, deutlich mit dem Wort „Anzeige“ gekennzeichnet sein. Werbeblöcke im Radio müssen von den redaktionellen Beiträgen deutlich getrennt sein. Das geschieht meist durch Einspielen eines → Jingles oder eines sonstigen akustischen Signals. Fernseh- und Radiowerbung ist in der EU-Fernsehrichtlinie und dem → Rundfunkstaatsvertrag geregelt.

■ **Kerning**
[Dt] Verringerung des Buchstaben-Abstandes innerhalb eines Wortes unter die normale → Laufweite. Sie kann entweder bei allen Zeichen eines Textes oder bei bestimmten Buchstabenkombinationen angepasst werden, z.B. bei der Buchstabenkombination „Vo“, wo aus optischen Gründen das kleine „o“ unter den Aufstrich des „V“ rückt. Kerning ist für alle Zeichen eines Textes möglich. Auch → Unterschneiden genannt. Kerning-Tabellen errechnen die Abweichung von der Normallaufweite. Bei einigen Computerprogrammen wird fälschlicherweise jede Veränderung des Buchstabenabstandes, also auch das Erweitern, unter dem Begriff Kerning zusammengefasst. Das Gegenteil von Kerning heißt → sperren.

■ **Key**
1.) [Dt] Abk. = K. Engl. Bezeichnung für die schwarze Druckfarbe im → Vierfarbdruck (CMYK). 2.) [TV] Abk. für das → Key-Verfahren.

■ **Key Code**
[Fi] Richtcode am Filmmaterial. Er gibt die so genannte Fußnummer an.

■ **Key colour**
[TV] (engl. = Key-Farbe) Stanzfarbe. → Key-Verfahren

■ **Key fill**
[TV] (engl. = Schlüssel-Füllung) Ein bestimmtes Videosignal aus dem Vordergrund, das beim → Key-Verfahren den ausgestanzten und daher fehlenden Teil ausfüllen soll. Auch kurz als fill bezeichnet.

■ **Key frame**
[TV, Fi] (engl. = Schlüssel-Rahmen, Schlüsselbild, Stützbild) 1.) Ein Einzelbild einer Film-Sequenz, das diese repräsentiert. Als eine Art Platzhalter werden Key frames bei der Verwaltung des Schnittes verwendet. 2.) Bestimmte Bewegungsphasen bei Tricksequenzen und bei 3-D-Animation werden mit Key frames definiert. 3.) In die Folge von → Delta-Frames werden bei der Kompression von bewegten Bildern im MPEG-2-Verfahren in regelmäßigen Abständen Key frames eingefügt, die die vollständigen Bildinformationen enthalten. Dies soll ein Anwachsen eventueller Fehler vermeiden.

■ **Key gain**
[TV] (engl. = Key-Verstärkung) Beim linearen (Luminanz-)Key wird mit diesem Regler die Weichheit oder Härte des → Key eingestellt. Je geringer die Verstärkung, umso größer ist der Bereich zwischen den beiden Vergleichspegeln, und umso weicher ist der Key.

■ **Key Grip**
[Fi] Chef aller Assistenten, die bei Dreharbeiten notwendig sind, z.B. → Dolly Grip, → Best Boy, → Boom Operator. Er koordiniert deren Einsatz und leitet sie notfalls an.

■ **Key insert**
[TV] Andere Bezeichnung für → Key fill.

■ **Key memory**
[TV] (engl. = Key-Speicher) Dieser Speicher dient dem Abspeichern der eingestellten Parameter eines speziellen Keys. Sie können dann schnell wieder abgerufen werden.

■ **Key source**
[TV] (engl. = Key-Quelle) Gerät, Signal oder Einrichtung, die das Stanzsignal für das → Key-Verfahren liefert. Dies kann z.B. der Trickmuster-Generator sein, aber auch der Ausgang des → Chroma-Keyers.

■ **Keyer**
[TV] Elektronische Einrichtung, die beim → Key-Verfahren zum Einstanzen des Vordergrundbildes in ein Hintergrundbild dient.

■ **Keying**
[TV] Bezeichnung für die Tätigkeit des → Key-Verfahrens.

■ **Key-Maske**
[TV] Auch Key-Maskierung oder key mask genannt. Ein Teil des „Stanzsignals“ im → Key-Verfahren wird von einem Maskensignal abgedeckt. An dieser Stelle bleibt der Hintergrund vom Stanzvorgang unberührt. Das Maskensignal kann entweder von einem speziellen Maskengenerator erzeugt werden oder es werden die so genannten „Wipe-Muster“ dafür verwendet.

■ **Key-Verfahren**
[TV] (engl. = Schlüssel, Taste) in der Videotechnik als „Stanze“ bezeichnet (chroma key = Farbstanze). Zwei Bilder werden kombiniert, d.h. Vorder- und Hintergrundbild werden übereinander gelegt. Dies geschieht mit Hilfe des → Stanzsignals. Beim Key-Vorgang wird aus dem Hintergrundbild ein Teil gemäß der jeweiligen

Key-Kriterien entfernt und durch einen anderen Bildinhalt ersetzt. Diesen nennt man Füllsignal oder fill.

■ keyword advertisment
[Co, We] (engl. = Schlüsselwort-Werbung) → Suchmaschinen im → World Wide Web zeigen nach Eingabe bestimmter Suchbegriffe zusätzlich zu den Ergebnissen speziell auf diese Begriffe abgestimmte Werbe-Banner an (→ Banner). Werbekunden können diese Schlüsselwörter, z.B. den Namen oder das Produkt eines Konkurrenten, gezielt buchen. International wird das Keyword Advertisment rechtlich unterschiedlich bewertet. In Deutschland hat im März 2000 das Landgericht Hamburg eine solche Werbung als wettbewerbswidrig verboten, das Urteil ist allerdings noch nicht rechtskräftig.

■ Kinescope
[TV] Bildröhre, Bildwiedergaberöhre; Gerät oder Anlage zur Aufzeichnung von Filmen.

■ Kissenverzerrung
[Co] (engl. = pincusion) Fehler in der Geometrie von Monitoren, bei dem die Bildränder ähnlich einem Kissen seitlich nach innen eingedrückt sind oder sich nach außen wölben.

■ Klammeraffe
[Co] Die deutsche Bezeichnung für das @-Zeichen (gesprochen: ätt). Das @ ist Bestandteil jeder E-Mail-Adresse und steht für „bei, am Ort“. Vor dem @ steht die Kennung des Adressaten, in der Regel sein Name. Dies ist vergleichbar mit dem Namen eines Postfachs. Hinter dem @ folgt der Mail-→ Server, also der Ort, an dem dieses Postfach verwaltet wird (z.B. medien-lexikon@arcormail.de).

■ Klang
Sich aus Grundton und Oberschwingungen zusammensetzendes Gemisch von Schallschwingungen.

■ Klangblende
[Ra] Andere Bezeichnung für → Klangregler.

■ Klangregler
[Ra] In Tonbandgeräten und Rundfunkempfängern kann mit dieser Schaltung der Klangcharakter der Tonwiedergabe verändert werden. Die hohen und tiefen Töne können so angehoben oder abgesenkt werden. Andere Bezeichnung ist Klangblende.

■ Klangteppich
[Ra] Musik als Hintergrundgeräusch. Da das Medium Radio immer mehr als Geräuschkulisse zu anderen Tätigkeiten genutzt wird, wird (selten) auch das gesamte Radioprogramm als solcher bezeichnet. → Dudelfunk → Begleitmedium

■ Klappe
1.) [Fi] Geläufige Kurzbezeichnung für die → Synchronklappe. 2.) [Dt] Abk. für → Klappseite.

■ Klappentext
[Dt] Gebundene Bücher werden oft mit einem Schutzumschlag aus Papier umgeben. Diese Papiere sind um die → Buchdecke herum gefaltet, sodass ein Teil des Umschlags innen liegt. Damit dieser umgeklappte Teil des Umschlags nicht leer bleibt, werden häufig Informationen über Autoren oder eine Kurzfassung des Inhalts darauf gedruckt.

■ Klappseite
[Dt] Überbreite Seite einer Broschüre, Zeitschrift oder eines Buches, die nach innen gefaltet ist. Wegen möglicher Falzschwierigkeiten müssen diese Klappseiten sowohl von ihrer inneren als auch von ihrer äußeren Breite her etwas kürzer sein als die restlichen Seiten. Ugs. auch als Klappe abgekürzt.

■ Klapptitel
[TV] Durch Abklappen der einzelnen Titelblätter vor der offenen Filmkamera werden Einzeltitel aneinandergereiht.

■ **Klatschkopie**
[TV] Kopie mit vereinfachter Lichtbestimmung von einem Umkehr-Original oder von einem Negativ auf Positivmaterial, egal ob s/w oder Farbe. Die Klatschkopie ist eine Arbeitskopie für den Filmschnitt und die Filmbearbeitung.

■ **Klatschreporter**
Auch Gesellschaftsreporter. Journalist, der die → Klatschspalte verfasst. Er wird gelegentlich auch als → Kolumnist bezeichnet, was aber den Begriff „Kolumne“ zu stark eingrenzt.

■ **Klatschspalte**
Auch Gesellschaftskolumne. Eine der am meisten gelesenen Rubriken einer Zeitung/Zeitschrift, da fast jeder Mensch ein mehr oder weniger offenes Interesse an Informationen aus der Gesellschaft und über das Leben von Prominenten zeigt. Sie wird gelegentlich auch als → Kolumne bezeichnet, was aber den Begriff „Kolumne“ zu stark eingrenzt. Ihr Autor wird als Klatschreporter bezeichnet, nennt sich aber selbst meist lieber Gesellschaftskolumnist.

■ **Klaubeutel**
Ugs. für → Stummer Verkäufer.

■ **Klebebindung**
[Dt] Mit Hilfe von Klebstoffen werden die einzelnen Seiten zu einer Broschüre oder einem Buch zusammengeklebt. → Hotmelts → Lumbecken → Fadenbindung

■ **Klebemuster**
[Dt] Im → Layout wird ein → Blindtext eingeklebt und damit das künftige Aussehen des Textes simuliert.

■ **Klebepresse**
[Fi, TV] Vorrichtung zum Kleben von → MAZ-Bändern und Filmen.

■ **Klebeschiene**
[Ra, TV] Auf der Bedienplatte des Tonbandgerätes befindet sich eine Platte mit einer eingefrästen Vertiefung in der Breite des Tonbandes. Diese Schiene erleichtert das Kleben der Tonbänder, da die Enden immer richtungsgleich aneinanderstoßen.

■ **Klebestelle**
[Fi, TV] Stelle, an der geschnittene Film- oder Magnetbänder zusammengeklebt sind. Sie kann überlappend durch Filmkitt oder stumpf aneinander mit transparenten Klebestreifen hergestellt werden.

■ **Klebeumbruch**
[Dt] Texte werden in der Spaltenbreite zunächst als langer Streifen ausgedruckt und anschließend mit Schere und Klebstoff (meist speziellem → Layout-Kleber) manuell in das Layout eingeklebt. Auch Fotos und Grafiken werden per Hand geklebt. → Umbruch

■ **Kleinanzeige**
[Ze] Von meist privaten Personen in Auftrag gegebene, nur aus wenigen Zeilen bestehende → Anzeige, die z.B. den alltäglichen Themenbereichen „Suche/Biete“, „Kaufe/Verkaufe“ oder „Bekanntschaften“ zuzuordnen ist. Oft werden anstelle erkennbarer Namen → Chiffres verwendet. Auch als Inserat bezeichnet.

■ **Kleindarsteller**
[Fi] Mitwirkender im Film, der meist eine stumme kleine Nebenrolle ausfüllt, z.B. Passant auf dem Bürgersteig. Häufig werden dazu Laien eingesetzt. Auch als Komparse oder Statist bezeichnet.

■ **Kleinrequisitenfundus**
→ Fundus

■ **Klickrate**
→ Clickrate

■ **Klirrfaktor**
[Ra] Messgröße für nicht lineare Verzerrungen des Tonsignals. Sie werden durch Ober- und Differenzschwingungen hervorgerufen. Neigt ein Gerät zu Verzerrungen, so produziert es künstliche, im Original nicht enthaltene Obertöne. Der Klang wird verfälscht. Je kleiner der Prozentwert des Klirrfaktors, umso besser und verzerrungsärmer ist der Klang.

Klischee
[Dt] (frz. = Abklatsch) Buchdruckform, Druckstock. Unschöpferische Nachahmung, Übernahme einer Vorlage, auch einer Druckvorlage, z.B. für eine Anzeige.

Klischograph
[Dt] (frz.-gr.) Gerät zur mechanischen Herstellung von → Klischees.

KNA
Abk. für Katholische Nachrichten-Agentur. Der Schwerpunkt ihrer Berichterstattung liegt auf religiösen und sozialen Themen.

Kodex
→ Pressekodex

Kohlemikrofon
Einfaches, nur als bloßes Verständigungsmittel verwendbares Mikrofon. Es ist für hochwertige Tonaufnahmen nicht geeignet.

kollationieren
1.) [Dt] Vor der Weiterverarbeitung werden in der Buchbinderei die Druckbogen auf Vollständigkeit und richtige Reihenfolge konrolliert. 2.) (Kollation = Vergleich zwischen Abschrift und Urschrift) Manuskript und gesetzter Text werden vergleichend geprüft. Wort für Wort wurden die Reden der führenden DDR-Funktionäre mit der → Druckfahne verglichen und auf Fehler durchgeforstet.

Kolonel
[Dt] Bezeichnung für die Schriftgröße 7 → Punkt. Auch Mignon genannt.

Kolportage
(franz. colportage = Hausiererhandel) Als minderwertig angesehene literarische Schrift, z.B. Kolportage-Roman. Auch das Verbreiten von Gerüchten und ungesicherten Informationen, die nicht wahr sein müssen.

Kolporteur
Wandernder Buchhändler im Mittelalter, door-to-door-salesman.

Kolumne
(lat. columna = Säule) 1.) [Ze] Feststehende Rubrik einer Zeitung/Zeitschrift; ugs. wird die → Klatschspalte oft als solche bezeichnet, der Begriff ist dann aber zu stark eingegrenzt. 2.) [Dt] Spalte in Satz und Druck. 3.) [Dt] Fertig umgebrochene und justierte Druckseite mit Texten und Bildern in Satzspiegelformat. Von dieser Begriffsbedeutung leiten sich → Kolumnentitel und → Kolumnenziffer ab.

Kolumnentitel
[Dt] Schriftzeile am oberen oder unteren Seitenrand, die auf jeder Seite wiederholt wird. Unterschieden wird der „tote Kolumnentitel“, der Elemente wie Seitenzahl, Titel der Zeitung, Datum etc. enthält und der „lebende Kolumnentitel“, der einen Bezug zum Inhalt der aktuellen Seite wie beispielsweise die Rubriküberschrift oder das aktuelle Stichwort in einem Lexikon enthält. Z.B. wird die Klatschseite häufig mit „Aus aller Welt“, „Namen und Nachrichten“ oder „Vermischtes“ übertitelt. Andere Bezeichnungen für den toten Kolumnentitel sind auch Kolumnenziffer oder Pagina. → Kopfzeile → Fußzeile

Kolumnenziffer
[Dt] Bezeichnung für die Seitenzahl in → Werken, Zeitschriften und Zeitungen. Sie gehört zum toten → Kolumnentitel. Auch als Pagina bezeichnet.

Kolumnist
Autor, der eine → Kolumne betreut, d.h. der sie entweder selbst verfasst oder sich um andere Autoren kümmert, die in dieser Rubrik schreiben. Wird gelegentlich als Synonym für → Klatschreporter verwendet, was aber den Begriff Kolumnist zu stark eingrenzt.

Kommandoleitung
[TV] Auf dieser speziellen Meldeleitung werden Regieanweisungen zwischen den Studios und den Außensprechstellen ausgetauscht. Man unterscheidet zwischen OB-Zweidrahtleitungen und Kommando-Vierdrahtleitungen.

Kommentar

Erklärung, Erläuterung eines meist aktuellen und politischen Themas. Subjektive Meinung des Kommentators, der Fakten in Zusammenhang bringt und Hintergründe erwähnt. Er beeinflusst die Meinung der Leser, Zuhörer und Zuschauer. Einzige Rubrik, in der dem Autor die Äußerung einer persönlichen Meinung gestattet ist. → Leitartikel

Kommentator

Journalist, der Berichterstatter über ein Ereignis ist (objektiv) und gleichzeitig seine Meinung dazu äußert (subjektiv). Am bekanntesten ist der Sportkommentator, der über ein Fußballspiel berichtet und seine Meinung über die schlappe Form der Mannschaft nicht verschweigt.

Kommerzfernsehen

[TV] Abwertende Bezeichnung für private Fernsehsender, bei denen sich das Programm sehr stark an dem bestmöglichen Verkauf von Werbezeiten orientiert. → privater Rundfunk

Kommission zur Ermittlung der Konzentration im Medienbereich

[TV] Abk. = KEK. Organisation zur Konzentrationskontrolle bundesweiter Fernsehveranstalter. Sie ist seit dem 1. Januar 1997 für diese Aufgabe zuständig. Die KEK setzt sich aus sechs Sachverständigen des Rundfunk- und Wirtschaftsrechts zusammen, die von den Ministerpräsidenten der Bundesländer berufen werden. Ziel ist, eine Monopolisierung des Medienmarktes in Deutschland zu verhindern.

Kommission zur Ermittlung des Finanzbedarfs der Rundfunkanstalten

[Ra, TV] Abk. = KEF. Die KEF ermittelt fortlaufend den Finanzbedarf der öffentlich-rechtlichen → Rundfunkanstalten. Sie nimmt dabei keinen Einfluss auf die Gestaltung des Programms. Die Rundfunkanstalten sind in der Entscheidung frei, was zur Erfüllung des → Programmauftrages notwendig ist (u.a. 8. → Rundfunkurteil). Den Rahmen hierfür ebenso wie für die weitere Entwicklung steckt der Gesetzgeber ab. Die KEF prüft vor allem, ob bei der Programmgestaltung den Grundsätzen der Wirtschaftlickeit und Sparsamkeit Genüge getan wurde und ob die Vorgaben des Gesetzgebers eingehalten wurden. Naturgemäß kommt es dabei immer wieder zu Auseinandersetzungen zwischen den Rundfunkanstalten und der KEF. Sie informiert die Ministerpräsidenten der Bundesländer alle zwei Jahre über die aktuelle und künftige Finanzsituation von → ARD und → ZDF. Nach Ablauf einer Gebührenperiode gibt die KEF Beschlussempfehlungen an die Bundesländer für eine Neufestsetzung der → Rundfunkgebühren. Die Länder nehmen diese Empfehlungen als Entscheidungshilfe für die Neufestlegung der Gebührenhöhe. Die Mitglieder der KEF sind elf Sachverständige, die von Ländern und Rundfunkanstalten unabhängig sind: fünf Vertreter werden aus den Landesrechnungshöfen entsandt, fünf aus den Staats- und Senatskanzleien, und der rheinland-pfälzische Staatskanzleichef ist stimmrechtsloser Vorsitzender der KEF. Bis zu einer staatsvertraglichen Neuregelung dient die Staatskanzlei von Rheinland-Pfalz als Geschäftsstelle zur Unterstützung der Arbeit der KEF.

Kommunikation

(lat. = Unterredung, Mitteilung) Laut Definition von Gerhard Maletzke ist Kommunikation die „Bedeutungsvermittlung zwischen Lebewesen“. Der bewusst gesteuerte Austausch von Zeichen erfolgt zwischen einzelnen Personen oder Personengruppen (interpersonelle Kommunikation) oder zwischen einzelnen Gruppen. Bei der Kommunikation kann auch ein technisches Verbreitungsmittel eingesetzt werden (mediengebundene Kommunikation). Richtet sich die mediengebundene Kommunikation an eine Vielzahl von Zielpersonen, handelt es sich um Massenkommunikation. Kommunikation erfolgt zwischen Sender und Empfänger (→ Sender-Empfänger-Modell). Egal, wie man sich verhält: „Man kann nicht nicht kommunizieren“ (Paul Watzlawick).

Komparse
[TV] → Kleindarsteller

Kompendium
[Fo] (lat. = kurz gefasstes Lehrbuch) An optischen Geräten befindliche Vorrichtung zur Eingrenzung von Lichtstrahlen. An Kameras ist dies in der Regel eine rechteckige → Gegenlichtblende. Sie ist oft mit einem Balgen in der Länge verstellbar und wird auch als Halterung für Filter verwendet.

Komplementärfarben
Zwei Farben, die im Farbkreis gegenüberliegen. Sie ergänzen sich bei der → additiven Farbmischung zu Weiß und bei der → subtraktiven Farbmischung zu Schwarz. Sie sind sich am „unähnlichsten", z.B. Gelb und Blau oder Grün und Rot.

kompress
[Dt] Begriff aus der Satztechnik. Zeichen werden ohne → Durchschuss und ohne Zwischenraum gesetzt. Bei einer 10 → Punkt-Schrift beträgt der Zeilenabstand auch 10 Punkt, d.h. er wird exakt von dem → Schriftgrad ausgefüllt.

Kompression
[Co] Um kleinere Datenmengen zu erhalten, werden diese komprimiert. Dabei sind verlustfreie und verlustbehaftete Kompression zu unterscheiden. Nicht → Multimedia-Daten, z.B. Programme oder Buchhaltungsdaten, werden einer verlustfreien Kompression unterzogen. Das Original ist dadurch vollständig wieder herstellbar. Dabei werden sich wiederholende Zeichen erkannt und durch einen Platzhalter, der auf ein früheres Vorkommen verweist oder durch einen Wiederholungsfaktor ersetzt. Platzhalter wie Wiederholungsfaktor sind kleiner als die ursprüngliche Zeichenkette. Je nach Dateiformat wird das Datenvolumen nur gering reduziert (z.B. JPEG) oder sehr stark (z.B. Textdateien bis zu 80 Prozent weniger). Im PC-Bereich weit verbreitete Komprimierungs-Formate sind Zip und Ari. Während eine verlustbehaftete Kompression bei Programmdateien zu deren Zerstörung führen würde, bietet sie sich für multimediale Daten an. Details, die das menschliche Auge bzw. Ohr nicht wahrnimmt (z.B. sehr leise Töne unmittelbar nach sehr lauten) oder die z.B. auf einem bestimmten Gerät nicht dargestellt werden können (ein Fernseher hat eine geringere Auflösung als ein Computer-Monitor), werden weggelassen. Die bei der Dekompression wieder hergestellten Informationen sind nur noch ähnlich dem Original. Der Faktor der Reduktion ist in der Regel wählbar (ggf. ist dies bereits durch den Softwarehersteller usw. geschehen). Ist er zu hoch eingestellt, kommt es bei der Dekompression zu → Artefakten, d.h. zu merkbaren Fehlern. Bekannte verlustbehaftete Kompressions-Formate sind JPEG für Bilder, → MPEG für Filme und MP3 für Musik. Ebenso verwendet die Mini-Disk verlustbehaftete Kompression. Verbreitete Verfahren der verlustfreien Kompression sind z.B. Zip und Ari.

Kondensatormikrofon
[Ra] Ein hochwertiges Studiomikrofon. Seine Funktion basiert auf dem elektrostatischen System.

Konfektionieren
Manuell auszuführende Arbeiten an Werbemitteln, die dem Verschönern und Veredeln dienen. Dazu gehören das Verpacken, Schleife anbringen, Zusammenlegen oder Zusammenfügen.

konkaver Zeilenfall
[Dt] → Dreizeilenfall

Konserve
Meist abwertende Bezeichnung für → Aufzeichnung

Konstruktivismus
[KoWi] Der konstruktivistischen Kommunikationsthese zufolge konstruiert sich jeder Mensch seine Wirklichkeit selbst, d.h. je nach Erfahrungshorizont und subjektiver Veranlagung unterscheidet sich sein Weltbild von dem seiner Mitmenschen. Es ist individuell und nicht

übertragbar. Das hat zur Folge, dass die gleichen Kommunikationsinhalte abhängig vom Empfänger unterschiedlich aufgefasst und bewertet werden. Dies ist insbesondere bei der Formulierung von Werbebotschaften zu berücksichtigen.

■ Konsultationsgröße
[Dt] Schriftgröße zwischen 5 und 8 → Punkt. Sie wird für Konsultationstext verwendet, also für wenig umfangreiche Textelemente, mit denen sich der Leser nur kurzfristig beschäftigt, sie also lediglich konsultiert, z.B. Fußnoten, Anmerkungen, die Legende einer Landkarte. Schriften in Konsultationsgröße werden nicht für → Fließtext verwendet, da sich das Auge bei dieser kleinen Schrift zu stark anstrengen muss.

■ Konsultationstext
[Dt] Text, der als Erläuterung oder zur schnellen Information zum eigentlichen Text dient. Meist steht er zwar auf der gleichen Seite mit dem Lesetext, ist jedoch von diesem deutlich abgetrennt und kleiner gesetzt (→ Konsultationsgröße).

■ Kontakt
1.) [Fo, Ja] Gebräuchliches Kurzwort für → Kontaktabzug. 2.) Informant eines Journalisten. 3.) [We] Kurzform von → Werbemittelkontakt.

■ Kontaktabzug
[Fo] Negative werden direkt auf ein Fotopapier gelegt, das dann belichtet wird. Die dabei mit geringem Aufwand entstehenden Positive im Größenverhältnis 1:1 erleichtern eine erste Auswahl der für die Veröffentlichung in Frage kommenden Bilder. Die Qualität der Fotos wird mit Hilfe eines → Fadenzählers beurteilt. Selten auch Kontaktkopie genannt. Meist wird kurz von Kontakt gesprochen.

■ Kontaktchance
[MaFo, We] Kontaktwahrscheinlichkeit. Anzahl der potentiellen Kontakte einer Person oder eines Haushalts mit einem Werbeträger, d.h. mit dem Fernsehen oder der Tageszeitung (Werbeträgerkontakt) oder mit einem Werbemittel, d.h. mit dem → Werbespot oder der → Anzeige (Werbemittelkontakt). Die Kontaktzahlen werden bei der Auswahl der Medien für eine Werbekampagne zugrunde gelegt. Für den Hörfunk ermittelt die Werbeträgeranalyse eine Kontaktchance, wenn die Person das Medium mit einer Mindestzeitspanne von einer Stunde nutzt, in der im gehörten Programm auch Werbung ausgestrahlt wird. Die Daten werden durch Befragung mit Hilfe eines so genannten Tagesablaufschemas ermittelt. Im Fernsehen besteht eine Kontaktchance dann, wenn der Fernsehnutzer innerhalb einer halben Stunde Zuschauzeit in dem Medium die dort ausgestrahlte Werbung sehen konnte. Die Anzahl der Kontakte wird im Rahmen von telemetrischer Standardforschung ermittelt. → Werbeträgerleistung

■ Kontaktkopie
[Fo] Andere Bezeichnung für → Kontaktabzug.

■ Kontern
[Dt, Fo] Gelegentlich auch als Spiegeln bezeichnet. Umkehrung der Darstellung eines Bildes von seitenrichtig in seitenverkehrt und umgekehrt. Das Kontern geschieht sowohl vertikal als auch horizontal. Manchmal ist es aus layouttechnischen Gründen notwenig, Fotos zu kontern, beispielsweise weil der Weg aus der Seite herauszuführen scheint oder sich bei einer Gegenüberstellung von zwei Meinungen die Köpfe der Sprecher anschauen sollen (DIN 16 544).

■ Kontrast
[Fo] Helligkeitsabstufungen eines Bildes. Kontrastreiche Bilder sind brillante Bilder mit einem großen Helligkeitsunterschied zwischen hellster und dunkelster Stelle des Bildes. Ein Bild ist dann kontrastreich, wenn der Eindruck der Wiedergabe der Helligkeitsabstufung überhöht ist, wenn also die Lichter sehr hell und klar sind und der Schatten schwarz. Sind die Lichter verschleiert und der Schatten grau, so liegt ein kontrastarmes Bild vor. Statt von kontrastreichen spricht man auch von harten

Bildern, statt von kontrastarmen von weichen. → Simultankontrast → Sukzessivkontrast

■ Kontrastfilterscheibe
[TV] Vor allem bei starker Umgebungshelligkeit (z.B. Tageslicht) verwendete getönte oder grau eingefärbte Glasscheibe, die vor den Fernsehbildschirm gesetzt wird. Sie verstärkt den Bildkontrast.

■ Kontrastumfang
1.) [TV] Das Verhältnis von der geringsten zur größten Helligkeit des Bildes. 2.) [Fi] Das Verhältnis von der geringsten zur größten Schwärzung des Bildes.

■ Kontrollspur
[TV] Separate Spur auf dem → MAZ-Band. Auf ihr befinden sich die Impulse zur Steuerung des Bandlaufes bei der Wiedergabe.

■ Kontursatz
[Dt] Der Rand einer Textspalte stellt eine bestimmte figürliche Kontur dar oder folgt einem Objekt in einem bestimmten Abstand, schmiegt sich z.B. der Kontur eines → freigestellten Bildes an. Oft ist das Bild mittig zwischen zwei Spalten platziert.

■ Konus-Lautsprecher
[Ra] Dieser Schallwandler besitzt eine schüsselförmige Membran. Sie besteht aus Pappe, Papier oder Kunststoff. Diese Lautsprecher-Art wird in der Regel als Tief- oder Mitteltöner eingesetzt.

■ Konvergenz
1.) [KoWi, Ra, TV] (lat. = Übereinstimmung, Zusammenstreben, Aufeinanderzugehen) Interessengruppen und Medienstrategen behaupten immer wieder, dass sich die Programme des → öffentlich-rechtlichen Rundfunks und des privatwirtschaftlichen Rundfunks immer weiter angleichen und schließlich nicht unterscheidbar sein werden. Diese These lässt sich so nicht halten, da programmstrukturelle Vergleiche bei privatwirtschaftlichen Vollprogrammen einen erheblich höheren Unterhaltungs- und Fiktionsteil aufweisen. Zwar ist unbestreitbar, dass öffentlich-rechtliche und privatwirtschaftliche Programmveranstalter bei schätzungsweise mehr als 50 Prozent um identische Programmware (z.B. Spielfilme, Sportübertragungen) auf den internationalen Märkten konkurrieren. Jedoch sind Aufgabe, Aufbau, Gewichtung und Charakteristik der Programmangebote der beiden Rundfunksysteme derart unterschiedlich, dass die Konvergenz-Hypothese als widerlegt erscheint. 2.) [TV] Die drei Farbraster in Bildaufnahme und -wiedergabesystemen decken sich. 3.) [Co] mit diesem Schlagwort wird das Zusammenwachsen von Fernseh- und Computer-Technologie bezeichnet. Es wird möglich, über das Fernsehgerät auf Angebote des → Internet zugreifen oder umgekehrt auf dem PC Fernsehprogramme anschauen zu können.

■ Konversionsfilter
[Fo] Dieser spezielle Filter absorbiert durch seine eigene Farbe unerwünschte Farbkomponenten des Aufnahmelichtes oder des Objektes. Er wird auch als Farbkompensationsfilter bezeichnet.

■ Konverter
[TV] Ein Signal wird mit Hilfe dieses Gerätes von einer Trägerfrequenz in eine andere umgesetzt. Auch ein Gerät, das von einer Fernsehnorm in eine andere, z.B. von → PAL in → Secam oder umgekehrt umwandelt, ist ein Konverter. Auf diese Weise kann der Empfang mit vorhandenen Empfangsgeräten ermöglicht werden. Er wird auch als Umsetzer bezeichnet.

■ Konvertieren
[Co] (lat.-frz. = umwandeln) Mittels spezieller Konvertierungsprogramme werden Dateien in eine andere Form umgewandelt.

■ Konvexer Zeilenfall
[Dt] → Dreizeilenfall

■ Kopf
→ Zeitungskopf

■ Kopfblatt
[Ze] Der → Zeitungskopf wird lokal ausgetauscht, aber die Seiten und Inhalte sind gleich. → Mantel

■ Kopfrad
[TV] In Videorecordern vorhandenes Rad, das die Aufnahme- und Wiedergabeknöpfe enthält. Das Magnetband umschlingt das Rad, sodass immer ein Kopf bzw. in Überlappungszonen zwei Köpfe Kontakt mit dem Band haben. Auf diese Art wird eine lückenlose Aufzeichnung bzw. Wiedergabe erreicht. Im Englischen auch Headwheel genannt. Das Funktionsteil kann auch die Form einer Trommel haben und wird dann als Kopftrommel bezeichnet.

■ Kopfträger
[TV] Im Bandgerät befindliche Montagevorrichtung für einen oder mehrere Magnetköpfe.

■ Kopftrommel
[TV] → Kopfrad

■ Kopfzeile
[Dt] Die erste Zeile einer Seite. Sie kann innerhalb oder außerhalb des Satzspiegels stehen und als lebender oder toter → Kolumnentitel dienen.

■ Kopierer
[Fi] Jede Filmszene wird in der Regel mehrfach gedreht. Die Regie gibt dem Script an, welche Szene im → Kopierwerk nach der Entwicklung des Negativs auf Positivmaterial für den → Schnitt kopiert werden soll.

■ Kopierwerk
[Fi] Betrieb, in dem das belichtete Filmmaterial bearbeitet wird. Dazu zählen u.a. Entwickeln, Kopieren und Abziehen.

■ Koppeln
[Dt] Ein zusammengesetztes Hauptwort wird mit Bindestrich statt, grammatikalisch korrekt, zusammen geschrieben. Oft der besseren Lesbarkeit halber in Überschriften verwendet; z.B. Terroranschlag wird gekoppelt zu Terror-Anschlag. Gibt es in einem Wort mehrere Koppelstriche, so ist es durchgekoppelt, z.B. Luftfahrt-Kontrollbehörden-Anmeldung.

■ Koppelstrich
[Dt] → Koppeln

■ Kopplungsgeschäft
Eine → Anzeige wird unter der Bedingung geschaltet, dass im redaktionellen Teil positiv über Produkt, Firma etc. berichtet wird.

■ Korn
[Fo] Die Emulsion auf dem Filmmaterial besteht aus kleinen Teilchen, die als Korn bezeichnet werden. Dies wird erst bei Vergrößerungen sichtbar. Je größer das Korn, umso lichtempfindlicher ist der Film. Daher kommt kein Filmmaterial mit hoher Lichtempfindlichkeit zum Einsatz, wenn das Bild hinterher z.B. zu Postern oder Plakaten vergrößert werden soll.

■ Körperschall
Schallschwingungen, die durch feste Körper und nicht durch die Luft geleitet werden.

■ Korpus
[Dt] Bezeichnung für die Schriftgröße 10 → Punkt. Synonym für Garmond.

■ Korrektor
[Dt] Person, die das → Korrekturlesen professionell betreibt.

■ Korrektorat
[Ze] In der Schweiz gebräuchliche Bezeichnung für die Korrektoren, die ein Druckerzeugnis → korrekturlesen.

■ Korrektur
[Dt] Korrekturen am Text geschehen in der Regel auf Kopien des im Fotosatz hergestellten Textes. Korrekturen auf dem zum Druck belichteten Film sind umständlich und zeitraubend und daher nicht erwünscht. Deshalb ist vor Beginn des → Satzes das Manuskript sorgfältig zu be-

arbeiten. Auf Fotosetzsystemen sind Korrekturen am Bildschirm relativ problemlos auszuführen, z.B. durch Einfügen oder Ersetzen von Textteilen per Tastenanschlag oder Mausklick. Um Korrekturen für jedermann gleich verständlich anzumerken, wurde ein einheitliches System der → Korrekturzeichen entwickelt. Die zeitliche Abfolge der Korrekturstufen ist vor dem Satz die → Vorauskorrektur, danach die → Hauskorrektur und zum Schluss die → Autorenkorrektur.

■ **Korrekturabzug**
[Ze] Ein Kontrollbeleg nach Abschluss der Satzarbeit. Korrektor oder Kunde erhalten den Korrekturabzug zur Überprüfung von Text und Typographie. Fehler werden auf dem Auszug vermerkt und anschließend korrigiert. → Korrekturfahne

■ **Korrekturfahne**
[Ze] Eine → Druckfahne, die zum → Korrekturlesen verwendet wird. Häufig werden die Texte zunächst in Spalten ausgegeben. Erst nach dem Korrekturlesen und der Beseitigung der Fehler erfolgt der → Umbruch. Die englische Bezeichnung ist Proof.

■ **Korrekturlesen**
[Ze] Einen Text auf orthografische und inhaltliche Fehler hin durchsehen und diese am Rand vermerken. Für den deutschen Sprachraum gelten einheitliche → Korrekturzeichen. In der Regel wird dies durch einen Korrektor durchgeführt. Der Autor ist meist der schlechteste Korrekturleser, da bei seinen eigenen Texten die → Textblindheit vorliegt.

■ **Korrekturschleife**
[Ze] Ein Text wird wieder und wieder von verschiedenen Leuten korrekturgelesen und jeder bringt seine Änderungswünsche an. Dies ist häufig bei Texten, die im Auftrag geschrieben werden, z.B. als PR-Text für ein Unternehmen, bei dem jeder Abteilungsleiter „seinen Senf dazugeben möchte".

■ **Korrekturzeichen**
[Dt] Fehler im Text, zu ändernde Passagen, Satzfehler und Angaben für den Textsatz werden im deutschen Sprachraum durch standardisierte Zeichen nach DIN 16 511 gekennzeichnet. Die Korrekturzeichen wurden für den Bleisatz entwickelt. Eine Übersicht über die wichtigsten Vorschriften bietet der Duden, dessen Redaktion gemeinsam mit dem Deutschen Normenausschuss die einheitlichen Korrekturvorschriften festgelegt hat.

■ **Korrelationsgradmesser**
[Ra] Mit diesem Gerät werden die zum Zeitpunkt der Messung bestehenden Phasendifferenzen zwischen den beiden Stereokanälen angezeigt.

■ **Korrespondent**
(lat.) Journalist, der aus anderen als dem räumlichen Heimatgebiet eines Mediums für dieses berichtet. Auslandskorrespondenten liefern Beiträge aus anderen Ländern. Regionalmedien haben häufig einen Hauptstadtkorrespondenten. Das Netz der Auslandskorrespondenten der ARD gehört zu den → Gemeinschaftssendungen, -einrichtungen und -aufgaben.

■ **Kostümfundus**
→ Fundus

■ **Kran**
[Fi, TV] Fahrbare, schwere Plattform mit langem variablem Ausleger für die Kamera und den Kameramann. Der Kran wird sowohl für hohe als auch für niedrige Kamerapositionen eingesetzt.

■ **Kratzer**
[Dt] Verrutschte Buchstaben, die nicht die Schriftlinie halten. Das zugehörige → Korrekturzeichen ist eine Doppellinie (ähnlich einem langen Gleichheitszeichen). Es symbolisiert, dass die verrutschten Buchstaben wieder „auf Linie" gebracht werden sollen.

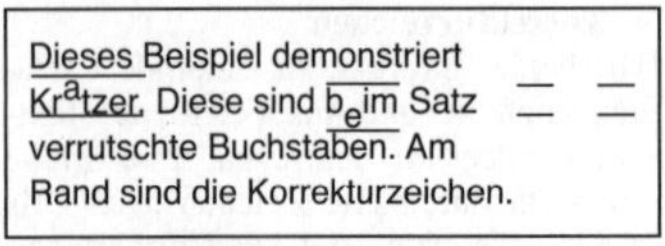

Abb: Kratzer

■ **Kreativ-Layout**
[Ze] → Layout „alter Schule" per Hand; heute wird am Bildschirm gelayoutet. Im Gegensatz dazu → Desktop Publishing.

■ **Kreiselkopf**
[Fi] In diesem Kamera-Stativkopf befindet sich eine rotierende Schwungmasse. Diese ermöglicht besonders ruckfreie, weiche → Schwenks.

■ **Kreiselstativ**
[Fi] Stativ für eine Kamera, das einen → Kreiselkopf besitzt.

■ **Kreuzbruch**
[Dt] Falt-Technik. Ein Blatt Papier wird zuerst der Länge nach und dann quer gefaltet, sodass die Knicke ein Kreuz bilden. Dabei wird i.d.R. jeweils die längere Bogenseite halbiert. Es kann sich um 1-, 2-, 3- oder 4-Bruchfalzungen handeln. → Falz

■ **kritische Buchstabenverbindung**
[Dt] Treffen zwei Buchstaben mit viel → Fleisch aufeinander, so ist dieser optisch größere Abstand durch → Ausgleichen oder → Unterschneiden zu verringern. Auch Buchstabenbegegnung genannt.

■ **Kryptographie**
[Co] Verschlüsselungsverfahren. Für Unbefugte sind die übermittelten Daten unleserlich. Im → Internet wird Kryptographie am häufigsten für E-Mail und im Zusammenhang mit dem Transfer von sensiblen Daten (z.B. Kreditkartennummern) im Bereich des → eCommerce verwendet. Zu unterscheiden sind symmetrische und asymmetrische Verfahren. Bei dem symmetrischen Verfahren verwenden beide Seiten für → Codierung und → Decodierung den gleichen Schlüssel, der zuvor über einen sicheren Kanal ausgetauscht werden muss. Bei asymmetrischen Verfahren verschlüsselt der Sender seine Nachricht mit einem allgemein bekannten öffentlichen Schlüssel. Das Entschlüsseln ist ausschließlich mit dem geheimen (privaten) Schlüssel des Empfängers möglich. Wichtig dabei ist, dass der öffentliche Schlüssel zuverlässig dem Empfänger zugeordnet werden kann. Eine besondere Vertraulichkeit bei der Übermittlung ist aufgrund der Asymmetrie des Verfahrens nicht nötig. Ein weit verbreitetes Programm in diesem Zusammenhang ist → PGP.

■ **Kukident-Generation**
[We] Dem ehemaligen RTL-Chef Helmut Thoma zugeschriebene Äußerung für Menschen über 50 Jahren als (vernachlässigte) Zielgrupe der Werbeindustrie. Der Begriff spielt auf den Markennamen einer Haftcreme für „dritte" Zähne an.

■ **Kulisse**
[Fo, Fi] Hintergrundbild eines Fernsehbildes bzw. eines Fotos. Ursprünglich Hintergrundbild und -räume einer Theaterbühne. Meist bezieht sich der Begriff Kulisse auf den gestellten Aufbau in einem Studio, jedoch wird er auch für die allgemeine Umgebung eines Bildes/Filmes verwendet. → Halbkulisse → Vollkulisse. Im → digitalen Studio wird eine gestaltete Kulisse durch eine einfache blaue Wand ersetzt, auf die die gewünschten Bilder elektronisch einkopiert werden. → Blue Box

■ **Kundenkorrektur**
[Dt] Der Kunde (oder Auftraggeber) eines Druckwerkes überprüft und ändert das Manuskript. Er erhält dazu eine Kopie des im Fotosatz hergestellten Textes. Auch die Ausführung der vom Kunden gewünschten Änderungen bzw. die Beseitigung der Fehler gehören zur Kundenkorrektur. → Korrektur → Korrekturabzug

■ Kundenzeitschrift
[Ze] → Hauszeitung eines Unternehmens oder einer Branche, die sich speziell an die Kunden der Firma als Zielgruppe wendet, z.B. die „Bäckerblume" für alle Kunden von Bäckereien.

■ künstlerische Freiheit
Aus künstlerischen Motiven heraus dürfen gesetzliche und gesellschaftliche Normen in Frage gestellt und in einem begrenzten Maß überschritten werden. Z.B. eine → Karikatur gibt das Äußere einer Person beleidigend verzerrt wieder. Die exakte Grenze ist der gesellschaftlichen Entwicklung unterworfen und Gegenstand zahlreicher Gerichtsverfahren.

■ Kunstlicht
[Fo] Licht, das von künstlichen Lichtquellen erzeugt wird, z.B. von Halogen-Glühlampen. Es hat eine → Farbtemperatur von etwa 3.000-3.200 K.

■ kursiv
[Dt] → Schriftschnitt, bei dem die Buchstaben nach rechts geneigt sind und die Merkmale von Schreibschriften besitzen. Dieser Schriftschnitt ist an ältere Kanzleischriften angelehnt. Im Gegensatz zu Schreibschriften stehen die Buchstaben jedoch vereinzelt und haben keine verbindenden Anschlüsse. Nicht zu verwechseln mit schrägen Schriften oder solchen, die optisch oder elektronisch modifiziert sind, denn Kursivschriften haben eine eigene Schriftform. Für einige Buchstaben werden andere als die normalen Schriftschnitte verwendet, z.B. für a (*a*), f (*f*) und ß (*ß*). Erstmals wurde eine kursive Druckschrift von Aldo → Manutio verwendet. Im Englischen werden Kursivschriften als Italics bezeichnet.

■ Kürzel
[Ze] Namensabkürzung des Autors eines Artikels, meist seine Initialien. Gelegentlich auch als Autorenkürzel bezeichnet. Aus „Horst Meyer" wird dann „hm", aber auch „HoMe" ist nicht unüblich. → Autorenzeile → byline

■ Kurzwelle
[Ra] Abk. = KW. Hörfunk-Frequenzbereich, der in Europa begrenzt ist auf Wellenlängen von 5,95 MHz bis 26,1 MHz. Sie breiten sich hauptsächlich als → Raumwellen aus. Weil sie erst weit vom Sender entfernt wieder auf die Erde treffen, können sie gerichtet ausgestrahlt werden.

■ KW
[Ra] Abk. für → Kurzwelle.

L

■ Laborpest
[Fo] Chemikalienstäube, die durch eingetrocknetes Fixierbad entstehen, verteilen sich im Laufe der Zeit im gesamten Fotolabor. Gelangen diese Stäube mit Fotopapier in Kontakt, entstehen bei der Entwicklung kleine punktförmige weiße Flecken. Diese sind das sichtbare Zeichen einer Laborpest. Nur absolute Sauberkeit kann das Entstehen von Laborpest verhindern, z.B. ist darauf zu achten, dass Chemikalien nicht offen herumstehen und eintrocknen.

■ LAE
[MaFo] Abk. für Leser-Analyse Entscheidungsträger. Untersucht wird regelmäßig, welche Lektüre-Gewohnheiten die Entscheidungsträger Deutschlands haben.

■ Lage
[Dt] Ein im → Kreuzbruch gefalzter → Druckbogen. Aus mehreren Lagen werden → Buchblöcke.

■ Laminieren
[Dt] Ein- oder beidseitiges Beschichten von Vorlagen (Papier, Pappe, Poster, Plakate) mit durchsichtigem Kunststoff. Dabei wird die Plastikfolie meist heiß aufgepresst. Große Formate werden so auf ein festes Trägermaterial aufgebracht und können dann z.B. aufgehängt werden. Durch die Laminierung wird das Produkt optisch veredelt. Zusätzlich bietet das Laminat Schutz vor Feuchtigkeit und Gebrauchsspuren. Es sind auch Kaltlaminate erhältlich. Laminierte Produkte besitzen aus technischen Gründen einen Schweißrand von 2-3 mm. → Kaschieren

■ Landesmedienanstalt
[Ra, TV] Öffentlich-rechtlich organisierte Aufsichtsbehörde für die privaten Rundfunk- und Fernsehveranstalter der verschiedenen Bundesländer. Sie vergibt z.B. die terrestrischen Frequenzen für Radio- und Fernsehkanäle, achtet auf die klare Programm-Abgrenzung von redaktionellem Teil und Werbung und kontrolliert die Programme auf Einhaltung der gesetzlichen Vorgaben sowie die Veranstalter im Hinblick auf die Erfüllung der Lizenzbedingungen. Ihre Kompetenz wird in den Landesmediengesetzen geregelt. Die Landesmedienanstalten finanzieren sich durch zwei Prozent des Aufkommens an → Rundfunkgebühren und sind landesmittelbare Behörden der jeweiligen Bundesländer. Es gibt 15 Landesmedienanstalten, außer in Berlin und Brandenburg gibt es in jedem Bundesland eine. In einigen Bundesländern wird sie als Landesrundfunkanstalt bezeichnet.

■ Landesmediengesetze
[Re] Regeln die Rechtsbeziehungen des privaten Rundfunks. Ausübendes Kontrollorgan sind die → Landesmedienanstalten. Die Landesmediengesetze regeln beispielsweise die Frequenzzuweisungen und Einspeisungen in die Kabelnetze.

■ Landesrundfunkanstalt
→ Landesmedienanstalt

■ landscape
[Dt] (engl. = Landschaft) Englische Bezeichnung für das → Querformat. Der Ursprung dieser Bezeichnung liegt darin, dass Landschaften in der Regel im Quer-

format abgebildet werden, da die Breite die Höhe übersteigt.

■ **Langwelle**
[Ra] Abk. = LW; Frequenzband im Hörfunk mit einer → Frequenz zwischen 30 und 300 Kilohertz. Dies entspricht einer Wellenlänge zwischen 1.000 und 2.000 Meter. Langwellen breiten sich vorrangig als → Bodenwellen aus und folgen dabei der Erdkrümmung. Sie erzielen große Reichweiten, weil sie kaum von der Erde absorbiert werden. Die Übertragungsqualität ist jedoch nicht so gut.

■ **Lap**
[Dt] Englische Bezeichnung für → Falz.

■ **Lap dissolve**
[Fi] (engl. lap = Überlappung, Wickelung, Lage; dissolve = überblenden) Weiche → Überblendung von Bildern.

■ **latentes Bild**
[Fo] Das Bild ist zwar bereits auf das Fotomaterial belichtet, jedoch noch nicht zu erkennen.

■ **Laufrichtung**
[Dt] Bei der Herstellung von Papier wird den lockeren Fasern des Stoffauflaufs eine bestimmte Richtung gegeben. Diese Laufrichtung richtet sich nach der Richtung der Siebbewegung. Die Laufrichtung ist vor allem wegen der → Nassdehnung entscheidend für die Weiterverarbeitung.

■ **Laufschrift**
[TV, We] Sich von rechts nach links bewegende Schriftzeichen. Häufig in öffentlichen Verkehrsmitteln zur Anzeige der nächsten Haltestellen oder in der Außenwerbung. Im Fernsehprogramm eingeblendete Laufbänder werden auch als Chyron oder → crawl bezeichnet.

■ **Laufweite**
[Dt] Die Länge eines Wortes oder des Alphabets bei einer bestimmten Schrift und Schriftgröße. Die Laufweite einer Schrift bestimmt sich durch die Breite der Schriftzeichen, die → Vorbreite und die → Nachbreite. Für jedes Zeichen ist die Grund- bzw. → Normallaufweite vom Schriftenhersteller in Einheiten festgelegt. → Kerning-Tabellen verzeichnen den Unterschneidungs- oder Sperrwert. Auch Zurichtung genannt.

■ **Lautheit**
[Ra] Schallereignisse werden subjektiv bezüglich der Schallstärke beurteilt. Die Lautheit wird in → sone gemessen.

■ **Lautsprecherzeile**
[Ra] Mehrere Lautsprechersysteme sind neben- oder übereinander in einem Gehäuse angeordnet.

■ **Lavalier-Mikrofon**
[TV] Meist mit einem Band um den Hals getragenes Mikrofon, das in Brusthöhe hängt. Es ist klein und hochwertig. Durch eine spezielle Höhenanhebung gelingt es ihm, trotz der ungünstigen Stellung zum Mund den natürlichen Klang der menschlichen Stimme aufzunehmen.

■ **Layer**
[TV] (engl. = Lage, Schicht) Ein kombiniertes Videobild setzt sich aus mehreren Schichten zusammen. Jede dieser Layer entspricht einem bestimmten Bearbeitungsvorgang, z.B. → Key-Verfahren oder → Trickblende.

■ **Layout**
[Dt] (engl. = ausbreiten, herrichten) 1.) Ugs.: Die Gestaltung eines Druckwerks als Ergebnis von → Scribble, → Dummy, → Roh- und → Reinlayout. 2.) Fachsprachlich: Die Gestaltung einer Seite mit allen inhaltlichen Bestandteilen. Dazu gehören u.a. Schrift, Grafik, Bilder und Farbe. Das Satzprodukt wird mit besonderer Sorgfalt und unter Beachtung der allgemeinen typografischen Regeln hergestellt. Die randscharfe Auslichtung der Zeichen erfolgt in der vorgesehenen Strichstärke. Zu den typografischen Regeln gehören z.B. der optische Randausgleich, die optimale → Laufweite der Schriften, das Ausgleichen von → Versalien und parakritischen Zeichenkombinationen.

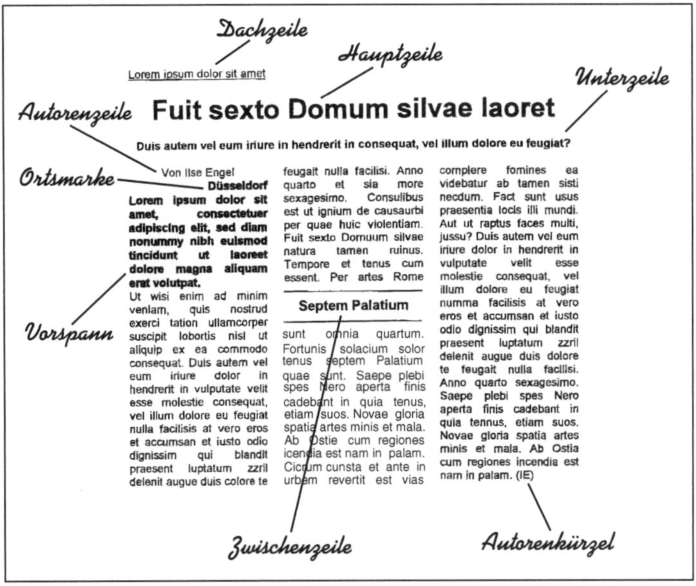

Abb: Layout

■ **Layout-Dienst**
Ugs. für → Grafik-Dienst

■ **Layouter**
Gestalter eines → Layouts

■ **Layoutkleber**
[Dt] Spezieller Klebstoff, der vor allem beim → Klebeumbruch verwendet wird. Layoutkleber klebt zunächst nicht, sondern haftet nur. Aufgeklebte Abschnitte, Grafiken usw. können so problemlos wieder gelöst und ihre Position korrigiert werden. Überstehende Klebstoffränder können z.B. mit einem Radiergummi einfach abgerubbelt werden. Erst nach längerer Zeit entsteht eine unlösbare Klebeverbindung.

■ **Lead**
(engl. = anführen) Kurzwort für Leadsatz. Kurze, zusammenfassende Einleitung einer Veröffentlichung. Im Gegensatz zum → Vorspann besteht der Lead in der Regel nur aus einem Satz.

■ **Leerkassettenvergütung**
[Re] Beim Kauf einer Video-Leerkassette sind pro Stunde Laufzeit 17 Pfennig Gebühr für → Urheberrecht im Preis enthalten. Diese Summe wird an → Verwertungsgesellschaften ausgezahlt, die die Gelder an ihre Mitglieder ausschütten.

■ **Leerzeile**
[Dt] Eine Zeile ohne Schriftzeichen. Doppelter Zeilenabstand im laufenden Text, um einen größeren Abstand zur davor stehenden Zeile zu schaffen. Dadurch werden Texte leicht erkennbar in Absätze gruppiert. Diese Art der Gruppierung sollte nur bei längeren Texten z.B. bei Büchern eingesetzt werden, da der Text sonst zu stark zergliedert wird.

■ Legende
[Dt] Erklärende Textelemente, z.B. Bildunterschriften, bei Landkarten und Tabellen.

■ Lehnwort
[Sp] Aus einer anderen Sprache entliehenes Wort, für das es keine Entsprechung in der aufnehmenden Sprache gibt und das dort entsprechend seiner ursprünglichen Bedeutung verwendet wird. z.B. das deutsche „Autobahn" und „Kindergarten" im Englischen. Nicht zu verwechseln mit → Internationalismen.

■ Leiche
[Dt, Ja] Fehlen eines oder mehrerer Worte oder ganzer Zeilen im laufenden Text. Gegensatz ist die → Hochzeit. Auch als Auslassung bezeichnet.

■ Leitartikel
[Ze] Ein → Kommentar zu einem aktuellen politischen Thema; wichtigster Kommentar der Zeitung. Der Leitartikel hat meist einen festen Platz im Blatt.

■ Lektor
Mitarbeiter eines Verlages, der häufig eine wissenschaftliche oder literarische Ausbildung besitzt. Er prüft eingereichte Manuskripte auf ihre Verwendbarkeit im Verlagsprogramm. Gegebenenfalls redigiert und überarbeitet der Lektor die Formulierungen und unter Umständen auch den Inhalt. Bei Bedarf sucht er auch für ein geplantes Objekt die geeigneten Autoren oder Übersetzer.

■ Leporello
[Ze] Falt-Technik. Sie kommt häufig bei Prospekten vor, bei denen aneinander hängende Seiten zickzackartig gefaltet werden. Diese Falzart wird auch bei Postkarten verwendet, wenn eine Bilderreihe harmonikaähnlich zusammengefaltet wird. Die Leporellofalz gehört zu den Parallelbrüchen. Auch Zickzackfalz genannt. → Falz

■ Lesegröße
[Dt] Gut lesbare Texte haben einen → Schriftgrad von ungefähr 9 bis 11 → Punkt. Größer ist die → Schaugröße, kleiner die → Konsultationsgröße.

■ Leser-Blatt-Bindung
[Ze] Maß an Sympathie, das der Leser „seiner" Zeitung entgegenbringt; Indikator für Vertrauen in eine Zeitung. Bei geringer Leser-Blatt-Bindung wird ein Blatt nur gelegentlich, zufällig gelesen, bei hoher wird das Blatt regelmäßig gelesen, oft ist der Leser auch Abonnent. Zeitungen versuchen die Leser-Blatt-Bindung z.B. durch → Leserbrief-Aktionen und Gewinnspiele zu steigern.

■ Leserbrief
Brief eines Lesers an eine Zeitung/Zeitschrift, in dem er seine Meinung zur Publikation oder zu einem aktuellen Ereignis äußert. Leserbriefe sind ein wichtiger Gradmesser der → Leser-Blatt-Bindung. Meist wird eine Auswahl der Leserbriefe (ggf. sinnerhaltend gekürzt) abgedruckt. Auch für eine Publikation kritische Leserbriefe werden abgedruckt, um Offenheit und Seriosität zu betonen. Oft bietet sich der Abddruck eines Leserbriefs als Alternative zu einer → Gegendarstellung an.

■ Lesezirkel
Vertriebsart von Zeitschriften. Die von den verschiedenen Verlagen an ein Lesezirkel-Unternehmen verkauften Zeitschriften werden in Mappen zusammengestellt und gegen Gebühr für jeweils eine Woche verliehen. Hauptkunden sind Arztpraxen und Frisörgeschäfte. Im wöchentlichen Rhythmus haben diese Läden dann die verschiedenen Ausgaben vorliegen, können ihren Lesern Abwechslung bieten, jedoch kostet es nicht so viel wie alle Zeitschriften einzeln zu → abonnieren.

■ Letter
1.) [Dt] Johannes → Gutenberg erfand den Buchdruck mit beweglichen gegossenen „Buchstaben-Stempeln" im → Bleisatz. Das Buchstabenbild erscheint in Spiegel-

schrift. Auch Type genannt. 2.) (engl. = Brief) Standard- Papierformat in den USA, 8,5 x 11 Zoll (1 Zoll = 2,54 cm), also etwas breiter und kürzer als das DIN A4-Format. Das Letter-Format wird vorrangig für Korrespondenz genutzt. → DIN-Format

■ Letterbox

[TV] (engl. = Briefkasten) Auf diese Weise werden Kinoformate auf dem Fernsehbildschirm wiedergegeben. Dabei wird das breite Filmbild (z.B. → Cinemascope) in voller Breite auf dem Fernsehbildschirm dargestellt. Die Wiedergabe erfolgt mit einem Bildseitenverhältnis von 16:9 oder anderen 4:3-Verhältnissen. Da der Fernseher ein anderes Breiten-Höhen-Verhältnis als ein Kinofilm besitzt, entstehen am oberen und unteren Bildrand unterschiedlich breite schwarze Balken. Eine andere Wiedergabemöglichkeit ist → pan & scan.

Abb: Letterbox

■ letzte Meile

[TV, Co] Die Distanz von der Telefonsteckdose des Endverbrauchers bis zum nächsten Netzknoten eines Netzbetreibers. Da diese so genannte „letzte Meile" fest in den Händen der ehemals staatlichen Telefon-Monopolisten ist, müssen andere Telefongesellschaften neue Wege zum Kunden suchen. Neben dem kostenintensiven Verlegen eigener Leitungen gibt es Pilotprojekte, die die Datenübertragung per Richtfunkstrecke (WLL), TV-Kabel, Satellitenzugang oder Stromleitung testen. Hoffnungen werden auch auf den neuen Mobilfunkstandard UMTS gesetzt, der ab 2002 flächendeckend in Deutschland eingeführt werden soll. Die Überbrückung der letzten Meile ist neben dem Telefonieren auch wichtig für den Internet-Zugang und den TV-Empfang.

■ Leuchtdichte

[TV] Die Helligkeit einer leuchtenden Fläche, z.B. eines Bildschirms. Diese genormte Maßeinheit ist → Candela pro Quadratmeter (cd/m^2). Häufig sind Angaben in Candela pro Quadratzentimeter (cd/cm^2). Die Sonne erreicht an klaren Tagen eine Leuchtdichte von bis zu 150.000 cd/cm^2, eine Kerze hat rund 1 cd/cm^2. Frühere Maßeinheit war Apostilb (asb), eine Untereinheit des Stilb. Andere Bezeichnung ist Luminanz.

■ Leuchtdichtesignal

[TV] Andere Bezeichnung für das → Luminanz-Signal.

■ Leuchtpult

[Dt, Fo] → Leuchttisch

■ Leuchtschicht

[TV] Schicht, die im Inneren einer Fernsehbildröhre auf dem Bildschirm aufgebracht ist. Sie wird von einem Elektronenstrahl zum Leuchten angeregt. In der Leuchtschicht einer Farbbildröhre ist eine große Anzahl Farbpunkte enthalten, die jeweils rot, grün oder blau aufleuchten. → Lochmaske

■ Leuchttisch

[Dt, Fo] Tisch mit einer Tischplatte aus Mattglas, unter der eine Lichtquelle angebracht ist. Auf diesem Tisch werden → Durchsichtvorlagen beurteilt und ausgewählt.

■ Licensing

[Re] (engl. licence = Erlaubnis, Lizenz) Vergabe von Nutzungsrechten. Programme, geschützte Markennamen, Symbole, Figuren und Logos können so auch anderweitig kommerziell verwendet werden. Die Bekanntheit und das Image einer Comic-Figur kann so beispielsweise im

Rahmen von Lizenzverträgen gegen Entgelt den Herstellern von Konsumgütern zur Verfügung gestellt werden. Der Rückgriff auf die fremde Popularität soll dem Verbraucher die Entscheidung für das lizensierte Produkt erleichtern. Film- und Fernsehproduzenten decken über Lizenzeinnahmen einen Teil der Herstellungskosten ihrer Projekte. Immer häufiger wird diese Einnahmequelle von Anfang an eingeplant. Eines der ersten Beispiele für das Licensing-Geschäft ist Walt Disneys Mikky Mouse. Nach dem überragenden Erfolg des Kinofilms „Jurassic Parc" waren Dinosaurier als Kinderspielzeug, Zimmerdekoration und Aufdrucke auf Textilien die Verkaufsschlager. → Merchandising

■ **Lichtempfindlichkeit**
[Fo] → Empfindlichkeit

■ **Lichtgestaltung**
[Fi] Eine Szene wird unter künstlerischen und dramaturgischen Gesichtspunkten beleuchtet, wobei die technischen Gegebenheiten berücksichtigt werden.

■ **Lichthof**
[TV] Um besonders helle Stellen tritt bei der Wiedergabe im Fernsehbild ein dunkler Rand auf.

■ **Lichtpause**
[Dt] → Blaupause

■ **Lichtton**
Tonfrequenzen werden optisch gespeichert. Die akustischen Informationen werden dabei in Lichtschwankungen umgesetzt. Diese werden auf einer lichtempfindlichen Filmschicht aufgezeichnet. Die Helligkeitsschwankungen werden bei der Wiedergabe wieder in elektrische Spannungsschwankungen umgewandelt. z.B. bei Filmen.

■ **Lichtwanne**
[Fi] Ugs. Bezeichnung für eine breit strahlende Flächenleuchte mit mehreren Lampen oder Lichtröhren. Ihr weiches, ungerichtetes und daher so gut wie schattenfreies Licht wird im Allgemeinen zur → Gesamtaufhellung einer gefilmten Szenerie verwendet.

■ **Ligatur**
[Dt] Doppelbuchstaben. Im Bleisatz wurden je nach Schriftart einige Buchstabenpaarungen bewusst zusammengegossen und als ein einzelner „Buchstaben-Stempel" (Drucktype, Matrize) ausgeführt, z.B. fi, ff, fl, ft, ch und ck. Mit Ligaturen versehene Lettern wirken optisch ausgeglichener. Häufig treten Ligaturen ungewollt auf und gelten dann als Setzfehler.

■ **linearer Schnitt**
[Fi, TV] Methode im Filmschnitt, bei der eine Sequenz nach der anderen in der Abspielreihenfolge auf das → Masterband aufgezeichnet wird. Die englische Bezeichnung ist linear editing.

■ **linear-keying**
[TV] Eine Form des Luminanz-Keys. Die hellen Stellen des Vordergrundbildes decken das Hintergrundbild stärker ab als die dunklen Teile. Das Vordergrundbild erscheint daher teilweise durchsichtig.

■ **Linie**
[Dt] Ein gerader Strich als typografisches Gestaltungsmittel. Als Schmucklinien verwendet werden z.B. die → Englische Linie, Wellenlinie und Graue Linie.

■ **Link**
[Co] (engl. = Verbindung, Verknüpfung, Bindeglied) Abk. von Hyperlink. Stelle auf einer Internet-Seite, die durch einfaches Anklicken zu einer anderen Internet-Seite verbindet, d.h. diese öffnet und teilweise sogar an eine bestimmte Stelle innerhalb dieser Seite springt (→ Anchor). Links sind in der Regel durch eine farbliche Hervorhebung oder Unterstreichung vom restlichen Text abgehoben. Sobald der Mauszeiger auf einen Link zeigt, verwandelt sich der Pfeil in ein Handsymbol. Erst durch Links ist das Surfen im → World Wide Web möglich. Interne Links übernehmen oft die Funktion von Fußnoten oder Querverweisen im gedruckten Text. → Deep Link → Hypertext

■ linksbündig
[Dt] Schriftbild, bei dem der Text am linken Spaltenende in einer senkrechten Linie beginnt und die Zeilen rechts frei auslaufen. → Flattersatz

■ Linotype
[Dt] Eine von Ottmar Mergenthaler (*11.05.1854, †28.10.1899) erfundene Satzmaschine. Einzelne Messingmatrizen mit Buchstaben werden auf Tastendruck von einer Mechanik automatisch zu Zeilen zusammengesetzt. Durch einen im Bleigussverfahren hergestellten Abdruck entsteht die eigentliche Druckzeile. Dadurch entfällt die seit Gutenberg übliche mühevolle Kleinarbeit, einzelne Buchstaben (→ Lettern) für einen Text zusammenzusuchen und anschließend wieder abzulegen. Die Satzgeschwindigkeit von ursprünglich 1.200 Buchstaben pro Stunde konnte auf das Zehnfache gesteigert werden, Publikationen aller Art konnten nun rascher und kostengünstiger hergestellt werden. Erst in den letzten Jahren, rund 100 Jahre nach ihrer Erfindung, wurde die Linotype-Setzmaschine durch den Satz-Computer abgelöst. → Fotosatz. Der Legende nach handelt es sich bei dem Namen „Linotype“ um das → Akronym des Ausrufes „A Line of Types“, den der New Yorker Verleger Whitlaw Reid 1886 im Druckhaus der New York Tribune angesichts der Vorstellung einer solchen Maschine getätigt haben soll.

■ Linse
[Fo] Glas- oder Kunststoffkörper mit gekrümmten Grenzflächen. Durch eine Linse hindurchfallendes Licht wird gebrochen und kann gebündelt oder gestreut werden. Eine Kombination verschiedener Linsen ergibt ein → Objektiv, das in Kameras verwendet wird. Linsen werden auch in Beleuchtungskörpern verwendet.

■ Lippenmikrofon
[Ra] Vor allem in sehr lauter Umgebung eingesetztes Mikrofon, das sehr nah am Mund eingesetzt wird.

■ Literaturverzeichnis
Liste der verwendeten (zitierten) und weiterführenden Literatur. Sie steht meist im Anhang eines wissenschaftlichen Textes. Zu unterscheiden von dem → Quellennachweis, der ausschließlich die verwendete Literatur auflistet. Auch als Bibliographie bezeichnet.

■ Litfass-Säule
[We] Plakatträger, benannt nach Ernst Litfass. Die erste Säule wurde 1855 in Berlin eingeweiht. 1924 wurde in London die erste bewegliche und beleuchtete Anschlagssäule von Georg Samuel Harris angemeldet. In Frankreich ist die Litfass-Säule unter der Bezeichnung „Colonne Morris“ bekannt.

■ Litho
[Dt] 1.) Abkürzung für → Lithographie. 2.) Kurzbezeichnung für ein Offsetrepro. → Offsetdruck

■ Lithographie
[Dt] (gr. lithos = Stein, graphein = schreiben) 1.) Flachdruckverfahren; ursprünglich Steindruck. Das Verfahren wurde 1796 von Alois → Senefelder in München erfunden. Das Prinzip der lithographischen Reproduktion beruht auf der Unvermischbarkeit von Wasser und Fett. Mit fetthaltiger Tusche oder Kreide wird die Darstellung seitenverkehrt auf die Steinplatten aufgezeichnet. Zum Schutz wird sie mit Talkumstaub eingerieben. Die Oberfläche wird anschließend mit einer Mischung aus verdünnter Salpetersäure und Gummiarabikumlösung überstrichen. So werden die Poren des Steines verschlossen. Während des Druckvorgangs muss der Stein immer feucht gehalten werden. Nur die Zeichnung nimmt dann beim Einwalzen die Druckfarbe an. Die Darstellung muss für jeden Druck neu mit Farbe eingewalzt werden. Das zu bedruckende Papier wird auf den eingefärbten Stein gelegt, mit einer Zulage abgedeckt und unter starkem Druck durch eine Spezialpresse gezogen. Dabei wird der Schlitten oder Wagen der Druckpresse unter dem so genannten „Reiber“ hindurchgefahren. Die-

ser Reiber wird über einen langen Hebel mit hohem Druck auf den Stein aufgesetzt, sodass sich die Farbe vom Stein auf das Papier überträgt. Für jede Farbe muss ein eigener Stein vorbereitet werden. Verwendet werden vor allem Solnhofer Kalksteinplatten mit einer Dicke zwischen fünf und zehn Zentimetern, die durch ihre Härte und das gleichmäßige Korn besonders geeignet sind. Nach dem Abzug der kompletten → Auflage werden die Steine wieder abgeschliffen und können so für neue Arbeiten verwendet werden. Dadurch wird u.a. sichergestellt, dass limitierte Auflagen von Kunst-Lithographien nicht erhöht werden. Im 19. Jahrhundert war die Lithographie das wirtschaftlichste Druckverfahren. Heute wird sie fast ausschließlich für Kunstdrucke verwendet. Abk. = Litho. 2.) Herstellung von Druckvorlagen für den → Offsetdruck.

■ **live**
[Ra, TV] Von einem Ereignis (z.B. Sport, TV-Show) direkt senden, also nicht zuerst auf Band aufnehmen. Gegenteil von → Aufzeichnung.

■ **Lochmaske**
[TV] Eine dünne Metallplatte, die in bestimmten Fernsehbildröhren innen vor dem Bildschirm angebracht ist. Sie ist gelocht und sorgt dafür, dass die Elektronenstrahlen nur auf den ihnen zugeordneten Farbleuchtpunkten des Bildschirms (Rot, Grün, Blau) auftreffen können.

■ **Logo**
[Dt] Abk. von Logotype. Kleines, grafisch gestaltetes Zeichen oder symbolhaftes Bild mit hohem Wiedererkennungswert, das als feststehendes Zeichen gilt. Firmen bemühen sich, für sich und ihre Produkte unverwechselbare Logos zu entwickeln, z.B. der Ball im Kreis für SAT.1. Viele Logos werden im alltäglichen Leben verwendet, z.B. Rollstuhl als Hinweis auf eine behindertengerechte Tür, Flugzeug als Wegweiser zum Flughafen, die jedoch auch Piktogramme genannt werden. Ein Synonym für Logo ist das Signet.

■ **Logogramm**
[Dt] Wortzeichen, d.h. Zeichen das ein Wort ersetzt, z.B. § (= Paragraph), % (= Prozent), $ (= Dollar).

■ **Logotype**
[Dt] Abk. = → Logo

■ **Lokalbericht**
Zeitungsbericht über örtliche Ereignisse.

■ **Lokalbezug**
Das Thema eines Berichtes hat etwas mit dem Ort zu tun, in dem er gesehen/gelesen/gehört wird. Dies ist wichtig für Lokalzeitung, Lokalradio und lokale Fernsehprogramme. Oft ist es möglich, überregionale Themen → herunterzuziehen; z.B. das Bundesministerium kürzt die Ausgaben für Jugendarbeit, deshalb droht dem örtlichen Jugendclub die Schließung.

■ **Lokalkolorit**
Anschauliche Schilderung von Milieu, Landschaft, Bräuchen etc. des Handlungsortes eines literarischen Werkes; besondere Atmosphäre einer Stadt oder Landschaft, z.B. → Unterlegen eines Reiseberichtes mit landestypischer → Atmo.

■ **Lokalpresse**
[Ze] Gesamtheit der örtlichen Tageszeitungen.

■ **Lokalprogramm**
[Ra, TV] Ein eigenständiges Rundfunkprogramm oder ein → Programmfenster, das für ein begrenztes Gebiet wie beispielsweise einen Stadtteil, eine Stadt oder einen Landkreis produziert und gesendet wird. In einer Art Selbstverpflichtung hatte die → ARD bis zum Beginn des → dualen Rundfunksystems auf die Ausstrahlung lokaler Programme verzichtet, weil befürchtet wurde, dass lokale Rundfunkwerbung die → Lokalpresse in ihrer Existenzgrundlage bedrohen könnte.

■ **Lokalreporter**
Journalist, der über Themen von „seinem“ Ort berichtet.

■ Lokalseite
[Ze] Seite(n), auf der örtliche Themen behandelt werden, häufig in einen → Mantel eingelegt. Auch Lokalteil genannt.

■ Lokalspitze
Lokale Beobachtung, die der Journalist weiterdenkt und vertieft; vergleichbar mit einem → Kommentar mit → Lokalbezug.

■ Lorem Ipsum
Häufig verwendeter → Blindtext: „Lorem ipsum dolor sit amet, consectetuer adipiscing elit, sed diam nonummy nibh euismod tincidunt ut laoreet dolore magna aliquam erat volutpat. Ut wisi enim ad minim venlam, quis nostrud exerci tation ullamcorper suscipit lobortis nisl ut aliquip ex ea commodo consequat. Duis autem vel eum iriure dolor in hendrerit in vulputate velit esse molestie consequat, vel illum dolore eu feugiat nulla facilisis at vero eros et accumsan et iusto odio dignissim qui blandit praesent luptatum zzril delenit augue duis colore te feugait nulla facilisi. Anno quarto et sia more sexagesimo. Est Consulibus est ut ignium de causaurbi per quae huic violentiam. Fuit sexto Domuum silvae natura tamen ruinus. Eo tempore et tenus cum essent. Per artes Rome sunt omnia quartum. Fortunis solacium solor tenus septem Palatium quae sunt. Saepe plebi spes Nero aperta finis cadebant in quia tenus, etiam suos. Novae gloria spatia artes minis et mala. Ab Ostia cum regiones incendia est nam in palam. Cicrum cunsta et ante in urbem revertit est vias complere fomines ea videbatur ab tamen sisti necdum. Fact sunt usus praesentia locls illi mundi. Aut ut raptus faces multi, jussu? Duis autem vel eum iriure dolor in hendrerit in vulputate velit esse molestie consequat, vel illum dolore eu feugiat numma facilisis at vero eros et accumsan et iusto odio dignissim qui blandit praesent luptatum zzril delenit augue duis dolore te feugait nulla facilisi. Anno quarto sexagesimo. Saepe plebi spes Nero aperta finis cadebant in quia tennus, etiam suos. Novae gloria spatia artes minis et mala. Ab Ostia cum regiones incendia est nam in palam."

■ Löschkopf
[Ra, TV] Spezieller Magnetkopf bei Tonbandmaschinen und Videorecordern. Durch ein magnetisches Wechselfeld löscht er die auf dem → MAZ-Band befindlichen Informationen. Dadurch wird das Band für eine neue Aufzeichnung frei. Bei hochwertigen Geräten werden rotierende Löschköpfe verwendet, die auf der Videokopfscheibe angebracht sind. Während seiner Rotation wird das Videoband spur- und bildorientiert gelöscht.

■ Lumbecken
[Dt] Besonderes Verfahren der Klebebindung von Druckerzeugnissen (Fächerklebebindeverfahren).

■ Luminanz
[Fo] Übersetzung von → Leuchtdichte. Die Luminanz eines Objektes gibt die Anteile von Schwarz, Grau oder Weiß an. Die Intensität bzw. Helligkeit einer Farbe ist unabhängig von deren Farbton. Farben können nicht ohne Luminanz gezeigt werden.

■ Luminanz-Key
[TV] Engl. Helligkeits-Stanztrick. Kombiniert zwei Videobilder mit Hilfe eines schwarzweißen Stanzsignals, das z.B. von einer Kamera aufgenommen wird. Die weißen Bildteile des Stanzsignals werden mit dem Bildinhalt des ersten Videobildes, die schwarzen Bildteile mit dem Bildinhalt des zweiten Videobildes ausgefüllt. Größe, Form und Position des Stanzsignals lassen sich nur mit Hilfe der Kamerabewegung verändern. Auch als linear key oder clipped key bezeichnet.

■ Luminanz-Signal
[TV] Nichtfarbiger (monochromer) Anteil des Videosignals. Bei einer Fernsehübertragung wird ein Helligkeitssignal mit ausgestrahlt. Farbkomponente Y. Auch Leuchtdichtesignal oder dipped key genannt.

■ Lux
[Fo] Maßeinheit der → Beleuchtungsstärke.

■ Luxmeter
[Fo] Gerät zur Messung der → Beleuchtungsstärke. Dabei misst ein Mikroamperemeter den von einem Fotoelement (meist aus Selen) erzeugten Strom. In der Fotografie werden oft auch Fotowiderstände eingesetzt, deren Widerstand sich mit der Beleuchtungsstärke ändert.

■ LW
[Ra] Abk. für → Langwelle

M

Magazin
1.) [Ze] Synonym für Zeitschrift. 2.) [TV, Ra] Sendungsgattung im Fernsehen, die verschiedene eingespielte Beiträge enthält und von einem → Moderator präsentiert wird.

Magazinformat
1.) [Ze] Maße einer Zeitungsseite, 28,5 cm x 20 cm. Halbes → nordisches Format. 2.) [TV] Inhaltliche Ausrichtung bzw. → Format einer Fernsehsendung im → Magazinstil, z.B. politisches Magazin (Kennzeichen D), Boulevardmagazin (Explosiv).

magenta
[Dt] Rot-violette Primärfarbe, die beim Drucken im → Vierfarbdruck verwendet wird. Abk. M in CMYK. Magenta ist genormt nach DIN 16539. → Europaskala

mager
[Dt] → Schriftschnitt mit schwächeren Buchstabenstärken. Der „normale" Schnitt einer Schrift ist in der Regel mager, die Abwandlungen davon sind fett, kursiv etc. Im Englischen als „light" bezeichnet.

Magerfarben
[Dt] Wenn statt → Vierfarbdruck beim Drucken weniger Farben verwendet werden, z.B. nur drei. Oft wird das Gelb weggelassen. Ziel ist eine Kostenreduzierung beim Druck. → Zusatzfarbe

Magnetaufzeichnung
[TV] Ugs. Abk. für Magnetbandaufzeichnung. → MAZ.

Magnetbandaufzeichnung
[TV] Abk. = → MAZ.

Magnetfilm
[TV] Magnetband mit Perforierungen zur synchronen Aufnahme, Wiedergabe und Tonnachbearbeitung im → Zweibandverfahren. Der Magnetfilm läuft parallel zum → Bildfilm. Seine Breite beträgt 16, 17,5 oder 35 mm. Während die beiden schmaleren Filmsorten nur zwei Tonspuren enthalten, weist der 35-mm-Film acht Tonspuren auf. Im Zweistreifenverfahren wird der Magnetfilm synchron zum dazugehörigen Filmstreifen am Filmschneidetisch angelegt. Auch Perfo oder Cord genannt.

Mailing
[PR] (engl. = Briefsendung) Rundsendung, Rundbrief. In der Regel ist damit die zielgruppengerechte Versendung von einheitlichen Werbeinformationen gemeint. Die Adressen der Zielgruppe stammen aus einem → Verteiler. Massenmailings werden meist an die Haushalte direkt verteilt. Das Versenden von Mailings ist eine Form des → Direktmarketings.

Majuskel
(lat. maiusculus = etwas größer) Großbuchstabe. Heute ist der Begriff „Versalien" üblicher. Gegenteil ist Minuskel.

Majuskelschrift
[Dt] Schrift, die ausschließlich aus Großbuchstaben besteht, z.B. die → Capitalis. Auch als Versalschrift bezeichnet.

Makulatur
[Dt] (lat.) 1.) Fehldrucke oder fehlerhafte Drucke, bedingt durch Fehler beim → Andruck oder nachträgliche Layoutänderun-

gen; fehlerhaft gewordene → Bogen. Diese müssen aussortiert werden. 2.) Abfall in der Papierindustrie, Altpapier. 3.) Im übertragenen Sinn: dummes Zeug, Unsinn.

■ **Makulierung**
Erscheint eine → Restauflage an Büchern weder zum regulären Ladenpreis noch durch → Verramschung verkäuflich, wird sie vernichtet.

■ **man-bites-dog-Formel**
(engl. = Mann beißt Hund) Eine Nachricht enthält erst dann eine Neuigkeit, wenn das Ereignis von Alltäglichkeiten abweicht. Es ist also keine Nachricht, wenn ein Hund einen Menschen beißt. Umgekehrt jedoch liegt eine Nachricht vor.

■ **Mantel**
[Ze] Teil einer Zeitung oder Zeitschrift, der für die gesamte Auflage gleich ist, während einzelne Teile sich unterscheiden. Bei Tageszeitungen gibt es häufig einen Mantelteil mit überregionalen Themen, in den der Lokalteil eingelegt wird. Häufig gibt es einen Mantel für mehrere Lokalausgaben. Diese müssten - wenn sie z.B. den überregionalen Teil nicht aus einer Mantelredaktion beziehen - eigene Korrespondenten in den Bundestag entsenden, was den finanziellen Rahmen der auflagenschwachen Blätter sprengen würde. Einen Mantel gibt es auch bei Zeitschriften, z.B. wird um den Kern einer Fernsehzeitschrift (Programmteil) herum der freie journalistische Teil einer Zeitschrift gelegt.

■ **Mantelredaktion**
[Ze] Journalisten, die den → Mantel einer Zeitung bestücken.

■ **Manual**
Engl. Bezeichnung für Anwendungsbeschreibungen in Form eines Bedienerhandbuchs, Bedienungsanleitung.

■ **Manus**
Ugs. Kurzform von Manuskript, meist im österreichischen und schweizer Sprachraum verwendet.

■ **Manuskript**
(lat. manus = Hand; scribere = schreiben) Entwurf eines Textes, Vorlage. Heute werden Manuskripte nur noch selten handschriftlich verfasst, meist mit der Maschine. Erst durch Korrektur und Satz entsteht eine Druckvorlage. Als Manuskript Gedrucktes ist nicht für die breite Öffentlichkeit, sondern für einen begrenzten Leserkreis gedruckt, z.B. zu Korrekturzwecken. Von der Beschaffenheit des Manuskripts und der ergänzenden Manuskriptbearbeitung hängt wesentlich die zur Texterfassung notwendige Zeit ab. Diese hat starken Einfluss auf die Kosten des Druckerzeugnisses. Urheberrechtlich gilt ein Manuskript noch nicht als Veröffentlichung.

■ **Manutio, Aldo**
[Dt] 1445 - 1515, Buchdrucker aus Venedig. Er verwendete als Erster eine → kursive Druckschrift. Bekannt wurde er unter der lateinischen Form seines Namens: Aldus Manutius. Nach ihm wurde die Software-Firma Aldus benannt, die mit dem → Desktop-Publishing-Programm Pagemaker bekannt wurde. (Aldus wurde zwischenzeitlich von der Firma Adobe übernommen.)

■ **Marginalie**
(lat. marginal = auf dem Rand stehend, am Rand) 1.) Unwichtiges Randstichwort, Randbemerkung, Randglosse, eine unwichtige Kleinigkeit am Rande aufschnappen und darauf eingehen, z.B. „Es ist zwar nur eine Marginalie, aber ich habe bemerkt, dass einige Zuhörer nicht einverstanden waren mit Ihren Ausführungen..." 2.) Randbemerkungen, die kleiner als der Haupt- bzw. Lesetext gesetzt sind. Sie befinden sich außerhalb des → Satzspiegels. 3.) Bei Gesetzeserlassen die Randtitel.

■ **Marke**
[Ze] Standardisiertes Wiedererkennungsmerkmal über bzw. in sich wiederholenden Rubriken; identisch mit dem allgemein gebräuchlicheren Begriff „Logo".

Marktanteil
Mit Hilfe dieser Messgröße wird eine quantitative Erfolgskontrolle von Rundfunkprogrammen erreicht. Seit das duale Rundfunksystem etabliert ist, ist die Ermittlung von Marktanteilen die gängigste Messgröße. Sie wird in Deutschland vor allem von der → GfK ermittelt und beschreibt, welche der in einer bestimmten Zeitspanne angebotenen Rundfunkprogramme mit welchen Anteilen genutzt werden. Daher sagen Marktanteile nichts über die tatsächliche Zahl der Nutzer eines Programms aus. Aussagekräftiger bezüglich der absoluten → Hördauer ist die → Verweildauer.

Maske
1.) [Fi] Schminkraum. Damit Leute im hellen Kameralicht nicht bleich und unnatürlich aussehen, müssen sie unabhängig von persönlichen Eitelkeiten vorher geschminkt werden. Dies geschieht in der Maske. Der Begriff entstammt dem Bereich des Theaters. 2.) [Fo] Innerhalb eines Bildes deckt eine Maske diejenigen Bereiche ab, die entweder bearbeitet oder von der Bildbearbeitung ausgeschlossen werden sollen. 3.) [TV] Begrenzung des Bereichs, in dem ein Effekt des → Key-Verfahrens wirksam wird. Die englische Bezeichnung ist mask. Das Maskensignal kann von einem Trickmuster abgeleitet sein. Es kann aber auch von außen zugeführt werden (extern mask).

Maskengenerator
[TV] Erzeugt die Maske für das Maskensignal im → Key-Verfahren. → Key mask

Maskierung
[Fo] Farbnegativfilme werden nach der Entwicklung speziell eingefärbt, um Farbverfälschungen zu korrigieren. Die Maskierung ist ein Grund, weshalb sich Negative nicht gut einscannen lassen.

Massenmailing
→ Mailing

Massenmedien
Medien mit hohem Verbreitungsgrad.

Masterband
[TV] Das endgültige, fertig geschnittene, sendefähige Originalband. Alle weiteren Kopien werden von ihm angefertigt.

Mastering
[TV] Herstellung eines → Masterbandes oder einer Masterdisk.

Mater
[Dt] (lat. = Mutter) Pappe, die als Gussform für eine Druckplatte dient. In sie ist der Satz als Negativform eingepresst.

Materndienst
[Ze] Unternehmen, das → PR-Artikel und PR-Fotos in reprofähigem Zustand an Zeitungen liefert. Diese freuen sich oft über die für sie kostenlosen Abdruckmöglichkeiten quasi-redaktioneller Texte, die z.B. von → Anzeigenblättern inmitten von lokalen → Anzeigen-Kollektiven platziert werden. → PR-Agenturen schalten für sie kostenpflichtige Materndienste meist dann ein, wenn entweder eigene Maßnahmen nicht fruchten oder unter Zeitdruck möglichst viele Abdruckerfolge erzielt und nachgewiesen werden müssen.

Matrize
[Dt] (lat.-frz.) 1.) Allg.: Die Negativform, von der Abgüsse oder Abdrücke jeglicher Art geformt werden. Gegenstück ist die Patrize. 2.) Gussform für → Lettern im → Bleisatz. 3.) Folie zur Herstellung von Vervielfältigungen. Sie kann u.a. aus Wachs bestehen.

Matte
[TV] 1.) Monochrome Farbflächen, die mit dem → Bildmischpult erzeugt werden. Diese Art Hintergrundfarbe wird z.B. zum Auffüllen von Key-Signalen verwendet (→ Key-Verfahren). So können beispielsweise aufgestanzte Schriften oder Umrandungen mit einer intern erzeugten Farbe ausgefüllt (matte fill) werden. Dabei sind Farbart (hue), Sättigung (chroma) und Helligkeit (luminance) einstellbar. 2.) → Maske im Sinne eines Key-Signals in der Filmtechnik.

■ Mattscheibe
1.) [Fo, Dt] Transparente Glas- oder Kunststoffplatte mit matter Oberfläche. Sie streut Licht in alle Richtungen. Sie wird z.B. in einem → Leuchttisch verwendet. 2.) [TV] Ugs. Bezeichnung für den Bildschirm des Fernsehgerätes.

■ Maximalfarbauftrag
[Dt] Die Farbaufträge aller Farben gemeinsam auf einer Stelle dürfen diesen Wert nicht übersteigen, weil sonst Schwierigkeiten beim Trocknen der Farbe auftreten.

■ MAZ
1.) [TV] Abk. für Magnetband-Aufzeichnung von Bild- und Tonsignalen im professionellen Bereich. Im englischen Sprachbereich als VTR bezeichnet. Ein gängiges Format ist → Betamax, das z.B. mit → Betacam aufgenommen wird → Magnetband. 2.) [Co] In Computer-Rechenanlagen werden auch Daten auf Magnetband aufgezeichnet.

■ MDR
[Ra, TV] Abk. für Mitteldeutscher Rundfunk. Öffentlich-rechtlicher Radio- und Fernsehsender der Länder Thüringen, Sachsen und Sachsen-Anhalt. Der MDR wird auch als Dreiländeranstalt bezeichnet.

■ mechanischer Schnitt
[Ra, TV] Mit einer Schere oder der Schneidelehre wird das Magnetband mechanisch durchtrennt. Der Schnitt erfolgt in genau definiertem Winkel, in der Regel in einer Anlegeschiene. Durchtrennte Bandenden können in der gewünschten Reihenfolge mittels → Hinterkleber wieder zusammengefügt werden. → cut

■ Media-Analyse
[MaFo, We] Einmal im Jahr führt die → Arbeitgemeinschaft Media-Analyse eine Standarduntersuchung zur Nutzung von Printmedien, Hörfunk und Fernsehen durch. Für den Bereich Fersehen stammen die Daten der Media-Analyse aus der kontinuierlichen Zuschauerforschung der → GfK. Für den Hörfunk werden jährlich regelmäßig rund 34.000 Interviews geführt. Dadurch soll das Nutzungsverhalten von 62,58 Millionen Bürgern ab 14 Jahren repräsentativ festgestellt werden.

■ Media-Mix
[We] Die verschiedenen Werbeträger einer Kampagne werden ausgewählt und im → Mediaplan schriftlich festgehalten.

■ Mediaplan
[We] Liste, in welchen Medien wann Anzeigen geschaltet werden. Der Mediaplan wird meist von einer Werbeagentur erstellt und zeigt die Gliederung einer → Werbekampagne.

■ Mediävalziffer
[Dt] Unterschiedlich hohe Ziffern. Sie können → Unterlängen haben und wegen besserer Lesbarkeit im → Akzidentsatz und im → Werksatz verwendet werden. In Tabellen werden Mediävalziffern selten eingesetzt. Auch Charakterziffern genannt. → Normalziffer

■ Mediendienste-Staatsvertrag
[Re] Er regelt ebenso wie der → Rundfunkstaatsvertrag an die Allgemeinheit gerichtete Informations- und Kommunikationsdienste. Im Unterschied zum Rundfunk haben Mediendienste eine geringere publizistische Relevanz. Je nach Zielgruppe kann → Business-TV diesem gesetzlichen Rahmen unterliegen.

■ Medienfamilie
Mehrere Unternehmen decken gemeinsam die Bandbreite der Medien ab, z.B. Print, Radio, TV und Internet. Mittels → Cross-Promotion und Cross-Selling wird versucht, die Kunden innerhalb der Medienfamilie zu halten.

■ Mediengestalter
[Dt] Dieser Ausbildungsberuf, der korrekt Mediengestalter/-in Bild und Ton heißt, löste 1998 in Deutschland den des → Schriftsetzers ab.

■ Medien-Kooperation
[PR] Zusammenarbeit von Unternehmen oder Veranstaltern mit einzelnen Medien

oder von Medien untereinander. Z.B. werden viele großen Konzerte in Zusammenarbeit mit einem Radiosender veranstaltet, der im Vorfeld Werbejingles sendet und das Konzert dann live überträgt. Oder ein Unternehmen stellt einen Experten für das Lesertelefon zur Verfügung. Damit verfestigt das Unternehmen seinen Ruf, kompetent zu sein. Die Zeitung kann den Lesern einen Service mit konkretem Nutzwert bieten.

■ **Medienlandschaft**
Vielfalt der Medien; Gesamtheit aller Zeitungen, Zeitschriften, Buchverlage, Rundfunk- und Fernsehsender in einer Region.

■ **Medien-Mogul**
→ Tycoon

■ **Mediennutzungsgeheimnis**
[Re] Datenschützer diskutieren darüber, dass die Rechte der Bürger auf unüberwachte Nutzung von Telefon und Internet immer mehr in Gefahr sind. Die Befugnisse zur staatlichen Kontrolle der Telekommunikation wurden in den vergangenen Jahren immer mehr erweitert. Die Datenschützer fordern deshalb ein so genanntes Mediennutzungsgeheimnis. Wie Zeitung, Buch oder Fernsehen müssten auch die neuen Medien unkontrolliert genutzt werden können.

■ **Mehrspurverfahren**
[Ra, TV] Auf mehrere parallele Spuren eines Tonbandes wird Ton aufgezeichnet. Dies kann gleichzeitig oder nacheinander erfolgen.

■ **Mehrwertsteuerurteil**
[Re] Urteil des Bundesverfassungsgerichts vom 27. Juli 1971. → Rundfunkurteile

■ **Meldung**
Sehr kurze Nachricht zu einem wichtigen Ereignis in Print- und Funkmedien; beantwortet nur knapp die wichtigsten → W-Fragen, keine Hintergrundinformationen. Z.B.: „Gestern wurde in Frankfurt die Buchmesse eröffnet. Bundeskanzler Schröder hielt eine Rede.“. Ugs. Meldi genannt.

■ **Mengensatz**
[Dt] Satz des → Fließtextes. Selten als Synonym für → Werksatz verwendet.

■ **Mengentext**
[Dt] Große, gleich geartete Textmengen eines → Werkes sollen als Mengentext bezeichnet werden. Dies schlug Philipp Luidl (Typographische Gesellschaft München) im Jahr 1989 vor.

■ **menscheln**
Eine Geschichte menschelt. → Humantouch

■ **Merchandising**
(engl. merchant = Kaufmann, Großhändler; merchandising = Verkaufspolitik und -förderung) Allgemein bezeichnet das Merchandising alle Maßnahmen zur Absatzförderung, die ein Hersteller bei Einzel- oder Großhandel ergreift. Im Medienbereich bezieht sich das Merchandising vor allem auf den Verkauf von Begleitmaterial zu Programmen. Von den öffentlich-rechtlichen Rundfunkanstalten wird Merchandising in verhältnismäßig bescheidenem Umfang vorrangig zur Imagepflege eingesetzt. Primär aus dem Film-Marketing kommend, sind typische Merchandising-Produkte Begleitbücher („Das Buch zum Film“), Videokassetten oder Tonträger (z.B. mit der Filmmusik). Kermit-der-Frosch-Handpuppen und Ernie & Bert auf T-Shirts und Kaffeetassen gibt es schon seit langem. Vor allem die täglichen → Seifenopern warten mit innovativen Produkten auf, z.B. dem Poesiealbum mit den Lieblingssprüchen der Stars von „Gute Zeiten, schlechte Zeiten“. → Licensing

■ **Message**
[Ja] (engl. = Botschaft) Information, Aussage, die ein Autor rüberbringen will. Auch als Botschaft bezeichnet.

Messton
[Ra, TV] Eine Tonspannung zum Prüfen und Einmessen von Anlagen im Tonstudio und zur Übertragung. Die Tonspannung ist in Frequenz und Pegel international festgelegt auf 1.000 Hz. Auch als Normalton bezeichnet.

Metatag
[Co] (engl. tag = Markierung) Für den Betrachter einer Seite im → Internet unsichtbare Angabe im → HTML-Code. Sie liefert den → Robots die für → Suchmaschinen benötigten Informationen. So können die Seiten verschiedenen Suchbegriffen oder Rubriken zugeordnet werden. Je nach Suchmaschine werden die Metatags unterschiedlich ausgewertet.

Mettage
[Dt] (frz. mettre = setzen, stellen, legen) Frühere Bezeichnung von → Umbruch, Montage.

Metteur
[Dt] (frz. mettre = setzen, stellen, legen) Veraltete Bezeichnung für → Setzer. Derjenige, der zu Zeiten des → Bleisatzes die fertig gesetzten Zeilen in den Druckstock einsetzte.

Mignon
[Dt] Bezeichnung für die Schriftgröße 7 → Punkt; auch Kolonel genannt.

Mikrofongalgen
→ Galgen

Mikroscopique
[Dt] Bezeichnung für die Schriftgröße 2 1/2 → Punkt.

Milieufoto
[Fo] Foto, auf dem das Besondere eines Ortes hervorgehoben (z.B. Hinterhof, Eckkneipe) oder eine soziale Situation deutlich gemacht wird (z.B. Mann mit Bierflasche im Unterhemd vor dem Fernseher).

Mindestversorgung
[Re] Die → Grundversorgung mit Informationen ist mehr als die bloße Mindestversorgung. → Rundfunkurteile

Minuskel
[Dt] Kleinbuchstabe. Auch als Gemeine bezeichnet. Gegenteil von Majuskel, bzw. (heute häufiger verwendet) Versalie.

Minuskelschrift
[Dt] Eine aus lauter Kleinbuchstaben bestehende Schrift.

Minuskorrektur
[Dt] → Tonwerte oder Farbwerte werden verringert.

Minute Movie
[TV] (engl. = Minuten-Film) → Quickie

Mischband
[TV] Tonband mit sendefertiger Tonmischung, d.h. mit Geräuschen, → O-Ton etc.

Mischprogramm
[Ra, TV] Klassische Konzeption der Hörfunkprogramme seit den Anfängen des → Rundfunks in den 20er Jahren, als jede regionale Sendegesellschaft nur jeweils ein Programm sendete. Das Gesamtprogramm setzt sich zusammen aus Sendungen aller Sparten und Formen, die im so genannten „Kästchensystem" klar gegeneinander abgegrenzt sind. Dem Hörer wird im Tages- oder Wochenrhythmus regelmäßig zur selben Zeit eine Themensendung geboten, z.B. Kinderfunk oder die Übertragung von Konzerten. Im Fernsehen ist diese Art der Zusammenstellung des Programms nur in → Vollprogrammen gegeben.

Missal
[Dt] Bezeichnung für die Schriftgrößen 48 → Punkt (Kleine Missal) und 60 Punkt (Große Missal).

Mistracking
[Ra, TV] (engl. = falsche Spurlage) Fehlerhaftes Spurhalten des Magnetkopfes

eines Aufzeichnungs- oder Wiedergabegerätes. → Kopfrad

■ Mitgliederzeitung
[Ze] Für die Mitglieder eines Vereins oder einer Vereinigung erstellte → Hauszeitung. In der Regel ist sie nicht im Handel erhältlich, z.B. die ADAC-„motorwelt".

■ Mittel
[Dt] Bezeichnung für die Schriftgröße 14 → Punkt

■ Mittelachsensatz
[Dt] → Zeilenfall, der auch als → zentrierter Satz bezeichnet wird.

■ Mitteldeutscher Rundfunk
[Ra, TV] → MDR

■ Mittellänge
[Dt] Der mittlere Teil eines Buchstabens. Einige Buchstaben bestehen ausschließlich aus Mittellängen, z.B. „a", „e", „n" und „s". Andere Buchstaben besitzen → Oberlängen und/oder → Unterlängen. Auch als x-Höhe bezeichnet. → Kapitälchen

■ Mittelton
[Dt] Tonwert eines → Rasters um 50 Prozent.

■ Mittelwelle
[Ra] Abk. = MW. Der Hörfunk-Frequenzbereich zwischen 300 und 1.650 Kilohertz.

■ Mittenspur
[TV] Aufzeichnungsspur, die auf der Mitte des → MAZ-Bandes liegt.

■ Mixing
[Ra, TV] (engl. = mischen) 1.) Allgemeine Bezeichnung für Überblendung, Bild- oder Tonmischung. 2.) Bei Bildmischern steht Mix speziell für die weiche Überblendung, im Unterschied zu Wipe. Es hat die gleiche Bedeutung wie dissolve.

■ Möbelfundus
→ Fundus

■ Moderator
[Ra, TV] (lat.) (Leitender) Redakteur einer Rundfunk- oder Fernsehsendung. Er führt durch eine Sendung und kündigt dabei die einzelnen Programmpunkte an, erläutert und leitet über. Nachrichtensendungen haben in der Regel keine Moderatoren sondern Sprecher, die (insbes. bei den → öffentlich-rechtlichen Fernsehanstalten) nicht unbedingt eine journalistische Ausbildung besitzen und Nachrichtentexte lediglich vorlesen. → Anchorman

■ Mogul
→ Tycoon

■ Moiré
1.) [Dt] (arab.-it.-engl.-frz.) Störende musterförmige hell-dunkle Flecken entstehen im Druck bei fehlerhafter → Rasterung eines Bildes. Mehrere Raster, die leicht gegeneinander versetzt sind, werden übereinander gelegt. Moirés entstehen auch oft, wenn bereits gerasterte Abbildungen nochmals reproduziert werden. 2.) [TV] Die bei der Überlagerung von Streifengittern auftretende unruhige Bildmusterung, z.B. auf dem Fernsehbildschirm. Moirés können auftreten, wenn gefilmte Stoffe eine bestimmte Musterung aufweisen, z.B. kleinkarierte Sakkos. Sie können jedoch auch durch Störeinstrahlung beim Fernsehempfang verursacht werden. Besonders gute Monitore mit scharfem Bild haben gegen die Moiré-Bildung zu kämpfen.

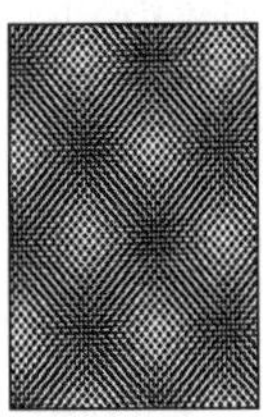
mit Moiré

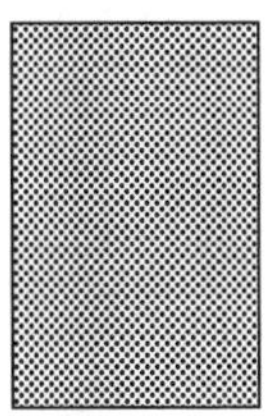
normal

■ **Mönch**
[Dt] Nicht bedruckte Stelle auf einem Papier, die aufgrund einer nicht eingefärbten Stelle auf der Druckform entstanden ist, ähnlich der Tonsur eines Mönches.

■ **monochromatisch**
Einfarbige Bilder, die nur aus einer Farbe bestehen, z.B. aus verschiedenen Blautönen, oder Lichtfarben von nur einer Wellenlänge.

■ **Montage**
1.) [TV] Zwei oder mehr → Einstellungen werden zu einer Folge von Einstellungen verknüpft. Die Filmanalytik unterscheidet mehr als 10 verschiedene Montagetypen. → cut. 2.) [Fo] Kurzwort für → Fotomontage. 3.) [Ze] Beim → Layout werden die einzelnen Elemente (Textspalten, Fotos, Grafiken) zu einer Seite montiert. 4.) [Dt] Das Zusammenstellen von mehreren Seiten zum Druckbogen. Auf eine durchsichtige Montagefolie werden Filme geklebt. Damit die Standgenauigkeit gewährleistet wird, liegt diese Folie auf einer Millimeterfolie. Danach kann die Montage auf die Druckform übertragen werden.

■ **Motion Compensation Verfahren**
[Co, Fi] Beim → MPEG-Verfahren verwendetes Prinzip zur Datenreduktion.

■ **Motion Picture Expert Group**
[Fi] → MPEG

■ **Motivdisposition**
[TV, We] In einem → Werbeblock wird die Reihenfolge der → Werbespots derart gemischt, dass vermieden wird, dass beispielsweise drei Autospots hintereinander laufen.

■ **MPEG**
[Fi, Co] 1.) Abk. für Motion Picture Expert Group, einer Untergruppe der International Standard Organisation (ISO), Urheber der MPEG-Standards. 2.) Verlustbehaftetes Komprimierungsformat zur digitalen Speicherung von Video- und Audiodaten. Ziel ist neben der Verringerung des benötigten Speicherplatzes vor allem die Reduktion der zur Übertragung benötigten Bandbreite. Zu diesem Zweck werden nach dem Motion Compensation-Verfahren hauptsächlich nicht mehr alle Bilder vollständig abgespeichert, sondern nur noch die Veränderungen zwischen ihnen (verlustbehaftete Kompression). Bei schnellen Bildwechseln kann die Menge der Unterschiede zu groß werden, so dass es zum Ruckeln des Films kommt. Zusätzlich werden alle Bilder ähnlich dem JPEG-Format für nicht bewegte Bilder durch DCT (discrete cosinus transformation) auf der Grundlage des CCIR-601-Standards komprimiert. Im TV-Bereich wird dieses Verfahren z.B. für → DVB (Digital Video Broadcasting) eingesetzt. Zur Zeit sind vier verschiedene MPEG-Standards definiert bzw. befinden sich in der Entwicklung. Der älteste und am meisten verbreitete ist MPEG-1. Er wurde 1992 unter mit Norm ISO 11172 definiert und unterteilt sich in MPEG-Video und → MPEG-Audio. Dabei werden Kompressionsraten von 1:26 für Video- und 1:6 für Audio-Daten erreicht. MPEG-2 ist für höhere Bandbreiten in der Fernseh- und Videotechnik gedacht. MPEG-3 war ursprünglich speziell für hochauflösende Anwendungen gedacht. Dies wird jedoch in den MPEG-2 Standard mit integriert werden. Das Audio-Fomat MPEG-3 ist identisch mit dem aus dem Internet bekannten MP3-Format. MPEG-4 ist für sehr niedrige Übertragungsraten geplant, wie sie z.B. bei analogen Telefonleitungen auftreten. Daher müssen neue Kompressionsalgorithmen entwickelt werden, die zumTeil auf den Prinzipien der fraktalen Geometrie basieren.

■ **MPEG-Audio**
Das MPEG-Audioformat im Rahmen des MPEG-1 Videoformats (→ MPEG) definiert und ermöglicht die digitalisierte Speicherung von Ton-Information in digitaler Form. Zu diesem Zweck werden Töne, die für das menschliche Ohr nicht hörbar sind, weggelassen. Bei lauten Musikpassagen z.B. sind leise Töne und Hintergrundrauschen nicht wahrnehmbar und können daher weggelassen werden, die

Auflösung wird reduziert. MPEG-1 definiert insgesamt drei Kompressionsstufen (Layer) mit unterschiedlichen Qualitäten. Das MPEG-3 ist identisch mit dem aus dem Internet bekannten MP3-Format, das vom Fraunhofer-Institut in Erlangen entwickelt wurde.

■ multi layering
[TV] (engl. = mehrere Schichten, Lagen) Videobilder oder -sequenzen werden mehrfach übereinander gelegt, d.h. mit Hilfe des Bildmischers aufeinander kopiert. Mit einem Arbeitsgang erhält man mehrere „Kopiergenerationen" gleichzeitig.

■ Multimedia
[Co] Mehrere verschiedene Medien werden kombiniert eingesetzt. Multimedia ist die interaktive Zusammenführung von Text, Grafik, Ton, Animation und bewegten Bildern zum Informationsaustausch per TV und Computer. Interaktiv bedeutet hier, dass der Anwender den Programmablauf aktiv steuern kann. Bei Veranstaltungen werden verschiedene Informations- und Unterhaltungsangebote über mehrere Medien gleichzeitig oder nacheinander eingesetzt, z.B. per Computer gesteuerte Ton-Dia-Show. Das Schlagwort Multimedia wird heute für fast alle mehrmedialen Anwendungen verwendet.

■ Multimediagesetz
[Re] Ugs. Bezeichnung für das Informations- und Kommunikationsdienste-Gesetz. Es regelt u.a. die Verantwortlichkeit von Diensteanbietern wie z.B. den Anbietern von Internet-Zugängen. In Paragraph 5 bestimmt das Gesetz: Für eigene Inhalte, die sie zur Nutzung bereithalten, sind die Diensteanbieter manch den allgemeinen Gesetzen verantwortlich. Für fremde Inhalte (z.B. private Homepages, für die sie auf ihren Servern Speicherplatz zur Verfügung stellen) sind sie nur dann verantwortlich, wenn sie von diesen Inhalten Kenntnis haben und es technisch möglich und zumutbar ist, deren Nutzung zu verhindern. Vermitteln die Diensteanbieter lediglich den Zugang zu fremden Inhalten, so sind sie nicht verantwortlich für den Inhalt. Eine automatische und kurzzeitige Vorhaltung fremder Inhalte auf Grund Nutzerabfrage gilt als Zugangsvermittlung.

■ Musikfläche
[Ra] Über einen längeren Zeitraum werden Musikstücke gespielt, die ähnlich klingen und daher quasi als einheitliche Musik angesehen werden können.

■ Musikformat
[Ra, TV] Auf eine bestimmte Zielgruppe abgestimmte Musikauswahl. In allen Sendungen ist das Erscheinungsbild eines Radioprogramms einheitlich, geprägt durch wieder erkennbare Musikstile und Moderationen. Ein spezielles Musikprofil definiert das Programm, da jede Altersgruppe eine bestimmte Art von Musik bevorzugt, z.B. Techno = 15-25-Jährige, deutsche Schlager = Hausfrau ab 40. Bekannte und leicht erkennbare Formatradios sind Klassik-Radio, Oldie-Sender und Jazz-Radio. → Programmfarbe

■ Muster
[Fi] Kurzwort für → Mustervorführung.

■ Mustervorführung
[Fi] 1.) Die vom Regisseur als → Kopierer angegebenen Szenen werden nach ihrer Entwicklung zur Kontrolle angesehen. Dies geschieht in der Regel durch Regie und Produzent, bei Fernsehproduktionen ist noch der leitende Redakteur dabei. 2.) Ein Kinofilm wird erstmals zusammenhängend gezeigt. Anhand dieser Vorführung wird entschieden, ob er nochmal in den Schnitt muss (→ cut), z.B. wenn sich die Zuschauer bei einigen Szenen gelangweilt haben. Das Testpublikum setzt sich in der Regel aus speziell für diesen Zweck von Meinungsforschungsinstituten ausgewählten Zuschauern zusammen.

■ Muting
[TV] Stummschaltung

N

■ NAB
[Ra, TV] Abk. für National Association of Broadcasters. Verband der Rundfunkveranstalter in den USA. In Las Vegas findet jährlich eine gleichnamige Fachmesse statt.

■ Nachbelichten
[Fo] Teile eines Negativs weisen bei der Vergrößerung keine Zeichnung mehr auf, wenn die abgebildeten Lichter zu intensiv waren. Durch Nachbelichten der betreffenden Stellen kann die → Durchzeichnung oft stark verbessert werden. Während dieser zusätzlichen, zweiten Belichtung wird eine passend zugeschnittene Kartenschablone in den Lichtstrahl gehalten. Sie gibt genau die erneut zu belichtende Bildstelle frei. Kontinuierliches Bewegen der Schablone während des Belichtungsvorgangs vermeidet, dass die Ränder der Schablone und damit die Korrektur sichtbar werden und damit scharf begrenzte Übergänge auf dem Foto. → Abwedeln → Spitzlicht

■ Nachbreite
[Dt] Einem gedruckten Schriftzeichen nachfolgender Abstand. Die Nachbreite ist, ebenso wie die → Vorbreite, Teil der → Dickte.

■ Nachdrehe
[TV] Aktuelles Thema des Vortages wird unter einem anderen Aspekt am nächsten Tag nochmal aufgegriffen.

■ Nachhall
[Ra] Meist wird das Kurzwort → Hall verwendet.

■ Nachklapp
[TV] → Nachdrehe

■ Nachlauf
[Fi] Hinter dem zu sendenden Film ist aus technischen Gründen eine bestimmte Filmlänge erforderlich, um den Film auf eine Spule aufwickeln zu können. Sie ist nicht zur Ausstrahlung oder Vorführung vorgesehen. Meist wird hierzu → Schwarzfilm, gelegentlich auch → Blankfilm verwendet. Engl. Bezeichnung ist postroll. Gegenstück ist der → Vorlauf.

■ Nachricht
Neuigkeit, berichtenswertes Ereignis.

■ Nachrichtenagentur
→ Presseagentur

■ Nachrichtendienst
1.) → Presseagentur. 2.) [Ra] Rundfunksendung mit Nachrichten. Nicht zu verwechseln mit Geheimdiensten wie z.B. dem Bundesnachrichtendienst (BND).

■ Nachrichtenfunk
[Ra] → Nachrichtendienst im Radio.

■ Nachrichtensperre
Sperrung für die Verbreitung von Nachrichten zu einem bestimmten Thema; z.B. polizeiliche Nachrichtensperre, um aus „ermittlungstaktischen Gründen“ Verbrecher in Sicherheit zu wiegen. Verbindlich ist die Sperre nur für die Behörde, die die Sperre erlassen hat. Für die Medienvertreter hat sie mehr den Charakter einer Bitte, denn die deutsche Gesetzgebung sieht Veröffentlichungsverbote nicht vor

(→Zensur). Dieser „Bitte" wird eigentlich immer entsprochen, da meistens sehr einleuchtende Gründe dafür sprechen. →Pressekodex

■ Nachrichtensprecher
[TV] Im Unterschied zum →Moderator liest er die Texte lediglich vor und ist oft kein Redakteur. Die journalistische Ausbildung fehlt. →Anchorman

■ Nachrichtenticker
→Ticker

■ Nachricht im Film
[TV] →NIF

■ nachrichtlich
Eine Nachricht betreffend, zu ihr gehörend, z.B. nachrichtliche Sprache ist sehr sachlich; kurze Informationen.

■ Nachspann
[TV, Fi] Am Ende einer Sendung oder einer Produktion wird ein Titel gezeigt, in dem alle Verantwortlichen und Beteiligten namentlich genannt werden. Gegenteil von →Vorspann.

■ Nachsynchronisation
[Fi] Ein Film wird neu vertont. Die Neuvertonung ist synchron mit dem Bildablauf des Films. Dies ist vor allem dann wichtig, wenn alle Wortanteile in eine andere Sprache umgesetzt werden.

■ Nachteffekt
[Fi] Mit Filtern und spezieller Belichtung kann selbst bei Sonnenschein eine Mondscheinstimmung oder ein Nachteffekt erzielt werden. Ein Nachteffekt kann auch durch die Art der Ausleuchtung einer Szene entstehen.

■ Nachtprogramm
[Ra] Die →ARD-Rundfunkanstalten produzieren im Wechsel ein gemeinsames Hörfunkprogramm für die Nachtstunden.

■ Nachvertonung
[TV] Bildaufnahmen werden nachträglich mit Musik oder Kommentaren versehen.

■ Nachziehen
1.) [TV] Bei schnellen →Schwenks der Kamera bei Fernsehaufnahmen kann ein Nachzieheffekt auftreten. Er kommt vor allem bei hellen Objekten vor, indem die hellen Bildteile sog. Fahnen erhalten. 2.) [Fo] Methode, um in einem statischen Foto Bewegung darzustellen. Eine Fotokamera wird mit einem sich rasch quer zur Kamera (senkrecht oder waagrecht) bewegenden Objekt mitgeschwenkt, z.B. einem Rennwagen. Das Objekt wird dadurch scharf abgebildet, während der Hintergrund durch die Bewegungsunschärfe verwischt ist.

■ Nadel, mit heißer Nadel gestrickt
→heiße Nadel

■ Naheinstellung
[Fi] Die →Einstellung eines Bildes, die ein Detail einer Gesamtszene groß wiedergibt. Auch als Nah oder Close bezeichnet.

■ Namensbeitrag
[Ze] Beitrag, den ein Nicht-Journalist verfasst hat. Oft schreiben →PR-Agenturen oder →Ghostwriter einen journalistischen Beitrag, der dann z.B. unter dem Namen eines Unternehmens-Chefs veröffentlicht wird.

■ Nassdehnung
[Dt] Bei Nässe dehnt sich Papier quer zur →Laufrichtung aus. Das Wissen um diese Ausdehnung ist insbesondere dann wichtig, wenn Papier feucht oder nass be- und verarbeitet wird, z.B. beim Nassklebeverfahren von Plakaten. Plakatpapier im →Weltformat beispielsweise kann bis zu drei Zentimeter breiter werden.

■ National Television System Committee
→NTSC

■ NDR
[Ra, TV] Norddeutscher Rundfunk; öffentlich-rechtlicher Radio- und Fernsehsender der Bundesländer Hamburg, Niedersachsen, Schleswig-Holstein und Mecklenburg-Vorpommern, Sitz in Hamburg.

■ Near-video-on-demand
[TV] Auf mehreren Kanälen (Transpondern eines Fernseh-Satelliten) wird eine Auswahl von Videoprogrammen zeitversetzt gegen Gebühr angeboten. Der Zuschauer muss nur wenige Minuten warten, bis die von ihm gewünschte Sendung beginnt. Grund für die Wartezeit sind Bandbreitenprobleme, wenn jeder Zuschauer seine eigene Ausstrahlung bekommen würde. Abonnenten-Version von → Video-on-demand. → Pay-TV

■ Negativfilm
[Fo] Entwickelter Film mit umgekehrten Helligkeitswerten. Die Farben sind durch ihre → Komplementärfarben ersetzt. Er muss kopiert werden, um einen Film mit richtigen, d.h. realen Helligkeits- und Farbwerten zu erhalten. → Umkehrfilm

■ Neger
1.) [TV] Schwarze Tafeln, auf denen mit weißer Kreide der Text geschrieben wurde, den der → Moderator bzw. Sprecher vortragen sollte. Diese wurden für den Zuschauer nicht sichtbar hinter der Kamera montiert, sodass es den Anschein hatte, als würde der Sprecher frei reden. Engl. = cue card. Heute werden → Teleprompter verwendet. 2.) [Fo, Fi] Begriff der Beleuchtung bei Foto und Film, der bezeichnet, wenn bestimmte Motivteile abgeschattet werden.

■ Netiquette
[Co] Aus Network und Etiquette zusammengesetztes Kunstwort. Ungeschriebene und auf freiwilliger Übereinkunft basierende Verhaltensregeln im → Internet. Der Benimm-Kodex u.a. für das Versenden elektronischer Nachrichten im Netz (E-Mail, Chat, Newsgroup-Postings) ist in den „Netiquette Guidelines" im Request for Comment Nr. 1855 niedergelegt, der unter http://www.sri.ucl.ac.be/documents/rfc1855.txt zu finden ist.

■ Netizen
[Co] Kunstwort, das sich aus dem englischen net = Netz, Internet und citizen = Bürger zusammensetzt. Die Bezeichnung umfasst die Gesamtheit der Internetnutzer. Von Netizens wird vor allem im Zusammenhang mit allgemeinen Grund- und Menschenrechten gesprochen, z.B. wenn es um die Meinungs- und Informationsfreiheit, den Datenschutz und → Zensur geht. Eine ähnliche, wenn auch etwas weiter gefasste Bezeichnung ist die Internet-Gemeinde.

■ Netspeak
[Co] (engl. = Netz-Sprache) Bezeichnung für die im → Internet bei E-Mail, Chatten, im → World Wide Web oder bei anderen Anwendungen verwendete Umgangssprache. Dieser Slang mit seinem spezifischen Vokabular ist einerseits geprägt durch technische Begriffe, andererseits durch zahlreiche → Akronyme und Symbole, wie z.B. → Emoticons. Ursache hierfür ist vor allem die Anpassung an die technischen Möglichkeiten des Kommunikationsmediums und die Vermischung verschiedener Sprachen mit dem in der Internet- und Computerwelt dominierenden Englisch.

■ Netto-Reichweite
[TV] Anzahl der Nutzer eines oder mehrerer Medien, die von einer Sendung mindestens einmal für mindestens eine Minute erreicht wurden. Sie wird in Millionen oder in Prozent angegeben und ist die eigentliche „harte Währung", nach der sich die Werbepreise bemessen.

■ Netzsynchronisierung
[Fi] Verfahren zur Synchronisierung von Filmaufnahmen, bei dem die Netzfrequenz als Grundlage dient.

■ Netzwerk
[Co] Mehrere Computer sind per Übertragungsleitung miteinander verbunden. Daher kann zwischen ihnen kommuniziert werden. Das größte Computer-Netz ist das → World Wide Web.

■ Neuauflage
Ist eine → Auflage eines Buches verkauft, druckt der → Verlag das Werk oft erneut. Es ist zu unterscheiden zwischen unverän-

derten und überarbeiteten Neuauflagen. Letztere sind bei aktuellen Themen und Nachschlagewerken üblich.

■ neue Medien
Alle technischen Neuentwicklungen im Bereich der Informationsverbreitung. Während Presse (Printmedien), Radio und TV zu den „alten" Medien zählen, sind Internet, Bildschirmtext, Videotext etc. neue Medien.

■ Neutralfilter
[Fo] Andere Bezeichnung für den → Dichtefilter.

■ Neutralgraufilter
[Fo] Dieser Filter setzt den einfallenden Lichtstrom herab, ohne dabei die Farbwerte zu verändern.

■ News-Flash
(engl. = Nachrichten-Blitz) [TV] TV-Kurznachrichten; zu kurzen Bildern gesprochener Text. Er wird oft als → Trailer vor bzw. zu den eigentlichen Nachrichten gesendet.

■ Newsgroup
[Co] → Usenet

■ News-Junkie
→ Information-Junkie

■ Newsletter
[PR] Rundschreiben mit aktuellem Inhalt. Newsletter werden häufig regelmäßig versendet, um z.B. Journalisten mit Informationen aus Unternehmen oder Branchen zu versehen. Dadurch verankert sich der Ersteller des Newsletters positiv im Gedächtnis des Empfängers. Erwünschte „Nebenwirkung" ist die Erwähnung des Firmennamens in Berichten des Journalisten.

■ Niedersachsen-Urteil
[Re] Urteil des Bundesverfassungsgerichts vom 04.11.1986 zu dem Anspruch auf → Grundversorgung mit Informationen durch Rundfunk. → Rundfunkurteile

■ Nielsen-Ballungsraum
[We] Analog zu den → Nielsen-Gebieten wurden von Nielsen 13 Ballungsräume mit hoher wirtschaftlicher Bedeutung in Deutschland definiert:

1. Hamburg
2. Bremen/Bremerhaven
3. Hannover
4. Rhein/Ruhr
5. Rhein/Main
6. Rhein/Neckar
7. Stuttgart
8. Nürnberg
9. München
10. Berlin
11. Leipzig/Halle
12. Chemnitz/Zwickau
13. Dresden

■ Nielsen-Ballungsraum-Zeitungen
Zeitungsgruppe aus insgesamt 28 Titeln und Titelkombinationen, die sich entsprechend der → Nielsen-Ballungsräume zusammengeschlossen hat. Sie ermöglicht es den Inserenten, gezielt ganze Nielsen-Ballungsräume zu buchen.

■ Nielsen-Gebiet
[We] Das Meinungsforschungsinstitut Nielsen in Frankfurt/Main (Tochterfirma des US-Unternehmens ACNielsen) entwickelte die Idee, die Bundesrepublik in verschiedene Gebiete einzuteilen, die mit Zahlen benannt sind. Anzeigenkunden können diese Regionen seither gesondert für ihre Anzeigenschaltungen buchen, z.B. zahlen sie nur für in Bayern verbreitete Werbung. Dies macht für den Inserenten die Anzeige preiswerter und minimiert → Streuverluste, indem z.B. Werbung für ein Hamburger Möbelhaus nicht mehr in Stuttgart erscheint. So kann auf einer Seite einer Zeitungsausgabe je nach Region unterschiedliche Werbung erscheinen. Dies ist bei fast allen überregional erscheinenden Printpublikationen möglich. → Nielsen-Ballungsraum

Nielsen-Gebiete

Nielsen-Gebiet I:	Schleswig-Holstein, Hamburg, Niedersachsen/Bremen
Nielsen-Gebiet II:	Nordrhein-Westfalen
Nielsen-Gebiet IIIa:	Hessen, Rheinland-Pfalz, Saarland
Nielsen-Gebiet IIIb:	Baden-Württemberg
Nielsen-Gebiet IV:	Bayern
Nielsen-Gebiet Va:	Berlin (West)
Nielsen-Gebiet Vb:	Berlin (Ost)
Nielsen-Gebiet VI:	Mecklenburg-Vorpommern, Brandenburg, Sachsen-Anhalt
Nielsen-Gebiet VII:	Thüringen, Sachsen

■ **Nierenmikrofon**
[Ra, Ja] Die Charakteristik der Empfindlichkeit dieses Mikrofons ähnelt der Form einer Niere. Es ist überwiegend auf einer Seite für auftreffenden Schall empfindlich.

■ **NIF**
[TV] Abk. für Nachricht im Film. Innerhalb einer TV-Nachrichtensendung wird ein ganz kurzer, etwa 30 Sekunden langer Film gesendet, der ohne weitere Erklärung des Nachrichtensprechers die Neuigkeit berichtet. Der Ton kommt aus dem → Off; es gibt keinen → O-Ton; kein Reporter kommt zu Wort.

■ **Non plus ultra**
[Dt] Bezeichnung für die Schriftgröße 2 → Punkt; Synonym für Viertelpetit.

■ **Nonpareille**
[Dt] Bezeichnung für die Schriftgröße 6 → Punkt.

■ **Norddeutscher Rundfunk**
→ NDR

■ **Norddeutsches Format**
[Dt] → Nordisches Format

■ **Nordisches Format**
[Ze] Maße einer Zeitungsseite: 57 cm x 40 cm. Standardformat von Tageszeitungen. Heruntergefaltet ergibt sich das → Magazinformat. Das nordische Format wird z.B. von der Welt am Sonntag verwendet. Auch als Norddeutsches Format bezeichnet.

■ **Normalfilm**
[TV] → Filmformat mit einer Breite von 35 mm gem. DIN 15 502.

■ **Normalformat**
[We, Ze] Standardisierte Formate für Anzeigen in Zeitungen und Zeitschriften. → Anzeigenformate

■ **Normallaufweite**
[Dt] Standardmäßig verwendete → Laufweite einer Schrift.

■ **Normallicht**
Genormtes Licht. Lichtart A entspricht der → Farbtemperatur des Glühlampenlichts (2.850 Kelvin), Lichtart B entspricht der Farbtemperatur des Sonnenlichts zur Mittagszeit, Lichtart C entspricht der Farbtemperatur des normalen Tageslichts (6.800 K). Eine Tageslichtleuchte strahlt ebenfalls mit der Lichtart C.

■ **Normalobjektiv**
→ Objektiv, dessen → Brennweite ungefähr so groß ist wie die Bilddiagonale des verwendeten Filmmaterials. Bei den üblichen Kleinbildfilmen sind das 50 oder 55-mm-Objektive.

■ **Normalton**
[Ra] Andere Bezeichnung für den → Messton

■ **Normalziffer**
[Dt] Nicht ganz korrekte, aber häufig verwendete Bezeichnung für Ziffern, bei denen jedes Zeichen die Breite eines Halbge-

vierts hat (→ Geviert). Normalziffern haben alle die gleiche Höhe, sie sind „linienhaltend“. Sie eignen sich wegen ihrer Einheitlichkeit besonders gut für den Tabellensatz. Daher werden sie auch als Tabellenziffern bezeichnet. → Mediävalziffer

■ Normenwandler
[TV] Mit einem solchen Gerät können Fernsehsignale von einem Standard in einen anderen umgewandelt werden. → Fernsehnorm

■ Normlicht
[Dt, Fo] Tageslichtähnliches Kunstlicht, das in Druckereien zur Beurteilung der Farbe verwendet wird. Nur durch diese vereinheitlichten Lichtquellen (5.000 → Kelvin, 3.000 Lux) ist sichergestellt, dass alle am Herstellungsprozess beteiligten Personen immer von dem gleichen Aspekt reden.

■ Notat
Niedergeschriebene Bemerkung, Aufzeichnung, Notiz, z.B. ein Tagebuch.

■ notch filter
[Ra] (engl. notch = Kerbe) Englische Bezeichnung für eine so genannte Frequenzfalle, einen Sperrfilter für einen engen Frequenzbereich.

■ NTSC
[TV] 1.) Abk. von National Television System Committee, der Organisation, die die amerikanischen Fernsehnormen festlegt. 2.) Analoge → Fernsehnorm für Farbfernsehen in den USA und Japan mit 525 Zeilen und 60 → Halbbildern pro Sekunde (= 30 Hz). Die Übertragung der Farbe erfolgt mittels einer Quadraturmodulation des Farbträgers. Sie ist sehr anfällig gegen Phasenfehler. Luminanz- und Chrominanz-Information werden im Frequenzmultiplex (FBAS-Signal) übertragen.

■ Nullkopie
[Fo, TV] Erste Kopie, die vom Negativ- oder Umkehr-Original mit Licht- und Farbausgleich gezogen wird. Im Unterschied zur → Erstkopie kann sie noch Mängel im Lichtausgleich und in der Farbabstimmung aufweisen.

■ Nullnummer
[Ze] Wird ein neuer Print-Titel geplant, so wird zuerst eine Probeausgabe erstellt. Diese so genannte Nullnummer (erst die erste offizielle Ausgabe erhält die Nummer eins) ist eine komplette Zeitschrift, die auch einen → Arbeitstitel tragen kann. Sie wird zum Zwecke der Marktforschung und zur Werbung von Anzeigenkunden benötigt. Mit ihr wird u.a. der → Copy-Preis ermittelt. Die Probe-Ausgaben im Vorfeld sind → Dummies.

■ Nutzenfilme
Von einer Kopiervorlage werden Negativ- oder Positivfilme mehrfach hergestellt. Diese werden dann wiederum mehrfach auf die Druckform kopiert. Auf diese Art wird die erforderliche Druckzahl für eine festgelegte Auflage reduziert. Auch Nutzenkontakte genannt.

■ Nutzenkontakte
→ Nutzenfilme

■ Nutzungsintensität
[We, Co] Messgröße für die Anzahl der Besucher pro Internet-Seite. → Visit → Pageimpression

O

■ ÖA
Abk. für Öffentlichkeitsarbeit. → PR

■ ÖAK
Abk. für Österreichische Auflagenkontrolle, das österreichische Gegenstück zur deutschen → IVW.

■ OB
[TV] Abk. für engl. outside broadcast = Außenübertragung.

■ Oberlänge
[Dt] Derjenige Teil eines Kleinbuchstabens, der über die → Mittellänge nach oben hinausragt. Die Buchstaben b, d, f, h, k, l und t besitzen Oberlängen. Die Oberlänge entspricht bei den meisten Schriften der → Versalhöhe.

■ Objektiv
[Fo, Fi] Linsensystem einer Kamera, mit dem ein Bild auf die lichtempfindliche Schicht, d.h. auf den Film oder die Bildaufnahmeröhre projiziert wird. Objektive werden mit unterschiedlichen festen oder bei → Zoom-Objektiven mit variablen → Brennweiten hergestellt. Moderne Objektive sind vergütet (→ Vergütung).

■ Objektivität
Jeder Journalist ist der neutralen, wahrheitsgemäßen Berichterstattung verpflichtet. Seine persönliche Meinung darf er nur in begrenzten Bereichen wie dem → Kommentar einfließen lassen. In der Praxis ist das Einhalten schwierig. Hinzu kommt, dass der Arbeitgeber oft eine bestimmte Richtung vorgibt (→ Tendenzbetrieb).

■ Objektmessung
[Fo] Direkt am aufzunehmenden Objekt stattfindende exakte Lichtmessung für die Aufnahme.

■ obs
[Fo] Abk. für Originalbildservice der → dpa. z.B. per Internet werden originale und unbearbeitete PR-Fotos und sonstiges Bildmaterial von Unternehmen oder Verbänden verbreitet. Der Sevice kann abonniert werden. → ots

■ OB-Zweidrahtleitung
[TV] → Kommandoleitung

■ OEB
[Co] Abk. für Open-eBook-Standard. Norm für das Speicherformat und die charakteristischen Merkmale von → digitalen Büchern. An diesem Standard haben u.a. die Firmen Microsoft und SoftBook mitgewirkt.

■ Off
[TV] (engl. = aus) Das Unsichtbarbleiben des (kommentierenden) Sprechers (Off-Sprecher). Synonym für „außerhalb des Bildes".

■ off the record
(engl. außerhalb des Berichts) Interviewpartner gibt Informationen oder Meinungen an Journalisten weiter mit der ausdrücklichen Bitte, diese nicht im Bericht zu verwenden. → unter C gesagt

■ Offener Kanal
[Ra, TV] Synonym für → Bürgerfunk. Der Bürger kann in einem für jedermann frei

zugänglichen Radio- oder TV-Kanal Beiträge selbst gestalten.

■ **Öffentlichkeitsarbeit**
Abk. = ÖA → PR

■ **öffentlich-rechtlicher Rundfunk**
[Ra, TV] Die Rundfunkanstalten des Bundes und der Länder sind rechtsfähige → Anstalten des öffentlichen Rechts mit umfassender Selbstverwaltung. Sie wurden in West-Deutschland 1945 von den alliierten Besatzungsmächten eingeführt und zählen nicht zur unmittelbaren Staatsverwaltung. Sie können sich sowohl dem Staat als auch Dritten gegenüber auf das Grundrecht der Rundfunkfreiheit berufen, da sie durch ihren besonderen Auftrag und durch das damit zusammenhängende Gebot der Staatsfreiheit dem gesellschaftlichen Bereich zuzurechnen sind. Auch nach der Zulassung des → Privat-Rundfunks ist der öffentlich-rechtliche Rundfunk eine tragende Säule des → dualen Rundfunksystems. Zum öffentlich-rechtlichen Rundfunk zählen in der Bundesrepublik Deutschland die → Landesmedienanstalten, das → ZDF, → Deutschlandradio und → Deutsche Welle sowie die europäischen Programme 3sat und ARTE. Finanziert wird der öffentlich-rechtliche Rundfunk durch von der → GEZ erhobene → Rundfunkgebühren und Werbung. Der → Rundfunkstaatsvertrag bildet die rechtliche Grundlage und Abgrenzung zum privaten Rundfunk. Öffentlich-rechtlich organisierten Rundfunk gibt es in vielen anderen europäischen Staaten, z.B. in Belgien, Dänemark, Frankreich, Großbritannien, Irland, Italien, den Niederlanden, Österreich, der Schweiz, Schweden und Ungarn.

■ **Off-Line-Schnitt**
[TV] Bei dieser Art des Videoschnitts wird zunächst mittels Kopien der Originalbänder eine Schnittliste erstellt. Anhand dieser Liste wird der eigentliche Schnitt von den Originalbändern auf das → Masterband gesteuert. Die engl. Bezeichnung dafür ist off-line-editing.

■ **Offsetdruck**
[Dt] engl. = Abziehen, Abliegen, z.B. eines noch feuchten Druckes) Modernes → Flachdruckverfahren. Der Offsetdruck ist ein indirektes Druckverfahren, da das Papier nicht mit der eigentlichen Druckform in Kontakt kommt. Auf eine Druckform wird zunächst Farbe aufgebracht, diese auf einen Zwischenträger, meist eine Aluminiumplatte, und dann auf das Papier übertragen. Der Offsetdruck ist das am häufigsten angewendete Druckverfahren. Die Druckqualität ist durchaus hoch, jedoch eignet sich nicht jedes Material für den Offsetdruck. Die Durckvorlagen für den Offsetdruck werden vom Lithographen erstellt. Daran lehnt sich auch die Bezeichnung Litho für ein Offsetrepro an. → Rotationsdruck → Siebdruck → Tiefdruck

■ **Off-Stimme**
[TV] Unsichtbarer (kommentierender) Sprecher; auch Stimme aus dem → Off.

■ **Off-Text**
[TV] Unvertonter Film, der vom (auf dem Bildschirm nicht sichtbaren) → Moderator übersprochen wird. → Off-Stimme

■ **Oktav**
[Dt] 16 Seiten werden auf einen → Druckbogen gleichzeitig gedruckt.

■ **OMS-Banner**
[Co, We] → Banner

■ **On**
[TV] (engl. = an) Synonym für „im Bild zu sehen“; Gegenteil ist → Off.

■ **on air**
[TV] (engl. = in der Luft) 1.) Das, was aktuell in diesem Moment gesendet wird. 2.) [Ja] Bezeichnung für den Ausgang des → Bildmischpultes, der das sendefähige, d.h. sendefertige Videosignal liefert (on-air-output). Der Ausdruck kann sich jedoch auch auf das Signal an sich beziehen.

■ **Online-Recherche**
Journalist → recherchiert per Computer in vernetzten Datenbanken oder im Internet.

■ **On-Line-Schnitt**
[TV] Bei diesem Videoschnitt wird direkt von den Originalbändern auf das → Masterband geschnitten. Es gibt auch die Möglichkeit, online über Festplatten zu schneiden. Das Rohmaterial wird von den Originalbändern auf parallel geschaltete Festplatten übertragen. Von dort wird es mit einer speziellen Schnitt-Software ausgelesen und Keys, Überblendungen etc. werden in Echtzeit ausgeführt.

■ **opak**
(lat. opacus = beschattet) Undurchsichtig, lichtundurchlässig. Opakes Papier ist nicht durchscheinend.

■ **Opazität**
(lat. opacitas = Beschattung, Schatten) → opak

■ **Open Distance Learning**
(engl. = offener Fernunterricht) Abk. = ODL. Verfahren des → Telelearning. Der Lernende kann sich z.B. vorbereitete Lernmaterialien von einem → Server herunterladen oder Studienbriefe bearbeiten. Der Lernvorgang findet weder zu einer festgelegten Zeit noch an einem bestimmten Ort statt. Das Konzept des ODL bietet neben der räumlichen und zeitlichen Offenheit auch die Möglichkeit, dass jeder Lernende die Auswahl der Themen und Fächer, die Unterrichtsdauer, Reihenfolge der Lektionen und Lernschritte ebenso selbst bestimmt wie die Anzahl und Dauer der Lernpausen. Meist können die Lernenden auch selbst bestimmen, ob und wann sie Kontakt zu anderen Lernenden aufnehmen und z.B. Lerngruppen bilden. Ebenso obliegt ihnen die autonome Erfolgskontrolle, d.h. wann und wie sie das Erlernte überprüfen. Der größte Unterschied zum herkömmlichen Präsenzunterricht besteht also in der Aktivität des Schülers: Statt sich den Lernstoff zumeist passiv anzueignen, erfordert das Open Distance Learning ein hohes Maß an Selbstdisziplin und Initiative.

■ **Opener**
[Ra] (engl. = Öffner) Erster Musiktitel einer Sendung, mit dem diese beginnt, nicht die Titelmelodie.

■ **Optik**
1.) [Ze, Ja] (lat. = Wissenschaft vom Licht) Großes Foto, meist das → Seitenfoto; („schöne Optik“ = es ist angenehm, das Bild anzuschauen). Auch ein Lob an den Fotografen („Das ist eine Optik“ soll ausdrücken, dass das betreffende Bild würdig ist, groß als Blickfänger gedruckt zu werden). 2.) [Fo, Ja] Andere Bezeichnung für das → Objektiv einer Kamera. Fotografen sagen oft „ich wähle eine andere Optik“, wenn sie meinen „ich tausche das Kamera-Objektiv und nehme eines mit einer anderen → Brennweite“.

■ **Optische Bank**
[Fi] Mit Hilfe dieses komplizierten Gerätes werden optische Filmtricks mittels Umkopierung hergestellt. Sie wird im → Trickstudio aufgestellt und besitzt vergrößernden und verkleinernden Maßstab. Andere Bezeichnung für eine optische Bank ist Printer.

■ **optische Mitte**
[Dt] Oberhalb der rechnerischen Mitte liegt die optische Mitte. Daher sollte der untere Rand immer größer sein als der obere. Die → Balancelinie geht durch die optische Mitte.

■ **optischer Zeilenabstand**
[Dt] Stehen Zeilen mit Groß- und Kleinschreibung neben → Versalzeilen, so entsteht optisch ein ungleicher → Zeilenabstand, obwohl die → Schriftlinien rechnerisch und messbar exakt gleich weit voneinander entfernt liegen. Das Gleiche gilt für Zeilen, in denen ausschließlich → Mittellängen vorkommen.

■ **ORB**
[Ra, TV] Abk. für Ostdeutscher Rundfunk Brandenburg. Öffentlich-rechlicher Radio- und Fernsehsender des Landes Brandenburg, Sitz in Potsdam-Babelsberg.

■ ORF
Staatliches österreichisches Fernsehen.

■ Originalton
→ O-Ton

■ orphan
[Dt] (engl. = Waise) Englische Bezeichnung für → Hurenkind.

■ Ortsmarke
Viele Nachrichten beginnen mit der Nennung des Ortes, in dem die Haupthandlung der Nachricht passiert; z.B. Hamburg: „In den frühen Morgenstunden gab es wieder Krach in der Hafenstraße.“ Es kann jedoch auch der Ort genannt werden, von dem aus der Journalist recherchiert.

■ Ostdeutscher Rundfunk Brandenburg
[Ra, TV] → ORB

■ Österreichische Auflagenkontrolle
→ ÖAK

■ O-Ton
[Ra, TV] Abk. für Originalton. Mit Ausnahme der → Atmo der echte Ton, der bei den Aufnahmen am Originalschauplatz aufgezeichnet wurde. Wird vielfach als Sammelbezeichnung für alle am Drehort aufgenommenen (also authentischen, d.h. originalen) Tondokumente verwendet, also für Wort-Aufnahmen, Geräusche, Atmo und Musik. Bei präzisem Sprachgebrauch versteht man unter O-Ton nur Original-Aufnahmen von Wort (z.B. Statements und Redeausschnitte). Entscheidend ist, dass O-Töne dokumentarischen oder illustrierenden Charakter haben; z.B. berichtet ein Reporter über eine Rede, bei wichtigen Passagen lässt er den Redner selbst - im O-Ton - zu Wort kommen. Auch historische Aufnahmen oder Aufnahmen aus vorangegangenen Sendungen, die in aktuellen Produktionen Bestandteil einer Sendung werden, werden als O-Ton bezeichnet. → Geräuschband

■ ots
Abk. für Originaltextservice der dpa. Per Internet werden originale und unbearbeitete PR-Texte von Unternehmen oder Verbänden verbreitet. Der Sevice kann abonniert werden. → obs

■ Outline
[Dt] Äußere Kontur einer Schrift.

■ Overlay
[TV] (engl. = Überlagerung, Überdeckung) Mit Hilfe einer so genannten Overlay-Karte wird ein Bild auf dem Bildschirm mit einem zweiten überlagert. Der Ausschnitt des ersten Bildes wird dazu elektronisch transparent geschaltet.

■ Overscan
(engl. = Über-Abtastung) Wenn bei der Darstellung auf einem Bildschirm das Bild über den sichtbaren Bereich hinausreicht.

■ Overspill
[Ra, TV] (engl. = Überschuss) Über das eigentliche Verbreitungsgebiet hinausgehender Empfang von Radio- und Fernsehprogrammen, der sich bei terrestrischer Ausstrahlung nicht verhindern lässt, z.B. ist der ORF auch in Teilen Bayerns zu empfangen. Probleme gibt es, wenn ein Sender die Rechte z.B. an einem Film nur für sein Haupt-Verbreitungsgebiet (beim ORF also für Österreich) erworben hat, ein anderer Sender die Rechte für Deutschland. In einem solchen Fall müsste alles getan werden, um die Überschreitung des Kern-Sendegebietes zu verhindern. Andererseits erhöht ein Overspill auch die Zuschauerzahlen und ist damit relevant für die Werbepreise.

■ Overtalk
[Ra] (engl. = drüber sprechen) Bei Radiobeiträgen das Sprechen über Musik.

■ Ozalidkopie
[Dt] Die letzte Kontrolle von Text, Bild und Satz vor der Herstellung der → Druckplatte. Auch bekannt unter den Bezeichnungen Diazotypie oder Ammoniak-Kopier-Verfahren.

P

Page-Impression
[Co] (engl. = Seiten-Eindrücke) Messgröße für die Anzahl der angesehenen Seiten von Online-Angeboten im Internet. Das Verhältnis der Page-Impressions zu → Visits ist bei redaktionellen Angeboten größer als bei Suchwerkzeugen, wo öfter nur eine Seite pro Besuch aufgerufen wird. Die → IVW stellt diese Daten monatlich zusammen, damit die werbetreibende Wirtschaft auch im Online-Sektor eine verlässliche Grundlage zur Mediaplanung hat. Das deutsche Synonym Seitenabruf ist wenig gebräuchlich. → Werbeträgerleistung → Nutzungsintensität

Page-Turner
(engl. = Seiten-Umblätterer) Ein → Buch, meist ein Roman, ist derart spannend geschrieben, dass der Leser die Seiten des Buches quasi zwanghaft umblättert und das Buch nicht weglegen kann. Synonym für Schmöker.

Pagina
[Dt] Bezeichnung für die Seitenzahl in → Werken, Zeitschriften und Zeitungen; toter → Kolumnentitel → Paginierung.

paginieren
Mit Seitenzahlen versehen, Seiten nummerieren. Dies geschieht im Laufe des → Umbruchs.

Paginierung
[Dt] Fortlaufende Numerierung von Seiten eines Druckerzeugnisses. Sie wird außerhalb des → Satzspiegels platziert.

Paintbox
[TV] (engl. = Malkasten) 1.) Computer-Grafik-System speziell für die Bearbeitung von qualitativ hochwertigen Bildern. Sie wird vor allem in den Grafikateliers von Fernsehstudios verwendet. 2.) Ugs. wird der Raum so bezeichnet, in dem das Grafik-System steht, mit dessen Hilfe z.B. → Piktogramme, Landkarten und Sonstiges hergestellt werden, die ein Fernsehsender z.B. in Nachrichtensendungen benötigt („Wir gehen in die Paintbox").

PAL
[Rt] Abk. für Phase Alternating Line. Das PAL-Farbfernsehsystem wurde in Deutschland von Walter Bruch (Telefunken) entwickelt und am 25. August 1967 in der Bundesrepublik Deutschland eingeführt. In rund 70 Ländern der Erde, in Westeuropa jedoch nicht in Frankreich übliche → Fernsehnorm. Das Farbfernsehsignal wird codiert auf 625 Zeilen bei 50 Halbbildern pro Sekunde (25 Hz). Die Phasenlänge des Farbträgers wird von Zeile zu Zeile umgekehrt, um so Farbfehler auszugleichen. Es basiert auf dem → NTSC-System, vermeidet aber die dort auftretenden Farbtonschwankungen. → Austastlücke

PAL Plus
[TV] Weiterentwicklung von → PAL mit verbesserter Bildqualität. → Moiré-Effekte, wie z.B. das Flimmern bei karierten Jacketts oder Krawatten, werden vermieden. Das Bildseitenverhältnis beträgt 16:9 und die Signalverarbeitung wurde verbessert. Das Breitbild kann auch mit herkömmlichen PAL-Fernsehgeräten empfangen werden. Filme in → Cinema-

scope füllen bei PAL-Plus-Geräten den Bildschirm aus. Bei PAL-Empfängern werden sie im so genannten → Letterbox-Format dargestellt. Seit 1994 werden Programme in PAL-Plus ausgestrahlt, seit Herbst 1995 gibt es eine Anzahl von PAL-Plus fähigen Empfängern im Handel.

■ **Pamphlet**
(politische) Streit- und Schmähschrift, verunglimpfendes Flugblatt. Oft abwertend gebraucht. Sein Verfasser ist ein Pamphletist.

■ **Pan & Scan**
[TV] (engl. = Schwenken und Abtasten) Verfahren zur Wiedergabe von → Kinofilm-Formaten auf Fernsehbildschirmen. Nur ein Ausschnitt des Breitband-Filmbildes wird auf dem Fernsehschirm im Bildseitenverhältnis 4:3 dargestellt. Die Position des Ausschnittes wird dabei laufend an das Filmgeschehen angepasst, d.h. abhängig von der jeweiligen Szene erhält man eine Art → Schwenk über die gesamte ursprüngliche Breitband-Bildbreite. Im Gegensatz zum → Letterbox-Verfahren entstehen dabei am oberen und unteren Bildrand keine schwarzen Balken, jedoch werden aufgrund des schmäleren Breiten-Höhen-Verhältnisses des Fernsehformates schmale Bildstreifen an den seitlichen Rändern nicht dargestellt.

■ **Panavision**
Breitwand- und Raumtonverfahren bei Kinofilmen. Mit einem Bildseitenverhältnis von 2,35:1 ist es ähnlich zu → Cinemascope, jedoch mit verbesserten optischen Eigenschaften.

■ **Panning**
(engl. = Schwenken) 1.) [TV] Kameraschwenk. 2.) [Ra] Lokalisation im Panorama des Audiobereichs wird geregelt.

■ **Panoramaanzeige**
[We, Ze] → Anzeige auf zwei gegenüber liegenden Seiten, die über den → Bund läuft. Regelmäßig ist eine Panoramaanzeige von redaktionellem Text umrandet.

■ **Panorama-Potentiometer**
[Ra] Dieses Instrument befindet sich im Ton-Mischpult. Mit ihm können Mono-Tonsignale innerhalb einer Stereo-Aufnahme an jede beliebige Stelle örtlich eingefügt werden.

■ **Panoramaschwenk**
[TV] Veränderung des Bildes durch Kamerabewegung um die vertikale Achse des Kameramanns. Häufig bei Außenaufnahmen und Landschaften. Synonym für Rundschwenk. → Schwenk

■ **Pan-Pot**
[Ra, Ja] Ugs. Abk. von → Panorama-Potentiometer.

■ **Pantone**
[Dt] Farbpalette. Schmuckfarben der Firma Pantone, die ihren Sitz im US-Bundesstaat New Jersey hat. Es ist in den USA weit verbreitet und gewinnt auch in Europa zunehmend an Bedeutung, vor allem beim Einsatz von → DTP. Sie können aus wenigen Grundfarben in bestimmten Verhältnissen abgedruckt werden. → Farbskala

■ **Paparazzo**
[Ze] (it.) Fotograf für Boulevardmedien, der möglichst unbemerkt oder unangenehm aufdringlich Fotos von Prominenten aufnimmt, d.h. ugs. sie → abschießt; z.B. Prinzessin Caroline mit neuem Liebhaber; Model Claudia Schiffer nackt am Strand. Meist in der Pluralform Paparazzi verwendet.

■ **Paperback**
(engl. = Papierrücken) Mit flexiblem Papier- oder Papprücken gebundenes Buch. → Deckenband. Meist mit → Klebebindung gebunden.

■ **Paperware**
(engl. = Papierware) Ein Produkt wird vom Hersteller angekündigt und beworben, als ob es bereits tatsächlich existieren würde, und erhältlich wäre. Es ist aber noch nicht lieferbar, es steht nur auf Papier. Einem möglicherweise angekündig-

ten Liefertermin ist ebenfalls nicht zu trauen. Kunden sollen dadurch in Erwartung eines „besseren" Produktes in nächster Zukunft, von dem Erwerb eines Konkurrenzproduktes abgehalten werden. Häufig in der Computerbranche z.B. Intel und AMD. Ähnlich → Vapoware

■ **Papierformat**
[Dt] → DIN-Format → Berliner Format

■ **Parallelbruch**
[Dt] Andere Bezeichnung für → Parallelfalz.

■ **Parallelfalz**
[Dt] Falt-Technik, bei der das Papier nur in eine Richtung geknickt wird. Zu dieser Gruppe zählen → Altarfalz, → Leporello und → Wickelfalz.

■ **Parallelton-Verfahren**
[TV] Die Signale von Bild und Ton werden bei dieser Schaltung des Fernsehempfängers getrennt verarbeitet.

■ **Parental Lock**
[TV] (engl. = elterlicher Verschluss) Kindersicherung bei Fernseh- und Videogeräten. Ohne ein Passwort können nur noch bestimmte Programme gesehen bzw. bestimmte Videofilme abgespielt werden.

■ **Parenthese**
[Dt] Klammerzeichen. Es gibt runde Klammern ( ), eckige Klammern [ ] und geschweifte Klammern { }. → Akkoladen

■ **Passer**
[Dt] Exakter Übereinander- oder Nebeneinanderdruck beim Mehrfarbendruck. Alle Farbauszüge werden deckungsgleich übereinander angelegt. Nicht deckungsgleiche Montage der Farbauszüge eines Mehrfarbenbild werden Passerdifferenz genannt.

■ **Passerkreuz**
[Dt] Am Rand eines Ausdrucks außerhalb der bedruckten Fläche befindet sich ein kleines Kreuz, das dem Drucker als Orientierung dient, um die Bögen der einzelnen Farben synchron nacheinander zu drucken. Auch Passmarke genannt. → Passer

■ **Passmarke**
Synonym für → Passerkreuz

■ **Patrize**
[Dt] (lat.) Stempel, Prägestock. Die Patrize wird von ihrem Gegenstück, der → Matrize, abgeformt. Zwischen den beiden erhält die Buchdecke unter Druck eine Blind- oder Farbprägung.

■ **pattern key**
[TV] (engl. = Trickmuster-Key) Im → Key-Verfahren ein Key mit vorgegebenem Trickmuster, z.B. Kreis, Raute etc.

■ **Pauschalist**
→ Freier Journalist, der für ein vertraglich festgelegtes Fixgehalt berichtet (meist nur aus einer Region oder zu einem Thema), in der Regel ist er verpflichtet, eine bestimmte Anzahl von Artikeln pro Monat abzuliefern. Im Unterschied zum → Freien, der oft ein → Zeilenhonorar erhält, wird seine Pauschale aber auch während eines Urlaubs oder bei Krankheit weitergezahlt.

■ **Pay-per-channel**
[TV] Der Zuschauer hat einen Programmkanal oder ein Programmpaket abonniert und muss dafür bezahlen. Zum Empfang ist ein → Decoder nötig. → Pay-TV

■ **Pay-per-view**
[TV] (engl. = zahlen pro „gucken") Fernsehkanal, der nur mit einem Decoder zu empfangen ist. Der Kunde wählt aus dem gesamten Programmangebot aus und zahlt nur für die angeschaute Sendung. Abgerechnet wird über einen Rückkanal im Kabelnetz. Pay-per-view wird häufig in Hotels eingesetzt, wo der Gast neben dem laufenden Fernsehprogramm auch Filme aus der hauseigenen Videothek abrufen kann. → Video on Demand → Pay-TV

■ Pay-TV
[TV] (engl. = Bezahl-TV) Verschlüsselt gesendeter Fernsehkanal, der nur mit einem → Decoder zu sehen ist. Der Kunde zahlt dafür, die Programme sehen zu können. Die Bezahlung erfolgt in der Regel im → Abonnement, daher auch Abonnementfernsehen genannt. Alle derzeitigen Pay-TV-Angebote sind → Verteildienste, deren Programme nach einem vom Konsumenten nicht beeinflussbaren Sendeschema ablaufen. Nicht-Abonnenten können das Programm nur als „permanente Bildstörung“ empfangen. Der Decoder ist entweder in dem Abonnementpreis enthalten oder muss separat erworben werden. Inhalt von Pay-TV-Programmen sind meist Spielfilme. Gegenteil → Free-TV. Pay-TV ist der Oberbegriff für alle Arten, Fernsehen gegen Bezahlung zu empfangen. Entweder wird für einzelne Sendungen gezahlt (→ Pay-per-view → Video on Demand), oder durch regelmäßige Gebühren (→ Pay-per-channel → Near Video on Demand).

■ PCM
[TV] Abk. von → Pulscodemodulation.

■ Peak Hold
[Ra] (engl. = Spitzen-Halten) Der Höchstwert wird für kurze Zeit gespeichert. Dies erleichtert das genaue Ablesen von Spitzenwerten an den Anzeigeinstrumenten. Um Verzerrungen durch Übersteuerung zu vermeiden ist eine präzise Spitzenwert-Ablesung besonders bei Aussteuerungs-Anzeigen erforderlich.

■ Penny-a-line payment
(engl. = Pfennig-pro-Zeile-Bezahlung) → Zeilenhonorar

■ People-Magazin
[Ze] (engl. people = Leute) Zeitschrift, deren Hauptinhalt Berichte über Prominente sind, z.B. Gala.

■ Perfo
[TV] Andere Bezeichnung für → Magnetfilm.

■ Perforation
Spezielle Art des Stanzens, bei der kleine Schlitze oder Löcher derart aneinandergereiht werden, dass sie z.B. das Abtrennen von einem Teil des Druckobjektes erleichtern. Perforierungen werden u.a. bei Briefmarken eingesetzt.

■ Periodikum
Regelmäßig erscheinendes Druckerzeugnis wie z.B. Zeitungen, Zeitschriften, Kataloge. Es unterliegt dem ermäßigten Mehrwertsteuersatz von z.Zt. 7 %.

■ Perl
[Dt] Bezeichnung für die Schriftgröße 5 → Punkt.

■ Perlen
[Dt] Zusammenziehen der Druckfarben zu kleinen Perlen. Dies geschieht entweder aufgrund zu dünner Farbe, oder weil die Oberflächenbeschaffenheit des Druckobjekts die Aufnahme dieser Farbe nicht zulässt.

■ Perlleinwand
[Fi] Die Oberfläche dieser Projektionswand besteht aus winzigen Glasperlen. Perlleinwand besitzt bei nur geringem Blickwinkel ein starkes Reflexionsvermögen.

■ Personality-Show
(engl. personality = Persönlichkeit) Auf einen bestimmten Showmaster zugeschnittenes Show-Konzept. Oft erscheint der Moderatoren-Name auch im Titel; z.B. bei der „Ulla Kock am Brink Show“ (Pro 7) ist die Moderatorin nicht austauschbar, bei „Wetten dass ...“ (ZDF) hat es bereits mehrere Wechsel gegeben.

■ Personality-Story
(engl. personality = Persönlichkeit) Geschichte rund um eine Person oder Persönlichkeit, z.B. Schauspieler, Politiker. Typisches Beispiel ist die → Home-Story.

Personenreichweite
[TV] Prozentual oder in absoluten Zahlen wird ausgewiesen, wie viele Personen eine Fernsehsendung angesehen haben. Eine Personenreichweite von zehn Prozent bedeutet, dass jeder zehnte deutsche Fernsehteilnehmer eine bestimmte Sendung gesehen hat. Morgens kann eine Personenreichweite von zwei Prozent schon ein hervorragendes Ergebnis sein, wenn beispielsweise lediglich fünf Prozent aller Personen zu dieser Zeit das Fernsehgerät eingeschaltet hatten. → Einschaltquote

Persönlichkeitsrechte
[Re] Schutz der Ehr-, Privat- und Intimsphäre eines Menschen. Dazu gehört auch, dass jeder selbst bestimmen kann, welche Informationen über ihn veröffentlicht werden. Wer nicht im öffentlichen Interesse steht, kann sich z.B. gegen die Veröffentlichung von Fotos wehren oder das Unkenntlichmachen seiner Person verlangen (→ Balken). Die Öffentlichkeit hat jedoch ein Recht auf Information, wenn es sich um eine so genannte absolute oder relative Person der Zeitgeschichte handelt. Absolute Personen der Zeitgeschichte sind solche, die für unbegrenzte Dauer im Interesse der Öffentlichkeit stehen. Dazu gehören Mitglieder von Königshäusern ebenso wie Politiker, die hohe Staatsämter bekleiden oder bekleidet haben. Relative Personen der Zeitgeschichte sind solche, die nur für einen begrenzten Zeitraum im Zentrum des öffentlichen Interesses stehen, z.B. der Vorsitzende eines Unternehmens nur während der Zeit, in der er dieses Amt innehat, oder der Held eines Bahnunglücks nur in der direkt an dieses Ereignis anschließenden Zeitspanne. Bei dieser Personengruppe gewinnt das Persönlichkeitsrecht bald wieder mehr Gewicht als das Recht der Öffentlichkeit auf Information.

Perspektive
[TV] Position der Kamera in Bezug auf das Objekt. Grundsätzlich sind drei Perspektiven möglich: Normalperspektive (Kamera und Objekt befinden sich in gleicher Höhe), Oberperspektive (die Kamera befindet sich oberhalb des Objekts, in der Folge wirkt es im Vergleich zur Normalperspektive unbedeutender) und Unterperspektive (die Kamera befindet sich unterhalb des Objekts, es wirkt dominanter). Die Unterperspektive wird auch als „amerikanische Einstellung" bezeichnet.

Petit
Die alte Bezeichnung für den Schriftgrad von 8 → Punkt. → Didot

Pflichtstückverordnung
[Re] Verordnung aus dem Jahr 1982, die der → Deutschen Bibliothek einen gesetzlichen Anspruch auf ein → Belegexemplar von jedem in der Bundesrepublik regelmäßig erscheinenden Druckerzeugnis gibt, egal ob Buch, Zeitschrift oder Schülerzeitung.

PG
Abk. für → Pressegespräch.

PGP
[Co] Abk. für Pretty Good Privacy (engl. = ziemlich gute Privatsphäre). Programm für asymmetrische Verschlüsselung von E-Mails. Es wurde von Philip Zimmermann in den USA entwickelt. → Kryptographie

Phantomspeisung
[TV] Ein Mikrofon wird vom Regieraum aus elektrisch gespeist. Die Speisung erfolgt über die Mikrofonleitung.

Phase
[Fi] Ein Einzelbild beim Bewegungsablauf in der Tricktechnik.

Phase Alternating Line
→ PAL

Phon
Maßeinheit der Lautstärke einer Schallquelle.

Pica
[Dt] Im anglo-amerikanischen Raum übliche Maßeinheit für den → Schriftgrad, also die Schriftgröße. Ein Point entspricht

Punktsystem: Pica-Points

Punkt	britische Bezeichnung	US-amerikanische Bezeichnung	mm
1	12-to-pica	1 point	0,351
2	6-to-pica	2 points	0,703
3	Minikin	Excelsior	1,054
3 1/2	Brilliant	Brilliant	1,229
4	Gem	Ruby	1,405
4 1/2	Diamond	Diamond	1,581
5	Pearl	Pearl	1,757
5 1/2	Ruby	Agate	1,933
6	Nonpareil	Nonpareil	2,109
6 1/2	Emerald	Emerald	2,284
7	Minion	Minion	2,460
8	Brevier	Brevier	2,812
9	Bourgeois	Bourgeois	3,136
10	Long Primer	Long Primer	3,515
11	Small Pica	Small Pica	3,866
12	Pica	Pica	4,217
14	English	English	4,921
16	2-line Brevier	Columbian	5,624
18	Great Primer	Great Primer	6,327
20	2-line Long Primer	Paragon	7,029

0,351 mm, 12 Point (= ein Pica) entsprechen 4,212 mm. 12 Point ergeben 1 Pica, 6 Pica entsprechen 1 Inch, 12 Inch sind 1 Fuß. Computer-Punkte entsprechen 1/72 Zoll, also 0,3527 mm. Das Pica-System ist vollkommen unabhängig von dem in Europa üblichen → Didot-System.

■ **Pikto**
[Ja] Abk. für → Piktogramm.

■ **Piktogramm**
(lat.-gr.) 1.) Formelhaftes graphisches Symbol, oft mit international genormter Bedeutung; Bildsymbol (z.B. Totenkopf als Symbol für Gift). Ziel ist die rasche Erkennbarkeit der Information, die ohne Lernvorgang gedeutet werden soll. Der Begriff ist etwas enger gefasst als → Logo. 2.) [TV] In TV-Nachrichten neben dem Sprecher eingeblendetes symbolhaftes „Bildchen“, z.B. ein Paragraphenzeichen neben der Reichskriegsflagge, wenn über einen Neonazi-Prozess berichtet wird. Das Piktogramm wird in der → paint-box des Fernsehstudios für jede Meldung einer Nachrichtensendung neu erstellt.

■ **Pilot**
[Fi] Ugs. benutztes Kurzwort für → Pilotfilm.

■ **Pilotfilm**
[Fi] Erster Film einer Fernsehserie bzw. erste Sendung einer neuen → Fernsehshow. Hat der Pilotfilm Erfolg, so wird die Serie weiter ausgestrahlt; bei Misserfolg wird die Serie bzw. Show nicht weiter gesendet oder stark überarbeitet. Oft ist ein Pilotfilm länger als die eigentlichen Serienfolgen und hat ggf. sogar Spielfilmcharakter. Bei dieser Gelegenheit werden die Hintergründe einer Serie dargestellt, z.B. wie das erfolgreiche Detektiv-Duo einer Serie zueinander fand. Ugs. wird häufig das Kurzwort Pilot benutzt.

■ **Pilotsendung**
[TV] → Pilotfilm

■ **Pilottonunterdrückung**
[Ra] Maßeinheit für die Wirksamkeit des Filters im → Pilottonverfahren. Sie wird in dB angegeben.

Pilottonverfahren
1.) [Ra] Elektroakustisches Verfahren zur Übertragung stereophoner Rundfunksignale auf derselben Trägerfrequenz. UKW-Sender strahlen einen 19-Kilohertz-Pilotton aus, um das UKW-System stereotauglich zu machen. Dieses Signal wird vom Empfänger verwendet, um die verschachtelten Rechts-/Links-Informationen zu decodieren. Der Pilotton muss vor dem Ausgang herausgefiltert werden, sonst könnten in nachfolgenden Geräten (Verstärker, Recorder) Verzerrungen oder andere Störungen auftreten. Problematisch ist die so genannte Pilottonverzerrung. Sobald mehr als nur ein Ton anliegt, bilden nicht völlig verzerrungsfreie elektronische Geräte eine so genannte Intermodulation, bei der Mischprodukte bei den Differenzfrequenzen auftreten. Diese liegen zum Teil im hörbaren Bereich und sind daher sehr störend, vor allem bei hohen Tönen. 2.) [Fi] Tonaufnahme-Verfahren auf unperforiertem Tonband, das die Synchronität von Ton und Bild gewährleistet. Dabei liefert die Kamera eine zur Bildfrequenz synchrone Wechselspannung. Diese wird auf einer zweiten Tonspur aufgezeichnet. Dieser Pilotton steuert bei der Wiedergabe über Verstärker den Film-Projektor. Dadurch sind Bild und Ton bei der Wiedergabe synchron.

Ping
[Co] Kleines Programm, mit dem die momentane Erreichbarkeit eines Computers in einem TCP/IP-Netzwerk wie z.B. dem → Internet festgestellt werden kann. Dazu sendet es ein einzelnes Datenpaket z.B. an einen → Server und wartet darauf, dass ihm dieses zurückgeschickt wird. Anhand der Laufzeit des Paketes und der Übereinstimmung mit dem Original kann die Geschwindigkeit und die Fehlerfreiheit einer Verbindung getestet werden.

Pitch
[PR] (engl. = Stufe, Steigung, Abstand) Häufig verwendetes Synonym für Wettbewerb, in dem PR-Agenturen stehen, wenn sie ihre PR-Konzepte dem potentiellen Kunden präsentieren und auf die Erteilung des Auftrages hoffen.

Pixel
[Co] Kunstwort, das sich aus engl. picture = Bild und element zusammensetzt. Bild-Partikel. Ein Pixel ist die kleinste Bildeinheit auf einem Bildschirm, die dargestellt und adressiert werden kann. Ein Lichtpunkt, aus dem sich eine Anzeige auf dem Bildschirm zusammensetzt. Zur Spezifizierung der Auflösung wird diese Einheit auch im Zusammenhang mit Bildaufnehmern verwendet.

Pixelgrafik
[Co, Fo] Darstellung eines Bildes auf dem Computer. Das Bild setzt sich aus einzelnen → Pixeln zusammen. Jeder dieser Bildpunkte kann für sich unterschiedliche Informationen tragen. Die einzelnen Punkte werden üblicherweise im → RGB-Farbraum mit je acht → bit Tiefe dargestellt. Dies hat den Vorteil einer hohen Farbtreue. Außerdem können viele Filter nur bei Pixelgrafiken eingesetzt werden. Auch als Bitmap bezeichnet.

PK
Abk. für → Pressekonferenz.

Plagiat
(spätlat.) Gedankenraub. Unberechtigte Nachahmung und Nutzung fremder geistiger Leistungen. An fremdem geistigem Eigentum begangener Diebstahl. Verletzung des → Urheberrechts.

Plakatformat
[Dt] Ebenso wie die Größe von Papier genormt ist, haben auch Plakate vereinheitlichte Formate. → DIN-Format

Plakatformate

Deutschland:	Bogen (59,4 x 84,1 cm)
Schweiz:	Einheitsformat (95 x 128 cm)
Holland:	Einheitsformat (83 x 118 cm)
England:	double-crown (Doppelkrone) (30 x 20 Zoll = 76 x 51 cm)
Frankreich:	Colombier (60 x 80 cm)

■ **Plakatschriften**
[Dt] Schriften, die größer als 8 → Cicero und wegen ihrer Größe auch auf großen Plakaten gut lesbar sind. → Schaugröße

■ **Platzhalter**
[Ze] Ersatz-Artikel. Er wird im Layout eingeplant und im → Andruck auch gedruckt, obwohl dieser Platz eigentlich für einen anderen Artikel vorgesehen ist, der dann auch im → Schub ausgetauscht wird. Z.B. Fußballergebnisse eines Spiels, das erst nach Redaktionsschluss endet. Klappt der Austausch aus irgendeinem Grund nicht (Überlänge des Spiels, technische Schwierigkeiten), so bleibt der Platzhalter im Blatt.

■ **Playback**
[TV] Fertige Musik- oder Gesangsteile werden bei der Bildaufnahme eingespielt. Die Tonaufnahme wird aus akustischen Gründen häufig vorher in einem Tonstudio durchgeführt.

■ **Playlist**
[Ra] (engl. = Spiel-Liste) Heute in der Regel von einem Computerprogramm zusammengestellte Liste von Musiktiteln, die während einer Sendung abgespielt werden. Die Playlist weist auch aus, wie lange ein Titel angespielt werden kann, bevor der erste Gesang einsetzt. Diese Zeit kann der → Moderator z.B. für Ansagen nutzen und über die Musik drübersprechen.

■ **Plot**
[TV] (engl. = Handlung eines Romans oder Dramas; etwas planen, entwerfen, aufzeichnen) Skizze eines Handlungsverlaufs bei einem Film.

■ **Pluskorrektur**
[Dt] Verstärkung von Farb- oder Tonwert.

■ **Point**
[Dt] Analog zum europäischen → Punkt (auch → Didot) ist der Point die kleinste Einheit des amerikanischen Point-Systems als Maßeinheit für Schriftgröße. 1 point = 0,351 mm = 1/12 eines → Pica.

■ **Polarisationsfilter**
[Fo] Filter, der nur Lichtstrahlen einer bestimmten Schwingungsebene durchlässt. Er unterdrückt unerwünschte Spiegelungen, die an glatten Oberflächen auftreten.

■ **Polfilter**
[Fo] Abk. für → Polarisationsfilter.

■ **Polizeireporter**
Journalist, der sich um Themen im Zusammenhang mit der Polizei kümmert. Er berichtet über Verbrechen, interviewt zu den neuesten Einbruchs-Tricks, bekommt aber – wenn er ein verlässlicher Ansprechpartner der Polizei ist – auch mal Interna gesteckt, durch die er Polizeiskandale publik machen kann, z.B. Polizisten verprügeln Ausländer.

■ **Polygraph**
[Dt] Dieser Ausbildungsberuf löste in der Schweiz den des Typographen ab. → Schriftsetzer

■ **Poolfotograf**
[Fo] Mitglied in einem → Fotografenpool

■ **populärwissenschaftlich**
(lat.-frz. populaire = volkstümlich, allgemein beliebt, allgemein verständlich) Veröffentlichungen, in denen komplexe wissenschaftliche Zusammenhänge auch für Laien verständlich erklärt werden.

■ **Pop-up-Beihefter**
[Ze, We] Dreidimensionaler → Beihefter, der sich beim Aufschlagen einer Zeitschriften-Doppelseite selbstständig aufstellt.

■ **Portable**
[TV] (engl. = tragbar) Tragbares Fernsehgerät.

■ **Portal**
[Co] Gebräuchliche Kurzbezeichnung für → Internet-Portal.

■ **Portrait**
(lat.-frz.) Bildnis eines Menschen. So wie ein Maler das Abbild eines Menschen auf

Leinwand bannt, beschreibt der Journalist den Menschen so treffend, dass der Leser meint, er sähe sein Bild vor sich.

■ **portrait**
[Dt] Englische Bezeichnung für das → Hochformat. Der Ursprung dieser Bezeichnung liegt darin, dass Personen-Portraits in der Regel im Hochformat abgebildet werden, da die Höhe eines Kopfes dessen Breite übersteigt.

■ **Positivfilm**
[Fo] Andere Bezeichnung für → Umkehrfilm.

■ **Posterisation**
[Fo] Digitaler Trickeffekt, der ein Foto oder sonstiges Bild wie ein Ölgemälde aussehen lässt.

■ **Posterizing**
[Fo] Bei diesem Effekt werden die Trennungskanten der Farbtöne sichtbar. Posterizing entsteht durch zu niedrige Graustufenzahl.

■ **Postroll**
[Fi] Engl. Bezeichnung für den → Nachlauf.

■ **Postscript**
[Co] Universelle Seitenbeschreibungssprache des Software-Unternehmens Adobe. Postscript weist alle Möglichkeiten gängiger Programmiersprachen auf und umfasst zusätzlich eine umfangreiche Auswahl an Grafik-Operatoren. Postscript-Befehle definieren Bestandteile einer Seite, so genannte Objekte. Diese Objekte geben an, was ihnen zugewiesen wird und wo sie auf einer Seite zu stehen haben. Ein solches Objekt kann sowohl ein Grafikelement (z.B. Linie, Kreis) als auch ein Schriftzeichen oder eine aus einzelnen Punkten (→ Pixel) bestehende digitalisierte Abbildung sein.

■ **Postscript-Font**
[Co] Vektorschriften bestehen aus Pfaden, die das Aussehen der einzelnen Zeichen definieren. Dadurch können sie in jeder beliebigen Größe und in der bestmöglichen Qualität ausgegeben werden (vergleichbar mit → Vektorgrafik). → True Type Fonts

■ **PR**
[PR] Abk. für public relations (engl. = öffentliche Beziehungen). Im Deutschen auch als Öffentlichkeitsarbeit (ÖA) bezeichnet. Das bewusste Bemühen eines Unternehmens oder einer Personengruppe, Vertrauen und Verständnis in der Öffentlichkeit aufzubauen und zu pflegen; Kontaktpflege. Public Relations ist auch unbezahltes Erscheinen von Artikeln etc. in den Medien, im Gegensatz zur Werbung, die immer bezahlt ist. PR-Prinzip = „Tue Gutes und rede darüber". PR-Strategien werden u.a. nach Aktualitäts-PR, Verständlichkeits-PR, Wahrheits-PR und Zuverlässigkeits-PR unterschieden.

■ **Prachtdruckfarbe**
[Dt] Die schwarze Farbe mit der größten Tiefe und hochwertiger Qualität.

■ **PR-Agentur**
[PR] Nimmt häufig die Funktion einer → Pressestelle für ein Unternehmen wahr, das sich intern keine solche leisten kann oder will. Auch große Firmen beauftragen oft (mehrere) PR-Agenturen, um ihren Regionalbezug und örtliche Präsenz zu erhöhen (die Zentrale ist „zu weit weg").

■ **PR-Anzeige**
[PR, We] Bezahlter Platz in einer Zeitung oder Zeitschrift, den ein Unternehmen gekauft hat und mit Text im Stile des redaktionellen Umfelds füllt. Dieser Text ist eine Spezialform des → PR-Artikels.

■ **PR-Artikel**
[PR, Ze] Artikel, der im Auftrag eines Unternehmens oder einer Institution verfasst wird. Dieser Artikel wird häufig von einer → PR-Agentur oder einem → freien Journalisten geschrieben. Das Schreiben alleine genügt jedoch nicht, denn Ziel eines solchen PR-Artikels ist, dass er platziert wird, d.h., dass er abgedruckt wird. Erst

mit der Veröffentlichung hat der Auftraggeber sein Ziel erreicht, im redaktionellen Teil einer Zeitung oder Zeitschrift präsent zu sein und dadurch sein Unternehmen glaubwürdiger darzustellen. Die Platzierungsarbeit übernimmt entweder der Autor oder die Presse-Abteilung des Unternehmens. Sie kann durch Kooperation mit dem Printmedium erfolgen. Druckt eine Zeitung einen → Namensbeitrag ab, kann sie sich z.B. mit dem Autor schmücken („Bei uns schreibt sogar der Chef des Unternehmens XY, selbst wenn der Chef den Artikel hat schreiben lassen"). Auch PR-Text genannt. → Materndienst

■ **Präsentationssarg**
[Ja] Großer, schwarzer, flacher Koffer zum Transport von Grafiken und großformatigen Bildern.

■ **Präsenzfilter**
[Ra] Filter, der bestimmte Frequenzbänder im Tonfrequenzbereich anhebt. Er wird zum Hervorheben bestimmter Schallquellen (z.B. einzelne Musikinstrumente, Stimmen) verwendet.

■ **PR-Berater**
→ PR-Agentur

■ **Preroll**
[TV, Fi] Engl. Bezeichnung für → Vorlauf.

■ **Presse**
Im weiteren Sinne wird der Begriff Presse heute meist für alle journalistischen Medien verwendet, unabhängig vom Verbreitungs-Medium (Funk, Papier etc.). Z.B. geht eine → Pressemitteilung an alle Journalisten, unabhängig von dem Medium, für das sie tätig sind. Ursprünglich leitet sich der Begriff von der Druckerpresse ab und meint im engeren Sinne die Gesamtheit aller gedruckten Medien. Auch als Printmedien bezeichnet.

■ **Presseagentur**
Nachrichtenbüro; gewerbliches Unternehmen, das Nachrichten sammelt und vermittelt (→ dpa, AFP, AP, Reuters, → ADN). Auch als Nachrichtenagentur bezeichnet.

■ **Presseausweis**
Stück Papier mit Foto und Stempel, das seinen Inhaber als professionellen Journalisten ausweist. Er wird z.B. von den Gewerkschaften und Verlegerverbänden ausgestellt. Er ist jährlich zu erneuern. In regelmäßigen Abständen wechselt seine Farbe. Im Gegensatz zur landläufigen Meinung gibt es keinen amtlichen, d.h. von einer staatlichen Behörde ausgestellten Presseausweis.

■ **Pressebüro**
In der Regel ein Zusammenschluss freier Journalisten, die gemeinsam Büroräume benutzen, um Kosten zu sparen. Z.B. ist dann nur eine Sekretärin, nur ein Faxgerät, etc. nötig. Wenn einer zu viel zu tun hat und dem anderen Aufträge fehlen, können sie so leicht weitergegeben werden, bevor der Auftraggeber zu anderen Journalisten abwandert.

■ **Pressedienst**
→ Ausschnittdienst

■ **Pressefreiheit**
Freiheit der Meinungsäußerung des Einzelnen in Presse, Funk und Fernsehen. In Deutschland durch Art. 5 des Grundgesetzes weitestgehend geschütztes Grundrecht. Sie entspringt auch dem Recht der Öffentlichkeit auf Information. Die Pressefreiheit entbindet jedoch den Autor nicht von der Verantwortung für sein Werk. So kann z.B. nach der Veröffentlichung einer Beleidigung gegen den Autor geklagt werden. Die Pressefreiheit ist eng verbunden mit der → künstlerischen Freiheit, ihr Gegenteil ist die → Zensur. Neben dieser „äußeren" Pressefreiheit gibt es auch eine so genannte → „innere" Pressefreiheit, die die Freiheit der Redaktion vor Einflussnahme seitens des Arbeitgeber-Verlages betrifft. Beschränkt wird diese nur in Fällen, bei denen es z.B. um Jugendgefährdung durch Pornographie oder Volksverhetzung („Auschwitzlüge") geht.

Pressegeheimnis
Recht der → Zeugnisverweigerung aller in der Presse Beschäftigten über Verfasser, Einsender oder Gewährsmann einer Veröffentlichung. Dient dem → Informantenschutz, da der Name des Informanten nicht preisgegeben werden muss. Ein starkes Pressegeheimnis ist oft genug Voraussetzung, dass ein Journalist Informationen über Unregelmäßigkeiten z.B. in der Politik überhaupt bekommt und bildet damit Grundlage für die Kontrollfunktion der Presse. Auch Redaktionsgeheimnis genannt.

Pressegesetz
[Re] In Deutschland gibt es kein bundeseinheitliches Pressegesetz, mehrere Anläufe, ein solches im Bundestag zu verabschieden, scheiterten. Jedes Bundesland hat ein Landespressegesetz, in dem die wichtigsten Normen des → Presserechts stehen.

Pressegespräch
Abk. = PG. Im Unterschied zur → Pressekonferenz eine eher lockere Runde, in der sich Journalisten und die Organisatoren des PG allgemein oder zu einem bestimmten Thema unterhalten und dabei Informationen austauschen. Das unmittelbare Erscheinen eines Artikels ist nicht immer Ziel eines PG's, es dient oft nur der Hintergrundinformation. → Pressestammtisch

Presseinformation
Speziell für Journalisten erstellte Informationen, in der z.B. beim Erscheinen eines neuen Buches eine Kurzfassung des Inhalts oder bei der Präsentation eines neuen Produktes die wesentlichen Daten zusammengestellt sind. Besteht die Information aus mehreren Teilen, werden sie oft in einer → Pressemappe zusammengefasst.

Pressekarte
Kostenlose Eintrittskarte für Berichterstatter zu Veranstaltungen.

Pressekodex
Verhaltensregeln für die „anständige, ehrbare" Presse; Ehrenkodex. Er wird vom → Deutschen Presserat festgelegt, Verstöße dagegen von ihm gerügt. Der Ehrenkodex verlangt, dass das betroffene Medium die Rüge selbst veröffentlicht.

Pressekonferenz
Abk. = PK. Spezielle Veranstaltung für Journalisten, um diese zu informieren, z.B. über den aktuellen Stand eines Ereignisses, eine Neuerscheinung etc. Die Referenten erzählen, die Journalisten hören zu und stellen Fragen. Nicht so locker wie ein → Pressegespräch oder → Pressestammtisch. Ziel ist meist die Veröffentlichung von Berichten zu dem Konferenz-Thema.

Pressemappe
Hefter, Umschlag, Klarsichthülle, die mehrere → Presseinformationen bündelt. Der Begriff wird oft auch als Synonym für → Presseinformationen verwendet. → Pressemitteilung

Pressemitteilung
Offizielle schriftliche Information an die Presse. Wird häufig an mehrere Journalisten verteilt. Inhalt kann eine Auflistung von Fakten und Daten sein, aber auch druckfähige Artikel und Meldungen. Heute nicht mehr üblicher Ausdruck ist Waschzettel. → Pressemappe → Presseverteiler

Presserecht
[Re] In den → Pressegesetzen der Bundesländer werden die speziell die Medien betreffenden Themen teils unterschiedlich geregelt, z.B. → Gegendarstellung. Es gibt aber auch in allgemeinen Gesetzen Normen, die für die Presse große Bedeutung haben, z.B. im Strafrecht und im BGB. Die Paragraphen 185 ff. StGB belegen Beleidigung, üble Nachrede und Verleumdung mit Geld- oder Freiheitsstrafe. Das österreichische Strafgesetzbuch belegt die Beleidigung gemäß §§ 111 ff. ebenfalls mit Geld- und Freiheitsstrafe, das schweizerische StGB in seinen Art. 173 ff. mit Gefängnis oder Buße. Im § 131 StGB ist das Gewaltdarstellungsverbot geregelt und das BGB regelt in den

§§ 823 ff. das Schadenersatzrecht aus unerlaubter Handlung.

■ Presseschau
[Ra, TV] Überblick über das, was Zeitungen in einem Zeitraum oder zu einem Thema berichtet haben, meist werden dabei die Artikel vorgelesen. Z.B. häufig im Radio früh morgens, damit der Hörer gleich die wichtigsten Themen des Tages erfährt. → Pressespiegel

■ Pressespiegel
Sammlung von Artikeln aus verschiedenen Printmedien. Er enthält einen Querschnitt der Berichte zu den Themen eines Zeitraumes (z.B. alle Aufmacher des Tages in den überregionalen Zeitungen) oder nur zu einem bestimmten Thema (z.B. das Ägyptische Fremdenverkehrsamt sammelt alle Artikel, die über Ägypten erschienen sind). → Ausschnittdienst → Clippings

■ Pressespiegelvergütung
[Re] Von der gewerblichen Wirtschaft, Verbänden, Ministerien etc. zu zahlende Vergütung für regelmäßiges Kopieren von Texten und Bildern aus Zeitungen und Zeitschriften und das Verbreiten dieser → Pressespiegel in mehreren Exemplaren. Diese Gebühr für das → Urheberrecht wird von den → Verwertungsgesellschaften kassiert und an ihre Mitglieder weitergegeben.

■ Pressesprecher
Ansprechpartner von Journalisten in einer Behörde oder einem Unternehmen. Er ist für Informationen an die Presse zuständig, pflegt den Kontakt zu Journalisten. Er ist meist Leiter der → Pressestelle. Die Funktion kann auch extern vergeben sein, d.h. von einer → PR-Agentur oder einem PR-Berater wahrgenommen werden.

■ Pressestammtisch
Meist lockere Runde, in der sich Journalisten untereinander oder mit Vertretern einer Organisation in halb privater Atmosphäre treffen. → Pressegespräch → Pressekonferenz

■ Pressestelle
Abteilung von Behörden, Firmen und anderen Institutionen, die den Kontakt mit den Medienvertretern pflegt und die Journalisten über wichtige Ereignisse informiert. Oft betreut diese Abteilung auch die übrige → Öffentlichkeitsarbeit, die sich an die Allgemeinheit richtet. Mit der Pressearbeit kann auch eine externe → PR-Agentur beauftragt werden. Dies geschieht z.B., wenn kleinen Unternehmen die Personalkapazität fehlt oder um einen stärkeren Regionalbezug bei überörtlich tätigen Institutionen zu erreichen.

■ Pressestimme
In der Zeitung veröffentlichte Meinung; Ausdruck wird bei → Presseschauen verwendet.

■ Presseverteiler
Adressensammlung. „Ich nehme Sie in den Verteiler auf" bedeutet, dass der Journalist künftig alle Pressemitteilungen zugesandt bekommt. Meist kurz Verteiler genannt. Inzwischen auch häufig als → Faxverteiler.

■ Pressezentrum
Bei großen Veranstaltungen, z.B. Messen, speziell für Journalisten eingerichtetes Büro; Anlaufstelle und Treffpunkt der Journalisten. Bietet Journalisten besondere Informationsmöglichkeiten und in der Regel auch Arbeitsplätze, d.h. Schreibtische, Telefon, Steckdosen für Laptops. Oft ist es als gemütlicher Raum zum Treffen mit Kollegen (oder Pressesprechern) eingerichtet, gelegentlich werden preisgünstige oder kostenlose Getränke und Essen angeboten.

■ Primärtonverfahren
[Fi] Bei Filmaufnahmen wird der Originalton nur zur Information aufgenommen. Später wird der Film nachsynchronisiert.

■ Prime
[Dt] Die erste Seite einer Druckform. → Bogenziffer

▪ Prime-Time
[Ra, TV] (engl. = vorrangige Zeit) Hauptsendezeit. Im Fernsehen liegt die Prime-Time zwischen 18 und 23 Uhr, im Radio morgens zwischen 6 und 8 Uhr. Zu diesen Uhrzeiten werden die Empfangsgeräte am häufigsten eingeschaltet. Die Zeit vor der Prime Time wird → Access Time genannt. → Einschaltquote

▪ Printmedien
(engl. print = drucken) Pluralwort. Gesamtheit der gedruckten Informationsträger, z.B. Zeitungen, Zeitschriften, Flugblätter, Plakate etc.

▪ Prismensucher
[Fo] Der Sucher einer Kamera, bei dem das Bild vom → Objektiv über Prismen ausgespiegelt wird. Daher ist es parallaxenfrei. Diese entstehen bei „zweiäugigen" Sucherkameras mit getrenntem Sucher. Der Benutzer schaut dabei immer leicht versetzt, schräg auf das Ziel, sodass sich ein anderer Blickwinkel ergibt. Das aufgenommene Bild ist daher dem Sucherbild nur sehr ähnlich, aber nicht identisch. Der Effekt ist im Nahbereich stark und nimmt mit zunehmender Entfernung ab.

▪ privater Rundfunk
[Ra, TV] Gegensatz zu öffentlich-rechtlichem Rundfunk. Zweite Säule des → dualen Rundfunksystems in Deutschland seit den Achtzigerjahren. Rechtsgrundlage sind die Landesmediengesetze. Die → Landesmedienanstalten überwachen die privaten Sender, die sich vorwiegend aus Werbung (= privat) finanzieren. Nicht in Staatshand befindliche private Unternehmen.

▪ Product Placement
[We] (engl.) Platzierung von Produkten oder deren Namen in Filmen oder Fernsehsendungen gegen Entgelt. Aufgrund einer fehlenden Trennung von Redaktion und Anzeigenteil liegt Product Placement in der rechtlichen Grauzone zur → Schleichwerbung, z.B. fährt James Bond immer die neuesten Autos der Marke BMW. Ist bei einer Spieleshow eine Reise zu gewinnen, läuft eine Assistentin (wie zufällig) mit dem Katalog des Reiseveranstalters durch das Bild. Bei zu deutlicher Werbung muss das Wort „Werbesendung" oder „Dauerwerbesendung" eingeblendet werden, z.B. beim SAT.1-Glücksrad. Lediglich die → Werberichtlinien für den öffentlich-rechtlichen Rundfunk enthalten eine Regelung, wonach Product Placement grundsätzlich unzulässig ist, nur aus künstlerischen oder journalistischen Gründen kann ausnahmsweise eine unentgeltliche Platzierung erfolgen.

▪ Produktion
1.) [Ze] Fertigstellen einer Zeitungsausgabe. 2.) [Fi] Filmemachen. Der Produzent stellt das Geld dazu zur Verfügung.

▪ Programmauftrag
[Ra, TV] Der dem Gemeinwohl verpflichtete → öffentlich-rechtliche Rundfunk hat eine bestimmte Angebotspalette zu gewährleisten. Unter dem juristisch geprägten, jedoch nicht konkretisierten Sammelbegriff interpretieren manche einen Volksbildungsauftrag. Konkretere Vorgaben sind in den Rundfunkgesetzen unter Begriffen wie Programm- und Sendegrundsätze und Gestaltung der Sendung enthalten. Nicht zu verwechseln mit den → Programmgrundsätzen. → Grundversorgung

▪ Programmaustausch
[Ra, TV] Sowohl innerhalb der → ARD als auch international tauschen die Sender ihre Programme aus. International erfolgt dieser Austausch im Wesentlichen über → UER und → Eurovision. Im Hörfunk wird die gegenseitige Übernahme von Sendungen oder Beiträgen seit den Zwanzigerjahren, im Fernsehen seit den Fünfzigerjahren praktiziert. Hintergrund des Programmaustauschs sind Kostensenkung und die Bereicherung des Angebotes. Technisch erfolgt die Übernahme der Programme meist über Leitungen oder Satelliten. Mehr als 20 Prozent des Hörfunk-Gesamtvolumens besteht aus ARD-internem Programmaustausch. Bei den Dritten Fernsehprogrammen ist es fast ein Viertel. Das Erste Deutsche Fernsehen bezieht

jährlich drei bis fünf Prozent seiner gesamten Sendungen aus dem Angebot der Eurovision.

■ **Programmdirektor**
[Ra, TV] Verantwortlicher für den Ablauf der Sendungen im Programm.

■ **Programmfarbe**
[Ra] Programminhalt, der an einer Zielgruppe orientiert ist (z.B. Info-Sender, Oldie-Sender, Stadt-Radio). → Musikformat

■ **Programmfenster**
[TV] Im laufenden Fernsehprogramm werden für Teile des Sendegebietes eigenständige, sich vom Gesamtprogramm unterscheidende Sendungen ausgestrahlt. Gleichzeitig laufen regional oder lokal spezifische Programme. Das erste regionale Fenster wurde in Deutschland 1924 gesendet. → Regionalfenster

■ **Programmgrundsätze**
[Ra, TV] Die Landesrundfunkgesetze und die Satzungen der Rundfunkanstalten enthalten Richtlinien für die Programmgestaltung – nicht zu verwechseln mit dem → Programmauftrag. Sie basieren auf den „10 Geboten" der amerikanischen Besatzungsmacht von 1946. Deren wichtigste Punkte regeln noch heute den öffentlich-rechtlichen Rundfunk in Deutschland:
- die Verpflichtung auf die verfassungsmäßige Ordnung der Bundesrepublik
- die Achtung der Menschenrechte
- die Aufforderung, für Frieden, Freiheit und Völkerverständigung einzutreten
- das Verbot, kriegsverherrlichende, pornographische und Jugend gefährdende Sendungen auszustrahlen
- die Pflicht, das gesellschaftliche Meinungsspektrum möglichst umfassend und fair widerzuspiegeln
- die Verpflichtung zu wahrheitsgetreuer und sachlicher Berichterstattung sowie zur sauberen Trennung von Nachrichten und Kommentaren
- das Recht zur Kritik, einschließlich des Vetorechts der kritisierten Personen oder Institutionen
- die Pflicht, Regierungen Sendezeit für amtliche Verlautbarungen einzuräumen, ebenso wie den Kirchen, den Arbeitgebern, den Arbeitnehmer und – vor Wahlen – politischen Parteien

■ **Programmie**
[Ze] Kurzwort für Programmzeitschrift mit TV-Programm.

■ **Programmplatz**
[Ra, TV] Feste Uhrzeit einer Sendung oder eines Beitrags innerhalb eines Radio- oder Fernsehprogramms.

■ **Programmton**
[TV] Der gesendete Ton, der sich aus dem internationalen Ton und dem Kommentarton zusammensetzt. → IT-Fassung

■ **Programmvermögen**
[Ra, TV] Wert eines Rundfunksenders, der sich aus den Eigentums- und Senderechten an Spielfilmen, Serien, Auftragsproduktionen und hierfür bereits geleisteten Anzahlungen zusammensetzt. Serien und Spielfilme zählen ab Beginn der vertraglichen Lizenzzeit zum Programmvermögen. Auftragsproduktionen werden nach Fertigstellung als sendefähiges Programmvermögen aktiviert.

■ **Programmzeitschrift**
[Ze] Fernseh-Zeitschrift. Sie enthält das TV-Programm.

■ **progressive scan**
[TV] Einzelne Vollbilder werden Zeile für Zeile abgetastet bzw. dargestellt. Gegenüber dem → Zeilensprungverfahren ist die doppelte Signalbreite nötig, um Flimmerfreiheit zu erhalten.

■ **Projektor**
[Fo, Fi] Mit diesem Gerät wird transparentes Bildmaterial (z.B. Diapositive, Filme) auf eine Bildwand projiziert.

■ **Promo**
[Ra] (Abk. für engl. promotion = Verkaufsförderung, Werbung) Eigenankündigung im Radio.

Promotion
[We] (engl. = Werbung, Verkaufsförderung) Kurzwort = → Promo.

Proof
[Dt] (engl. = Beweis) Englische Bezeichnung für → Korrekturfahne, Korrekturbeleg. Der Begriff wird meist für Farbausdrucke verwendet. Der Korrekturabzug soll eine exakte Bewertung der Qualität des folgenden → Auflagendrucks ermöglichen und einen kostspieligen kompletten Korrekturlauf (→ Andruck) überflüssig machen. Es wird zwischen → Analogproof und → Digitalproof unterschieden. → Farbprüfverfahren

Property Master
[Fi] (engl. = Eigentums-Herr) Englische Bezeichnung für den → Requisiteur.

Proportionalschrift
[Dt] Die → Dickte eines Buchstabens wird individuell dargestellt. Z.B. wird ein „M" wesentlich breiter abgebildet als ein schmales „i".

Provider
[Co] (engl. = Versorger) Allg. gebräuchliche Abkürzung für → Internet-Provider.

Prozessfarben
[Dt] Die im Druckprozess eingesetzten Grundfarben Cyan, Magenta, Gelb und Schwarz (CMYK). → Vierfarbdruck

Prüfzeile
[TV] Messsignal, das für die Beurteilung des Fernsehsignals benötigt wird. Es dauert eine Bildzeile lang und wird in der → Austastlücke übertragen.

Pseudokapitälchen
[Dt] → Kapitälchen

Public Relations
[PR] (engl. = öffentliche Beziehungen) Langform von → PR.

Publikumsmedien
Medien für die breite Masse mit populären Themen. → Publikumszeitschriften → Fachzeitschriften

Publikumszeitschriften
Publikationen, die jedermann als Zielgruppe haben, deren Inhalte jeden interessieren, z.B. Spiegel, Focus, Stern. Auch general interest magazines genannt. Gegenteil sind → Fachzeitschriften (special interest magazines).

Publishing on Demand
(engl. = Publizieren auf Nachfrage) → Book on Demand

Publizist
(lat. = jemand, der veröffentlicht) 1.) (Politischer) Tagesschriftsteller. 2.) Journalist – speziell im Bereich des aktuellen (politischen) Geschehens.

Publizistik
(lat.) 1.) Zeitungswissenschaft. 2.) Tätigkeitsbereich, in dem mit den publizistischen Mitteln der Presse, des Films etc. gearbeitet wird.

Pufferuhr
[Ra, TV] Wie bei einem Countdown läuft vor Beginn einer Sendung zehn Sekunden lang eine Uhr mit, damit der Beginn z.B. der Nachrichtensendung exakt zur vollen Stunde erfolgt.

Pulscodemodulation
[TV] Abk. = PCM. Standardverfahren, mit dem Signale in digitater Form gespeichert oder übertragen werden, z.B. bei der CD. Analoge Signale werden durch periodisches Abtasten der Signalamplituden in digitale Signale umgewandelt. Der analoge Spannungswert wird durch eine äquivalente Dualzahl dargestellt, die z.B. 16-stellig ist. Als Alternative zu PCM entwickelte Sony das DSD-Verfahren (Direct Stream Digital).

Punkt
[Dt] Nicht nur das Satzzeichen, das das Ende eines Satzes anzeigt, sondern auch

eine Maßeinheit im Schriftsatz für den → Schriftgrad, d.h. die Höhe der Schriftzeichen. Es gibt im Wesentlichen zwei Punktsysteme: Das im kontinentalen Europa übliche → Didot und → Pica, welches vorrangig im angelsächsischen Raum verwendet wird. Didot-Punkt alt: 0,376 mm; Didot-Punkt neu: 0,375 mm; DTP-Point: 0,353 mm; Pica-Point: 0,351 mm. Typografische Punkte werden mit dem → Typometer gemessen. Abk. = p. Einheitensymbol ist das Gradzeichen °.

■ **Punktation**
(lat.) In der hebräischen Schrift werden Vokale durch Punkte oder Striche gekennzeichnet, die über oder unter den Konsonanten stehen.

■ **punktfrei**
[Dt] Nicht von Rasterpunkten bedeckte Stelle auf einem Rasterdruck oder Rasterfilm. → Raster

■ **Punkturen**
[Dt] Interpunktionszeichen wie z.B. Punkt, Komma, Fragezeichen, Ausrufezeichen, Apostroph etc.

■ **Punktzuwachs**
[Dt] → Druckzuwachs, d.h. z.B. durch falsches Belichten entstandene Vergrößerung der Rasterpunkte. → Raster

■ **Punze**
[Dt] (it. punzone = Loch, Stempel) Im → Bleisatz wurde so der Innenraum von Buchstaben bezeichnet, z.B. → Letter B hat zwei Punzen.

Q

Quadrophonie
[Ra] Der → Stereoton wird von zwei auf vier Ton-Kanäle erweitert. Von vier Lautsprechern befinden sich zwei im Rücken der Zuhörer. → Dolby-Surround

Quadruplex
[Dt] Vergleichbar mit dem → Duplexdruck, nur dass bei Quadruplex vier Druckfarben eingesetzt werden.

Quadsplit
[TV] Am → Bildmischpult befindliches elektronisches Trickeffekt-Gerät, mit dem das Fernsehbild in vier Einzelteile geteilt werden kann. Dabei können die vier Teilbildschirme aus vier verschiedenen Bildquellen gespeist werden. → Screen-Splitting

Qualitätssatz
[Dt] Das Textbild muss hohen Ansprüchen gerecht werden. Es wird daher unter Nutzung aller typografischen Zeichen und unter Beachtung der typografischen Regeln hergestellt. Typisches Beispiel ist der → Titelsatz.

Quart
[Dt] Acht Seiten werden auf einen → Druckbogen gleichzeitig gedruckt.

Quelle
Ursprung von Informationen; da, wo der Journalist seine Infos her hat, z.B. Interviewpartner, Publikationen, Informant.

Quellennachweis
In einem Beitrag sollte die Herkunft der Informationen erkennbar sein. Verwendet ein Journalist z.B. Aussagen anderer Personen, so sind diese als Zitat zu kennzeichnen. Bei längeren Texten wird der Quellennachweis oft in Form einer Liste hinten angehängt. Nicht zu verwechseln mit dem → Literaturverzeichnis.

Querformat
[Dt] Papierformat, bei dem der seitliche Papierrand kürzer ist als der obere. Die Breite ist größer als die Höhe. Gegensatz ist das → Hochformat. In Englisch als landscape bezeichnet.

Querspurverfahren
[TV] Verfahren der Bildaufzeichnung auf → MAZ-Band. Die Signalspuren werden durch rotierende Köpfe quer zur Laufrichtung des Magnetbandes aufgezeichnet. Auch als Schrägspurverfahren bezeichnet.

quick motion
[TV] (engl. = schnelle Bewegung) → Zeitraffer

Quickie
Kurzer Werbefilm, engl. auch Minute Movie.

Quick-Reverse
Ist das Ende eines Tonbandes erreicht, schaltet diese Automatik von Tonbandmaschinen in Bruchteilen von Sekunden die Laufrichtung um und dementsprechend auch die Tonköpfe.

quote
(engl. = Zitat) → Statement, das gut zitiert werden kann. Journalisten verwenden diesen Ausdruck untereinander, z.B.: „Frag den Müller, der gibt dir die besten Quotes“.

Quote
[TV, Ra, Ja] Ugs. für → Einschaltquote.

R

Radiernadel
[Dt] Eine an einem Handgriff befestigte Stahlspitze, die zur Herstellung einer → Radierung verwendet wird.

Radierung
[Dt] Eine Radierung entsteht, indem eine Metall-, meist eine Kupferplatte, mit einer säurefesten Schicht bestrichen wird. → Ätzgrund Dann wird die Darstellung mit einer → Radiernadel in die grundierte Metallplatte geritzt. Diese wird anschließend in ein Säurebad gelegt. Die ansonsten mit dem säurefesten Ätzgrund bestrichene Metallplatte ist an den mit dem Bildmotiv eingeritzten Linien blank. An diesen Stellen gelangt die Säure an die Metallplatte und frisst sich in das Material. Der Künstler kann steuern, ob er zarte oder kräftige Linien wünscht, indem er die Platte länger oder kürzer im Säurebad liegen lässt: Je länger, umso tiefer werden die Linien. Die geätzte Metallplatte wird Druckträger genannt. Wird der Druckträger mit Farbe eingestrichen, setzt sich diese in den eingeätzten Vertiefungen ab. Ein dickes, saugfähiges Papier wird mit großem Druck auf die eingefärbte Metallplatte gepresst. Ähnlich wie beim Tiefdruck gelangt die Darstellung auf das Papier. Für jedes einzelne Exemplar einer Radierung muss die Metallplatte erneut mit Farbe eingestrichen werden. Die Technik der Radierung wird vor allem von Künstlern verwendet. Ihr abschließender Arbeitsgang besteht darin, die so entstandenen Radierungen ihrer Entstehungsreihenfolge nach zu numerieren und zu signieren.

Radio Bremen
Abk. = RB. Öffentlich-rechtlicher Radio- und Fernsehsender des Landes Bremen, konstituiert am 22. November 1948.

Radio-Daten-System
[Ra] Abk. = RDS. Nicht hörbare Informationen, die mit der Aussendung von UKW-Hörfunkprogrammen digital ausgestrahlt werden. Mit diesen Daten kann der RDS-Empfänger vorprogrammierte Befehle automatisch ausführen, z.B. die selbstständige Suche des Senders. Es kann der Name eines Senders übertragen und auf dem Display eines Radios angezeigt werden oder ein Autoradio empfängt parallel zum Ton ständig aktuelle Informationen zur Verkehrslage und zeigt diese an. Einige wenige Sender übertragen Titel und Interpreten des gerade gesendeten Musikstücks. Mittels Suchlauf können automatisch Sender eines bestimmten Genres angefahren werden, wenn diese Sender ihren Programmtyp (Pop, Klassik etc.) als RDS-Information ausstrahlen.

Radioshopping
[We, Ra] Das Radio-Äquivalent zum → Teleshopping.

Rakel
[Dt] (franz. racel = Schabeisen) Messerartiger Abstreifer. Die überschüssige Farbe wird damit im Tiefdruckverfahren vom Druckzylinder abgestreift. Im Siebdruckverfahren werden Rakel sowohl zum Auftragen als auch zum Durchdrücken der Farbe durch das Sieb verwendet. → Tiefdruck → Siebdruck

■ RAL
[Dt] → Farbskala, die in Zusammenarbeit vom Deutschen Institut für Gütesicherung und Kennzeichung e.V. (das aus dem 1925 gegründeten **R**eichs**a**usschuss für **L**ieferbedingungen mit Sitz in Sankt Augustin hervorgegangen ist, daher ist die Abk. RAL), mit den Herstellern und Großverbrauchern von Farben und Lacken festgelegt wurde. Jeder Farbton kann über seine vierstellige RAL-Nummer eindeutig identifiziert werden. Auch ohne den Austausch von Farbmustern wird so eine missverständnisfreie Verständigung möglich. Zur Auswahl stehen zum einen die „klassischen" Register RAL 840-HR und RAL 841-GL mit einer Auswahl aus halbmatten und glänzenden Farben. Zum anderen existiert seit 1993 das „RAL Design System", das mit 1688 Farben den gesamten Farbraum der technisch machbaren Farben umfasst. Das RAL vergibt u.a. auch das Umweltzeichen „Blauer Engel".

■ randabfallend
[Dt] Diese Angabe entspricht der → Beschnittzugabe.

■ Randausgleich
[Dt] Beim → Blocksatz muss vor allem der rechte Satzrand auf eine einheitliche Linie gebracht werden, da z.B. bei Trennungsstrichen und Punkten Leerräume entstehen.

■ Rändelfarben
[Dt] In Handarbeit auf den Rand von Trauerpapieren und Buntpapieren aufgebrachte Farben.

■ Randspur
[TV] Am Rand eines Filmes befindliche schmale Magnettonspur.

■ Ranfahrt
[TV] Gegenteil von → Wegfahrt. Die Kamera wird in Richtung auf das gefilmte Objekt bewegt bzw. das Objekt durch die Betätigung des Zoom-Objektivs herangeholt. Im Gegensatz zum → Ransprung erfolgt die Annäherung kontinuierlich und wird nicht durch einen → Schnitt beschleunigt.

■ Rangextender
[Fo] Adapter, der die → Brennweite des Objektivs einer Kamera verlängert.

■ Ransprung
[Fi] An die → Totale oder → Halbtotale wird direkt das → Close rangeschnitten (→ Schnitt). Begriff aus der TV-Schnitttechnik. Gegenteil von → Wegsprung.

■ Rasen
[Fi] Der Trennungsstrich zwischen den Einzelbildern eines Filmes. Meist Bildstrich genannt.

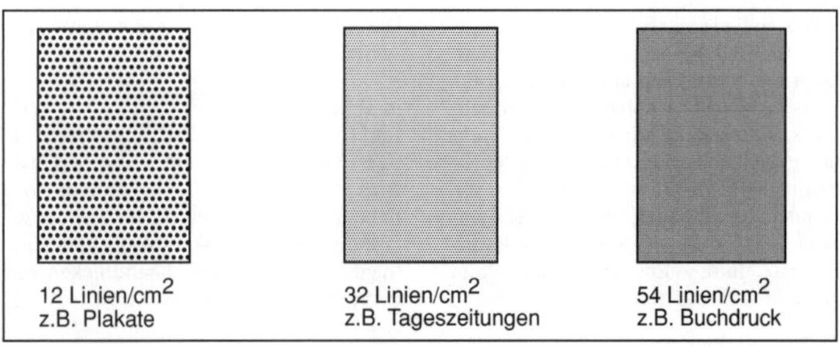

Abb: Raster

rasender Reporter
→ Sensationsreporter

Raster
1.) [Dt] Zerlegen von → Halbtonvorlagen in einzelne druckbare Flächenelemente, z.B. Linien oder Punkte. Im schwarzweißen Zeitungsdruck (nicht Kunstdruck) können nur rein schwarze und rein weiße Flächen gedruckt werden, graue Zwischentöne sind nicht möglich. Ein Foto wird daher in rein schwarze und rein weiße Punkte aufgelöst (gerastert), sodass diese Punkte für den Betrachter scheinbar graue Flächen ergeben. Sinngemäß gilt dies auch für den Farbdruck von Fotos. Sind die Rasterelemente gleich groß, so werden sie ab einem gewissen Abstand vom menschlichen Auge nicht mehr einzeln wahrgenommen, sondern als homogene Fläche mit bestimmter Helligkeit empfunden. Ihr → Grauwert hängt von der Größe der Rasterelemente und der sie umgebenden weißen Fläche ab. Man unterscheidet zwischen → Grobraster, mittelfeinem Raster und → Feinraster. Im Zeitungs-Rollen-Offsetdruck werden Raster zwischen 28 und 34 Linien pro cm^2 verwendet. → Halbtonvorlage → Rasterweite → Rasterwinkel → Rasterzähler 2.) [TV] Struktur der Zeilen des Fernsehbildes.

Raster Image Processor
[Dt] → RIP

Rastertonwert
[Dt] Diese Prozentangabe beschreibt den Anteil einer bestimmten Fläche, der bedruckt ist. Ein Rastertonwert von 50 heißt, dass genau die Hälfte der Fläche mit Rasterpunkten bedeckt ist.

Rasterweite
[Dt] Bezeichnet die Anzahl der Rasterpunkte oder -linien je Zentimeter. Sie wird in Linien pro cm (L/cm) angegeben. Je feiner das → Raster, umso höher der Wert. Die Rasterweite von Plakaten liegt in der Regel bei 12, Tageszeitungen werden meist im 32er Raster gedruckt. Die Rasterweite bei s/w unterscheidet sich von Farbvorlagen (Anzeigen bei „Die Welt“ z.B. besitzen s/w ein 32er-Raster, → 4c jedoch ein 40er-), hochwertige Kunstdrucke auf gutem Papier werden mit 300er-Raster hergestellt. → Grobraster → Feinraster

Rasterwinkel
[Dt] Die Rasterpunkte oder -linien eines → Rasters sind in verschiedenen Richtungen angeordnet. Bei einfarbigen Abbildungen wird in der Regel mit einem 45-Grad-Rasterwinkel aufgerastert, bei mehrfarbigen Abbildungen gibt es für jede einzelne Farbe einen unterschiedlichen Winkel.

Rasterzähler
[Dt] Mit Hilfe einer transparenten Folie, auf der verschiedene → Raster und sich verengende Linien abgebildet sind, kann die Rasterweite von Filmen und Drucken ermittelt werden. Die Rasterweite wird durch eine Testfigur angezeigt.

Rausatz
[Dt] Unbearbeiteter → linksbündiger → Flattersatz. Er enthält die gleiche Textmenge wie → Blocksatz. Da ein harmonischer → Zeilenfall nicht gewährleistet ist, muss der Rausatz nachbearbeitet werden.

Raumakustik
[Ra] Jeder Raum besitzt eine individuelle Akustik, die für die Qualität von Tonaufnahmen mit entscheidend ist.

Raumwelle
[Ra] Die Raumwelle ist eine Funkwelle, die sich durch Reflexion an verschiedenen Schichten der Erdatmosphäre ausbreitet. Sie unterliegt dem Einfluss der Ionosphäre, an welcher sie absorbiert wird, und ist ebenfalls abhängig von der Sonnenaktivität. Diese strahlt sichtbare und unsichtbare Strahlen mit verschiedenen Wellenlängen ab. Die nun für dieses Phänomen verantwortlich zeichnende Strahlung ist die Ultraviolettstrahlung, die die Luftmoleküle in kleinste elektrisch geladene Teilchen und Ionen aufspaltet. Die Atmosphäre wird dabei in ihren oberen Schichten zu einem elektrischen Leiter. Die tote Zone

liegt in etwa bei 4.000 km. Nur durch Raumwellen können Funkwellen große Distanzen überbrücken. Kurzwellen- und UKW-Funk breiten sich als Raumwelle aus.

■ Rauschen
(Rauschen im Blätterwald) Thema wird in der Presse groß behandelt.

■ Rauschfilter
[Ra] Störendes Rauschen wird durch diesen Filter unterdrückt, indem die hohen Frequenzen abgesenkt werden. → Dolby

■ Rauschunterdrückung
[Ra] Maßnahmen zur Unterdrückung des Rauschsignals. Das Nutzensignal soll dabei möglichst unverändert bleiben. Die geläufigsten Verfahren sind → Rauschfilter und → Dolby.

■ Räuspertaste
[Ra] Mit dieser Taste wird das Mikrofon vorübergehend ausgeschaltet. Hörfunkmoderatoren verwenden diesen Trick, damit der Hörer keine „unangenehmen" Geräusche wahrnimmt, z.B. Husten, Räuspern, Niesen.

■ RB
Abk. für → Radio Bremen.

■ RDS
Abk. für → Radio-Daten-System.

■ Realansicht
[Dt] Fotorealistische Darstellung eines Objekts in einer Zeichnung. Der Betrachter kann das Dargestellte sofort identifizieren und wird nicht durch verwirrende Zeichenelemente und Symbole irritiert.

■ Reality-Soap
[TV] (engl. = Wirklichkeits-Seife) Sonderform der → Seifenoper (Soap-Opera), bei der nicht anhand eines Drehbuchs das „wirkliche Leben" nachgestellt wird, sondern Kandidaten Tag und Nacht gefilmt werden, sodass ihr alltägliches Leben von den Fernsehzuschauern beobachtet werden kann. Einer der europäischen Vorreiter dieses Konzepts ist die niederländische Fernsehshow, die sich – wohl in Anlehnung an Georg Orwells Roman „1984" – „Big Brother" nennt. Abwertend auch als „Spanner-→ Format" bezeichnet.

■ Reality-TV
[TV] (engl. = Wirklichkeits-Fernsehen) Tatsächliche Ereignisse (oft Unglücksfälle) werden direkt gefilmt oder mit den ursprünglich Beteiligten und Schauspielern möglichst wirklichkeitsgetreu nachgestellt. Sehr umstrittene Darstellungsform, da sie einerseits auf Gefahren und verdiente Helden (z.B. Feuerwehr) aufmerksam macht, jedoch andererseits von der Sensationsgier der Menschen lebt. Das direkte Filmen von Ereignissen behindert nicht selten die Rettungsmannschaften bei ihrer Arbeit. Reality-TV bewegt sich oft im Konfliktbereich zwischen dem Recht der Öffentlichkeit auf Information und den → Persönlichkeitsrechten. In extremen Fällen machen sich sensationsgierige Reporter, die eher filmen als helfen, wegen unterlassener Hilfeleistung strafbar.

■ Recherche
(lat.-frz.) Nachforschung, Ermittlung für einen Bericht.

■ Rechercheagentur
Unternehmen, das auf Auftrag Hintergründe und Material zu einem Thema ermittelt und Interviewpartner findet.

■ recherchieren
(lat.-frz.) Sich erkundigen, sich genau über etwas informieren, Hintergründe und Umstände ermitteln, sich ein Bild machen (z.B. „ein sorgfältig recherchiertes Thema").

■ Recht am eigenen Bild
[Re] Vor der Veröffentlichung von Bildern eines Menschen muss dieser um sein Einverständnis gebeten werden. Ausnahmen von diesem → Persönlichkeitsrecht gibt es nur bei so genannten absoluten und relativen Personen der Zeitgeschichte (z.B. Politiker, Angehörige eines Herrscherhau-

ses). Bei diesen Menschen steht das Recht der Öffentlichkeit auf Information über deren Persönlichkeitsrechten. Personen, die nur nebensächlich auf einem Bild erscheinen (z.B. zufällige Passanten auf einem Gebäudefoto) müssen ebenfalls nicht gefragt werden. Situationsbedingt kann auch von einem stillschweigenden Einverständnis ausgegangen werden (z.B. bei Zuschauern einer TV-Talkshow oder wenn jemand direkt in die Kamera blickt und lächelt).

■ **Recht der Öffentlichkeit auf Information**
[Re] Die Öffentlichket wird durch die Presse vertreten. Anspruch der Medien auf Auskunft z.B. gegenüber öffentlichen Einrichtungen. Gegebenenfalls stehen ihm → Persönlichkeitsrechte entgegen. → Pressefreiheit → Zensur

■ **rechtsbündig**
[Dt] Schriftbild, bei dem der Text am rechten Spaltenende in einer senkrechten Linie endet, links jedoch unterschiedlich beginnt. → Flattersatz. Für → Fließtext ist diese Satzart nicht geeignet, da das Auge jeden Zeilenbeginn neu suchen muss.

■ **Redakteur**
(lat.-frz.) Berufsbezeichnung. Jemand, der für eine Zeitung, Zeitschrift, Rundfunk oder Fernsehen, für ein (wissenschaftliches) Sammelwerk o.ä. Beiträge auswählt, bearbeitet oder selbst schreibt. In der Regel ein fest angestellter Journalist. Im Gegensatz zu Journalist ist diese Berufsbezeichnung an das Vorhandensein einer Redakteursstelle geknüpft.

■ **Redaktion**
1.) Gesamtheit der Redakteure einer Zeitung, eines Radio/TV-Senders. 2.) Alle Redakteure eines → Ressorts, z.B. Sportredaktion. 3.) Raum, Büro, in dem Redakteure arbeiten.

■ **Redaktionsbüro**
→ Pressebüro, das im Auftrag nicht nur einzelne Themen recherchiert und Beiträge abliefert, sondern komplette Seiten, teils sogar ganze Zeitschriften erstellt oder komplette Radio- oder Fernsehsendungen entwickelt. → Artikeldienst

■ **Redaktionsgeheimnis**
[Re] → Pressegeheimnis

■ **Redaktionsgemeinschaft**
[Ze] Gemeinsamer → Mantel um verschiedene Lokalteile.

■ **Redaktionskonferenz**
In der Redaktion setzen sich die Journalisten (Redakteure und Freie) regelmäßig zusammen, um gemeinsam die Beiträge für die künftige Ausgabe zu besprechen, neue Ideen für Serien zu entwickeln etc. Häufig wird in einer Redaktionskonferenz die letzte Ausgabe/Sendung kritisiert. → Blattkritik

■ **Redaktionsleiter**
Chef einer Redaktion.

■ **Redaktionsschluss**
Bis zu diesem Zeitpunkt kann die → Redaktion noch inhaltliche Änderungen im Blatt vornehmen, danach sind alle Texte gesetzt und der → Andruck läuft. Technischer Schluss. → Deadline, Ausnahme: → Schub

■ **Redaktionsschwanz**
Anmerkung der Redaktion unter einer → Gegendarstellung, z.B.: „Die Redaktion bleibt bei ihrer Darstellung". Häufig ist auch der bloße Verweis auf die Pflicht zum Abruck der Gegendarstellung. Beides impliziert, dass die Gegendarstellung unwahr ist. Der Redaktionsschwanz kann selbst wieder Anlass für eine Gegendarstellung sein. Einige Landespressegesetze (z.B. Saarland) nehmen der Redaktion diese Möglichkeit, sich gegen unwahre Behauptungen in einer Gegendarstellung zu wehren. Dann muss die Gegendarstellung unkommentiert gedruckt werden.

■ **Redaktionsseiten-Dienst**
→ Artikeldienst

Redaktionssitzung
→ Redaktionskonferenz

Redaktionsstatut
[Re] Vereinbarung zwischen Verleger und Redaktion, die die jeweiligen Kompetenzen klar gegeneinander abgrenzt. Von 1968 bis Ende der Siebzigerjahre Jahre kam es bei rund 20 Zeitungen zum Abschluss von Redaktionsstatuten. Einige wurden in der Zwischenzeit von Verlegerseite gekündigt (z.B. bei „Stern" und „Kölner Stadt-Anzeiger") oder erloschen durch Fusion mit einem anderen Verleger (z.B. „Hamburger Abendblatt" fusionierte mit Gruner + Jahr). Interessanterweise wurde das jüngste Redaktionsstatut den Journalisten von „Forum" gewährt, der Mitarbeiterzeitschrift der Deutschen Bank, die damit die redaktionelle Unabhängigkeit auch nach außen kundtun wollte.

redigieren
Einen Artikel korrigierend überarbeiten.

Redundanz
[Ko] Weitschweifigkeit, überreichlich, Überfluss. Eine Aussage wird mit überflüssigen Worten oder Formulierungen ohne Informationsgehalt überladen. Synonym für das umgangssprachliche „schwafeln". Bei einem Übermaß an Fakten können → Füllworte aber auch Erholung für den Leser bedeuten.

Referenzsemantik
→ Sigmatik

Regenbogenpresse
→ Boulevard-Journalismus. Auch als Yellow Press bezeichnet.

Regie
[TV, Fi] 1.) Äußere Regie ist die technische Gestaltung der Handlung und des Spieles der einzelnen → Einstellungen. 2.) Innere Regie ist das Herausarbeiten des Kerns des Themas, seiner gedanklichen Tiefe und des emotionalen Gehaltes eines ganzen Werkes. 3.) Kurzbezeichnung für den → Regieraum, in dem die → Bildregie stattfindet.

Regieassistent
[TV] Unterstützt den → Regisseur.

Regieraum
[TV] Von hier kommt beim TV das Kommando zum → Abfahren eines Films, ein Bild- und/oder Tonmischpult steht im Regieraum (→ Bildregie). Der → Regisseur verfolgt in diesem Raum die Sendung, um bei Zwischenfällen (z.B. technischen Pannen) noch eingreifen zu können. Der Regieraum liegt meist in der Nähe des Studios.

Regionalausgabe
Teil einer Zeitung, der nur für eine bestimmte Gegend produziert wird, vorrangig Themen aus diesem Gebiet behandelt und in den überregionalen Teil der Zeitung eingelegt wird. Dies geschieht häufig in Form von einem → Buch im → Mantel.

Regionalfenster
[Ra, TV] In unterschiedlichen Regionen werden verschiedene → Regionalprogramme von einem überregionalen Radio- oder TV-Sender ausgestrahlt.

Regionalprogramm
[Ra, TV] Radio- und Fernsehsendungen, die sich schwerpunktmäßig mit Themen innerhalb einer Region befassen, die kleiner ist als das allgemeine Verbreitungsgebiet des Senders. Sowohl die dritten Fernsehprogramme und Hörfunkprogramme, die nicht landesweit zu empfangen sind, als auch die vorabendlichen Regionalsendungen in der → ARD fallen unter diesen Begriff, ebenso regional unterschiedliche → Regionalfenster.

Regisseur
[Ra, TV, Fi] Führt die → Regie einer Sendung oder eines Films.

Reglette
[Dt] Nicht druckende Metallplatte, die im → Bleisatz zwischen die Zeilen gelegt

wurde, um den → Durchschuss herzustellen. → Blindmaterial

■ Reichsschriftleiterliste
Zugangsbeschränkung zum Journalistenberuf im Dritten Reich. Wessen Name damals nicht auf dieser Liste stand, der durfte nicht bei einer deutschen Zeitung arbeiten.

■ Reichweite
[Ra, TV] 1.) Größtmögliche Distanz zwischen Sender und Empfänger. 2.) Zahl der von einem Programm tatsächlich erreichten Hörfunk- oder Fernsehteilnehmer. In Deutschland meist von der Gesellschaft für Konsumforschung (→ GfK) ermittelt. 3.) Die technische Reichweite hängt von der technischen Infrastruktur der Sender ab. Die Satellitenreichweite z.B. liegt über der terrestrischen. Die terrestrische Reichweite liegt bei fast 100 Prozent aller Haushalte. 4.) Als Nutzungsmaßstab hängt die Reichweite von den Nutzungsgewohnheiten des Publikums ab. Ermittelt werden u.a. die Reichweiten einzelner Altersgruppen, z.B. der 14 – 49-Jährigen, die die wichtigste Zielgruppe der Werbetreibenden darstellt.

■ Reinlayout
[Dt] Letzte Phase beim → Layout, in der der Entwurf für die Drucksache bereits fertig ausgearbeitet ist.

■ Reinzeichnung
[Dt] Eine maßstabs-, stand- und reprogerechte Arbeitsgrundlage für Reproanstalten und Verlage. Auf ihr sind alle wichtigen Angaben zur Erstellung eines Druckwerkes fixiert. Sämtliche Texte werden abgesetzt und mit den Bildständen, die mittels Kopien dargestellt sind, standgerecht auf einer Pappe aufgeklebt. Sie wird in der Regel als → Aufsichtsvorlage ausgeführt. Auf einem transparenten Deckblatt werden sämtliche nötigen → Auszeichnungen vorgenommen.

■ Reißschwenk
[TV] Ein derart schneller → Schwenk, dass der Zuschauer die einzelnen Bilder nicht mehr wahrnimmt, über die geschwenkt wird. Die Bilder verwischen. Ein Reißschwenk wird häufig verwendet, um Ortswechsel oder Zeitsprünge anzuzeigen. → Schwenk

■ Reiter
[We] Mobiler Plakatträger.

■ Relaunch
(engl. = Neustart) Ein (Zeitschriften-)Titel wird nach einigen Jahren seines Erscheinens überarbeitet und z.B. mit neuem → Layout und neuen Schwerpunkten herausgegeben. Das geschieht meist, um ein weiteres Absinken der → Auflage zu verhindern.

■ reminder
[TV] (engl. = Erinnerer) Auch „stay tuned“ genannt. Werbeblöcke, die den Film unterbrechen, werden mit kurzen Filmen wiederum unterbrochen, die den Werbeflüchtigen unter den Zuschauern im Programm halten sollen. → zappen

■ Remittent
(frz. remettre = zurückgeben) Druckwerke, die nicht verkauft wurden (z.B. weil sie beschädigt sind), werden an den Verlag zurückgegeben, der sie dann unter Umständen zu Sonderpreisen verkauft. Die → Restauflage von Büchern wird meist → verramscht, Zeitungen und Zeitschriften werden als Altpapier wieder verwertet.

■ Report
Mischform aus → Reportage und → Feature, enthält beschreibende Elemente, hoher Informationsgehalt, enzyklopädisch aufgebaut. Meist große Themen z.B. „Der Große Krebs-Report“. Häufig als Fortsetzung.

■ Reportage
Berichterstattung vom Ort des Geschehens eines (aktuellen) Ereignisses. Der → Reporter ist selbst vor Ort. In Radio und TV oft → live. Der Reporter berichtet, was er gesehen und erlebt hat.

■ Reporter
(lat.-frz.-engl.) Berichterstatter in Zeitung, Hörfunk und Fernsehen, der vor Ort ist oder war.

■ Repro
[Ja] Abk. für → Reprographie und → Reproduktion.

■ Reproduktion
Bezeichnung für die technisch vielfältigen Möglichkeiten der originalgetreuen Wiedergabe und Vervielfältigung von Vorlagen jeder Art.

■ Reproduktionsfotografie
[Fo] Fotografisches Verfahren zur Herstellung von Halbton- oder Rasternegativen oder -positiven nach flächigen Vorlagen. Für diesen Vorgang werden Reprokameras verwendet. Ziel ist die Erstellung von Kopiervorlagen für die → Reproduktionstechnik. Werden Fotos abfotografiert, steht als → Bildzeile nicht „Foto: XY" sondern „Repro: AB". Repros werden entweder unmittelbar als Duplikat des Originals verwendet oder auf → Druckplatten oder -filme übertragen. Auch kurz als Reprofotografie bezeichnet.

■ Reproduktionstechnik
[Dt] Alle fotografischen, fotomechanischen, elektromechanischen und chemischen Verfahren, mit denen Druckformen für die verschiedenen Druckverfahren hergestellt werden.

■ Reprographie
[Dt] Mischwort aus Reproduktion (= Vervielfältigung) und der Endung -graphie. Sammelbegriff für Kopierverfahren mittels elektromagnetischer Strahlung.

■ Reprokamera
[Fo] Kurzwort für Reproduktionskamera. Sie wird für die → Reproduktionsfotografie verwendet.

■ Repro-Print
[Dt, Fo] Direkt von einer → Aufsichtsvorlage erstellter → Rush-Print.

■ Requisite
[Fi] 1.) [Ja] Raum für → Requisiten. 2.) Die für Requisiten zuständige Stelle.

■ Requisiten
[Fi] (lat. requisita = das Erforderliche, Nötige) Meist im Plural verwendet. 1.) Zubehör für eine Bühnenaufführung oder Filmszene. 2.) Für etwas benötigtes Gerät, Zubehörteil.

■ Requisiteur
[Fi] Verwalter der (Theater- und Film-) → Requisiten.

■ Re-Run
(engl. = nochmal laufen) Wiederholungen im TV.

■ Response-Anzeige
[We] Begriff aus der Werbebranche. Anzeige, die, oft mittels kleiner Striche, zum Ausschneiden auffordert und dann auf eine Postkarte geklebt wird. Häufig zum Anfordern von Informationsmaterial.

■ Response-Medium
Jedes Medium (Mittel), das zur Antwort einlädt, z.B. Abreiß-Postkarten, elektronisches Display mit Antwortknöpfen.

■ Ressort
(frz.) Geschäfts-, Amtsbereich, Arbeits-, Aufgabengebiet. Klassische Ressorts der Zeitung sind Politik, Wirtschaft, Kultur, Sport und Lokales. Oft gibt es weitere Ressorts, z.B. Kino, Computer, Jugendseite.

■ Ressortleiter
Verantwortlicher für ein → Ressort.

■ Restauflage
Noch nicht verkaufter Teil einer → Auflage eines Buches. Erscheint dieser Teil als nicht mehr regulär verkäuflich, so kann die → Buchpreisbindung aufgehoben und die verbleibenden Exemplare durch → Verramschung verbilligt verkauft oder vernichtet werden (→ Makulierung). → Remittent

▪ Retusche
[Fo] (frz. toucher = berühren; retoucher = etwas nochmal anfassen) Korrektur einer Bildvorlage, z.B. bei Kratzern oder Flekken. Das Bild wird sozusagen nochmal in die Hand genommen. Die Retusche ist sowohl manuell als auch elektronisch möglich.

▪ Reuters
Britische Nachrichtenagentur, Gemeinschaftsunternehmen der britischen Presse.

▪ Revolverblatt
[Ze] Zeitung/Zeitschrift, die sich vor allem mit → Sex and Crime beschäftigt, ugs. abwertend für → Boulevard-Presse.

▪ Revolverkopf
[Fi] An Film- oder Fernsehkameras befindlicher Objektivträger. Er ist drehbar und kann mehrere Wechselobjektive unterschiedlicher → Brennweite aufnehmen. → Objektiv

▪ Rezensent
(lat.) Verfasser einer → Rezension, Literaturkritiker.

▪ rezensieren
Eine künstlerische, wissenschaftliche o.ä. Arbeit besprechen und werten, z.B. Buch, CD, CD-ROM, Video.

▪ Rezension
1.) Beurteilung, Bewertung; kritische Besprechung einer künstlerischen, wissenschaftlichen etc. Arbeit. Meist als Synonym für Buchbesprechung verwendet. 2.) Berichtigende Durchsicht eines alten, oft mehrfach überlieferten Textes.

▪ Rezensionsexemplar
Probeexemplar eines Buches oder Produktes. Der Journalist fordert es vor oder kurz nach der Veröffentlichung an, um es zu besprechen. Meist darf er dies kostenlos behalten.

▪ Rezipient
[Ko, Wi] (lat. = Empfänger) → Sender-Empfänger-Modell

▪ Rheinisches Format
[Ze] Standardisiertes Tageszeitungsformat. 365 x 510 mm. Der Satzspiegel umfasst 325 x 478 mm mit fünf bis sechs Grundspalten.

▪ Rheinländer
[Dt] Bezeichnung für die Schriftgröße 11 → Punkt.

▪ RIAS
Abk. für Rundfunk im amerikanischen Sektor. Nach der Aufteilung Berlins in die vier Sektoren sollte das im britischen Sektor liegende „Haus des Rundfunks“ von allen Alliierten gemeinsam genutzt werden. Die Sowjets hielten es jedoch besetzt. Daraufhin gründeten die Amerikaner einen eigenen Sender, den DIAS (Abk. für Drahtfunk im Amerikanischen Sektor). Er nahm am 06. Februar 1946 den Sendebetrieb auf und konnte, wie der Name bereits aussagt, lediglich drahtgebunden verbreitet werden. Im August 1946 scheiterten die Verhandlungen mit den Sowjets endgültig. Der DIAS wurde daraufhin in eine normale Rundfunkanstalt umgewandelt und in RIAS umbenannt. Am 1. Januar 1948 sendete er die erste Rundfunk-Werbung Deutschlands. Er erhielt eine eigene UKW-Frequenz, auf der am 01. Oktober 1950 zu ersten Mal gesendet wurde. Der RIAS wurde als Dienststelle der amerikanischen Militärregierung geführt. Seine große Bedeutung erlangte er während der Berlin-Blokkade. Gedacht war er vor allem als Brücke zur SBZ. Der RIAS war ein amerikanischer Rundfunksender mit amerikanischen Aufsichtsgremien und Statuten auf deutschem Boden und blieb dies bis kurz nach der Wiedervereinigung. Am 01. Mai 1992 erfolgte der Zusammenschluss von RIAS TV und → Deutscher Welle, seither sendet das Deutsche Welle Auslandsfernsehen. Aus RIAS 2 wurde die kommerzielle Radiostation „r.s.2“, die auf der gleichen RIAS-Frequenz 94,3 weitersendet (Gründung 01. Juni 1992). Das Berlin-Programm des DeutschlandRadio Berlin startete am 01.

Januar 1994 mit der Sendung wesentlicher Teile des ehemaligen RIAS-Programms.

■ **Ries**
[Dt] Mengeneinheit für Papierbögen; variabel, meist jedoch 250, 500 oder 1.000 Bögen. → Druckbogen

■ **RIP**
[Dt, Co] Abk. von Raster Image Processor. Spezieller Rechner mit der Aufgabe, → Postscript-Befehle einer Seite mit der zur Verfügung stehenden Auflösung zu berechnen. Der RIP wandelt die Daten in eine belichtungsfähige Bitmap um. Der RIP ist Teil eines Laserbelichters oder eines Postscript-Laserdruckers.

■ **Robots**
[Co] (engl. = Roboter) Programme, die das → World Wide Web durchsuchen und ihre Funde in riesigen Datenbanken ablegen. Diese dienen den → Suchmaschinen als Grundlage für die Zuordnung von Suchbegriffen oder Rubriken. Auch Spider genannt.

■ **Rohfilm**
[Fi] Andere Bezeichnung für noch nicht benutztes Filmmaterial.

■ **Rohlayout**
[Dt] Zwischenphase beim → Layout. Nach dem → Scribble werden im Rohlayout Überschriften, Fotos etc. skizziert, um die Gesamtwirkung zu beurteilen.

■ **Rohmaterial**
[Ra, TV] Gesamtes Bild-/Tonmaterial (→ Bandmaterial), das vor Ort aufgenommen wurde. Eine Auswahl hiervon wird zum eigentlichen Beitrag zusammengeschnitten (→ cut).

■ **Rohschnitt**
[Fi] Vorläufiger → Schnitt. Die einzelnen → Einstellungen werden entsprechend dem Handlungsablauf des Filmes chronologisch aneinandergereiht.

■ **Rollen-Offset**
[Dt] → Rotationsdruck

■ **Rolltitel**
[TV] Eingeblendete Schriften verschieben sich auf dem Bildschirm langsam und kontinuierlich von oben nach unten oder von rechts nach links und durchlaufen das Bild somit entweder senkrecht oder waagrecht. Ihre Herstellung erfolgt entweder elektronisch mit der → Rolltitelmaschine oder am Tricktisch. Die engl. Bezeichnung ist scroll title.

■ **Rolltitelmaschine**
[TV] Gerät mit elektrischem oder manuellem Antrieb, mit dessen Hilfe ein Papierband mit geschriebener Titelfolge vor einer Kamera bewegt wird. Sie erzeugt den so genannten → Rolltitel.

■ **Rotation**
Drehbewegung. [Dt] Ugs. Bezeichnung für den Druckvorgang von → Rotationsdruckmaschinen.

■ **Rotationsdruck**
[Dt] Druckvorgang auf einer Rotationsdruckmaschine, bei der sich zylinderförmige → Druckplatten und Gegendruckzylinder drehen und auf das durchlaufende, endlose Papier im Offset-Verfahren drucken. Als Zwischenträger wird meist eine Gummiwalze verwendet. Zeitungen werden meist im → Offsetdruck hergestellt, da er hohe Druckgeschwindigkeiten bei geringen Kosten ermöglicht. Benötigt werden positive, seitenverkehrte Filme.

■ **Rotfunk**
[Ja, TV, Ra] Ugs. Bezeichnung für → öffentlich-rechtliche Sendeanstalten, denen vorgeworfen wird, unter dem Einfluss der SPD ein Programm mit mangelhafter politischer → Ausgewogenheit zu verbreiten. Häufig in Bundesländern mit SPD-Regierung. Gegenteil ist der → Schwarzfunk.

■ **Rubrik**
Bestimmtes Themengebiet. Meist werden solche Gebiete als Rubrik bezeichnet, die

kein eigenes → Ressort bilden, weil z.B. keine journalistische, redaktionelle Bearbeitung erfolgt; häufig bei Leserbriefen.

Rückbild
[TV] In einer Live-Schaltung eines Reporters (→ SNG) steht vor dem Reporter (für den Zuschauer unsichtbar) meist ein Bildschirm, auf dem die Ereignisse im Studio zu sehen sind, z.B. der Nachrichtensprecher, der dem Reporter die Fragen stellt. So kann er vor Ort feststellen, was über den Sender geht, d.h. ob er gerade auf den Fernsehbildschirmen zu sehen ist.

Rückblende
[Fi] Zeitlich zurückliegende Szene, die auf eine zeitlich aktuellere Szene direkt folgt.

Rückkanal
Im Kabelnetz gibt es nicht nur die Möglichkeit, von der Sendestation zum Empfänger zu kommunizieren, sondern auch, dass der Empfänger darauf reagiert, z.B. durch Programmbestellung (→ Video-on-demand → Audio-on-demand), Produktbestellungen (→ Teleshopping) oder sonstige Informationsabfragen. Der Rückkanal ist Voraussetzung für das interaktive Fernsehen.

Rückkopplung
1.) [Ra] Aufschaukeln (Resonanz) einer Schwingung, im Rundfunk i.d.R. einer Tonfrequenz, bis zur sog. Resonanzkatastrophe, die sich als durchdringender Pfeifton bemerkbar macht. Sie tritt ein, wenn der Tonaufnehmer sich selbst wiedergibt (Kreislauf); z.B. wenn während eines Telefoninterviews im Radio bei dem Interviewten gleichzeitig im Hintergrund die aktuelle Sendung in seinem Radio läuft und über das Telefonmikrofon im Studio aufgenommen und erneut ausgestrahlt wird; oder Bühnenmikrofon, das die Verstärkung des von ihm aufgenommenen Tons aus den Lautsprechern erneut aufnimmt. Auch unter der engl. Bezeichnung Feedback bekannt. 2.) [TV] Das Bild eines Monitors wird von der gleichen Kamera erneut aufgenommen, die auch das Ursprungsbild aufgenommen hat. Es tritt – wie in einem Spiegelkabinett – ein Effekt der Vervielfältigung ein, bei dem sich der Bildausschnitt ständig verkleinert.

Rückprojektion
[Fo, Fi] Ein Film oder Dia wird auf die vom Betrachter aus rückwärtige Seite einer transparenten Bildwand projiziert. Der Hintergrund der Szene kann aus diesem projizierten Bild bestehen. Gegensatz ist die → Aufprojektion. Andere Bezeichnung ist → Hintergrundprojektion.

Rückschwung
Bewegung der Augen vom Zeilenende zum Anfang der folgenden Zeile. Besonders bei langen Zeilen ist auf einen adäquaten, d.h. nicht zu geringen, Zeilenabstand zu achten, da sonst der Rückschwung eine Zeile überspringt oder in der gleichen Zeile nochmal landet. → Sakkaden

Rückton
[TV] Bei → SNG nötig. Der Stöpsel im Ohr, durch den der Reporter mit der Sendeleitung in Verbindung steht. Nur dadurch kann der Reporter die Fragen der Moderatoren verstehen und zur richtigen Zeit antworten.

Rüge
(des Deutschen Presserates) Der → Deutsche Presserat kritisiert das Verhalten eines Mediums, weil es gegen den → Pressekodex (Moralgrundsätze der Presse) verstößt. Es ist üblich, dass das Medium diese Rüge selbst veröffentlicht. Es gibt dafür im Gegensatz z.B. zur → Gegendarstellung keine gesetzliche Pflicht.

Runaway-Produktion
[Fi] (engl. = Weglauf-Produktion) Filme, die aufgrund hoher Produktionskosten in Deutschland im Ausland gedreht werden.

runde Schriften
[Dt] Druckschriften, bei denen die Kleinbuchstaben kreis- oder bogenförmige Rundungen aufweisen. Dies ist bei Druckschriften römischen Ursprungs der Fall, z.B. → Antiqua. Gegensatz sind → gebrochene Schriften (z.B. Fraktur), die Zwischenform sind Bastardschriften.

■ Rundfunk

Ugs. Funk. Sammelbegriff für Hörfunk und Fernsehen; wird gelegentlich ugs. auch nur auf den Hörfunk bezogen. Nichtmateriell verbreitetes Massenmedium, das potenziell zu einer unbegrenzten Öffentlichkeit Zugang hat. Von Anfang an wird dem Medium daher eine besondere Bedeutung für die allgemeine Meinungsbildung zugewiesen. Totalitäre Regime nutzen daher den Rundfunk als Propagandainstrument. Laut Grundgesetz der Bundesrepublik Deutschland fällt Rundfunk unter die Kulturhoheit der Bundesländer. Die aktuelle Rundfunkdefinition des Staatsvertrags über den Rundfunk im vereinten Deutschland von 1991/94 lautet: „Rundfunk ist die für die Allgemeinheit bestimmte Veranstaltung von Darbietungen aller Art in Wort, in Ton und in Bild unter Benutzung elektrischer Schwingungen ohne Verbindungsleitung oder längs oder mittels eines Leiters. Der Begriff schließt Darbietungen ein, die verschlüsselt verbreitet werden und gegen besonderes Entgelt empfangbar sind, sowie Fernsehtext." → Pay-TV, → Pay-per-view und → Near-video-on-demand. Unternehmen, die mit neuen Formen der Datenübermittlung, elektronischer Kommunikation, des Programm- und Datenabrufs in Kabelnetzen und über Satelliten Gewinne erwirtschaften wollen, sind daran interessiert, dass ihre Angebote nicht unter die vergleichsweise strengen Vorgaben des Rundfunkrechts fallen. Im Herbst 1995 haben die Ministerpräsidenten einen ersten und noch nicht verbindlichen Versuch unternommen, die neuen Kommunikationsformen nach dem Rundfunkbegriffskriterium zu sortieren. Datendienste (Wetter- und Umweltdaten), Börsenkurse, Umfrageergebnisse, Lexika, Teleshopping als ausschließliche Verkaufsveranstaltung mit direkter Bestellmöglichkeit, Abrufdienste im Audio- und Videobereich und Telespiele fallen nicht unter den Rundfunkbegriff, weil sie nur geringen Einfluss auf die öffentliche Meinungsbildung haben. Nicht an die Allgemeinheit gerichtete Angebote zählen ebenfalls nicht unter den Rundfunkbegriff, z.B. elektronische Post, Telearbeit, Telemedizin, Videokonferenzen, Telebanking, elektronische Buchungsdienste, Fernwirkdienste zum Ablesen oder Steuern, elektronische Verkaufskataloge, elektronisches Lotto und Toto sowie individualisiertes → Teleteaching.

■ Rundfunk im amerikanischen Sektor

→ RIAS

■ Rundfunkanstalt

Andere Bezeichnung für einen Sender des → öffentlich-rechtlichen Rundfunks. Nicht zu verwechseln mit Landesrundfunkanstalt (→ Landesmedienanstalt).

■ Rundfunkauftrag

[Ra, TV] Ugs. fälschlich für den → Programmauftrag der → öffentlich-rechtlichen Rundfunkanstalten verwendete Bezeichnung.

■ Rundfunkgebühren

Jeder, der „ein Rundfunkgerät zum Empfang bereit hält", hat als → Rundfunkteilnehmer diese Gebühren zur Finanzierung des → öffentlich-rechtlichen Rundfunks zu entrichten. Für jedes Rundfunkempfangsgerät ist eine Grundgebühr zu zahlen und für jedes Fernsehgerät kommt eine zusätzliche Fernsehgebühr hinzu. Ausnahmen gibt es für Zweitgeräte in der Wohnung und Gebührenbefreiungen für sozial Schwache. Die Gebühren werden von der → KEF ermittelt und von der Gebühreneinzugszentrale → GEZ eingezogen. Rundfunkgebühren bilden die Grundlage des → dualen Rundfunksystems in der Bundesrepublik Deutschland.

■ Rundfunkgebührenurteil

[Re] Urteil des Bundesverfassungsgerichts vom 22. Februar 1994. → Rundfunkurteile

■ Rundfunkrat

[Ra, TV] Dieses Gremium ist mit der Programmkontrolle der öffentlich-rechtlichen Rundfunkanstalten beauftragt. Im Rundfunkrat sind die gesellschaftlich relevanten Gruppen repräsentiert (Kultur, Sport, Bildung, evangelische und katholische Kirche, jüdische Gemeinde, Arbeitnehmer und Arbeitgeber, Parlaments- und Parteienvertreter). Die Mitglieder des Rundfunkrates repräsentieren die Allgemeinheit, bestimmen in Zusammenarbeit mit dem → Verwaltungsrat die Leitung der Sendeanstalt, den Intendanten oder das Direktorium.

■ **Rundfunkstaatsvertrag**
[Re] Staatsvertrag zwischen dem Bund und den Ländern über den Rundfunk im vereinten Deutschland vom 31. August 1991, in Kraft seit dem 01. Januar 1992. Zur Zeit gilt er in der Neufassung vom 2. Februar/1. März 1994. Er regelt sowohl den öffentlich-rechtlichen als auch den privaten Rundfunk nach Maßgabe der → EU-Fernsehrichtlinie. → Duales Rundfunksystem. Im Rundfunkstaatsvertrag ist u.a. die Werbung geregelt. Die Werbedauer im → öffentlich-rechtlichen Fernsehen beträgt werktags im Jahresdurchschnitt höchstens 20 Minuten (§ 15). An Sonn- und Feiertagen sowie nach 20 Uhr dürfen Werbesendungen nicht mehr ausgestrahlt werden. Im öffentlich-rechtlichen Hörfunk darf die Gesamtdauer der Werbung werktags bis zu 90 Minuten betragen. Die Gesamtdauer der Werbung im privaten Rundfunk beträgt höchstens 20 Prozent der täglichen Sendezeit (§ 27). Die Spotwerbung darf 20 Prozent einer Sendestunde nicht überschreiten. Innerhalb der zulässigen täglichen Höchstdauer von 20 Prozent darf Radio- und Teleshopping höchstens eine Stunde betragen.

■ **Rundfunkteilnehmer**
Bezeichnet im Amtsdeutsch der → GEZ den Eigentümer eines betriebsbereiten Rundfunkgerätes, also Radio oder TV, aber auch Videorecorder mit Empfangsteil. Dabei wird nicht unterschieden, ob er dieses Gerät auch tatsächlich benutzt oder es nur besitzt. Laut GEZ Geschäftsbericht gab es 1997 rund 35,3 gemeldete Rundfunkteilnehmer in Deutschland.

■ **Rundfunkurteile**
[Re] Die wichtigsten Urteile des Bundesverfassungsgerichts im Zusammenhang mit der Fortentwicklung des Hörfunk- und Fernsehsystems in Deutschland sind:
28. Februar 1961 „Deutschlandfernsehen“,
27. Juli 1971 „Mehrwertsteuerurteil“,
16. Juni 1981 „FRAG-Urteil“,
04. November 1986 „Niedersachsen-Urteil“,
24. März 1987 „SDR-Beschluss“,
05. Februar 1991 „WDR-Urteil“,
06. Oktober 1992 „HR-Werbeverbot“,
22. Februar 1994 „Rundfunkgebührenurteil“,
22. März 1995 → „EU-Fernsehrichtlinie“.
→ Grundversorgung

■ **Rundhorizont**
[Fi] An den Wänden eines Film- oder Fernsehstudios ist Stoff aufgehängt. Dieser Stoff dient als Begrenzung der Baufläche. Als Hintergrund kann er ins Bild einbezogen werden.

■ **Rundschwenk**
[Fi] Veränderung des Bildes durch Kamerabewegung um die vertikale Achse des Kameramanns. Häufig bei Außenaufnahmen und Landschaften. Synonym für Panoramaschwenk. Im Gegensatz zum schnellen → Reißschwenk bleiben die Motive gut erkennbar. → Schwenk

■ **Rupfen**
[Dt] Zähe Druckfarbe bedingt ein Reißen des Papiers. Dadurch entstehen weiße Flecken auf dem Druck.

■ **Rush-Print**
[Dt, Fo] (engl. = Schnell-Druck) Direkt vom Dia angefertigter Fotoabzug. Der Zwischenschritt über die Herstellung eines Internegativs entfällt. Die Wiedergabe des Diapositivs erfolgt direkt positiv auf dem Fotopapier. Vor der Belichtung des Rush-Prints muss eine Kontrast reduzierende → Maskierung vorgenommen werden, da das Diamaterial einen sehr hohen Kontrastumfang besitzt. Das Trägerpapier des Rush-Prints ist nicht strahlend weiß. Dafür wirken die Farben sauber und intensiv. Rush-Prints werden meist im Layoutbereich eingesetzt.

S

Saarländischer Rundfunk
[Ra, TV] Abk. = → SR

Sabon
[Dt] Bezeichnung für die Schriftgrößen 72 → Punkt (Kleine Sabon) und 84 Punkt (Große Sabon).

Sakkaden
Sprünge im Leseprozess, wenn das Auge von einem Fixationspunkt zum nächsten übergeht, während es eine Zeile entlanggleitet. Das Auge ist während der Sakkaden blind. Auch Saccaden geschrieben. → Rückschwung

Sandwichmann
[We] Eine Person, deren Vorder- und Rückseite mit einem Plakat behangen ist. Diese Art der Werbung ist vor allem in Fußgängerzonen anzutreffen.

Satellite News Gathering
[TV] Abk. = → SNG.

Satinage
[Dt] Mit einer Satiniermaschine wird Papier unter starkem Druck geglättet, gepresst und mit Glanz versehen, d.h. → satiniert.

Satindruckfarbe
[Dt] Farben mit einem metallischen Glanz, der durch einen hohen Anteil an metallischen Partikeln in der Farbe entsteht.

satiniert
(frz., abgeleitet aus arab. Zaytuni = Seide aus Zaitun, d.h. dem Hafen Tseutung in China) Satiniertes Papier ist matt glänzend. → Satinage

Satire
→ Glosse

Satiremagazin
[Ze] Zeitschrift, deren Inhalt satirischer Art ist. Frühere Titel waren Kladderadatsch, Simplicissimus; heute Mad, Titanic. In der DDR war der Eulenspiegel berühmt. → Glosse

Sättigung
[Dt] Gebräuchliche Kurzform von Farbsättigung. Der Grad der Buntheit bzw. der Intensität einer Farbe. Grautöne haben eine Sättigung von Null Prozent. Die Sättigungsstufen gliedern sich von Null (Unbunt, Weiß) bis 16.

Satz
1.) Grammatikalische Konstruktion, die mit einem Punkt endet. 2.) [Dt] Das Handwerk des → Setzers. 3.) [Dt] In allen Druckverfahren der zur Reproduktion gesetzte Text. Geeignete Verfahren der Satzherstellung sind der inzwischen unübliche → Bleisatz, der seltene Schreibsatz und das → Desktop Publishing. 4.) Ugs. für den Raum, in dem Setzer arbeiten.

Satzbreite
[Dt] Korrekte, aber ungebräuchliche Bezeichnung für → Zeilenlänge.

Satzfahne
Druck des erfassten Satzes ohne Berücksichtigung des → Layouts zu Korrekturzwecken.

■ **Satzreife**
[Dt] Bezeichnung für ein derart gutes Manuskript oder eine Textvorlage, die ohne weitere Veränderungen und → Vorauskorrektur gesetzt werden kann. Beim → DTP sollte der Text spätestens vor dem → Umbruch satzreif sein, denn nur dann können Mehrfacharbeit und z.B. übersehene Trennstriche mitten in der Zeile vermieden werden. Mit jeder Änderung der Formulierung ändert sich auch der Textfluss.

■ **Satzspiegel**
[Dt] Der bedruckte Teil eines Druckwerks mit Ausnahme von Kopf- und Fußzeile. Raum, in dem Text und Bilder im Format einer Seite angeordnet werden.

■ **Saure-Gurken-Zeit**
[Ja] Ugs. für themenarme Zeit; z.B. Sommerloch. Die Journalisten müssen ihr Blatt (ihre Sendung) mit allgemein weniger wichtigen Themen füllen, z.B. Kaiman im Baggersee. In der Sommerpause äußern sich viele Hinterbänkler des Bundestages, von denen man sonst nichts hört.

■ **Scannen**
[Co] (engl.) Abtastvorgang in der elektronischen Reproduktionstechnik. In der Regel tastet ein feiner Lichtpunkt eine Vorlage ab. Wird der Begriff im Zusammenhang mit Flachbettscannern verwendet, die mit Zeilensensoren arbeiten, erfolgt keine punktförmige sondern eine zeilenförmige Abtastung.

■ **Scanner**
[Fo, Co] Gerät, mit dem Vorlagen wie z.B. Fotos abgetastet werden. → scannen → Bildabtastgerät → Filmabtaster

■ **SCART**
[TV] Abk. von Syndicat des Constructeurs d'Appareils Radio Receteurs et Téléviseurs (frz. = Vereinigung der Hersteller von Radio-Empfängern und Fernsehgeräten). Norm für eine Steckverbindung zur Übertragung von Video und Tonsignalen zwischen Geräten. Die Steckplätze finden sich häufig auf der Rückseite von Videorecordern oder Fernsehgeräten.

■ **Schachbretttestbild**
[TV] Aus schachbrettartig angeordneten schwarzen und weißen Quadraten bestehende → Testtafel. Sie wird u.a. zur Kanten- oder → Aperturkorrektur an elektronischen Kameras eingesetzt.

■ **schalltot**
[Ra, Ja] Bezeichnung für eine Umgebung ohne akustischen Nachhall und Reflexionen.

■ **schalltoter Raum**
[Ra, Ja] Bezeichnung für einen Raum ohne akustischen Nachhall. Wände, Decke und Boden sind derart beschaffen, dass jede Schallschwingung von ihnen absorbiert wird. Diese künstlich geschaffenen reflexionsfreien Räume sind meist Teil von Studiokomplexen für die Simulierung von Aufnahmen im Freien.

■ **Schalte**
[TV] → SNG

■ **schalten**
1.) [Ze] In Auftrag geben von Anzeigen.
2.) [Ra, TV] Zu Außenstudios etc. umschalten, von wo die Sendung weitergeht. → SNG

■ **Schaugröße**
[Dt] Besonders groß gesetzte Texte oder Textteile sollen die Aufmerksamkeit des Betrachters binden. Schaugrößen sind z.B. für Überschriften verwendete Schriftgrade ab 16 Punkt. Als → Plakatschrift sollen Schaugrößen auch aus größerer Entfernung für gute Lesbarkeit des Textes sorgen. Kleiner sind die → Lesegröße und die → Konsultationsgröße.

■ **Schere im Kopf**
Bewusstes oder unbewusstes Weglassen eines Themas bzw. von Teilen desselben durch den Journalisten. Sie entspricht einer vorweggenommenen, inneren → Zensur. Grund dafür kann z.B. Angst vor Repressalien sein. Meist kommt die Schere im Kopf bei Autoren vor, die in einem Land leben oder arbeiten, das eine Diktatur ist oder lange war.

schieben
1.) [Dt] Beim Offsetdruck auftretender Fehler. Die Druckfarbe wird leicht in die Druckrichtung gequetscht. Rasterpunkte und feine Elemente werden dabei in die Länge gezogen. Ihr Tonwert wird dadurch verfälscht. 2.) [Ze, Ja] „Ein Beitrag wird geschoben“ Ist ein Beitrag nicht an ein bestimmtes Erscheinungsdatum geknüpft, dann erscheint er zu einem späteren als dem ursprünglich vorgesehenen Zeitpunkt, d.h. der Beitrag wurde geschoben (man sagt ge- und nicht verschoben) und ist in der Zwischenzeit im → Stehsatz. Nicht zu verwechseln mit dem → Schub.

Schienenwagen
[Fi] Für Kamerafahrten bei Film- und Fernsehaufnahmen wird ein kleiner Wagen mit darauf montierter Kamera und Sitzplatz für den Kameramann eingesetzt, der manuell auf speziell dafür ausgelegten Schienen bewegt wird.

Schimmelbogen
[Dt] Versehentlich nur einseitig bedrucker Bogen Papier.

Schlagzeile
[Ze] Wichtigste Überschrift einer Zeitung oder einer Zeitungsseite. Sie soll Aufmerksamkeit erregen und befindet sich meist über dem → Bruch. → Headline

Schlagzeilen-Journalismus
Auch Spotlight-Journalismus (spotlight engl. = Schlaglicht). Für einen begrenzten Zeitraum richten die Medien ihr Augenmerk auf ein Ereignis und berichten darüber. Danach scheint dieses Thema vergessen, z.B. US-UN-Truppen marschieren in Somalia ein. Wichtig ist nicht das Thema, sondern die Möglichkeit, eine prägnante → Schlagzeile zu verfassen. Ziel ist die Steigerung der → Auflage. Bei dem Thema handelt es sich oft um einen → Aufreger.

Schleichwerbung
[We, TV] Die Definition von Schleichwerbung findet sich in Art. 1c der EU-Fernsehrichtlinie: „Die Erwähnung oder Darstellung von Waren, Dienstleistungen, Namen, Marke oder Tätigkeiten eines Herstellers von Waren oder eines Erbringers von Dienstleistungen in Programmen, wenn sie vom Fernsehveranstalter absichtlich zu Werbezwecken vorgesehen ist und die Allgemeinheit hinsichtlich des eigentlichen Zwecks dieser Erwähnung oder Darstellung irreführen kann. Eine Erwähnung oder Darstellung gilt insbesondere dann als beabsichtigt, wenn sie gegen Entgelt oder eine ähnliche Gegenleistung erfolgt.“ Schleichwerbung ist sowohl im → öffentlich-rechtlichen als auch im → privaten Rundfunk verboten, gem. Art. 10 der EU-Fernsehrichtlinie und § 6 V des → Rundfunkstaatsvertrages. Die Abgrenzung zum erlaubten Informieren des Lesers/Zuschauers z.B. bei Ratgebern ist schwierig, da auch dort besonders herausragende Produkte mit Namen vorgestellt werden. → Product Placement

Schleife
[Fi] Endlosband. Ein endlos geklebter → Take, der mit einem → Startband versehen ist und eine pausenlose Vorführung von Sprach-, Musik- und Geräuschaufnahmen ermöglicht. Eine Filmschleife wird z.B. beim Nachsynchronisieren benötigt.

Schlussredakteur
[Ze] Er schreibt die neu hereinkommenden aktuellen Meldungen (z.B. Fußballergebnisse) und kontrolliert das (fertig zusammengestellte) Blatt auf → Doubletten. Bei Tageszeitungen ist meist der → Spätredakteur gleichzeitig auch Schlussredakteur. Er ist für den → Schub verantwortlich. Häufig liest der Schlussredakteur auch → Korrektur.

schmalfett
[Dt] Die Buchstaben einer Schrift sind gleichzeitig schmaler und fett im Vergleich zur Normalschrift. → Schriftschnitt

Schmalfilm
[TV] → Filmformat mit 16 mm Breite.

Schmalsatz
[Dt] Ungewöhnlich schmale → Spalten mit weniger als 40 Zeichen pro Zeile.

■ **Schmöker**
Ein Buch, meist ein Roman, das derart spannend geschrieben ist, dass es der Leser nicht weglegen kann. Synonym für das englische Page-Turner.

■ **Schmuckfoto**
[Ze] Hübsch anzusehendes Foto, das eine Seite oder einen Text illustriert, ohne eigenen Nachrichtenwert zu besitzen.

■ **Schmutztitel**
Erste bedruckte Seite eines Buches hinter dem Einband. Auf dem Schmutztitel stehen in der Regel lediglich Name des Autors und Titel des → Werkes. Bücher wurden ursprünglich nicht mit einem festen Einband geliefert. Während der Verarbeitung sollte diese Zusatzseite den nachfolgenden → Haupttitel vor Verunreinigungen durch den Buchdrucker schützen.

■ **Schnipseldienst**
[Ja] Ugs. für → Ausschnittdienst.

■ **Schnitt**
[Ra, TV] 1.) Einen Schnitt machen = Bandmaterial schneiden. → cut → Cutter, → electronic editing 2.) Abk. für Schnittplatz („Ich gehe in den Schnitt").

■ **Schnittplatz**
[Fi] Arbeitsplatz eines → Cutters.

■ **Schnürsenkel**
[Ra, TV, Ja] Ugs. scherzhafte Bezeichnung für ein handelsübliches Normaltonband mit einer Breite von 1/4 Zoll, was etwa 6,35 mm entspricht.

■ **Schön- und Widerdruckmaschine**
[Dt] In einem Arbeitsgang bedruckt diese Maschine sowohl Vorder- als auch Rückseite eines → Druckbogens. Es kann mit zwei verschiedenen → Druckplatten gedruckt werden.

■ **Schöndruck**
[Dt] Bedrucken eines → Druckbogens auf der Vorderseite. Bei Schön- und Widerdruckmaschinen werden Vorder- und Rückseite in einem Arbeitsgang bedruckt. → Widerdruck

■ **Schraffen**
[Dt] Andere Bezeichnung für → Serifen.

■ **Schrägspurverfahren**
[TV] → Querspurverfahren

■ **Schreibsatz**
[Dt] Technik für den Schriftsatz, die vom → Bleisatz zum → Fotosatz überleitete.

■ **Schreibschrift**
[Dt] Schriftklasse III der DIN 16518. Typografische Form der genormten Schul- und Kanzleischrift. Ursprünglich besitzen bei Schreibschriften die einzelnen Buchstaben verbindende Anschlüsse und stehen nicht vereinzelt. Ugs. auch als Synonym für Handschrift verwendet.

■ **Schriftenspiegel**
[Dt] → Satzspiegel

■ **Schriftfamilie**
[Dt] Alle → Schriftschnitte, die zu einer Schrift geschaffen wurden und deshalb formal zusammengehören, z.B. Futura mager, halbfett, dreiviertelfett, fett, kursiv etc. Sie bilden die → Schriftgarnitur.

■ **Schriftgarnitur**
[Dt] Zu Zeiten des → Bleisatzes wurden sämtliche existierenden → Schriftschnitte einer → Schriftfamilie als Schriftgarnitur bezeichnet.

■ **Schriftgenerator**
[TV] Digitales Hilfsmittel, mit dem Schriften und Titel bei der Video-Produktion erstellt werden können. Auch als Zeichengenerator oder Character generator bezeichnet.

■ **Schriftgrad**
[Dt] Die Größe einer Schrift. Er drückt die Höhe der Buchstaben aus und wird im europäischen → Didotsystem in → Punkt und im angloamerikanischen → Pica-System in → Point angegeben. Die Namen der Schriftgrößen verlieren seit den sech-

zigerjahren an Bedeutung. In Zeiten des Computersatzes in Verbindung mit → DTP sind die Schriftgrößennamen unwichtig, da beliebig → skaliert werden kann. Symbol bei Größenangaben ist das Gradzeichen °.

6 Punkt:
Lorem ipsum dolo sit amet.

8 Punkt:
Lorem ipsum dolo sit amet.

10 Punkt:
Lorem ipsum dolo sit amet.

12 Punkt:
Lorem ipsum dolo sit a

14 Punkt:
Lorem ipsum dolo si

16 Punkt:
Lorem ipsum dol

18 Punkt:
Lorem ipsum do

20 Punkt:
Lorem ipsum

22 Punkt:
Lorem ipsum

24 Punkt:
Lorem ipsu

Abb: Schriftgrad

■ Schriftgröße
[Dt] → Schriftgrad

■ Schriftkegel
[Dt] Die Höhe der → Letter als Stempel im → Bleisatz. In der Regel ist der Schriftkegel größer als das entsprechende Schriftbild.

■ Schriftklasse
[Dt] Nach DIN 16518 sind die Schriften in unterschiedliche Klassen aufgegliedert (s. Abb. nächste Seite).

■ Schriftlage
[Dt] Die Richtung einer Schrift, z.B. gerade stehend oder kursiv (schräg gelegt).

■ Schriftleiter
Nationalsozialistische Bezeichnung für Redakteur.

■ Schriftlinie
[Dt] Andere Bezeichnung für die gedachte Grundlinie, auf der die Schriftzeichen des lateinischen, griechischen und kyrillischen Alphabets angeordnet sind. Klein- und Großbuchstaben stehen auf dieser Linie, → Unterlängen überschreiten diese meist imaginäre Linie nach unten, → Oberlängen nach oben. Der Abstand zwischen zwei Schriftlinien wird → Durchschuss genannt. → Vierliniensystem

■ Schriftrichtung
[Dt] → Schriftlage

■ Schriftschnitt
[Dt] Innerhalb einer → Schriftfamilie unterscheiden sich die Versionen dieser Schrift, z.B. durch die Schriftlage (kursiv nach rechts oder links geneigt), Strichstärke (fett, mager) und Schriftlaufbreite (→ Laufweite). Von den meisten Schriften werden mehrere Schriftschnitte angeboten, z.B. leicht, kursiv, kräftig, halbfett, schmalfett, breitfett, fett.

■ Schriftsetzer
[Dt] Ugs. geläufiger ist die Kurzbezeichnung → Setzer.

I Venezianische Renaissance-Antiqua
Berkeley Old Style

II Französische Renaissance-Antiqua
Garamond

III Barock-Antiqua
Caslon

IV Klassizistische Antiqua
Bodoni

V Serifenbetonte Linear-Antiqua
Glypha

VI Serifenlose Linear-Antiqua
Futura

VII Antiqua-Varianten
Souvenir

VIII Schreibschriften
Shelly Allegro

IX Handschriftliche Antiqua
Post-Antiqua

X Gebrochene Schriften
Linotext

Xa Gotisch
Wilhelm-Klingspor-Gotisch

Xb Rundgotisch
Wallau halbfett

Xc Schwabacher
Alte Schwabacher

Xd Fraktur
Walbaum-Fraktur

Xe Frakturvarianten
Rhapsodie

XI Fremde Schriften
Фремде Сцхрифтен

Abb: Schriftklassen

■ Schriftstärke
[Dt] Man unterscheidet die → Schriftschnitte nach der Stärke ihres Schriftbildes: mager, halbfett, fett etc.

■ Schriftsteller
Ein Verfasser literarischer Werke. Im engeren Sinne der Verfasser von Belletristik. Künstler, der Bücher schreibt. Die Berufsbezeichnung entstand während des 18. Jahrhunderts als Eindeutschung der bis dahin gebräuchlichen Berufsbezeichnungen Autor und Skribent. Den Beruf des sozial unabhängigen, aus seinem durch die literarische Tätigkeit erzielten Einkommen lebenden Schriftstellers gibt es in Deutschland seit Ende des 18. Jahrhunderts. Diese Unabhängigkeit wurde im 19. Jahrhundert durch die Einführung des → Urheberrechts geschützt. Während der → Journalist für seine Zielgruppe schreibt, besitzt der Schriftsteller vollkommene → künstlerische Freiheit, d.h. er kann sich auch Dinge von der Seele schreiben, die niemanden interessieren außer ihn selbst. Schreibt ein Journalist Bücher, so ist er gleichzeitig auch Schriftsteller.

■ Schrifttype
[Dt] → Type

■ Schriftzumischer
[TV] Dieses elektronische Gerät stanzt Schriftinformationen in ein Fernsehbild ein. Kann das Gerät zwei Schriften überblenden, so wird es Doppelschriftzumischer genannt.

■ Schrittschaltwerk
[Fi] Transportverfahren für Filme in Filmabtastern. Das Bild steht während des Abtastvorgangs still.

■ Schub
[Ze] Nach dem → Andruck wird die Druckmaschine angehalten, um für die restliche, noch nicht gedruckte Auflage eine topaktuelle Neuigkeit einzubauen. Dabei wird ein kompletter Artikel herausgenommen und durch einen neuen ersetzt, der exakt den gleichen Platz einnimmt, da sonst das Layout geändert werden müsste.

■ Schuber
Auf einer Seite offener Karton. Stellt man ein Buch hinein, so ist der Rückentitel erkennbar. Wird z.B. bei Wörterbüchern oder wertvollen Kunstdrucken zum Schutz des Buches häufig verwendet.

■ Schülerzeitung
[Ze] Zeitung, die von Schülern für die eigene Schule eigenverantwortlich erstellt wird. Schülerzeitungen unterliegen neben den üblichen → Pressegesetzen je nach Bundesland besonderen Bestimmungen von Schülerpressegesetzen, der allgemeinen Schulordnung, dem Schulmitwirkungs-Gesetz etc. Diese können z.B. eine vorherige Genehmigungspflicht seitens der Schulleitung vorsehen, regeln die Möglichkeit von Vertriebsverboten und ggf. Ausnahmen vom Werbeverbot auf Schulgrundstücken. In den einzelnen Bundesländern gibt es stark unterschiedliche Regelungen, die fast immer nur auf den Schulgeländen gelten. Im Gegensatz dazu → Schulzeitung.

■ Schulterstativ
[Fi] Mit Hilfe dieser Haltevorrichtung können Film- und Videokameras während der Aufnahme auf der Schulter getragen werden.

■ Schulzeitung
[Ze] Offizielle, von der Schulleitung herausgegebene Zeitung, vergleichbar einer → Hauszeitung. Im Gegensatz dazu die → Schülerzeitung.

■ Schürze
[We] Aufsteller vor einem Zeitungskiosk, in den jeden Tag neu ein Papier mit der aktuellen Schlagzeile oder der Überschrift der Titelgeschichte eingelegt wird. Diese Schürze soll beim Kunden Interesse wecken und zum Kauf anregen.

■ Schusterjunge
[Dt] Die erste Zeile eines neuen Absatzes bildet gleichzeitig die letzte Zeile einer Seite oder Spalte. Dies gilt als Fehler im → Umbruch, da dies die optische Ausgewogenheit des → Layouts stört. Durch Verlängern oder Kürzen des vorhergehenden Textes (→ Einbringen), z.B. durch Umformulierungen oder Änderungen der Wort- und Buchstabenabstände im Textsatz, wird versucht, dies zu vermeiden. Auch das Einfügen einer Leerzeile kann einen Schusterjungen verhindern. In der Schweiz wird der Schusterjunge auch als Waisenkind bezeichnet. Das Gegenteil ist → Hurenkind.

■ Schwabacher
[Dt] Schrift der → Gebrochenen Schriften. DIN 16 518, → Schriftklasse Xc. Sie entstand im 15. Jahrhundert und ist offener, derber und breitlaufender als die → Gotische. Weil sie als Schrift für Luthers Bibelübersetzung gewählt wurde, rührt die Vorstellung daher, gebrochene Schriften seien typisch deutsche Schriften.

■ Schwanenhals
[Ra, TV] Beweglicher, biegbarer Befestigungsarm für Mikrofone.

■ Schwarzblende
[TV] Ein Bild enthält keinen Bildinhalt, d.h. es ist schwarz. Die Schwarzblende wird z.B. zwischen zwei Programmbeiträgen verwendet, um diese deutlich voneinander abzugrenzen.

■ schwarze Kunst
Mittelalterliche Bezeichnung für das Druckerhandwerk. Die Bezeichnung rührt von der Farbe der Druckerschwärze her.

■ schwarze Ware
→ braune Ware

■ schwärzen
Allg. unkenntlich machen. Ein schwarzer → Balken über einem Wort. → Zensur.

■ Schwarzfilm
[TV] Ein belichteter und entwickelter Positivfilm, der lichtdurchlässig, also schwarz ist. Er wird zur Verlängerung von → Vorlauf und → Nachlauf verwendet. Beim Abkopieren wird er erforderlichenfalls zwischen die zu kopierenden Bildszenen gesetzt.

■ Schwarzfunk
[Ja, TV, Ra] Ugs. Bezeichnung für → öffentlich-rechtliche Rundfunkanstalten, denen vorgeworfen wird, unter dem Einfluss der CDU/CSU ein Programm mit mangelhafter politischer → Ausgewogenheit auszustrahlen. Häufig in Bundesländern mit CDU- oder CSU-Regierung. Gegenteil ist der → Rotfunk.

■ Schwarzkünstler
Mittelalterliche Bezeichnung für → Drucker. → schwarze Kunst

■ Schwarzseher
[TV] Bezeichnung der → GEZ für nicht angemeldete → Rundfunkteilnehmer, also Besitzer von Radio- und Fernsehgeräten, die unberechtigterweise keine → Rundfunkgebühren bezahlen.

■ Schweizerdegen
[Dt] Jemand, der eine Doppeltätigkeit als Drucker und Schriftsetzer ausübt. Diese Kombination ist heute kaum noch, und wenn, dann nur in Kleinstbetrieben anzutreffen.

■ Schwenk
[TV] Kamerabewegung. Der Zuschauer fühlt sich, als würde er den Kopf drehen. Schwenks werden häufig verwendet, z.B. bei Menschenmengen, Landschaften oder in einem Raum. Es wird unterschieden zwischen Vertikal-, Horizontal-, Diagonal-, Rund- (Panorama-) und Reißschwenks.

■ Scrambler
[TV] (engl. scramble = verwürfeln, verschlüsseln) Häufig zum Verschlüsseln von Fernsehprogrammen verwendete Codierungsmethode. Nach einem festgelegten Algorithmus wird das Sendesignal verändert. Beim Empfänger muss es von einem → Decoder mit dem gleichen Algorithmus wieder entschlüsselt werden. Bild und Ton werden getrennt verschlüsselt. Durch diese Methode wird ein Mithören oder Mitsehen von Unbefugten verhindert. Das Entschlüsseln der Signale ist ohne Kenntnis von Scrambleraufbau und entsprechender Codeworte nicht möglich.

■ Screenshot
[Co] (engl. = Bildschirm-Schuss) Abbild des auf einem Computermonitor dargestellten Bildes als Grafik. Diese Abbildung dient z.B. zur Illustration eines Artikels in einer Zeitung. Früher wurde der Screenshot mittels eines Fotoapparates erstellt, heute geschieht dies mit dem Computer.

■ Screen-Splitting
[TV] (engl. = Bildschirm-Teilung) Ein Trick-Muster des → Bildmischers wird als Stanzsignal verwendet. Auf dem Bildschirm werden dadurch mehrere Bilder gleichzeitig dargestellt, die gegeneinander durch eine definierte geometrische Form scharf abgegrenzt sind. Angewendet wird das Screen-Splitting, wenn z.B. auf der rechten Hälfte des Fernseh-Bildschirmes ein anderes Programm gesendet wird, als auf der linken Hälfte. Dies ermöglicht z.B. das gleichzeitige Senden von Sportübertragungen und Werbung. Eine bis zu vierfache Teilung des Bildschirmes (z.B. bei Bloomberg TV) ist mit den menschlichen Sehgewohnheiten vereinbar. → Quadsplit

■ Scribble
→ Layout-Skizze, erster Entwurf, grobe Ideen-Skizze. → Aufriss.

■ script
[Fi] (engl. = Handschrift, Manuskript) 1.) Abk. für → Drehbuch. 2.) Abk. für → Scriptgirl.

■ Script-Editor
[TV] (engl. = Dramaturg) Nachdem → Storyliner den groben Faden einer Geschichte entwickelt und Autoren das → Drehbuch geschrieben haben, kümmert sich ein Script-Editor um den letzen Feinschliff.

■ Scriptgirl
[TV] (engl. = Schrift-Mädchen) Atelier-Sekretärin bei (elektronischen) Film-Produktionen. Die Helferin des Regisseurs und des Kameramanns bei filmischen Produktionen. Sie ist verantwortlich für

→ Anschlüsse, Drehberichte und Negativberichte.

■ scroll title
[TV] Engl. Bezeichnung für → Rolltitel.

■ SDR
Abk. für Süddeutscher Rundfunk. Öffentlich-rechtlicher Radio- und Fernsehsender im südlichen Teil Baden-Württembergs mit Sitz in Stuttgart, konstituiert am 06. April 1949. Er wurde im September 1998 mit dem → SWF zusammengelegt zum → SWR.

■ SDTV
[TV] (Abk. engl. = Standard Definition TeleVision) Fernsehprogramme in Standard-Qualität, die auf tragbaren Fernsehgeräten mit geräteeigenen Antennen wiedergegeben werden können. Die Datenrate beträgt 3-4 Mbit/sek.

■ SECAM
[Rt, TV] (Abk. frz. = Séquentiel en couleurs avec memoire) In Frankreich und Osteuropa verwendete → Fernsehnorm. Wesentliches Kennzeichen dieses Übertragungsprinzips für Farbfernsehen sind die sequentielle Farbübertragung und die Speicherung im Empfänger. Die zur Übermittlung der Farbart notwendigen Signale werden dabei nicht gleichzeitig (= simultan), sondern nacheinander (= sequentiell) von Zeile zu Zeile übertragen. Das Farbfernsehsignal wird codiert in 625 Zeilen bei 50 Halbbildern pro Sekunde (25 Hz). Dieses Verfahren ist unanfällig gegenüber Phasenfehlern, jedoch anfällig für → Moiré-Störungen.

■ Sehbeteiligung
[TV] Anzahl der Zuschauer pro Fernsehsendung. Sie entspricht nicht der → Einschaltquote. → Personenreichweite

■ Sehdauer
[TV] Im Fernsehbereich das Äquivalent zur → Hördauer.

■ Seifenoper
[TV] Eine Fernsehserie mit vielen Folgen, in der das angeblich „richtige" Leben gezeigt wird, mit Liebesfreud und -leid, Alkoholsucht, Hoffnungen und Sehnsüchten eines jeden Zuschauers. Sie wurden aus den USA in die ganze Welt exportiert. Weit verbreitete Serien kommen auch aus Brasilien (Telenovelas = Fernsehromane). Die bekanntesten in Deutschland sind „Gute Zeiten, schlechte Zeiten" (RTL) und „Lindenstraße" (ARD). Um beim Zuschauer Neugierde auf die nächste Folge zu wecken, endet eine Sendung meist mit einem spannenden → Cliffhanger. Die neueste Entwicklung ist die → Reality-Soap. Die englische „Original-Bezeichnung" lautet Soap-Opera. Für die Entstehung des Begriffs gibt es drei Deutungen. Welcher Vorrang zu geben ist, bleibt jedem selbst überlassen: 1. Diese Serien waren als eingängige, schlichte Sendungen für Hausfrauen beim Putzen gedacht. 2. Sie wurden wegen der Werbeeinblendungen so genannt, die für alltägliche Haushaltsgegenstände wie Putzmittel und Seifen warben. 3. Schon in den Dreißigerjahren finanzierte der Seifenkonzern Procter & Gamble in den USA die Produktion dieser Serien, um ein attraktives Programmumfeld für seine Waschmittelwerbung zu erhalten.

■ Seitenabruf
[Co] Durch Anklicken von → Hyperlinks oder Eingabe einer Internet-Adresse können Dokumente im → World Wide Web mittels → Browser auf dem Computer angesehen werden. Jede Seite wird separat abgerufen.

■ Seitenaufmacher
[Ze] In der Zeitung das wichtigste Thema einer Druckseite, jedoch nicht der Titelseite.

■ Seitenfoto
[Fo, Ze] Größtes Foto einer Seite; Blickfänger, auch Aufmacher-Foto.

■ **seitenrichtig**
[Dt] Horizontales und vertikales deckungsgleiches Abbilden einer Vorlage. Das Gegenteil ist seitenverkehrt.

■ **seitenverkehrt**
[Dt] Horizontales oder vertikales gespiegeltes Abbilden einer Vorlage. Das Gegenteil ist seitenrichtig.

■ **Seitenzahl**
[Dt] Die fortlaufende Numerierung von Seiten eines Druckerzeugnisses. Sie gehört zum toten → Kolumnentitel. Auch Kolumnenziffer oder Pagina genannt.

■ **Sektorenblende**
[Fi] Hinter dem Objektiv von Kameras und Filmprojektoren befindliche rotierende Blende, die aus einer lichtundurchlässigen runden Scheibe mit ausgesparten Sektoren besteht. Eine spezielle Sektorenblende ist die → Spiegelblende. Auch als → Flügelblende bezeichnet.

■ **Sekunde**
[Dt] → Bogenziffer

■ **Selbstfahrerstudio**
[Ra] Radio-Studio, in dem der → Moderator die Sendung ohne fremde Hilfe gestalten (→ fahren) kann. Früher saß der → Moderator in einem Raum, während im Nebenraum der Tontechniker die Sendung abmischte und Tonbänder einlegte. Heute vor allem beim → privaten Rundfunk üblich, beim öffentlich-rechtlichen Rundfunk noch eher selten.

■ **Semantik**
[KoWi] (gr. sem = Zeichen) Die Beziehung zwischen Zeichen (einer Sprache als Zeichensystem) und ihren Bedeutungen. Disziplin der Sprachwissenschaft, die die Bedeutung von Wörtern, Sätzen und Texten untersucht. Teilgebiet der → Semiotik, zum Teil auch als Synonym für sie verwendet.

■ **Semiotik**
[KoWi] (gr. sem = Zeichen) Die allgemeine Zeichentheorie der Sprache. Sie ist Grundlage von → Semantik, → Syntax und → Sigmatik. Eines der führenden sprachwissenschaftlichen Lehrbücher wurde von dem als Autor historischer Romane weltberühmt gewordenen italienischen Professor Umberto Eco verfasst.

■ **Sendeplan**
[Ra, TV] Der Ablaufplan einer Sendung, nach dem diese gefahren (→ fahren) wird.

■ **Sendeplatz**
[Ra, TV] In der → Sendeuhr ist jedem Beitrag eine bestimmte Anfangszeit und Zeitdauer zugewiesen; z.B. ist der Sendeplatz von Nachrichten zur vollen Stunde und dauert drei Minuten.

■ **Sender Freies Berlin**
[Ra, TV] → SFB

■ **Sender-Empfänger-Modell**
[KoWi] Schema, wie → Kommunikation zwischen Menschen abläuft. Der Sender (auch Kommunikator oder Informationsquelle genannt) sendet Zeichen zum Empfänger (auch Rezipient oder Adressat genannt). Zum Kommunikationsakt gehören der Inhalt (Gegenstand der Kommunikation, d.h. worüber wird kommuniziert?), der Kontext (in welcher Situation findet die Kommunikation statt?), der Kanal (auf welchem Wege wird kommuniziert?), der physische Übertragungsweg (z.B. die Sprache, Schrift oder Schallwellen) und ein Code (wie wird kommuniziert? Ton, Sprache, Druck, Bild, Zeichenvorrat, Sprachschicht). Es gehören Verschlüsselung (Codierung), Übermittlung (Signalisierung) und Entschlüsselung (Decodierung, Interpretation) zum Kommunikationsprozess.

■ **Senderkennung**
1.) [TV] In das Fernsehbild wird das → Logo des Fernsehsenders eingeblendet. Auch als Bildkennung bezeichnet. 2.) [Ra] → Autofahrer-Rundfunkinformation

Sendeuhr

[Ra] Jede gesendete Stunde ist in Abschnitte eingeteilt, die sich wie das Ziffernblatt einer Uhr aufzeichnen lassen. Diese Aufzeichnung nennt man Sendeuhr, z.B. Weltnachrichten immer zur vollen Stunde, danach die → Sendungs-ID. Um zehn Minuten nach folgt ein regionaler Beitrag, um zwanzig nach ein Wirtschaftsbericht, um halb die Lokalnachrichten. Jedem Beitrag ist ein Sendeplatz zugeteilt.

Sendungs-ID

[Ra] (engl. ID = Abk. für identification = Identifizierung, Erkennung) Charakteristischer → Jingle, der zu Beginn einer Radiosendung gespielt wird. Ist die Sendungs-ID bekannt, kann sie auch zu Werbezwecken für die Sendung genutzt werden. → Station-ID

Senefelder, Alois

[Dt] Erfinder der → Lithographie. Der Schauspieler und Bühnenschriftsteller wurde am 06. November 1771 in Prag geboren und starb am 26. Feburar 1834 in München. Auf der Suche nach einem vereinfachten Druckverfahren für die von ihm verfassten Bühnenstücke erfand er mit der Lithographie eine neue chemische → Flachdrucktechnik. 1799 wurde ihm in Bayern von König Maximilian Josef ein erstes „Privilegium maximum“ erteilt, das, vergleichbar mit einem heutigen Patent, auf 15 Jahre jedem anderen die Nutzung dieser Erfindung untersagte. Seine erste Druckerei entstand im gleichen Jahr in München. In Wien nahm er 1803 die erste größere Steindruckerei in Betrieb. Ab 1826 stellte er auch Mehrfarbendrucke her.

Sensationsreporter

→ Reporter eines Boulevardmediums, der oft → Aufreger recherchiert. So genannter rasender Reporter. Er vermittelt das negative Image eines Journalisten, weil meist oberflächliche Recherche mit dieser Art der Präsentation verbunden wird. → Schlagzeilenjournalismus

Sequenz

[TV] Die kleinste filmische Darstellungseinheit, die aus mehreren → Einstellungen gebildet wird. → Take

Serifen

[Dt] Kleine waagrechte, senkrechte oder auch schräge An- und Abschlussstriche oder Begrenzungen an den Grundstrichen von Schriften (die Füßchen, auf denen Serifen-Schriften stehen). Serifen bilden einen Übergang von Zeichen zu Zeichen und erleichtern das Lesen längerer Texte. Serifenlose Schriften wirken moderner und werden vor allem bei kürzeren Texten und bei Überschriften eingesetzt. Auch Schraffen genannt.

Server

[Co] (engl. serve = dienen) Zentraler Rechner, der innerhalb eines Computer-Netzwerks bestimmte Dienstleistungen erbringt. Ugs. werden Server oft nach ihrer Funktion bezeichnet: Datei-Server, Datenbank-Server, Mail-Server, Name-Server, WWW-Server. Ihr Netzwerkname ist i.d.R. nicht mit dem umgangssprachlichen identisch.

Set

[Fi] Drehort eines Films.

Set-top-Box

[TV] (engl., on top = oben drauf, box = Kiste, Kasten) Decoder-Gerät, das in der Regel oben auf den Fernseher gestellt wird und dessen Funktionen erweitert. Eine Set-top-Box kann ebenso ein Satelliten-Empfänger sein wie als → Decoder für den Empfang von Digital-Fernseh-Programmen, → Videotext, Web-TV oder als Decoder für → Pay-TV dienen. Dieser kleine Spezialrechner kann die Zugangsberechtigung prüfen und das Programm entschlüsseln. Außerdem übernehmen Set-top-Boxen die Dekomprimierung und Digital-analog-Wandlung von Daten ebenso wie die Verwaltung des Rückkanals vom Nutzer zum Sender und die Abrechnung bei → Pay-per-view-Programmen.

Setzer

[Dt] Gebräuchliche Kurzbezeichnung von Schriftsetzer. Ausbildungsberuf im grafischen Gewerbe. Zu den Tätigkeiten des Schriftsetzers gehören das typografische Gestalten, d.h. er bildet aus den einzelnen Lettern Worte und Zeilen und bricht den Text in Spalten und Seiten um. Er muss Manuskripte, Bildvorlagen und Daten für die technische Umsetzung vorbereiten, mengen- und gestaltungsorientierte Satzarbeiten herstellen, Reproduktions- und Montagearbeiten ausführen. Ugs. wird der Setzer oft mit dem → Buchdrucker verwechselt. Früher wurde der Setzer auch als Metteur bezeichnet. In Deutschland ist der Ausbildungsberuf des Schriftsetzers 1998 von dem des Mediengestalters abgelöst worden. In der Schweiz wurde der dort als Typograf bezeichnete Setzer vom Polygraphen abgelöst.

Setzerei

[Dt] Ort, an dem der → Satz eines Druckwerkes gemacht wird.

Sex and Crime

(engl. = Sex und Verbrechen) Berichte, die vorrangig von Sexualität und Kriminalität handeln und die sich an die Sensationslust der Menschen wenden. Von vielen Menschen als Schmuddelstorys abqualifiziert. Häufig im → Boulevard-Journalismus.

SFB

[Ra, TV] Abk. für Sender Freies Berlin. Öffentlich-rechtlicher Radio- und Fernsehsender des Landes Berlin. Er erhielt seinen Namen als politische Demonstration der Unabhängigkeit West-Berlins von der umgebenden sozialistischen DDR.

Shading

[TV] (engl. = Schattierung) Abschirmung, Farbton-Abstufung. Im Videobereich werden unter Shading ungleichmäßige Helligkeiten auf einer Bildröhre verstanden. Diese treten speziell im Abtastraster des Flying-Spot-Verfahrens auf.

Shadowkey

[Fi] Diese elektronische Schaltung im → Key-Verfahren ermöglicht es, die Schatten des Originalbildes im gestanzten Bild erscheinen zu lassen.

Shooting

[Fo, Fi] (engl. = Schießerei) Termin eines Fotografen oder Filmteams, an dem Aufnahmen gemacht werden, z.B. fliegen Models, Visagisten, Frisör und Fotograf auf eine Karibik-Insel, um dort eine → Strecke, beispielsweise für die Titelgeschichte aufzunehmen. Häufig im Mode-Bereich.

Shopping-Kanal

[TV] (engl. shopping = einkaufen) → Tele-Shopping

Show Down

[TV] Ein Konflikt, der während des Filmes aufgebaut und gesteigert wurde, kommt zu seinem Höhepunkt. Er wird dabei offen und häufig verbunden mit Gewalt ausgetragen. Der Show Down bildet den Höhepunkt der Spannungskurve und das Ende der Kernhandlung eines Filmes. Klassisches Beispiel für einen Show Down ist das Duell in dem Western „High Noon“ („12 Uhr Mittags“).

Show-Opener

[Ra] Der erste Musiktitel einer Radiosendung, der die Show sozusagen eröffnet.

Sichten

Allgemein Material durchgehen und auf seine Brauchbarkeit hin sortieren. Im TV muss das gesamte gedrehte Bandmaterial vor dem → Schnitt vom Journalisten gesichtet werden, um dem → Cutter die Arbeit zu ermöglichen bzw. zu erleichtern.

Siebdruck

[Dt] Schablonendruck; Durchdruckverfahren; direktes Druckverfahren durch ein feinmaschiges Sieb. Das Sieb kann aus textilen Materialien oder Metall bestehen. Die Farbe gelangt nur an bestimmten Stellen auf den Bedrucktstoff, die anderen Stellen wurden vorher undurchlässig beschichtet oder abgedeckt. Das Siebdruckverfahren eignet sich besonders für den Druck auf Textilien (z.B. T-Shirts) oder Kunststoffe. Benötigt werden positive, seitenrichtige Filme.

■ Siemensstern
[TV] Testtafel, die zur Kontrolle der Schärfe und des → Auflagemaßes an Kameras dient. Der Stern besteht aus im Kreis angeordneten und nach innen spitz zulaufenden keilförmigen schwarzen Dreiecken auf weißem Grund.

Abb: Siemensstern

■ Sigmatik
[KoWi] Die Beziehung zwischen dem Zeichen (einer Sprache als Zeichensystem) und dem Objekt, auf das der Sprecher Bezug nimmt. Manchmal wird in diesem Zusammenhang auch von Referenzsemantik gesprochen.

■ Signet
[Dt] Synonym für → Logo.

■ Simultankontrast
Wahrnehmungsphänomen, das beim gleichzeitigen Betrachten mehrerer Farben auftritt. Dies ist der → Kontrast, von dem in der Regel gesprochen wird, wenn es um Kontrast geht. Im Unterschied dazu der → Sukzessivkontrast.

■ Sitcom
[TV] (engl. Abk. für situation comedy = Situationskomödie) Schauspieler spielen witzige Szenen vor der Kamera, teilweise werden die Lacher vom Band eingespielt. Nach vielen erfolgreichen US-Sitcoms (Al Bundy, Bill Cosby) hatte auch die deutsche „Salto Postale" großen Erfolg.

■ Sitzredakteur
[Ze, Re] Zur Bismarckzeit wurden häufig Zeitungen in Prozessen verurteilt, sodass ein Redakteur ins Gefängnis gehen und dort Zeit „absitzen" musste.

■ Skalenfarben
[Dt] Für den Mehrfarbendruck geeignete Druckfarben einer → Farbskala. Im Zusammenhang mit gerasterten Druckvorlagen ergeben sie den gewünschten Mehrfarbendruck.

■ Skalieren
[Dt] (lat.-it. scala = Treppe, Leiter, Einteilung in Maßeinheiten) Eine Abbildung oder einen Buchstaben in einer anderen als seiner Originalgröße darstellen. Proportionales Skalieren ist das Vergrößern oder Verkleinern. Stauchen und Ziehen führt zu nicht proportionaler Skalierung. Werden Schriften skaliert, so erscheint das Schriftbild größerer Schriften fetter als das kleinerer Schriften. Im → DTP sind die Schriften frei skalierbar.

■ Skandaljournalismus
Journalismus, der gezielt zur Auflagen- bzw. Quotensteigerung Skandale „ausgräbt", z.B. Spiegel, TV-Magazin „Monitor". Häufig haben diese Skandalnachrichten boulevardesken Charakter. Nicht zu verwechseln mit dem → investigativen Journalismus. → Aufreger

■ Skew
[TV] (engl. = Schräge, Schiefe, Gehrung) Schieflauf. 1.) Spezielle Bandzug-Regelung. 2.) Der Skew-Effekt (übersetzt etwa Schrägzieh-Effekt) ist ein Trickeffekt, bei dem Rechtecke zu Trapezen verformt werden.

■ **Slogan**
[We] Prägnanter kurzer Werbetext, meist in enger Verbindung zu Produkt oder Marke.

■ **Slomo**
[TV, Ja] Abk. für slow motion, engl. Bezeichnung für → Zeitlupe.

■ **Slow Motion**
[TV] (engl. = langsame Bewegung) Gelegentlich auch als Slomo bezeichnet. 1.) → Zeitlupe, Zeitdehnung. Auch die Einzelbildschaltung beim Videorecorder. 2.) Zeitlupengerät

■ **small caps**
[Dt] Englische Bezeichnung für → Kapitälchen.

■ **Smart Card**
[TV] Ihr Aussehen ähnelt einer Telefonkarte. Nur mit dieser Karte kann ein Fernseh-Decoder verschlüsselte Programme entschlüsseln. Wird das Verschlüsselungsprogramm geändert, so muss nicht der gesamte → Decoder ausgetauscht werden, sondern lediglich die Smart Card. Der Sender kann die Smart Card auch sperren, z.B. wenn die Gebühren nicht bezahlt wurden.

■ **SNG**
[TV] Abk. für Satellite News Gathering (Aussprache englisch: es-en-dschi); TV-Live-Übertragung vom Ort des Geschehens zum Sendestudio. Elektronische Berichterstattung per Satellit. Auch → Schalte oder Live-Schaltung genannt.

■ **Soap-Opera**
[TV] (engl. = Seifenoper) → Seifenoper

■ **social advertising**
[We] (engl. = soziale Werbung) Werbung für wohltätige und soziale Zwecke.

■ **soft case**
[Fo] (engl. = weicher Koffer) Ein Scheinwerfer wird hinter einer Art Lampenschirm gestellt und wirft so ein weiches, diffuses Licht, das ideal für Portraitaufnahmen ist.

■ **Soften**
[Fo, Ja] Ein Verfahren bei der Bildaufnahme, mit dem weiche Bildkonturen erzeugt werden können.

■ **Softkey**
[TV] Bei diesem Stanzverfahren werden die Konturen zwischen den gestanzten Bildelementen überblendet.

■ **Soft-News**
Nette Geschichten, Klatsch und Alltagssituationen in emotionaler Aufmachung. Sie dienen zur Auflockerung, damit z.B. eine TV-Nachrichtensendung nicht nur aus „traurigen" Neuigkeiten besteht. Soft-News verleihen Magazincharakter. Boulevard-Magazine bestehen hauptsächlich aus Soft-News. Meist als bunter → Abhänger, mit → Human Touch. Im Vergleich zu → Hard-News eher zeitlose Geschichten, die auch auf Vorrat produziert und nach Belieben in eine Sendung aufgenommen werden können.

■ **Sommerloch**
→ Saure-Gurken-Zeit

■ **Sonderveröffentlichung**
[Ze] Eine außerhalb eines regelmäßigen Turnus erscheinende Publikation, z.B. einmal jährlich in verschiedenen Monaten wird einer Tageszeitung eine Reise-Beilage hinzugefügt. In der Regel sind die Sonderveröffentlichungen als separates → Buch herausnehmbar. Verlage wollen mit diesen Veröffentlichungen Anzeigenkunden gewinnen, die im regulären Teil nicht inserieren. Die Texte sind oftmals als → Anzeigen-Kollektiv verfasst.

■ **Sone**
[Ra] Maßeinheit für die subjektiv empfundene → Lautheit. 1 sone entspricht einem Lautstärkepegel von 40 → Phon.

■ **Spalte**
[Dt] Der Text eines Artikels läuft nicht über die gesamte Seite einer Zeitung, sondern wird nach z.B. 50 Zeichen abgebrochen und setzt sich in der Zeile darunter fort. Das erhöht die Lesbarkeit eines Tex-

tes. Eine Zeitungsseite besteht in der Regel aus fünf oder sechs Spalten nebeneinander. Nicht zu verwechseln mit dem → Bein. Artikel und Fotos werden oft nach der Anzahl der Spalten bezeichnet, die sie in der Breite einnehmen (d.h. aber nicht, dass sie diese Spalten von oben nach unten auf der gesamten Länge der Seite belegen), z.B. Einspalter, Zweispalter etc.

■ Spaltenabstand

[Dt] Der Leerraum zwischen zwei → Spalten. Er sollte größer sein als der größte → Wortabstand und der → Zeilenabstand. Eine → Spaltenlinie wird bei der Bestimmung des Abstandes nicht berücksichtigt. → Zwischenschlag

■ Spaltenlinie

[Dt] Eine dünne Linie zwischen zwei → Spalten. Besonders bei engen Abständen zwischen den Spalten erleichtert das Einfügen der Spaltenlinie die Lesbarkeit des Textes. Spaltenlinien werden häufig in Zeitungen und Zeitschriften verwendet. Die Stärke der Spaltenlinie soll dem Charakter und der Strichstärke der Grundschrift entsprechen. Bei der Bestimmung des → Spaltenabstandes wird sie nicht berücksichtigt.

■ Spam

[Co, We] Massenhaft verschickte, meist kommerzielle Werbe-E-Mails. Es ist bei den Internet-Nutzern sehr unbeliebt, da Spamer den regulären E-Mail-Verkehr stören. Dennoch werden immer wieder Spam-E-Mails verschickt, da so mit geringem finanziellen und organisatorischen Aufwand Werbebotschaften sehr breit gestreut werden können. In zahlreichen Staaten verboten, ist Spamming aufgrund des Staaten übergreifenden Prinzips des → Internet und den damit verbundenen zahlreichen verschiedenen Rechtsnormen nur schwer zu unterbinden. In Europa herrscht ein politischer Streit darüber, wie sich Verbraucher vor Spam-Mails schützen können. Während in Deutschland das Opt-In-Modell bevorzugt wird (d.h. der Empfänger muss den Werbe-Mails ausdrücklich zustimmen), sieht eine EU-Richtlinie das Opt-Out-Verfahren vor (Empfänger dürfen solange Werbe-Mails erhalten, solange sie nicht ausdrücklich widersprochen haben). Bereits jetzt gibt es zwei Listen, in die sich Spam-Gegner eintragen lassen können, die eRobinson-Liste und die Freitag-Liste. Beide Listen können jedoch keinen 100-prozentigen Schutz vor Spam-Mail bieten. In Deutschland verstößt Spamming gegen § 1 UWG (Gesetz gegen den Unlauteren Wettbewerb). Spamming verstößt in jedem Fall gegen die → Netiquette. Die Internet-Gemeinde versucht sich zu wehren, indem sie dem Absender von Spam ihrerseits mit massenhaft verschickten Protestschreiben (Flames) den E-Mail-Eingang verstopft. Abgesehen von der rechtlichen Problematik ist dieses Vorgehen auch schwierig, da seitens der Spammer nicht selten mit gefälschten Absenderkennungen gearbeitet wird. Offiziell wird Spam im Englischen als „unsolicited commercial e-mail“ bezeichnet, d.h. als unaufgefordert zugesandte Werbe-E-Mail. Über den Ursprung des Wortes Spam herrschen unterschiedliche Ansichten. Die am weitesten verbreitete Meinung ist, dass Spam eigentlich Dosenfleisch ist und der Begriff aus einem Sketch der britischen Komikertruppe Monty Python stammt („Well, we have spam: tomato & spam; egg & spam; egg, bacon & spam...“).

■ Spamdexing

[Co] Kunstwort, das sich aus → Spam und Indexing (engl. = in ein Verzeichnis aufnehmen) zusammensetzt. Spamdexing beschreibt den Versuch, sich eine vordere Position in → Suchmaschinen zu erschleichen, die meist als → Internet-Portal dienen. Dies geschieht durch mehrere Methoden. Allen Methoden gemeinsam ist jedoch das Prinzip, diese gute Position durch den Einsatz besonders häufig genutzter Suchbegriffe (z.B. Sex, Religion) zu erzielen. Diese Begriffe haben nichts mit dem Inhalt der → Web-Seite zu tun. Eine Methode des Spamdexing ist das Verstecken dieser Schlüsselworte in den → Metatags. Eine andere Methode setzt diese Worte in derselben Schriftfarbe wie den Hintergrund und macht sie so quasi unsichtbar. Sie sind zu erkennen, wenn mit der gedrückt gehaltenen linken Maustaste über eine solche Seite gefahren wird. Die Betreiber von Suchmaschinen kennen diese Tricks und versuchen nach Möglichkeit, ihren Erfolg zu unterbinden. So liefern sich die Spamdexer einen ständigen Wettlauf mit den Suchmaschinen.

■ **Spanner-Format**
[TV, Ja] Abwertende Bezeichnung für → Reality-Soap, die auf den voyeuristischen Trieb des Menschen abzielt, den Mitmenschen möglichst unbemerkt beobachten zu wollen.

■ **Sparte**
Abteilung, Fach, Gebiet 1.) [Ra, TV] → Spartensender 2.) Synonym für → Ressort. 3.) Zeitungs-→ Spalte oder Rubrik, unter deren Titel Themen zu einem bestimmten Gebiet behandelt werden, z.B. Wirtschaft.

■ **Spartensender**
[Ra, TV] Auch Spartenkanal, Fernseh-/Radiosender mit einem auf eine bestimmte Zielgruppe zugeschnittenen Programm. Nach der Definition des → Rundfunkstaatsvertrages „ein Rundfunkprogramm mit wesentlichen gleichartigen Inhalten“, z.B. Wetterkanal, → Business-Channel (Bloomberg), Sportkanal (DSF, Euro-Sport), E-Musik (Klassik-Radio).

■ **Spartenzeitschrift**
Zeitschrift mit einem auf eine bestimmte Zielgruppe (→ special interest) zugeschnittenen Inhalt; z.B. Rallye Racing, Golf Sport, Antiquitäten. Im Gegensatz zu → Fachzeitschriften richten sich Spartenzeitschriften in der Regel an eine nicht vorrangig beruflich in diesem Fachgebiet tätige Leserschaft.

■ **Spationieren**
[Dt] Im → Bleisatz das Einfügen von Leerraum. → Spatium

■ **Spatium**
[Dt] (lat.-gr. = Raum, Zwischenraum, Lücke) Kleines Metallstückchen, das selbst nicht druckt und dadurch einen Zwischenraum zwischen den gedruckten Buchstaben oder Worten schafft. Diese kleinste Einheit von → Blindmaterial ist höchstens 1,5 → Punkt dick. Sie wurde für das → Ausschießen der Zeilen benutzt, aber ebenso zum Ausgleichen der → Versalzeilen, speziell der darin enthaltenen Lücken bildenden Zeichenpaare.

■ **Spätredakteur**
Er bleibt nach Ende der normalen Arbeitszeit in der Redaktion und macht die → Schlussredaktion, meist bei Tageszeitungen.

■ **Spätredaktion**
→ Spätredakteure arbeiten als solche.

■ **special interest magazines**
(engl. = Zeitschriften speziellen Interesses) → Fachzeitschriften

■ **Sperren**
[Dt] Vergrößern der → Laufweite einer Schrift. Ein Wort ist gesperrt geschrieben, wenn der Abstand zwischen den einzelnen Buchstaben größer als die → Normallaufweite ist. Dieses typografische Hervorhebungsmittel wurde im → Bleisatz als Spationieren bezeichnet. Gegenteil ist → Kerning.

■ **Sperrfrist**
Ist eine Pressemitteilung/Agenturmeldung mit einer Sperrfrist versehen, darf deren Inhalt nicht vor dem angegebenen Termin (Uhrzeit/Datum) veröffentlicht werden.

■ **Sperrgreifer**
[Fi] Diese kleine mechanische Vorrichtung hält den Filmstreifen während der Belichtung genau vor dem Bildfenster in der Kamera fest. Andere Bezeichnung ist Justiergreifer.

■ **Spider**
[Co] (engl. = Spinne) Andere Bezeichnung für → Robots.

■ **Spiegel**
→ Satzspiegel

■ **Spiegelblende**
[Fi] Eine spezielle Art der → Sektorenblende in einer Filmkamera, die wegen ihrer verspiegelten Oberfläche das Bild während der Dunkelphase auf eine Suchermattscheibe wirft.

■ **Spiegeln**
[Dt, Fo] Horizontales oder vertikales → Kontern.

■ **Spiegelstrich**
[Dt] Gedankenstrich am Zeilenanfang bei Aufzählungen. Die Herkunft der Bezeichnung ist unklar. Einige Quellen leiten ihm vom Titel der Zeitschrift „Der Spiegel" ab, der die erste Verwendung von Spiegelstrichen nachgesagt wird.

■ **Spieß**
[Dt] Im Satz fehlerhaft mitgedruckter Ausschluss, → Durchschuss oder sonstige Zeichen, die deutlich fehl am Platz sind.

■ **Spitzlicht**
[Fo] 1.) Spezielle Beleuchtungstechnik mit scharf gebündeltem Zusatzlicht; Lichtdramaturgie. Z.B. wird das Haar von Personen von hinten beleuchtet. Dadurch wird der Eindruck von Raumtiefe hervorgerufen. Außerdem werden die Schultern durch einen Lichtrand vom Hintergrund abgehoben. 2.) Die hellsten Stellen im Film-Positiv, die dunkelsten Stellen im Negativ. Auch als Hochlicht bezeichnet.

■ **Spitzmarke**
[Ze] Erster Satz eines Textes, der die Kernaussage zusammenfasst. Er ist häufig auch optisch hervorgehoben, z.B. durch Fettschrift.

■ **Splendider Satz**
[Dt] Reich durchgeschossener, weit gehaltener Satz.

■ **Split Screen**
[TV] → Screen-Splitting

■ **Sponsoring**
[Ra. TV, We] Ein Geschäft auf Gegenseitigkeit, bei dem ein Unternehmen einen vereinbarten Geldbetrag an einen Sender zahlt. Gesponsorte Fernsehprogramme sind zulässig. Der Inhalt der Sendung darf jedoch nicht im unmittelbaren Zusammenhang mit dem Produkt des Sponsors stehen. Die Sendungen müssen gekennzeichnet werden. Dafür wird meist der Name des Sponsors vor und/oder nach der Sendung eingeblendet oder genannt. Häufig darf der Sponsor für seine eigenen Marketing-Aktivitäten den Namen der gesponsorten Sendung nutzen. Der Sponsor darf keinen Einfluss auf Inhalte oder den Programmplatz der Sendung haben, sodass die Unabhängigkeit des Rundfunkveranstalters nicht angetastet wird. Die Definition des Sponsoring-Begriffs im Rundfunkstaatsvertrag von 1991 lautet: „Der Beitrag einer natürlichen Person oder juristischen Person oder Personenvereinigung, die an Rundfunktätigkeiten oder der Produktion audiovisueller Werke nicht beteiligt ist, zur direkten oder indirekten Finanzierung einer Sendung, um den Namen, die Marke, das Erscheinungsbild der Person, ihre Tätigkeit oder ihre Leistung zu fördern." Nachrichtensendungen und Sendungen zur politischen Information dürfen nicht gesponsort werden (§ 7 I-VI Rundfunkstaatsvertrag, Art. 17 EU-Fernsehrichtlinie). Diese besondere Form der Werbung, Präsentation von Firmen oder Organisationen im Rundfunk darf seit Anfang 1992 auch von den → öffentlich-rechtlichen Rundfunkanstalten genutzt werden, z.B.: „Diese Sendung wurde ihnen präsentiert von Müller - schweißfreie Schuheinlagen". → Product Placement

■ Spot
[Ra, TV] 1.) Werbeschaltung in Radio, TV und Kino. → Werbespot 2.) Auch Spotlight; Scheinwerfer. → Verfolger

■ Spot Size
[Dt] (engl. = Fleck, Tupfen-, Stellen-Größe) Englische Bezeichnung für den Umfang eines einzelnen Rasterpunktes. Gelegentlich wird Spot Size auch als Synonym für → Rasterweite verwendet.

■ Spot-Beam
[TV] Kleinflächige → Ausleuchtzone eines Satelliten. Der scharf gebündelte Funkstrahl erreicht nur einen kleinen Teil der Erdoberfläche (im Unterschied zum → Global-Beam). Dadurch erzeugt er eine höhere Empfangsfeldstärke, was dazu führt, dass die zum Empfang nötigen Einrichtungen kleiner und leichter werden. Ein weiterer Vorteil ist die effizientere Ausnutzung der Frequenzen, denn die gleiche Senderfrequenz kann mehrfach in den anderen Spot-Beams genutzt werden.

■ Spotfotometer
[Fo] Mit diesem Lichtmessgerät sind Objektmessungen kleiner Flächen aus größerer Entfernung möglich. Auch als Spotbelichtungsmesser bezeichnet.

■ Spotlight-Journalismus
(engl. = Schlaglicht-Journalismus) → Schlagzeilen-Journalismus

■ Sprechkopf
[Ra] Der im Tonbandgerät befindliche Aufnahmekopf.

■ Sprungmarke
[Co] Meist farbig unterlegte Stelle einer → Web-Seite, von der aus ein Mausklick zu einer anderen Stelle im Internet führt. Über dieser Stelle verwandelt sich der Mauszeiger in ein Handsymbol. → Anchor

■ Saarländischer Rundfunk
[Ra, TV] Abk. = SR. → Öffentlich-rechtliche Rundfunkanstalt mit Sitz in Saarbrücken.

■ Staatliches Rundfunkkomitee
[TV] Das DDR-Gegenstück zum → Deutschen Rundfunkrat. Das 1952 gegründete oberste Leitungsgremium für Rundfunk und Fernsehen in der DDR wurde 1968 in das Staatliche Komitee für Rundfunk und das Staatliche Komitee für Fernsehen aufgetrennt. Der Vorsitzende des Komitees hatte den Rang eines Staatssekretärs inne und wurde vom Ministerrat berufen. Das Komitee hatte zur Aufgabe, das Programm zu planen, zu gestalten, die Rundfunk- und Fernsehstudios anzuleiten und Rundfunk und Fernsehen der DDR nach außen zu vertreten.

■ Stahlstichprägedruck
[Dt] Ein Verfahren im → Tiefdruck.

■ Staircasing
[TV] Englische Bezeichnung für den → Treppeneffekt.

■ Standbild
[TV] Ein einzelnes Film- oder → MAZ-Bild wird unbewegt wiedergegeben. Beim Fernsehen kann das Standbild u.a. mit der MAZ, einem Zeitlupengerät oder speziellen Speichern erreicht werden. Es wird oft mit dem englischen Begriff Still bezeichnet.

■ Standbogen
[Dt] → Bogen ohne Bilder, auf dem die Textseiten und Abbildungen passgenau zusammengestellt wurden. Auf dem Standbogen kann der „Stand" der einzelnen zu druckenden Teile zueinander beurteilt werden.

■ Standfoto
[Fo, TV] Unbewegte Aufnahme von Teilen der Dekoration, Szenen etc., die der → Standfotograf aufnimmt. Engl. Bezeichnung ist still frame.

■ Standfotograf
[Fo, TV] Beim Filmen fotografiert er unbewegte Bilder im Unterschied zum Kameramann, der die „laufenden" Bilder aufnimmt.

■ Stanzfarbe
[TV] Bei einem Videobild wird ein bestimmter Farbton elektronisch ausgeblendet. Engl. = Key-Color. → Key-Verfahren → Chroma-Key.

■ Stanzsignal
[TV] Schwarzweißes Videosignal. Erzeugt bei Stanztricks ein „Loch" in einem Bildsignal, das beim Luminanz- oder Chroma Key-Trick durch ein weiteres Bildsignal ersetzt wird. → Luminanz-Key → Chroma-Key

■ Stanzverfahren
[Fi, TV] Elektronisches Trickverfahren. Bestimmte festgelegte Bildteile werden herausgestanzt und durch Teile aus einer fremden Bildquelle ersetzt. → Key-Verfahren

■ Startband
[TV] Spezielles Bandmaterial für den Anfang eines Films, damit dieser schnell und sicher zu identifizieren ist. Die Markierung für den Bildstart ist meist ein → Startkreuz. Nicht zu verwechseln mit der Anfangsallonge (→ Allonge).

■ Startkreuz
[TV] Markierung für den Bildstart auf dem → Startband. Das Markierungszeichen ist meist in Kreuzform auf einem Bildfeld angebracht. Durch das Startkreuz wird der Synchronstart und -ablauf von zusammengehörigen Bild- und Tonträgern ermöglicht.

■ Startzeichen
[TV] → Startkreuz

■ Statement
(engl. = Erklärung, amtliche Erklärung) Aussage, Feststellung oder Meinungsäußerung eines Sachkenners, die einzeln steht und nicht in einer Diskussion oder in einem Gespräch geäußert wird, z.B. auf einer Pressekonferenz. → quote

■ station ID
[Ra] (engl. ID = Abk. für identification = Sender-Erkennung) Kurzer → Jingle im Radio, anhand dessen der Hörer erkennt, welchen Sender er eingeschaltet hat. Wird ein prominenter Musiker interviewt, so bittet der Reporter häufig, ob er nicht ein Station-ID sprechen könnte, z.B.: „This is Phil Collins. You are listening to Antenne Bayern."

■ Statist
[Fi] → Kleindarsteller

■ Stativ
[Fo, Fi] Die zum Aufstellen einer Foto- oder Filmkamera benutzte Haltevorrichtung.

■ Steadicam
[Fi] Körperstativ. Bezeichnet eine Haltevorrichtung für Film- und EB-Kameras, die relativ wackelfreie Kamerabewegungen zulässt. Der Kameramann trägt eine Weste, an der ein doppelter Federgelenkarm befestigt ist, der Vibrationen und Stöße ausgleicht. Am Gelenkarm sind Kamera und Monitor direkt vor dem Bauch befestigt. Der Operator kontrolliert die Bilder über den Monitor und kann sich dadurch frei bewegen. Dies ermöglicht z.B. Laufbewegungen auf unebenem Gelände. Trainierte Kameraleute erreichen nahezu ruckfreien Aufnahmen, die Schienenfahrten oder auch Kranbewegungen gleichen (z.B. Kamerabewegungen über Treppen oder bei Verfolgungsszenen). Steadicam ist ein System für kreative Kameraführung, das nur von speziell ausgebildeten Kameraleuten bedient werden kann. Es wird bei den meisten Produktionen nur tageweise und für ganz bestimmte Einstellungen eingesetzt. → Handicam

■ Steganographie
[Co] Verfahren zum Verbergen von Informationen. Für Nichteingeweihte soll eine Kommunikation nicht erkennbar sein, sodass erst gar nicht nach darin enthaltenen Nachrichten gesucht wird. Geheimdienste klebten früher Mikrofilme unter Briefmarken, im Computerzeitalter werden Daten z.B. im Grundrauschen einer Audiodatei versteckt, ohne dass die Datei merklich verändert wird. Ebenso sind Bilder,

Video-Sequenzen oder sogar Text-Dateien mögliche Träger. Die enthaltenen Daten sind allerdings empfindlich gegen Veränderungen der Trägerdatei. Z.B. kann schon eine geringe Verzerrung einer Bilddatei die versteckten Informationen unbrauchbar machen. Verlustbehaftete → Kompressionsverfahren unterdrücken oft das für den eigentlichen Informationsgehalt der Datei überflüssige Grundrauschen, wodurch verborgene Informationen ebenfalls zerstört werden können. Bei → digitalen Wasserzeichen werden ebenfalls steganographische Methoden angewendet. Hier geht es allerdings nicht nur darum, Informationen zu verbergen. Vielmehr soll die markierte Datei für eine ungewollte Nutzung unbrauchbar gemacht werden. Z.B. würde ein Bild mit einem deutlich sichtbareren → Copyright-Schriftzug von keiner Zeitung gedruckt werden.

■ **Stehsatz**
[Ze] Zeitungsartikel und Fernsehberichte, die nicht gedruckt oder gesendet, sondern stehen gelassen werden, weil man sie später braucht, z.B. Reserve-Artikel. Der Begriff entstand, als eine Zeitung noch im → Bleisatz gesetzt wurde.

■ **Stereo**
Ton wird auf zwei Ton-Kanälen verbreitet. Mit dem Stereoverfahren ergibt sich eine natürliche räumliche Wiedergabe des Tons. Abk. für Stereophonie.

■ **Stereophonie**
Ungebräuchliches Langwort von → Stereo.

■ **Stichzeile**
[Dt] Einzelnes Wort über der Überschrift, das zur Einordnung in bestimmte Rubriken verwendet wird und dem Leser das Auffinden von ihn interessierenden Artikeln erleichtert. Z.B. auf der Sportseite steht über der Artikel-Überschrift „Turnen", „Leichtathletik" etc.

■ **Stilb**
(gr. = Glanz, das Leuchtende) Veraltete Einheit der → Leuchtdichte. Ein Stilb entspricht einer Candela pro Quadratzentimeter. Abk. = sb.

■ **Still**
[TV] → Standbild

■ **still frame**
[Fi] Engl. Bezeichnung für Standbild.

■ **Storyboard**
1.) Konzept einer Publikation, in dem die Themen und deren Aufteilung auf die einzelnen Seiten ungefähr enthalten sind. → Storyline 2.) [TV] Gezeichneter Filmverlauf.

■ **Storyline**
(engl. = Handlungsverlauf einer Geschichte) Im → Storyboard sind meist kurze Inhaltsangaben der einzelnen Beiträge enthalten. Diese Ausführungen werden häufig als Storyline bezeichnet. Anhand dieser Exposés werden die Schwerpunkte der Beiträge gesetzt.

■ **Storyliner**
(engl. = Geschichten-Entwerfer) 1.) Der Verfasser der → Storyline. 2.) [TV] Autor beim Film, der den Handlungsverlauf entwirft. Nach seiner Idee verfassen die Drehbuchautoren das Script. Er weiß immer, wie es weitergeht. Häufig bei täglich ausgestrahlten → Seifenopern.

■ **Straßenfeger**
[TV] Fernsehsendung, die eine derart große Attraktivität besitzt, dass alle Menschen sie anschauen wollen und daher die Straßen wie leergefegt wirken.

■ **Stream**
[Co] (engl. = Strom) Datenstrom. Die Daten können bereits während der Übertragung wiedergegeben werden. Nur durch die Streaming-Technik ist es möglich, dass überhaupt fortlaufende Echtzeit-Angebote wie Radio oder Fernsehen im → Internet übertragen werden können. Bisher werden Musik oder kurze Filme im Internet per Download übertragen, indem zunächst die komplette Datei auf der Festplatte abgelegt wird und erst anschlie-

ßend die Bilder und Töne wiedergegeben werden. Der Einsatz des Stream-Verfahrens hat den Vorteil, dass keinerlei Probleme mit Raubkopien entstehen können, da keine digitalen Kopien vom Nutzer erzeugt werden. Die Daten werden nicht auf der Festplatte gespeichert.

■ streaming banner
[We, Co] Bezeichnung für → Banner, die Animationen oder Videos anzeigen. Die Daten für die bewegten Bilder, die in Echtzeit auf dem Bildschirm erscheinen, werden in einem ununterbrochenen Datenstrom (→ Stream) auf den Rechner geladen. Bewegte Werbebanner sollen die Aufmerksamkeit des Internet-Nutzers fesseln. Immer häufiger fühlen sich die Nutzer von zuviel Bewegung auf ihrem Bildschirm gestört und schalten die Werbung ganz ab bzw. wechseln zu einer anderen Internet-Seite. Nicht zu verwechseln mit einfachen bewegten Bannern, die durch animierte Gif-Grafiken realisiert werden.

■ Strecke
[Ze] Abk. für Fotostrecke. Sich über mehrere Seiten hinziehende Fotoreportage, häufig bei Modefotografie, aber auch bei größeren → Reportagen („eine Strecke hinlegen").

■ Streifenformat
[We, Ze] Hochformatige Anzeigen in Zeitungen oder Zeitschriften. → Anzeigenformate

■ Streuartikel
[We] → Giveaway

■ Streuverlust
[We, MaFo] Werbekontakte, die Personen außerhalb der Zielgruppe erreichen. Wird eine Anzeige geschaltet, so wird diese in der Regel nicht nur von denjenigen Menschen gesehen, die sich für den Inhalt der Anzeige interessieren. Anzeigen für Hundefutter in Tageszeitungen haben vermutlich einen größeren Streuverlust als solche in einer Zeitschrift für Hundehalter. Andererseits ist der Grad der Abdeckung der Gesamtbevölkerung bei einer Tageszeitung höher, denn viele Menschen lesen nur diese.

■ Strich
[Dt] Beschichtung eines Papiers. → gestrichenes Papier

■ Strichstärke
[Dt] Die Breite einer Linie oder eines Buchstabens. Magere → Schriftschnitte haben eine geringere Strichstärke als fette.

■ Strichvorlage
[Dt] Ein- oder mehrfarbige Druckvorlage ohne Abstufungen der → Tonwerte. Alle Bildelemente liegen nur in einer Farbe mit einem Tonwert von 100 Prozent vor. → Strichzeichnungen, gedruckte Texte, Linien, Rahmen, Vollflächen und technische Zeichnungen sind dann am besten geeignet, wenn sie eine absolute Schwärzung auf weißem Grund aufweisen. Schieben sich zwischen die beiden extremen Tonwerte Schwarz und Weiß weitere Tonwerte (→ Grauwert), so wird von → Halbtonvorlagen gesprochen.

■ Strichzeichnung
[We, Dt] Einfarbige grafische Abbildung, die die wichtigsten Bildinformationen hervorhebt. Strichumsetzungen lassen sich leicht von einer Fotografie realisieren. Sie sind häufig im Werbebereich anzutreffen, z.B. in colorierter Ausführung auf Titelblättern (vgl. Abb. S. 234).

■ stringer
(engl. string = Schnur, Bindfaden) Freier Mitarbeiter von Nachrichtenagenturen. Ohne ein enges Netz von Stringern könnte kein Auslandsbüro einer Agentur existieren.

■ Stroboskop
Periodische Lichtblitze erzeugendes Gerät, mit der periodische Bewegungsabläufe sichtbar gemacht oder gemessen werden können. Derart beleuchtete rotierende Objekte scheinen still zu stehen, Wagenräder drehen rückwärts. Mit dieser optischen Vorrichtung kann die Laufgeschwindigkeit des Plattenspielers kontrolliert werden.

Strichzeichnung

Realansicht

■ **Stück**
[Ja] Ugs. für Beitrag, Bericht („Mach mal ein Stück über...").

■ **Stufenlinsenscheinwerfer**
[Fi] Ein Scheinwerfer, der eine Lichtbrechung und weiche Randzeichnung dadurch erzielt, dass seine Lichtaustrittsöffnung mit einer stufenförmig gepressten Linse versehen ist.

■ **stummer Verkäufer**
[Ze] Waren tragendes Display. Am Straßenrand stehender oder an Pfosten hängender Behälter, in dem Zeitungen liegen. Jeder kann sich ein Exemplar herausnehmen, jedoch wird erwartet, dass er auch in das dafür vorgesehene Fach die passenden Geldmünzen wirft (ugs. auch Klaubeutel). Da es jedoch sehr viele unehrliche Menschen gibt, wurden die Behälter so weiterentwickelt, dass inzwischen eine Entnahme der Zeitung nur dann möglich ist, wenn bereits gezahlt wurde.

■ **stumpfer Anfang**
[Dt] Die erste Zeile eines Absatzes beginnt ohne Einzug, d.h. auf der gleichen senkrechten Linie wie der Rest des Textes. Das erste Wort wurde nicht eingerückt.

■ **Stunt-Double**
[TV] (frz. double = doppelt) Synonym für → Stuntman.

■ **Stuntman**
[TV] (engl. stunt = Kunst-, Glanzstück, Schaunummer, Kraftakt) Gefährliche Filmszenen oder solche, die akrobatische Leistungen vom Darsteller verlangen, dreht der Schauspieler nicht selbst. An seiner Stelle tritt ein Ersatzmann auf, der z.B. verschiedene Sturztechniken beherrscht und sich z.B. beim Sturz aus großer Höhe nicht verletzt. Das Risiko eines verletzten Hauptdarstellers ist für die Produktionsfirma zu groß.

■ **Subline**
[Dt] (engl. = Unterzeile) → Unterzeile

■ **Subskribent**
(lat. = Unterzeichner) Besteller von Büchern vor deren Erscheinen.

■ **Subskription**
(lat. = unterzeichnen) Vorbestellung von später erscheinenden Büchern, meist zu niedrigerem Subskriptions-Preis.

■ **subtraktive Farbmischung**
Komplementäre Farbmischung, die auf weißer Fläche aufgebracht ist. Die nicht selbst leuchtenden Grundfarben werden gemischt, z.B. Cyan, Magenta und Yellow. Werden alle drei subtraktiven Grundfarben gemischt, so ergibt sich Schwarz. Dieses Prinzip wird beim Drucken verwendet. Gegensatz ist die → additive Farbmischung.

■ **Sucher**
[Fo, Fi] Derjenige Teil einer Foto- oder Filmkamera, durch den hindurchgesehen wird. Beim Durchschauen kann der aufzunehmende Bildausschnitt gesucht, ausge-

wählt und beurteilt werden. → Prismensucher

■ **Suchmaschine**
[Co] Datenbanken im → Internet. Mittels → Robots wird das Internet nach bestimmten Schlagwörtern abgesucht. Die gefundenen Dokumente werden mit dem betreffenden → Link und einer kurzen Beschreibung in die Datenbank aufgenommen. Die Beschreibung wird automatisiert anhand des Textinhaltes und so genannter → Metatags erstellt, was häufig zu Ungenauigkeiten führt. Die meisten Suchmaschinen suchen in den kompletten Texten nach den eingegebenen Suchbegriffen (→ Volltextsuche). Diese Methode ist anfällig für → Spamdexing. Eine andere Möglichkeit ist die so genannte Katalogsuche, d.h. die Web-Seiten werden manuell katalogisiert. Aufgrund des immensen Umfangs der Informationen im Internet kann ein solches redaktionell betreutes Verzeichnis nur einen kleinen Ausschnitt umfassen. Internet-Nutzer können über die Eingabe von Suchbegriffen ihnen vorher unbekannte Web-Seiten finden. Meist kann die Suche mittels → Bool'scher Operatoren eingegrenzt werden. Durch die unübersichtliche Struktur des Internet sind Suchmaschinen oft die einzige Möglichkeit der Informationssuche. Da viele Nutzer sie als „Eintrittsseite" ins → World Wide Web verwenden, sind sie wichtige → Internet-Portale. → Keyword Advertisment

■ **Süddeutscher Rundfunk**
[Ra, TV] → SDR → SWR

■ **Südwestfunk**
[Ra, TV] → SWF → SWR

■ **Südwestrundfunk**
[Ra, TV] → SWR

■ **Sukzessivkontrast**
Wahrnehmungsphänomen, das beim zeitlich aufeinander folgenden Betrachten mehrerer Farben auftritt. Im Unterschied dazu der → Simultankontrast.

■ **Summenregler**
[Ra, TV] In Ton- und Videomischpulten existieren Einsteller, die eine Summe von Eingangssignalen erfassen.

■ **Superbeam**
[RT] Die → Ausleuchtzone eines Satelliten wird auf ein bestimmtes Gebiet fokussiert, z.B. auf Westeuropa, obwohl technisch noch weitere Bereiche abgedeckt werden könnten.

■ **Supplement**
[Ze] (lat.) Beilage mit redaktionellem Inhalt, die einer Zeitung oder Zeitschrift beigelegt wird, z.B. Fernseh-Programmzeitschrift (rtv, tele-prisma).

■ **supplementary film**
→ Beifilm

■ **sweep months**
[TV, We] (engl. sweep = fegen, kippen) Diejenigen Monate, in denen für das kommende Jahr die Preise für Werbespots im US-Fernsehen festgelegt werden.

■ **SWF**
[Ra, TV] Abk. für Südwestfunk. Öffentlich-rechtlicher Radio- und Fernsehsender im nördlichen Teil Baden-Württembergs mit Sitz in Baden-Baden. Konstituiert am 30. Oktober 1948. Im September 1998 Fusion mit dem → SDR zum Südwestrundfunk → SWR.

■ **Switching**
[TV] (engl. switch = wechseln) Umschalten von einem Fernsehprogramm zum nächsten ohne konkretes Ziel. Im Gegensatz zum → zappen ist kein eindeutiges Interessen- oder Nutzungsmuster erkennbar, nach dem umgeschaltet wird.

■ **SWR**
[Ra, TV] Abk. für Südwestrundfunk. Durch Zusammenlegung von SDR und SWF entstandene → öffentlich-rechtliche Rundfunkanstalt für die Bundesländer Baden-Württemberg und Rheinland-Pfalz. Er nahm am 30. August 1998 den Sendebetrieb auf. Seine Funkhäuser befinden

sich in Stuttgart, Baden-Baden und Mainz. Der SWR ist nach dem → WDR der zweitgrößte Sender innerhalb der → ARD. Das Gebührenaufkommen des SWR betrug 1998 etwa 1,6 Millionen Mark. Er hatte 4.280 Beschäftigte.

■ **Symbolfoto**
[Ze] Illustriert den Inhalt eines Berichtes, ohne speziell für diesen Artikel fotografiert worden zu sein. Typisierende Darstellung einer Situation. Z.B. bei einem Reisebericht über die Karibik die „Palme vom Dienst".

■ **symmetrischer Satz**
[Dt] Text wird zentriert gesetzt. Dieser Satz wirkt feierlich, ist aber nicht leicht zu lesen und wird daher bei längeren Texten nicht verwendet. Häufig jedoch werden z.B. → Bildunterschriften mittig gesetzt. → Balancelinie

■ **Synchronisieren**
[Fi] (synchron = gleichzeitig) Einen Film in einer anderen als der Originalsprache vertonen. Damit dies dem Zuschauer nicht unangenehm auffällt, müssen die neuen Worte und Sätze zur Lippenbewegung der Schauspieler im Film passen. Zusätzlich zur inhaltlichen Übereinstimmung der Übersetzung müssen Länge, Grammatik und Betonung genau zum Originalbild passen. → asynchron

■ **Synchronklappe**
[Fi] Meist in der Abk. Klappe ausgesprochen. Sie wird zu Beginn jeder Einstellung vor der laufenden Kamera zusammengeschlagen. Optisch und akustisch wird dadurch ein Synchronzeichen gegeben, das bei Tonfilmaufnahmen die Gleichzeitigkeit von Bild und Ton gewährleistet. Die mechanische Synchronklappe wird zunehmend durch elektronische Synchronzeichen ersetzt. → Zeitcode

■ **Synchronsprecher**
[Fi] Derjenige, der beim → Synchronisieren den neuen Text spricht.

■ **Synchronzeichen**
[Fi] Zu Beginn jeder Einstellung wird bei Tonfilmaufnahmen eine Markierung gesetzt, die das Erzielen optischer und akustischer Synchronität ermöglicht. Ein verbreitetes Synchronzeichen ist die → Synchronklappe.

■ **Syndicat des Constructeurs d'Appareils Radio Receteurs et Téléviseurs**
(frz. = Vereinigung der Hersteller von Radio-Empfängern und Fernsehgeräten) Langform von → SCART.

■ **Syntax**
[KoWi] Die Beziehung zwischen den Zeichen (einer Sprache als Zeichensystem), wie sie in der Grammatik einer Sprache festgelegt ist.

■ **Szene**
[Fi] Inhaltlich zusammengehörige Aufnahme, die aus mehreren → Sequenzen, → Takes und → Einstellungen zusammengesetzt ist.

T

■ Tabellenziffern
[Dt] → Ziffern, die zum Satz von Tabellen eingesetzt werden. Sie umfassen genau die Breite eines Halbgeviertes (→ Geviert). → Normalziffern

■ Tabloid
(engl.) 1.) Vor allem in Großbritannien gebräuchliches Zeitungsformat mit den Maßen 279x439 mm. 2.) Im U.S.-amerikanischen Sprachgebrauch Synonym für Boulevard-Presse („I'm working for a tabloid").

■ Tageslicht
[Fo] Licht, dessen spektrale Verteilung dem Sonnenlicht entspricht. Es kann sehr unterschiedlich sein, vom Morgengrauen über den blauen Himmel bis zum Abendrot. Direktes Sonnenlicht ist gelbstichig. An einem wolkenverhangenen grauen Tag ist das Licht weder gelb- noch blaustichig. Tageslicht besitzt eine durchschnittliche Farbtemperatur zwischen 5.400 K und 6.500 K. An einem strahlend blauen Sonnentag kann das natürliche Licht → Farbtemperaturen bis zu 30.000 K haben. Tageslicht kann auch von → Tageslichtleuchten stammen. Die Normlichtart D65 (D = daylight) entspricht einer Farbtemperatur von 6.500 K.

■ Tageslichtdose
[Fo] Spezielle Dose für die Filmentwicklung, bei der der belichtete Film auch bei Tageslicht eingelegt werden kann. Die Filmpatrone wird dabei in das Zentrum der Entwicklungsspirale gesteckt. Der Anfang des Films wird dann ein kleines Stück von innen in die Spirale geschoben. Anschließend wird die Dose lichtdicht verschlossen. Durch eine Drehbewegung des Deckels wird der Film dann in die Spirale eingespult.

■ Tageslichtleuchte
[Fo] Lampe, die künstliches Licht mit der genormten Farbtemperatur der Lichtart C ausstrahlt (6.800 K). → Normallicht

■ Tageslichtspule
[Fo] Spule für lichtempfindlichen Film, die kein Licht durchlässt.

■ Tagesreichweite
Prozentzahl, die angibt, wie viel Prozent der Bevölkerung über 14 Jahre durch verschiedene Medien im täglichen Durchschnitt erreicht werden (→ Reichweite). Miteinander verglichen werden die großen Massenmedien Hörfunk, Fernsehen und Tageszeitungen.

■ Take
[TV] Ein zusammenhängender, ohne Unterbrechung hergestellter Aufnahmeabschnitt, der mit elektronischen Kameras oder im Synchronstudio gefilmt wurde. → Einstellung

■ Taktanschlag
[We] System des Plakataushangs. Jede Plakatstelle wird in einem genau festgelegten, gleichmäßigen zeitlichen Rhythmus neu plakatiert.

■ Taktgeber
[TV] Generator, der die Synchronsignale für die Fernsehbilder erzeugt, damit Ton und Bild gleichzeitig ablaufen. Er wird auch als Impulsgeber bezeichnet.

Talkshow
[TV] (engl. = Rede-Schau) Gesprächsrunde im Fernsehen zu bestimmten Themen mit geladenen Experten, Politikern und/ oder Betroffenen. Inhalt: Information, → Kommentierung bzw. Wertung von Ereignissen. Oft ist die Aufmachung eine → Human-Interest-Story, bei der sich jeder Zuschauer betroffen fühlen soll. Die Aufmachung kann sowohl seriös (ARD-Presseclub) als auch reißerisch (viele Mittags- und Nachmittags-Shows vor allem der privaten Fernsehsender) sein. Eine tägliche Talk-Show wird oft auch als Daily-Talk bezeichnet.

tally light
[TV] (engl. = Etikett, Marke, Kennzeichen) → Kamera-Rotlicht. Rote Signallampe, die an einer Aufnahmekamera oder im Fernseh- oder Schnittstudio angebracht ist. Leuchtet sie, so signalisiert sie den laufenden Sendebetrieb. Am → Bildmischpult zeigt sie an, welche Bildquelle gerade für das Ausgangssignal verwendet wird (air tally). Die Kurzform ist tally.

Tampondruck
[Dt] Spezialdruckverfahren. Mit einem Gummitampon wird die Druckfarbe von der Druckform abgenommen und dann auf den → Bedrucktstoff aufgestempelt. Der Tampon besitzt eine pilzähnliche Form. Dieses Druckverfahren bietet die Möglichkeit, auch dreidimensionale Objekte mit komplexeren Formen und ganz unterschiedlichen Oberflächen zu bedrukken.

Targeting-Profil
[We, Co] (engl. target = Ziel, Zielscheibe) Mittels bestimmter Parameter werden Personen ausgewählt, die zu einer eng begrenzten Zielgruppe gehören. Diese Methode schränkt die → Streuverluste bei Werbung ein. Besonders genau kann diese Zielgruppe für Internet-Werbung bestimmt werden, wenn durch den Einsatz von → Cookies das Verhalten der Internet-Nutzer analysiert wird.

Tauchspulenmikrofon
[Ra] Spezialmikrofon. Die Membrane bildet eine Einheit mit einer feinen Schwingspule, die sich im Luftspalt eines Magneten befindet. Treffen Schallschwingungen auf, so wird in der Spule eine analoge Wechselspannung erzeugt.

Tausendkontaktpreis
[We] Abk. = TKP. Er gibt an, wie viel jeweils 1.000 Kontakte des Werbeträgers kosten und ist damit ein entscheidendes Kriterium für die werbetreibende Wirtschaft, in welchem Medium sie ihre Werbung bucht und platziert. Besonders wichtig ist der TKP für Fernseh-Werbespots. Die Anzahl der Kontakte wird danach bestimmt, wie viele Personen ein Druckerzeugnis mit der Anzeige drin in die Hand nehmen oder ein Radio- oder Fernsehprogramm im zeitlichen Umfeld des Werbespots einschalten. Ziel der Werbetreibenden ist es, möglichst viele Kontakte zu der Zielgruppe der 14- bis 49-Jährigen herzustellen, die als besonders kaufkräftig, konsumorientiert und beeinflussbar durch Werbung gilt. Die Programmgestaltung vor allem des → privaten Rundfunks orientiert sich daran. Zur Errechnung des Tausenderpreises beim Fernsehen wird die Länge des Werbespots in Sekunden mit der Tausenderzahl der eingeschalteten Geräte multipliziert. Bei Online-Werbung wird unterschieden zwischen dem qualitativen und dem quantitativen TKP. Ersterer ist der Preis für 1.000 → AdClicks, zweiterer der Preis für 1.000 → Ad-Impressions.

TC-Generator
[TV] Abk. für Timecode-Generator. Er erzeugt den → Zeitcode. Dieser wird während der Produktion auf einer separaten Spur der → MAZ aufgezeichnet und kann in die → Austastlücke des Fernsehens eingemischt werden.

Teaser
1.) [TV] Ankündigung einer eigenen Sendung. 2.) [We, Ze] Kleine Werbeanzeigen in Zeitungen oder Zeitschriften, die auf eine große Werbekampagne hinweisen.

■ **TED**
[TV] → Teledialog

■ **Tektur**
(lat.) Engl. overlay, slip = Überlappung. 1.) [Dt] Überklebung. Deckstreifen mit dem richtigen Text, der über eine falsch gedruckte Stelle in einem Buch geklebt wird. 2.) [We] Teile eines Plakates werden mit einem zusätzlichen Band oder Papierbogen überklebt. Dies kann entweder sofort bei Aushang oder später geschehen. Häufig bei Zirkusplakaten („Verlängert bis Ende des Monats").

■ **Telecoaching**
Andere Bezeichnung für das → Teletutoring

■ **Teledialog**
[TV] Abk. = TED. Vom → ZDF gemeinsam mit der damaligen Deutschen Bundespost entwickelte Methode der Zuschauerbefragung. Die Zuschauer geben ihre Stimme per Telefon ab, ein Computer nimmt das Votum auf und rechnet die Stimmen hoch. Erstmals wurde diese Methode 1979 auf der Internationalen Funkausstellung in Berlin vorgestellt. Diese Art der Rückkopplung ist nicht → interaktiv, da man sich eines anderen Mediums bedient.

■ **Teledienstegesetz**
[Re] Dieses Gesetz regelt den Bereich der Individualkommunikation und der publizistisch nicht relevanten Datendienste. Es regelt Angebote, die für eine „individuelle Nutzung" für Einzelpersonen und Unternehmen verfügbar sind. Teledienste im Sinne dieses Gesetzes sind Telebanking, Datendienste wie z.B. Verkehrs-, Wetter- und Börsendaten, Informationen über Waren und Dienstleistungsangebote ebenso wie Telespiele. Wird bei → Business-TV die Zielgruppe der Allgemeinheit verneint, so kommt das Teledienstegesetz zur Anwendung.

■ **Telefax**
Deutsche Bezeichnung für das Fernkopieren. Das Faksimilie einer Bild- oder Textvorlage wird über das Fernmeldenetz übertragen und beim Empfänger ausgedruckt. Dazu wird die Vorlage punktweise in Zeilenrichtung abgetastet. Zu unterscheiden sind die analogen Faxstandards G1, G2, G3 und der digitale ISDN-Standard G4.

■ **Telelearning**
(engl. = Telelernen, Fernlernen) Allgemeine Bezeichnung für jede Lernform, bei der sich Lehrende und Lernende nicht zur gleichen Zeit am gleichen Ort aufhalten. Bedingt durch die räumliche und häufig auch zeitliche Trennung ist das Telelearning auf Kommunikationsmittel zur Vermittlung des Lerninhaltes angewiesen. Dazu zählen z.B. Studienbriefe (bei Fernstudium), Radiosendungen (beim Funkkolleg), Fernsehsendungen (beim → Business-TV), aber auch Videokonferenzen oder verschiedene Dienste des → Internet (z.B. E-Mail). Es werden drei Arten von Telelearning unterschieden: → Teleteaching, → Teletutoring und → Open Distance Learning. Telelernen ermöglicht das punktgenaue Lernen zu dem Zeitpunkt, an dem Bedarf für das zu erlernende Wissen besteht. Bei vielen Telelearning-Projekten werden die Prüfungen jedoch weiterhin nach dem Zeugenprinzip in Präsenzveranstaltungen abgenommen. Vom Telelearning zu unterscheiden ist das → Computer Based Training.

■ **Telemetriemessung**
[TV] Allgemeine Bezeichnung für eine Datenfernmessung mittels elektronischer Datenübermittlung. Im Bereich der Fernsehforschung versteht man unter Telemetriemessung die kontinuierliche Messung des Fernsehnutzungsverhaltens, z.B. die Ermittlung der → Einschaltquote durch die → GfK. Mit Hilfe elektronischer Erfassungsgeräte werden täglich aus repräsentativ ausgesuchten Haushalten die Daten per Leitung in ein Rechenzentrum übertragen.

■ **Teleobjektiv**
[Fo] Objektiv einer Foto- oder Filmkamera, das durch eine lange Brennweite einen kurzen Blickwinkel besitzt und dadurch

die Perspektive verkürzt. Entfernte Motive können nah herangeholt werden.

Teleprompter
[TV] System zur Wiedergabe von Text, das vor die Kamera montiert wird. Der Text wird auf einen halbdurchlässigen Spiegel projiziert, von dem der Sprecher ihn ablesen und gleichzeitig in die Kamera blicken kann. Aufgrund seiner Halbdurchlässigkeit nimmt die Kamera den Spiegel nicht auf. Der Zuschauer hat den Eindruck, der Sprecher sieht ihn an und spricht frei. Teleprompter werden vor allem für Nachrichtensendungen und Ansagen verwendet. Früher benutzte man für den gleichen Zweck einen so genannten → Neger. Andere Bezeichnung ist autocue.

Teleshopping
[TV] (engl. = Fernseh-Einkaufen) Waren und Dienstleistungen werden über das Medium Fernsehen vorgestellt und zum Verkauf angeboten. Der Kunde kann direkt (z. B. über eine → Set-top-Box per Fernbedienung) oder per Telefon bestellen. Die Sendung soll unmittelbar die Kaufentscheidung auslösen. Der Kauf findet jedoch außerhalb der Sendung statt. Diese Art der Verkaufspräsentation ist eher mit der eines Versandhandelskataloges als mit regulärer Werbung zu vergleichen. Der Charakter der Sendungen kann sowohl unterhaltend als auch informierend sein. Dem privaten Rundfunk ist Teleshopping gestattet (Punkt 12 der Hörfunk- und TV-Werberichtlinien der Landesmedienanstalten, § 27 III des Rundfunkstaatsvertrages). Dabei ist zu beachten, dass der Rundfunkveranstalter nicht selbst Vertragspartner werden darf. Die Dauer dieser Werbesendungen darf eine Stunde pro Tag nicht überschreiten. Für den öffentlich-rechtlichen Rundfunk ist diese Werbeform nicht zulässig (§ 27 III Rundfunkstaatsvertrag). Tele-Shopping steht mitunter in dem Ruf, Produkte zu überteuerten Preisen zu verkaufen. In Deutschland gibt es zwei Sender, die ausschließlich Teleshopping anbieten: H.O.T., („Home Order Television") und QVC („Quality, Value, Convenience = Qualität, Wert und Bequemlichkeit"). Beide Sender schreiben inzwischen schwarze Zahlen. Es wird geschätzt, dass in Deutschland ein Marktpotenzial von rund zwei Milliarden Mark vorhanden ist.

Teleteaching
Verfahren des → Telelearning. Lehrende und Lernende befinden sich nicht am selben Ort, sind jedoch zur gleichen Zeit mit den Lehrveranstaltungen befasst. Zu einzelnen Vorträgen oder Vorlesungen sind die Zuhörer oder Zuschauer per Telefon- oder Videokonferenz zu dem Vortragenden bzw. Moderator zugeschaltet. Beim Teleteaching werden meist synchrone Kommunikationsverfahren eingesetzt. Auch als Distance Lecturing bezeichnet.

Teletext
[TV] Synonym für → Videotext.

Teletutoring
Verfahren des → Telelearning. Durch einen ausgebildeten Teletutor angeleitete und betreute Form des → Open Distance Learning. Meist werden asynchrone Kommunikationsverfahren (z.B. Briefe, E-Mail) eingesetzt. Auch als Telecoaching bezeichnet.

Teletype
[TV] Eine Schriftzeile erscheint Buchstabe für Buchstabe auf dem Bildschirm als würde der Text mit einer Schreibmaschine auf den Fernseh-Bildschirm geschrieben.

Tendenzbetrieb
[Re] Begriff aus dem Arbeitsrecht. § 118 Betriebsverfassungsgesetz besagt, dass in kirchlichen und Medienbereichen der Arbeitnehmer zusätzlich zur Verpflichtung, seine volle Arbeitskraft einzusetzen, auch noch verpflichtet ist, die religiöse oder politische Ausrichtung des Arbeitgebers zu unterstützen. In den Arbeitsverträgen von Journalisten steht eine so genannte Tendenzklausel, in der die politische Ausrichtung des Mediums festgeschrieben ist (z.B. bei der „taz" die politische Linke). Gegen diese Tendenz

darf der Arbeitnehmer im Beruf nicht verstoßen. Dadurch können Probleme bei der → inneren Pressefreiheit auftreten. Weil Medienunternehmen Tendenzbetriebe sind, gelten einige der betrieblichen Mitbestimmungsrechte nicht. → Rotfunk → Schwarzfunk

■ Tendenzjournalismus
Journalisten sollten der Objektivität der Berichterstattung verpflichtet sein. Es kommt jedoch vor, dass in einem Beitrag eine bestimmte politische Ausrichtung zu erkennen ist. Wird diese von der Redaktionsleitung vorgegeben, so spricht man vom → „gefärbten" Blatt.

■ Termin
[Ja] („auf Termin sein") Ugs. sagt ein Journalist nicht „ich habe um 14 Uhr einen Termin", sondern „ich bin um 14 Uhr auf Termin".

■ Tertia
[Dt] Bezeichnung für die Schriftgröße 16 → Punkt.

■ Tertiärfarben
[Dt] Aus den drei Grundfarben (Rot, Grün, Blau) zusammengesetzte Druckfarben.

■ Testbild
[TV] Spezielles Bild, das zum Einrichten, Prüfen und Justieren von Aufnahme- und Wiedergabegeräten von Bildern verwendet wird. Das Testbild kann auch auf elektronischem Weg erzeugt werden. Es wird häufig außerhalb der Programmzeiten gesendet.

■ Testimonial
[We] (engl. = Zeugnis, Empfehlungsschreiben, Zeichen der Anerkennung) Begriff aus der Werbebranche. Ein Nutzer des Produkts oder ein Prominenter bezeugt die Qualität eines Produktes, z.B. wirbt Steffi Graf für Deo, Boris Becker für Nuss-Nougat-Creme und Axel Schulz für Reifen.

■ Testtafel
[TV] Zum Testen der Bildqualität elektronischer Kameras werden Tafeln benutzt, auf die Muster aufgeklebt oder aufgedruckt sind. Dazu gehören u.a. der → Siemensstern, Gammatafel, → Gittertesttafel und → Schachbretttestbild.

■ Text
[Dt] Bezeichnung für die Schriftgröße 20 → Punkt.

■ Textarchiv
Archiv, in dem bisher erschienene Texte der Zeitung aufbewahrt und geordnet sind. Es erleichtert erste Vorbereitungen eines Themas durch Recherche-Ideen.

■ Text-Bild-Schere
[TV] Inhaltlich stimmen gezeigtes Bild und gesprochener Text nicht überein. Z.B. wird im Bild ein Labor gezeigt, der Text spricht aber von einer Gesetzesnovelle.

■ Textblindheit
[Dt] Der Autor selbst bemerkt Fehler in seinem eigenen Manuskript selten, weil er weiß, was er schreiben wollte. Daher überliest er vieles, z.B. Tippfehler oder fehlende Satzteile. Es ist daher nötig, den Text von mindestens einem weiteren → Korrektor → korrekturlesen zu lassen.

■ Textsatz
[Dt] Langform von ugs. → Satz.

■ Textur
[Dt] Andere Bezeichnung für die → gotische Schrift aus der Gruppe der → gebrochenen Schriften. Johannes → Gutenberg verwendete diese Schrift des Spätmittelalters als Vorlage für seinen Bibeldruck. Der Ursprung des Namens geht zurück auf das gewebeartige Erscheinungsbild der Texte, die meist liturgischen Inhalt hatten.

■ Thema-Musik
[Ra] → Indikativ

■ Themenfoto
[Fo] Auf die Geschichte zugeschnittenes Foto, das das Beitragsthema veranschaulicht; Milieufoto.

■ Themensetting
[PR] Themen werden von einem Unternehmen besetzt, d.h., wenn die Rede von Thema „X“ ist, dann denkt jeder zuerst an dieses Unternehmen, z.B. bei Erdgas an die Ruhrgas AG und beim Telefonieren an die Telekom.

■ Ticker
[Ja] (engl. = Fernschreiber) Früher wurden Berichte von Nachrichtenagenturen in der Redaktion bei Empfang sofort vom Telexgerät ausgedruckt. Das ratterte fast ununterbrochen. Heute ist dieses typische Geräusch eher selten. Die Redakteure lesen eine Nachricht auf dem Computer-Bildschirm und drucken sie sich nur bei Interesse aus. Im Jargon hat sich die Formulierung, eine Nachricht kommt „über den Ticker“, aber gehalten.

■ Tiefdruck
[Dt] Direktes Druckverfahren, bei dem das Druckbild auf einen Stahlzylinder graviert ist. Nur die Farbe in diesen Vertiefungen wird beim Druck auf das Papier übertragen. Benötigt werden positive, seitenverkehrte Filme oder digitale Dateien. Das im Vergleich mit dem → Rotationsdruck kostspielige Druckverfahren eignet sich für große Auflagen und wird daher vorrangig für den Druck von Zeitschriften eingesetzt, z.B. Stern. Das Gegenteil ist der → Hochdruck. → Flachdruck

■ Tiefe
[Dt] Gelegentlich wird die schwarze Druckfarbe im → Vierfarbdruck so bezeichnet.

■ Tiefen
[Ra] Bezeichnung für den unteren Tonfrequenzbereich unterhalb von 1.000 Hertz. Im Tonstudio sind für die Einstellung der Tiefen spezielle Regler vorhanden, ebenso an den Radio-Empfangsgeräten.

■ TIFF
[Co] Abk. für Tagged Image File Format. Dateiformat für Bitmap-Bilder. → Pixelgrafik

■ Tilde
[Dt] Geschwungener waagrechter Strich, in einigen Sprachen. Z.B. im Spanischen, auch über manchen Buchstaben: ñ

■ Tilgungszeichen
[Dt] (lat., frz. tilgen = löschen, streichen) Auch → Deleatur-Zeichen genannt. → Korrekturzeichen

■ Tilt
[Fi, TV] (engl. = Neigung, Schräglage) Ein senkrechter → Schwenk mit der Film- oder Fernsehkamera.

■ Timecode
[TV] → Zeitcode

■ Times
[Dt] Antiqua-Schriftart mit Serifen.

■ Tint
[Fi, TV] (engl. = Tönung, Färbung) Das Einfärben monochromatischer Bilder, speziell im Filmbereich.

■ Tisch
→ Desk

■ Tischredakteur
Recherchiert nicht selbst, sondern → redigiert die Artikel anderer, macht Überschriften etc.

■ Titelbild
[Ze, Fo] Bild (Foto, Grafik) auf Seite eins einer Zeitung oder Zeitschrift. Auch als Aufmacherbild bezeichnet.

■ Titelblatt
→ Titelseite

■ Titelei
[Dt] Der Anfang eines Buches. Die Titelei besteht aus → Schmutztitel, Haupttitel und → Impressum. Oft kommen → Widmung, → Vorwort, Inhaltsverzeichnis sowie → Vakatseiten hinzu. → Werk

■ Titelfoto
[Fo, Ze] Foto als → Titelbild. Die engl. Bezeichnung ist Cover-Photo. Seltener

wird es Umschlag-Foto genannt. Meist besonders auffälliges Bild auf der → Titelseite einer Zeitung. Bei Zeitschriften und Büchern nimmt es oft die gesamte erste Umschlagseite ein. Fotomontagen sind hier häufig. Das Titelfoto soll auch beim flüchtigen Betrachten im Vorbeigehen zum Kaufen animieren. Es thematisiert meist das Hauptthema der Ausgabe.

■ **Titelgenerator**
[Fi, TV] Gerät, das auf elektronischem Weg die Schriften für den Titel eines Films erzeugt, der in den Film eingeblendet wird.

■ **Titelsatz**
[Dt] Satz von Buchtiteln, Titeln von Broschüren, Schlagzeilen in Zeitungen, Überschriften von Artikeln u.a. Der Titelsatz ist ein Teilgebiet des → Akzidentsatzes. Im weiteren Sinn werden auch die Herstellung von Urkunden und Diplomen zum Titelsatz gezählt. Er soll die für den → Qualitätssatz geltenden Anforderungen erfüllen.

■ **Titelseite**
[Ze] Auch Titelblatt, Cover. Erste Umschlagseite einer Zeitung oder Zeitschrift.

■ **Title Key**
[TV] Taste im → Key-Verfahren, mit der Schriften (z.B. für den Titel) auf ein Hintergrundbild gestanzt werden.

■ **TKP**
[We] Abk. für → Tausenkontaktpreis.

■ **Tonalität**
Synonym für den (Schreib-)Stil.

■ **Tonangel**
[Fi] → Angel

■ **Tonassistent**
[Ra, TV] Hilfskraft des → Toningenieurs bei Aufnahmen für Radio und Fernsehen. Er ist fachlich ausgebildet.

■ **Tonfläche**
[Dt] Eine mit Druckfarbe überzogene größere Stelle, die einen gleichen → Tonwert besitzt, z.B. werden oft Kästen farbig unterlegt.

■ **Tongalgen**
Andere Bezeichnung für → Mikrofongalgen.

■ **Toningenieur**
[Ra, TV] Für die Tonaufnahme und die Übertragung einer Sendung oder eines Programms zuständiger Ingenieur, der bei Hörfunk oder Fernsehen arbeitet. Er ist Mittler zwischen Regie und Künstlern und sowohl nach technischen als auch nach künstlerischen Gesichtspunkten verantwortlich.

■ **Tonkamera**
[Fi] Ugs. Bezeichnung einer geräuscharmen Filmkamera mit Synchroneinrichtung.

■ **Tonkopf**
[TV] Für die Tonaufnahmen und -wiedergabe in Magnetbandgeräten wird dieser spezielle Eisenkern mit Drahtwicklung und Luftspalt verwendet. Er wandelt elektrische Signale in elektromagnetische Signale um. Diese werden auf die magnetisierbare Schicht des Tonträgermaterials induziert.

■ **Tonlampe**
[Fi] Für das Lichttonsystem beim Film verwendete spezielle Glühlampe.

■ **Tonleitung**
[TV] Kabel, durch das der Ton eines TV-Beitrages übertragen wird. → Bildleitung

■ **Tonmischpult**
[Ra, TV] Die Leitungen aller Tonquellen enden hier. Dazu gehören u.a. → MAZ, die Mikrofone, Filmgeber und Tonbandgeräte. Im Tonmischpult werden sie zusammengeführt, ausgewählt und aufgezeichnet oder direkt auf Sendung geschaltet. Zwischen den Tonquellen kann mittels eines → Einstellers hin- und hergeschaltet

werden. Im Tonmischpult wird der Ton auch ausgesteuert.

■ **Tonregler**
[Ra, TV] Häufig verwendete, aber falsche Bezeichnung für den Einsteller am → Tonmischpult.

■ **Tonrolle**
[Ra] Im Tonbandgerät für die genaue Geschwindigkeit des Tonbandes verantwortliche Achse mit exakt geregelter Umdrehungszahl.

■ **Tonspur**
[TV] Auf dieser Spur werden beim Ton- oder → MAZ-Band Tonsignale aufgezeichnet.

■ **Tonstufe**
[Dt] → Tonwert

■ **Tonwert**
[Dt] Flächendeckung, Farb-Helligkeit; Messzahl der Intensität einer Farbe. Z.B. ist der Tonwert von hellem Rosa geringer als der eines satten Rots. → Grauwert → Halbtonvorlage

■ **Tonwertabstufung**
[Dt] → Tonwert

■ **Tonwertbereich**
[Dt] Es werden die folgenden Tonwertbereiche unterschieden: Licht, Viertelton, Mittelton, Dreiviertelton und Tiefe.

■ **Tonwertverlauf**
Meist mit dem Kurzwort Verlauf bezeichneter stufenloser Tonwertübergang von Hell nach Dunkel oder umgekehrt.

■ **Tonwertzuwachs**
[Dt] Im Druck werden dunkle Töne noch dunkler, im Extremfall bis zum → Zulaufen. Dieser Effekt tritt vor allem bei hohem Farbauftrag, bei stark saugenden Papieren, bei schlecht trocknenden Farben oder bei hohen Durchlaufgeschwindigkeiten einer Druckmaschine auf.

■ **Top Level Domain**
[Co] Die Endung einer → Domain und damit wichtiger Bestandteil einer Adresse im → Internet. Länderkürzel z.B. sind solche, d.h. die Endungen „.de“, „.at“, „.ch“, aber auch „.com“ für Adressen von Wirtschaftsunternehmen (→ dot.com), „.org“ für öffentliche Einrichtungen, „.edu“ für Bildungseinrichtungen, wie z.B. Universitäten, oder „.mil“ für militärische Einrichtungen. Sie ermöglicht bis zu einem gewissen Maße Rückschlüsse darauf, in welchem Land ein → Server steht bzw. in welchem US-Teilnetz er sich befindet. Auch als First-Level-Domain bezeichnet.

■ **Tor**
[Fi, Fo] An Scheinwerfern sind schwarze Klappen befestigt, die die Öffnung für den Austritt der Lichtstrahlen begrenzen. So kann eine Szene punktgenau beleuchtet werden, ohne verschiedene Scheinwerfer einzusetzen.

■ **Totale**
[TV] Weitwinklige Kameraeinstellung in TV und Film. Die Totale ist häufig bei Landschaftsaufnahmen, Straßenzügen und Häuserfronten, um einen Gesamteindruck des Handlungsortes zu vermitteln. Im Studio zeigt die Totale das gesamte Bühnenbild oder den gesamten Szenenraum. → Einstellung

■ **totrecherchieren**
Während einer Recherche stellt sich heraus, dass die anfangs aufgestellte Hypothese nicht haltbar ist. Meist „stirbt“ damit die Geschichte.

■ **Tracing**
[Co, Fo] (engl. = nachspüren, verfolgen) Umwandlung von → Pixelgrafiken in → Vektorgrafiken.

■ **Trackingfehler**
[TV] (engl. = Spur) Durch ungenaues Abtasten der Videospur entstehende Bildstörung.

■ Trägerfrequenz
[Ra] Durch ein Nutzsignal modulierte, hochfrequente elektrische Schwingung, wie sie z.B. bei einem Sender vorkommt.

■ Trailer
[Ra, TV, We] Werbesendung oder sehr kurze Eigenankündigung; Programmausschnitt für Vorankündigungen. Er soll den Hörer/Zuschauer neugierig machen auf einen folgenden Beitrag oder auf eine Sendung, damit er dranbleibt oder später erneut diesen Sender einschaltet. Die Trailer-Form im TV sind meist kurze, schnelle Schnitte auf Musik, mit oder ohne gesprochenen Text. Ugs. wird von „etwas antrailern" gesprochen.

■ Transparenz
Mit diesem Wert wird die Lichtdurchlässigkeit angegeben. 100-prozentige Transparenz ist die völlige Lichtdurchlässigkeit.

■ Transponder
[Ra, TV] Teil eines Kommunikationssatelliten, der die von der Erde ausgesendeten Radio-, Fernseh- und Fernmeldesignale empfängt, diese auf eine andere Frequenz umsetzt und sie verstärkt zur Erde zurücksendet.

■ Treatment
[TV] (engl. = Behandlung) Handlungsentwurf für ein Fernsehspiel oder einen Fernsehfilm. Vorstufe zum → Drehbuch. In erzählender Form lässt das Treatment bereits Handlungsablauf, Schauplätze und die wichtigsten handelnden Personen erkennen. Im Treatment können sogar schon Dialogteile enthalten sein.

■ Trennfuge
[Dt] Sichtbare oder unsichtbare Markierung einer Trennstelle. Andere Bezeichnung für Worttrennung.

■ Trennschärfe
[Ra] Empfangsgeräte für Hörfunk müssen die Fähigkeit besitzen, eng benachbarte Sender zu trennen. Nur so können Störungen des gehörten Programms durch Nachbarsender vermieden werden. Je besser ein → Tuner das schafft, umso größer die Trennschärfe.

■ Trennung
[Dt] Mit dem Ziel eines harmonischen Zeilenumbruchs wird ein Wort geteilt. Aus ästhetischen Gründen sollten nicht mehr als drei Trennungen untereinander stehen. Am Ende einer Seite sollte nicht getrennt werden. Nach Möglichkeit sollten Präfixe (Vorsilben) und Suffixe (Nachsilben) abgetrennt werden, nur im „Notfall" sollte die Silbentrennung verwendet werden.

■ Treppeneffekt
[TV] Diagonaler Kanteneffekt, der bei niedriger vertikaler Auflösung von Fernsehbildern entsteht. Durch das → Zeilensprungverfahren wird auch nur die Hälfte der Zeilen erneuert, die eine schräg über den Bildschirm verlaufende Linie darstellen. An den Kanten geht dabei Information verloren. Bewegt sich die Kante, so erscheint sie im nächsten Halbbild etwas deplatziert. Die bereits leicht verzerrte Kante wird mit jedem Halbbild weiter verschoben und damit auch immer weiter verzerrt. Bei Übertragungen sehen z.B. Hockeyschläger oft wie Reißverschlüsse aus. Dieser Effekt wird auch als Jaggies, staircasing oder stairstepping bezeichnet.

■ Treppenfall
[Dt] Sich nach unten ausweitender → Zeilenfall. Der Treppenfall gilt heute als Gestaltungsfehler.

■ Treppenwerbung
[We] Werbung auf Treppenstufen, z.B. auf Bahnhöfen oder in Sportstadien.

■ Trichterfall
[Dt] Sich nach unten verjüngender → Zeilenfall, der besonders während der Barockzeit beliebt war.

■ Trickatelier
Synonym für → Trickstudio.

■ Trickblende
[TV] Zwei oder mehrere Fernsehbilder werden mit Hilfe einer → Trickfigur zusammengesetzt.

■ Trickfigur
[TV] Geometrische Figur, die auf elektronischem Weg erzeugt wird. Mit ihr können z.B. zwei Fernsehbilder in einer Trickblende zusammengebracht werden.

■ Trickfilm
[Fi] Ein ausschließlich in Tricktechnik hergestellter Film. Dazu gehören u.a. die → Zeichentrickfilme.

■ Trickfilmkamera
[Fi] Kurz auch als Trickkamera bezeichnet.

■ Trickstudio
[Fi] Ein besonders hoher, großer Arbeitsraum für Filmtrickarbeiten. Im Trickstudio werden u.a. die → optische Bank und der Tricktisch aufgestellt. Synonym für Trickatelier. Elektronische Trickstudios sind u.a. mit digitalen Videoeffekt-Geräten, Trick-Bildmischern, Schrifteinblendern, Schriftgeneratoren und Insert-Kameras ausgerüstet.

■ Tricktisch
[Fi] Spezialgerät für Trickaufnahmen. Die Kamera ist vertikal verschiebbar, die aufzunehmende Trickvorlage horizontal.

■ Tripel
[TV] Kurzwort für → Farbtripel.

■ Triplex
[Dt] Kurzwort für → Triplexdruck.

■ Triplexdruck
[Dt] Eine einfarbige Vorlage wird mit mehreren → Druckplatten dreifarbig gedruckt. Die Druckplatten unterscheiden sich in den Tonwerten, Tonabstufungen und Rasterwinkelungen.

■ True Type Fonts
[Dt, Co] Computer-Vektorschriften, die ebenso wie → Postscript-Fonts mit Pfaden definiert werden. Zu ihrer Ausgabe wird aber kein Postscript-Drucker benötigt. Sie wurden von Microsoft entwickelt. True Type Fonts haben außerhalb der Windows-Betriebssysteme von Microsoft nur eine geringe Verbreitung. Diese Schriftarten sind → wysiwyg, weil ihre Darstellung auf dem Bildschirm exakt ihrem Druckbild entspricht.

■ Tubus
[Fi] Ein rohrähnlicher Vorsatz vor Kameras, der vor einfallendem Streulicht schützt.

■ Tüll
Vor einen Scheinwerfer wird ein feinmaschiges Metallgitter befestigt. Durch seinen geringen Dichtegrad wird die Lichtintensität herabgesetzt, das Licht erscheint weicher.

■ Tuner
[Ra] Engl. Bezeichnung für den reinen Empfänger, z.B. von Radioprogrammen. Ein Tuner enthält keinen Endverstärker.

■ Tupfer
[Dt] Ein kleines Foto in einer Zeitung, auf dem nur ein Kopf ähnlich einem Passfoto zu sehen ist. Es steht meist im Text und hat als Bildunterschrift höchstens den Namen der abgebildeten Person.

■ Türken
[Ja] Ugs. Bezeichnung für das „So-tun-als-ob“, etwas (ver-)fälschen, z.B. die Ergebnisse einer Umfrage.

■ TV
Abk. für Television, Fernsehen. Ugs. auch Abk. für das Fernsehgerät.

■ Tycoon
Mächtiger Wirtschaftsboss. Verleger mit großer (Markt-)Macht in der Medienlandschaft; auch (Medien-)Mogul, Medien-Gigant oder Medien-Zar, z.B. Leo Kirch oder Rupert Murdoch in Australien.

■ Type
[Dt] Schriftart. Früher gegossener Druckbuchstabe im Bleisatz. → Letter

Typograph
[Dt] Schweizerische Bezeichnung für den → Schriftsetzer.

Typographie
(gr. typos = Schlag, Spur, Gestalt, Gepräge, Abdruck; graphein = zeichnen, malen, schreiben) 1.) Buchdruckerkunst. 2.) Typographische Gestaltung (eines Druckerzeugnisses). Bei der typographischen Gestaltungsarbeit mit Schriften und anderen Zeichen sollen Lesefreundlichkeit, Funktionalität und ästhetischer Eindruck eine Einheit bilden. Die Anordnung der typographischen Gestaltungsmittel ist eine auf gewissen Grundregeln basierende kreative Arbeit. Diese Regeln entstanden durch Erfahrung und Gewöhnung. Typographische Gestaltungsmittel sind: Schrift, Linie, → Tonflächen, → Farbe, → Kontrast, Flächeneinteilung und → Falz. Am wichtigsten jedoch ist die Schrift (→ Schriftschnitt). Zwischen dem geistigen Inhalt eines Textes und der Schrift soll ein Zusammenhang bestehen. Wird er gesehen, ist eine gute typographische Lösung erreicht. Auch der Zeitgeschmack, der künstlerische Trend, spielt bei der Gestaltung von Drucksachen eine wichtige Rolle. 3.) Die wissenschaftliche Lehre von der Schrift.

typographischer Punkt
[Dt] → Punkt

Typometer
[Dt] Mit einem Lineal vergleichbare, zumeist transparente Kunststoff-Messleiste, mit deren Hilfe → Schriftgrad und Zeilenzahl und damit die Länge von Texten eines Druckerzeugnisses ausgemessen werden. Maßeinheiten sind Zentimeter, Millimeter und Punktgrößen. Es zeigt 798 → Punkte auf 30 Zentimetern an. Anhand der → Versalhöhen in Millimetern können die Schriftgrößen in typographischen Punkten ermittelt werden. Linienbeispiele helfen bei der Ermittlung der jeweils einzugebenden Linienstärke. Die am häufigsten verwandte Schriftgröße ist 9 Punkt. Je nach Druckort haben sich historisch unterschiedliche Typometer entwickelt, z.B. das Berliner Typometer. → Didot → Pica

Typosignale
[Dt] Zeichen von der Größe eines Buchstabens, die zur Hervorhebung oder Verzierung in Texten verwendet werden. Zu den Typosignalen zählen z.B. Kreise, Dreiecke und Quadrate, Pfeile, Herzen und Zeigefinger. Vor allem bei Anzeigen und Flugblättern soll mit Hilfe von Typosignalen die Aufmerksamkeit des Lesers erreicht werden. Vor der weltweiten Nutzung in E-Mail-Adressen zählte auch das @-Zeichen zu den Typosignalen.

Typoskript
[Dt] Maschinengeschriebene Textvorlage.

U

■ U1, U2, U3, U4
[Ze] Abk. für die vier → Umschlagseiten.

■ Überblendung
1.) [Dt] Verlauf von zwei oder mehreren Farben ohne erkennbare Übergangslinien. 2.) [Fi] Weiche, allmähliche Umschaltung von einer Bild- oder Tonquelle zur anderen. Gegensatz ist der → Hartschnitt.

■ Überdrehen
[Fi] Ugs. Bezeichnung dafür, wenn bei einer Filmaufnahme eine höhere Bildwechselfrequenz gewählt wird als für die Wiedergabe vorgesehen ist. Damit wird ein Zeitlupeneffekt (→ Zeitlupe) erzielt. Gegenteil ist Unterdrehen. Der Begriff stammt aus der Zeit, als Filmkameras noch manuell mit einer Kurbel angetrieben wurden, die in diesem Fall zu langsam gedreht wurde.

■ Überdrucken
[Dt] Bereiche eines → Bedrucktstoffes, die bereits bedruckt wurden, werden erneut bedruckt.

■ Überfüllung
[Dt] Die Ränder von Schriften überlappen geringfügig mit den direkt anschließenden Rändern anderer Formen. Damit wird vermieden, dass bei Passungenauigkeiten → Blitzer entstehen.

■ Überhang
[Dt] Die über den → Schriftkegel hinausragenden Teile von → Lettern im → Bleisatz. Dies kommt vor allem bei Kursivschrift oder großen Schreibschriften und der Verwendung von → Versalien mit Akzenten vor.

■ Übersatz
[Dt] Ein Text ist zu lang, d.h. er passt nicht in den für ihn vorgesehenen Platz im Layout.

■ überspielen
1.) [TV] Fertiger TV-Beitrag wird per Telefon, Satellit etc. in die Sendezentrale geschickt. 2.) Kopieren von Ton-/Video-Bändern.

■ Überstrahlen
[Fo] Dunkle Bildteile werden durch Lichtquellen oder durch helle Bildteile unerwünscht beeinflusst.

■ UDTV
[TV] Abk. für Ultra Definition Television. Dieses extrem hoch auflösende Bildformat mit 2.000 Bildzeilen IDN (Integral Data Network, einem integrierten Fernschreib- und Datennetz) wird seit 1992 von japanischen Firmen entwickelt.

■ UER
[TV] Abk. für Union der Europäischen Rundfunkorganisation. 1950 gründeten 23 westeuropäische Rundfunkorganisationen diesen Zweckverband von Rundfunkveranstaltern in „öffentlicher Verantwortung zum Zwecke der internationalen Zusammenarbeit und des → Programmaustauschs“. Die UER vertritt die Interessen ihrer Mitglieder in Programm-, technischen und rechtlichen Fragen. Z.B. verhandelt die UER über den Erwerb der Übertragungsrechte bei Olympischen Spielen. → ARD und → ZDF sind zwei der inzwischen 116 Mitglieder aus 80 Ländern.

■ UFO-Anzeige
[We, Ze] Quadratisch gestaltete Anzeige in einer Tageszeitung. Sie erstreckt sich über mehrere Anzeigenspalten und ist von drei Seiten mit Fließsatzanzeigen umgeben.

■ UKW
[Ra] Abk. für Ultrakurzwelle, Hörfunk-Frequenzbereich zwischen 84 und 108 Megahertz. Die meisten Radioprogramme senden in diesem Frequenzbereich. UKW breitet sich als → Raumwelle aus.

■ Ultrakurzwelle
[Ra] Langform von → UKW

■ Umbruch
[Dt] Herstellung der endgültigen Form eines Druckerzeugnisses, indem Texte auf Zeilen und Spalten verteilt werden. Seitenspiegel, → Schriftgrad etc. sind fix. Nach dem Umbruch werden in der Regel nur noch → Autorenkorrekturen ausgeführt. Ugs. wird das Zusammenstellen von Text und Bildern entsprechend dem im → Satzspiegel vorgegebenen → Layout als Umbruch bezeichnet. Ebenso wird fälschlicherweise beim Spalten- bzw. Seitenwechsel einer Computer-Textverarbeitung vom Seitenumbruch gesprochen.

■ Umfeldblende
[Fo] Unscharfmaskierung, mit der die Außenbereiche eines Bildes unscharf „ausgeblendet“ werden.

■ Umkehrfilm
[Fo] Ergibt ein Film direkt nach der Entwicklung ein positives Bild, so wird er als Umkehrfilm bezeichnet. Alle Diafilme sind z.B. Umkehrfilme. Auch als Positivfilm bezeichnet. → Negativfilm

■ Umlauf
[Ze] Artikel beginnt auf einer Seite und wird auf einer anderen Seite fortgesetzt. Schwerpunkt des Textes liegt im ersten Teil, die Fortsetzung auf einer anderen Seite erfolgt meist, weil der Platz vorne nicht ausgereicht hat. → Anriss

■ Umlaufblende
[TV] Synonym für die → Sektorenblende.

■ Umroller
[Ra, TV] Maschinell oder mit Motor angetriebene Vorrichtung, mit der Filme und Tonbänder schnell zum Anfang oder zum Ende gerollt werden können.

■ Umschlagfoto
[Fo, Ze] → Titelfoto

■ Umschlagseiten
[Ze] Äußere Seiten einer Zeitschrift. Sie heben sich meist von den Innenseiten durch Verwendung dickeren, besseren Papiers ab. Zu den Umschlagseiten gehören die Titelseite (U 1), deren Rückseite (U 2) sowie die Rückseite der Zeitschrift (U 4) und deren Innenseite (U 3).

■ Umschnitt
[TV] 1.) Von einem Tonträger wird eine Kopie auf einen anderen gezogen. 2.) Von einer Bild- oder Tonquelle wird auf eine andere unmittelbar gewechselt.

■ Umsetzer
[TV] Andere Bezeichnung für einen → Konverter.

■ unbunt
[Dt] Farben, die ausschließlich aus schwarz und weiß gemischt sind, z.B. polarweiß, anthrazit, graphit, opal, platin, perlmutt, zementgrau, tiefschwarz. Auch als achromatische Farbe bezeichnet. Die Graustufen werden im Auge von den Stäbchen registriert. → Grauwert

■ Unbuntaufbau
[Dt] Ersetzen des Schwarzanteils beim Druck durch Schwarz, das durch Übereinanderdrucken der Buntfarben entsteht. Dadurch wirken die Farben klarer und brillanter.

■ ungestrichenes Papier
[Dt] Papier ohne Beschichtung, d.h. ohne so genannten Strich. In dieses Papier dringt die Druckfarbe ein, sodass sie nicht wieder davon gelöst werden kann. Zu den

ungestrichenen Papieren zählen Zeitungspapier, Briefpapier und Umweltschutzpapier. → gestrichenes Papier

■ **Union der Europäischen Rundfunkorganisation**
[TV] Abk. = → UER.

■ **unsensibilisiert**
[Fo] Eine fotografische Emulsion wird als unsensibilisiert bezeichnet, wenn sie keine speziellen Farbzusätze (Sensibilisatoren) enthält und nur für blaues und ultraviolettes Licht empfindlich ist.

■ **unter A gesagt**
(Interview-Kategorie) Zitate, die frei zur Veröffentlichung sind.

■ **unter B gesagt**
(Interview-Kategorie) Meinung freigegeben zur Veröffentlichung, ohne Nennung des Names des Urhebers; typisches Beispiel sind die Nachrichten aus den „gut unterrichteten Kreisen" („Wie aus dem Kanzleramt verlautete ...").

■ **unter C gesagt**
(Interview-Kategorie) Absolut vertrauliche Informationen, die nicht zur Veröffentlichung vorgesehen sind. Sie sind nur für den Interviewer als Hintergrundinformation. z.B. Berliner Presseclub. → off the records

■ **Unterdrehen**
[Fi] Gegensatz von → Überdrehen mit dem Ziel, den Effekt eines → Zeitraffers zu erzielen. Der Begriff stammt aus der Zeit, als Filmkameras noch manuell mit einer Kurbel angetrieben wurden, die in diesem Fall zu langsam gedreht wurde.

■ **Unterhaltungsslalom**
[TV] Fernsehzuschauer zappt sich mit der Fernbedienung von einer Unterhaltungssendung zur nächsten. Die informierenden und kulturellen Teile eines → Vollprogramms werden so umgangen. → zappen → switching

■ **Unterlagebogen**
[We] Neutrales Papier zum Überkleben eines Plakates. Dies ist dann erforderlich, wenn mit einem Plakat in kleinerem Format neu plakatiert wird.

■ **Unterlänge**
[Dt] Derjenige Teil eines Buchstabens, der nach unten über die → Schriftlinie hinausragt. Die Buchstaben g, j, p, q und y haben Unterlängen. Die anderen Teile eines Buchstabens sind → Mittellänge und → Oberlänge. In Druckschrift haben nur Kleinbuchstaben Unterlängen. Bei Schreibschrift besitzen auch einige Großbuchstaben Unterlängen, z.B. „J" und „G".

■ **unterlegen**
1.) [Ra, TV] O-Ton, → Atmo oder Musik unter Bilder (TV) oder hinter gesprochenen Text (Radio) legen. 2.) [Dt] Seitenhintergrund. Z.B. wird ein Text mit einem Foto unterlegt, d.h. das Bild wird im Hintergrund schwach gedruckt, sodass der Text gut lesbar darüberläuft.

■ **Unterschneiden**
[Dt] Verringern, Reduzieren des Buchstabenabstandes bzw. der → Laufweite. Der Abstand zwischen den einzelnen Buchstaben ist geringer als die → Normallaufweite. So lassen sich individuelle Vorstellungen bezüglich des Schriftbildes realisieren. Auch als → Kerning bezeichnet. Das Gegenteil ist → Sperren.

■ **Untertitel**
[TV] Texteinblendung am unteren Bildschirmrand, meistens Übersetzung eines fremdsprachlichen Filmes, aber auch für Gehörlose gebräuchlich. Im Gegensatz zum → Crawl läuft der Text nicht über den Bildschirm. Gegenstück für Sehbehinderte ist die → Audiodeskription.

■ **Unterzeile**
[Dt] Unter der fett gedruckten (Haupt-) Überschrift steht eine weitere, kleiner gedruckte Überschrift, die Zusatzinformationen enthält. Sie wird auch als Subline bezeichnet.

■ Unziale
[Dt] Großbuchstabenschrift mit runden Formen und Ansätzen zu → Oberlängen und → Unterlängen. Sie entstand in frühchristlicher Zeit aus der römischen „Capitalis-Schrift“ und wurde zumeist im Buchdruck verwendet. Im Mittelalter wurden Unziale als Großbuchstaben eingesetzt, um Absätze in einem → Fließtext zu markieren, der ansonsten in → Minuskel geschrieben ist. Als Satztype wurde die Unziale erst im 20. Jahrhundert geschnitten.

■ update
[Co] (engl. = Aktualisierung) Neue Dokumente werden in eine bereits bestehende Datenbank aufgenommen bzw. bereits bestehende werden aktualisiert.

■ Uplink
[TV] (engl. = Aufwärtsverbindung) Nachrichtenverbindung aufwärts von einer Bodenstation zu einem Satelliten. Sendestation auf der Erde, von der aus z.B. Signale für Fernsehprogramme per Richtfunk zu einem Satelliten übermittelt werden. Gelegentlich auch als up-path bezeichnet. Die entgegengesetzte Richtung heißt Downlink. Zwischen Uplink und Downlink können Störungen (Intermodularitäten) auftreten, wenn zwischen den Frequenzbändern kein ausreichender Sicherheitsabstand liegt. In der Satelliten-Kommunikation liegen daher die Frequenzbereiche für Uplinks bei 4 GHz, für Downlinks bei 6 GHz.

■ up-path
[TV] (engl. = Aufwärts-Weg) Andere Bezeichnung für → Uplink.

■ upstream
[TV] (engl. = stromaufwärts) Bezeichnet Stellen, die im Datenfluss weiter vorn liegen. Häufig wird die Bezeichnung upstream im Zusammenhang mit der Trickmischstufe eines Bildmischers verwendet und meint damit zeitlich früher liegende Datenübertragungen. Das Gegenteil ist downstream.

■ Urheberrecht
[Re] In § 11 Urheberrechtsgesetz werden die zwei geschützten Interessenssphären des Urhebers definiert: Erstens das Urheberpersönlichkeitsrecht, d.h. die geistigen und persönlichen Beziehungen des Urhebers zu seinem Werk (ideelle Interessen), und zweitens die Nutzung des Werkes (materielle Interessen). Nach § 15 UrhG hat jeder Urheber das ausschließliche Recht, sein Werk zu vervielfältigen, zu verbreiten und öffentlich wiederzugeben. Diese Rechte darf also niemand wahrnehmen, ohne dass der Urheber dazu seine Einwilligung erteilt hat. Dasselbe gilt für die Bearbeitung und Umgestaltung eines Werkes (§ 23 UrhG). Der gesetzliche Schutz des Urheberrechtes steht dem Schöpfer eines Werkes zu Lebzeiten und 70 Jahre nach seinem Tod dessen Erben zu. Da es den Urhebern (z.B. Autoren, Fotografen, Komponisten) nicht möglich ist, mit allen Interessenten die erforderlichen Verhandlungen zu führen und ihnen der Überblick über den gesamten Markt in der Regel fehlt, haben sie → Verwertungsgesellschaften gegründet und beauftragen diese per → Wahrnehmungsvertrag mit der Wahrnehmung der ihnen nach dem Urhebergesetz zustehenden Rechte. Das österreichische Urheberrecht (Gesetz vom 9. April 1936) ist ähnlich dem deutschen Recht geregelt. Das am 1. Juli 1993 in Kraft getretene Urheberrechtsgesetz der Schweiz enthält viele Vorschriften, die den österreichischen oder deutschen Regelungen entsprechen.

■ URL
[Co] Abk. für Uniform Ressource Locator (engl. = einheitliche Ressourcen-Adresse). Die unverwechselbare Adresse eines Objektes im → Internet. Tim Berners-Lee entwickelte diesen Standard, mit dem jede Art von Objekt (Dokumente, Grafiken, bewegte Bilder) ihre einzigartige Adresse haben. Eine URL beschreibt den gesamten Weg zu diesem Objekt innerhalb des Netzes. Sie beginnt mit dem verwendeten Übertragungsprotokoll (z.B. „http://“ für eine Seite im → World Wide Web). Dann folgen Name und

Adresse des → Servers, auf dem das Objekt liegt. Anschließend folgen Verzeichnispfad und zum Schluss der konkrete Dateiname. Fehlt Letzterer, so wird eine Standard-Datei angezeigt, z.B. bei vielen WWW-Servern „index.html".

▪ Usenet

[Co] Kurzwort für user network (engl. = Nutzer-Netzwerk); Teil des → Internet. In diesem weltweiten System sind Diskussionsforen zu finden, deren Themen in einer hierarchigen Struktur gegliedert sind. Inhaltlich wird so ziemlich jedes erdenkliche Thema abgedeckt, von Computer-Problemen über Reise-Erfahrungen und den Besuchen Außerirdischer bis hin zur politischen Diskussion. Prinzip ist: Ähnlich einem öffentlich zugänglichen „schwarzen Brett" kann hier jeder Beiträge lesen und schreiben („posten"). Auch das Erstellen von neuen Themengruppen ist jedermann erlaubt. Einschränkung findet dies nur bei so genannten moderierten Gruppen. Hier überprüft ein Moderator die Beiträge und entscheidet, ob sie inhaltlich zum Thema passen, bevor sie veröffentlicht werden. Vor der Verbreitung des → World Wide Web waren die auch als Newsgroups oder Internet-News bezeichneten Foren einer der Kernbereiche des Meinungsaustausches im Internet.

▪ Ü-Wagen

[Ra, TV] Übertragungsfahrzeug bei Live-Sendungen; fahrbares Studio.

V

■ V.i.S.d.P.
Abk. für Verantwortlicher im Sinne des Pressegesetzes. Presserechtlich Verantwortlicher für ein Druckerzeugnis; steht in einem Druckwerk etwas presserechtlich zu Beanstandendes, dann muss diese Person vor Gericht dafür geradestehen. Dies gilt sowohl zivil- als auch strafrechtlich, evtl. auch verwaltungsrechtlich. Pflichtangabe in Druckerzeugnissen, die kein → Impressum enthalten, z.B. Broschüren, Flugblätter.

■ Vademecum
(auch Vademekum) (lat. = geh mit mir) Taschenbuch, Leitfaden, Ratgeber.

■ Vakat
[Dt] Frei gelassene, unbedruckte, weiße Stelle.

■ Vakatseite
[Dt] Leere, unbedruckte Seite in Büchern, die aber bei der → Paginierung mitgezählt wird.

■ Vapoware
[We, PR] (engl. vapor = Dampf, Dunst) Ein Hersteller kündigt ein kurz- bis mittelfristig erhältliches Produkt an, obwohl er dafür keine nähere Grundlage als seine eigenen Planungen hat. Frei nach dem Motto „Ankündigen kann man vieles" wird Nebel erzeugt, um potenzielle Käufer von dem Kauf eines Konkurrenzproduktes abzuhalten. Häufig im EDV-Bereich ähnlich → Paperware.

■ Varioobjektiv
[Fo] Andere Bezeichnung für → Zoom.

■ VDZ
[Ze] Abk. für den Verband Deutscher Zeitschriftenverleger.

■ Vegetable Colors
[Dt] (engl. = Gemüse-Farben) Pflanzenfarben, d.h. Druckfarben, die statt Mineralölen pflanzliche Farbstoffe enthalten.

■ Vektorgrafik
[Co] Computergrafik, die aus nach geometrischen Formeln berechneten Linienzügen besteht. Die zur Darstellung notwendigen einzelnen Punkte werden erst bei der Ausgabe ermittelt. Daher ist die eigentliche Grafik unabhängig von der Auflösung des Ausgabegerätes, die Darstellung ist flexibel an die Möglichkeiten dieses Gerätes angepasst. So ist z.B. eine Gerade die kürzeste Verbindung zwischen zwei definierten Punkten. Es genügt, diese beiden Punkte festzulegen, der Weg dazwischen kann berechnet werden. Vektorgrafiken sind beliebig skalierbar. Im Gegensatz dazu besteht bei → Rastergrafiken eine Linie aus einer Aneinanderreihung von Punkten, die für den Computer zunächst ohne Zusammenhang ist. Soll diese Linie nun vergrößert werden, kann der Computer die einzelnen Punkte nur verdoppeln, da er die übergeordnete geometrische Gesetzmäßigkeit nicht kennt. Dadurch entsteht eine stufige, grobe Darstellung. Ein weiterer Vorteil der Vektorgrafik ist der geringe Speicherplatzbedarf. Allerdings kann nicht jede Grafik als Vektorgrafik dargestellt werden. Schematische Abbildungen, z.B. Baupläne, sind gut geeignet, bildhafte Abbildungen wie Fotos sind problematisch.

Verband Deutscher Zeitschriftenverleger
[Ze] Abk. = VDZ

Verband Privater Rundfunk- und Telekommunikation e.V.
[Ra, TV] Abk. = VRPT. Die Interessenvertretung der privaten Hörfunk- und Fernsehveranstalter sowie von Unternehmen der Telekommunikations- und Multimediaindustrie in Deutschland hat ihren Sitz in Bonn. Seit seiner Gründung im Oktober 1990 setzt er sich dafür ein, den privaten Rundfunk zu fördern und die Märkte für Handwerk und Industrie zu liberalisieren. Anfang des Jahres 2000 hatte der VPRT 160 Mitglieder. Er ist Mitbegründer der → Freiwilligen Selbstkontrolle Fernsehen, Gründungsmitglied der → Freiwilligen Selbstkontrolle Multimedia und der Association of European Radios.

Verbandszeitschrift
[Ze] Von einem Verband herausgegebene Zeitschrift, z.B. die ADAC-motorwelt. In der Regel möchte ein Verband für seine Ziele werben und richtet sich daher an seine Mitglieder. → Mitgliederzeitung

verbreitete Auflage
[Ze] → Auflage

Verfolger
[TV] Schwenkbarer Scheinwerfer, der eine Person auf der Bühne oder im Publikum verfolgt, wenn diese den Standort wechselt (Spot).

Vergütung
[Fo] Um Spiegelungen und Streulichtwirkungen (z.B. der so genannte Flare-Effekt, Lichtflecken, Schleier) zu vermindern, wird die Oberfläche von optischen → Linsen, insbesondere der → Frontlinse, mit einer reflexionsmindernden Oberfläche beschichtet. Probleme bereiten vor allem sehr lichtstarke → Objektive oder Aufnahmen von sehr kontrastreichen Motiven. Es werden nur noch vergütete Kameraobjektive angeboten.

verhoben
[Dt] Verhobene Zeile. Eine Zeile, die im gesetzten Text an eine falsche Stelle gerutscht ist. Im Engl. als misplaced line bezeichnet.

verkaufte Auflage
[Ze] → Auflage

Verkehrsfunk
[Ra] Dienstleistungen, die Radiosender für Autofahrer erbringen. Dazu gehören Verkehrsnachrichten, Durchsagen über die aktuelle Verkehrs- bzw. Staulage, spezielle Wetterberichte und Reiserufe. Der Verkehrsfunk wurde Ende der Sechzigerjahre eingeführt. Er erfolgt in den meisten Sendern zur vollen und halben Stunde. Mittels der → Autofahrer-Rundfunk-Information unterbricht der Verkehrsfunk auch Musik-Cassetten und CDs.

Verkehrsnachrichten
[Ra] → Verkehrsfunk

Verkehrsredaktion
[Ra] Redaktion, die für die Verkehrsnachrichten im Radio zuständig ist.

Verlag
Unternehmen, dessen wirtschaftliche Tätigkeit in der Vervielfältigung und Verbreitung von Werken der Literatur, Kunst und Musik (Buch-, Kunstdruck-, Musiknoten-, Landkarten-, Zeitschriften-, Zeitungsverlag) besteht. Der Verlag trägt das wirtschaftliche Risiko der Druckvorfinanzierung und stellt seine Vertriebswege zur Verfügung. → Verleger

Verlagshaus
1.) Synonym für → Verlag. Als Verlagshaus bezeichnen sich vorrangig solche Verlage, die eine familiäre Tradition besitzen, z.B. Axel Springer, Gruner & Jahr.
2.) Das Gebäude, in dem der Sitz des Verlages ist.

Verlagslandschaft
In einem bestimmten Gebiet gibt es Buchverlage, Zeitungsverlage, Fachzeitschriftenverlage und Anzeigenblattverlage.

Das Zahlenverhältnis der einzelnen Bereiche wird als Verlagslandschaft bezeichnet, z.B. „von Buchverlagen geprägt“.

■ **Verlagsrecht**
[Re] Das Recht zur Vervielfältigung und Verbreitung eines (schriftstellerischen) Werks. → Copyright

■ **Verlauf**
Abk. für Tonwertverlauf. Übergang des Tonwertes von dunkel nach hell oder umgekehrt.

■ **Verlautbarungsjournalismus**
Form des Journalismus. Der Journalist erspart sich eigene Recherche und verbreitet Gerüchte und Aussagen von Institutionen ohne weitere Prüfung. Meist abwertend gemeint. → Hofberichterstattung

■ **Verleger**
Unternehmer, der in seinem → Verlag Bücher, Zeitschriften oder sonstige Druckerzeugnisse herausgibt und veröffentlicht. Der Verleger trägt das wirtschaftliche Risiko, im Unterschied zum → Herausgeber. Die technische Herstellung wie → Satz und Druck wird häufig außer Haus im Auftrag durchgeführt.

■ **Verlegerverband**
[Ze] Ugs. Bezeichnung für den Bundesverband Deutscher Zeitungsverleger oder den Verband Deutscher Zeitschriftenverleger.

■ **verlustbehaftete Kompression**
[Co] → Kompression

■ **Verramschen**
[Dt] Ist die → Restauflage eines Buches nicht mehr verkäuflich und wird als → Remittenden an den Verlag zurückgegeben oder erscheinen die Kosten einer weiteren Lagerhaltung unverhältnismäßig im Vergleich zum zu erzielenden Gewinn, so wird sie von der → Buchpreisbindung befreit und deutlich billiger verkauft.

■ **Versalhöhe**
[Dt] Die Höhe der Großbuchstaben H oder E einer Schrift (→ Versalien). Sie wird in Millimetern oder in → Punkten (→ Points) gemessen. Bei den meisten Schriften entspricht die Versalhöhe der → Oberlänge.

■ **Versalie**
[Dt] Großbuchstabe. Begriff aus der Satztechnik. Heute seltener als Majuskel bezeichnet.

■ **Versalschrift**
[Dt] Schrift, die ausschließlich aus Großbuchstaben (Versalien) besteht, z.B. die → Capitalis. Heute seltener als Majuskelschrift bezeichnet. Nicht zu verwechseln mit → Kapitälchen.

■ **Versalzeile**
[Dt] Zeile, die nur in → Versalien gesetzt ist.

■ **Verteildienst**
[Ra, TV] Der Bereitsteller eines Programms legt dessen Inhalt und die zeitliche Abfolge der Programminhalte fest, der Kunde hat keinen Einfluss darauf. Zur Zeit laufen noch alle Radio- und Fernsehprogramme nach diesem Prinzip. → Video-on-demand und → Audio-on-demand kommen aus Versuchsprojekten noch nicht heraus.

■ **Verteiler**
→ Presseverteiler

■ **vertexten**
[TV] Im Fernsehen wird auf die zu sendenden Bilder ein Text verfasst, den der Sprecher dann → vertont.

■ **Vertikalhöhe**
[Dt] Die optische Schriftgröße, von der Oberkante der → Oberlänge bis zur Unterkante der → Unterlänge.

■ **vertonen**
[TV] Sprachliche Umsetzung der im Bild festgehaltenen Ereignisse oder deren Interpretation. Besprechen der Tonspur einer → Beta.

Vertrieb
1.) Der Weg, auf dem Zeitungen und Zeitschriften an die Kioske gelangen. 2.) Abteilung eines Verlages, die die Verbreitung eines Druckerzeugnisses organisiert. Sie verhandelt mit Speditionen, Kiosk-Besitzern, Presse-Grossisten. Heute wird der Vertrieb vielfach an eine externe Firma abgegeben.

Vervielfältigungsrecht
→ Copyright

Verwaltungsrat
[Ra, TV] Das Aufsichtsgremium, das die Finanzen der öffentlich-rechtlichen Rundfunkanstalten kontrolliert. Haushaltsvorschlag und Jahresabschluss werden von ihm geprüft, der Vertrag mit dem → Intendanten geschlossen und dessen Geschäftsführung überwacht. Der → Rundfunkrat wählt in der Regel die Mitglieder des Verwaltungsrates.

Verweildauer
Absolute → Hördauer oder → Sehdauer, die eine befragte Person innerhalb eines bestimmten Zeitraumes Radio gehört oder ferngesehen hat.

Verwertungsgesellschaft
[Re] Urhebern ist es praktisch nicht möglich, mit allen Interessenten die erforderlichen Verhandlungen über Vervielfältigung und Aufführung ihrer Werke zu führen, da ihnen in der Regel der Marktüberblick fehlt. Ebenso ist es z.B. einem Musikveranstalter nicht zuzumuten, für die Nutzung jedes einzelnen Werkes mit den Komponisten und Textdichtern über deren Einwilligung zu verhandeln. Verwertungsgesellschaften übernehmen daher im Auftrag der einzelnen Urheber entsprechend dem Urheberwahrnehmungsgesetz als zentrale Organisation die Wahrung der Urheberrechte. Gem. § 6 UrhWG ist eine Verwertungsgesellschaft in der Wahl ihrer Mitglieder nicht frei, sondern vielmehr verpflichtet, die zu ihrem Tätigkeitsbereich gehörenden Rechte auf Verlangen der Berechtigten zu angemessenen Bedingungen wahrzunehmen und die von ihr wahrgenommenen Nutzungsrechte jedermann auf Verlangen zu angemessenen Bedingungen einzuräumen bzw. Einwilligung zu erteilen (§ 11 UrhWG). Diese Rechte werden in Deutschland von folgenden Verwertungsgesellschaften wahrgenommen, denen die Urheber beitreten: → GEMA, → VG Wort, VG Bild-Kunst, VG Musikedition, Verwertungsgesellschaft der Film- und Fernsehproduzenten (VFF), Gesellschaft zur Wahrnehmung von Film- und Fernsehrechten mbH (GWFF), Verwertungsgesellschaft für Nutzungsrechte an Filmwerken mbH (VGF), Gesellschaft zur Übernahme und Wahrung von Filmaufführungsrechten mbH (GÜFA), Gesellschaft zur Verwertung von Leistungsschutzrechten mbH (GVL), Zentralstelle für private Überspielungsrechte (ZPÜ) und die Zentralstelle Videovermietung (ZVV).

Verwertungsgesellschaft der Film- und Fernsehproduzenten
Abk. = VFF. → Verwertungsgesellschaft

Verwertungsgesellschaft für Nutzungsrechte an Filmwerken mbH
Abk. = VGF. → Verwertungsgesellschaft

Verwertungsgesellschaft Wort
→ VG Wort

Verwertungsrechte
[Re] Zu unterscheiden sind u.a. Erstverwertungsrecht, Zweitverwertungsrecht, Exklusiv- oder Alleinverwertungsrecht. Es können Einschränkungen bezüglich einer Region getroffen werden (z.B. Alleinverwertungsrecht für Nordrhein-Westfalen bedeutet, dass ein Artikel in Berlin erneut verkauft werden darf). → Abdruckerlaubnis. Urheber übertragen in der Regel per → Wahrnehmungsvertrag die Wahrnehmung ihrer → Urheberrechte an → Verwertungsgesellschaften.

Verzeichnung
[TV] Bei diesem Abbildungsfehler sind die Konturen bzw. die Größenverhältnisse beim Fernsehbild verfälscht.

■ Vertriebsverbot
Eine Publikation darf nicht mehr verkauft oder auch nur verliehen werden. Ein Vertriebsverbot wird entweder vom Verlag verhängt oder von einem Gericht ausgesprochen, z.B. bei rechtsextremistischem oder gewaltverherrlichendem Inhalt. Meist geht mit einem Vertriebsverbot in solchen Fällen auch die Beschlagnahme der Auflage einher.

■ VG Bild-Kunst
Eine → Verwertungsgesellschaft, die für Bild- und Kunstschaffende (z.B. für Fotografen) die → Urheberrechte wahrnimmt.

■ VG Musikedition
→ Verwertungsgesellschaft

■ VG Wort
Abk. für Verwertungsgesellschaft Wort. Nimmt für Autoren treuhänderisch jene urheberrechtlichen Nutzungsrechte wahr, die durch den Einzelnen nicht wahrgenommen werden können; z.B. kassiert sie die Kopierabgabe. Bibliotheken und Ersteller von Pressespiegeln zahlen einen festen Prozentsatz. Die VG Wort schüttet diese Summe an die Mitglieder aus, deren Rechte sie vertritt. Jeder Autor kann Mitglied werden. Der Beitritt geschieht durch Anmeldung und förmliche Übertragung der Wahrnehmungsrechte und ist kostenlos, d.h. die VG Wort erhebt keine Mitgliedsgebühr. Ihr Sitz ist in München. Für Fotografen gibt es die VG Bild-Kunst. → Urheberrecht, → Verwertungsgesellschaft

■ VHS
[TV] Abk. für Video Home System (engl. = Video-Heim-System). Dieses Videosystem wurde 1977 von der japanischen Firma JVC entwickelt. Bis Ende der achtziger Jahre wurde es zum Weltstandard für den Bereich der Amateurvideos. Auf einem Magnetband werden im Schrägspurverfahren die Videosignale mit rotierenden Videoköpfen aufgezeichnet und wiedergegeben.

■ Video
[TV] (lat. = ich sehe) 1.) Sammelbegriff für optisch-elektronische Aufzeichnungs- und Wiedergabeverfahren, die in elektrischer Schwingungsform vorliegende Bildinformation auf Magnetband speichern. Das Bild wird bei der Aufnahme auf einen Bildumwandler gelenkt, der es in elektrische Signale umwandelt. Diese werden im Rekorderteil über einen Videokopf in magnetische Impulse umgesetzt und auf Magnetband aufgezeichnet. Für die gleichzeitige Tonaufzeichnung befindet sich eine separate Tonspur auf der Kassette. Für die Wiedergabe in einem Fernseher ist eine Rückumwandlung der magnetischen Impulse erforderlich. 2.) Film, der über elektronische Medien (z.B. Fernsehgerät) wiedergegeben wird. (Im Gegensatz dazu z.B. Kino-Filme, die auf eine Leinwand projiziert werden). 3.) Ugs. für Filmkassette. Auf dem Bandmaterial sind Bild und Ton aufgezeichnet. → Beta

■ Video near Demand
[TV] Ungebräuchliche Bezeichnung für → Video-on-Demand.

■ Videocrypt
[TV] Verschlüsselungsverfahren für → Pay-TV-Programme, die über Satellit verbreitet werden. Nur mit Hilfe eines → Decoders und einer gültigen Chipkarte kann das Programm empfangen werden.

■ Videokopf
[TV] Für die Aufzeichnung der Bildsignale auf → MAZ-Band verwendeter Magnetkopf, oft als → Kopfrad oder Kopftrommel ausgeführt.

■ Video-on-Demand
[TV] Auf Verlangen eines Zuschauers wird ein Film aus dem Archiv eines Zentralcomputers zu einem von ihm bestimmten Zeitpunkt von einer Sendezentrale nur an ihn übertragen. Die Anforderung kann per Telefon, Computer oder Fernbedienung erfolgen. Im Gegensatz zu den bisher als → Verteildienste arbeitenden Fernsehsendern gibt es kein zeitlich festgelegtes

und für alle Zuschauer verbindliches Fernsehprogramm mehr, das Verfahren ist eher dem Ausleihen eines Videofilms in einer Videothek vergleichbar. Bisher laufen Pilotprojekte in den USA. → Pay per View → Audio on Demand

■ **Videosignal**
[TV] Fernsehsignal, das sich aus Bildsignal, Austastsignal und Synchronsignal (für Schwarzweiß-Fernsehen, BAS) und dem Farbsignal (für Farbfernsehen, FBAS) zusammensetzt.

■ **Videospur**
[TV] Auf dem → MAZ-Band befindliche Aufzeichnungsspur für Bildsignale.

■ **Videotext**
[TV] Informationsdienst. Die in Großbritannien entwickelte Technik wurde in Deutschland erstmals im Juni 1980 von den öffentlich-rechtlichen Rundfunkanstalten und seit Anfang der neunziger Jahre auch von privaten Fernsehsendern zusätzlich zum Programm ausgestrahlt. Fast jeder Fernsehsender bietet inzwischen seinen eigenen Videotext an. Inhalt sind zusätzliche Informationen zu der laufenden Sendung, Programm unabhängige Informationen wie die Ankunftstafel des nächsten Flughafens oder Werbung. Die Bild- und Textsignale werden in der vertikalen → Austastlücke des Fernsehbildes übertragen und mittels eines speziellen Decoders sichtbar gemacht. Jeder Videotexttafel ist eine bestimmte Nummer zugeordnet, die per Fernbedienung eingegeben wird. Beim Videotext ist kein Dialog mit dem Sender möglich. In Deutschland ist der Videotext zur Zeit das einzige elektronische wirkliche Massenmedium, da in quasi jedem Haushalt ein Fernsehgerät steht. Das Internet, insbesondere das → World Wide Web, das zudem → interaktive Möglichkeiten bietet, findet erst in den letzten Jahren zunehmend Verbreitung. Andere Bezeichnung ist Teletext.

■ **vier C**
[Dt] Meist als 4 C bezeichnet (Abk. engl. = four colours). → Vierfarbdruck

■ **Vierdraht**
[TV] Tonleitung; Sprechschaltung zwischen Sendezentrale und Außenstudio. → Kommandoleitung

■ **Vierfarbdruck**
[Dt] Besteht aus den vier Druck-Grundfarben Yellow, Magenta, Cyan und Key (→ CMYK), die beim Druck durch → subtraktive Farbmischung alle Farben erzeugen. Jede Farbe wird einzeln mit einer eigenen Vorlage gedruckt. Die vier Vorlagen werden mittels der → Farbseparation erzeugt. Beim Magerdruck fehlt eine Farbe (Magerfarbe).

■ **Vier-Farbseparation**
[Dt] → Farbseparation

■ **Vierliniensystem**
[Dt] Die Buchstaben der lateinischen Schrift grenzen an vier gedachte Linien. Die wichtigste ist die → Schriftlinie (s. Abb.).

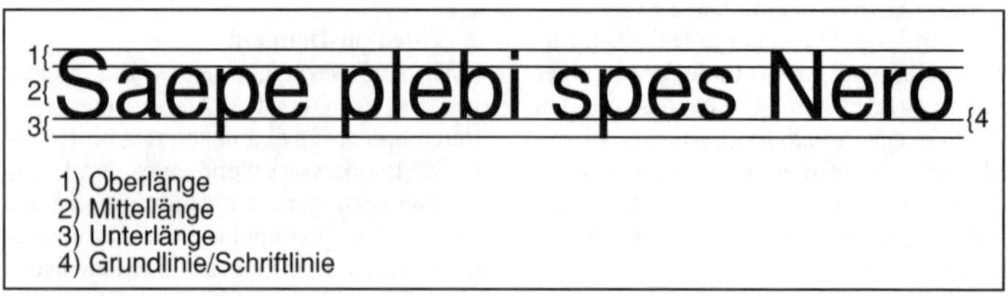

Abb: Vierliniensystem

■ **Vierspurmaschine**
[Ra] Tonbandgerät, das vier Tonspuren auf einem Magnetband (→ MAZ) aufzeichnet.

■ **vierte Gewalt**
Die Medien bezeichnen sich selbst gerne als vierte staatstragende Gewalt, der eine besondere Wächterrolle in einer Demokratie zukommt. Die Staatsphilosophie definiert drei Gewalten: Die Legislative als gesetzgebende, die Judikative als richterliche und die Exekutive als ausführende Gewalt. Wesentlich für eine Demokratie ist die strenge Trennung dieser drei Gewalten voneinander, wodurch eine Begrenzung und gegenseitige Kontrolle staatlicher Macht erreicht wird. Das Prinzip der Gewaltenteilung geht unter anderem auf John Locke (Second Treatment of Government, 1689) und Charles de Montesquieu (De l'Esprit des Lois, 1784) zurück und fand vor allem durch die Französische Revolution 1789 ihren Durchbruch in Europa.

■ **Viertelcicero**
[Dt] Bezeichnung für die Schriftgröße 3 → Punkt. Synonym ist Brillant.

■ **Viertelgeviert**
[Dt] → Geviert

■ **Viertelpetit**
[Dt] Bezeichnung für die Schriftgröße 2 → Punkt. Ein Viertel der Größe von einem Petit.

■ **Viertelton**
[Dt] → Rastertonwert von 25 Prozent.

■ **Viewtime**
[Co, We] (engl. = Anschau-Zeit) Zeiteinheiten pro → Visit. Die Zeitdauer, in der während eines Nutzungsvorganges ein potenziell werbeführender Teil einer Web-Site auf dem Nutzer-Bildschirm sichtbar ist.

■ **Vignette**
[Dt] (frz. = Seitenverzierung, Titelbildchen) Kleines Bildchen, meist gezeichnet oder als → Logo. Dieses Zierstück hat meist figürlichen Inhalt, z.B. zwei verschlungene Eheringe, Geschenkkorb oder ein Blumenstrauß.

■ **Vignettierung**
[Fo] (frz.) 1.) Natürliche Vignettierung: Abschattung am Rand von Kameraobjektiven. Sie entsteht durch zunehmend schräger auf die Bildebene auftreffende Lichtstrahlen. Da sie physikalische Ursachen hat, ist sie nicht zu vermeiden. In der Praxis hat sie nur bei Verwendung von Weitwinkelobjektiven Bedeutung. 2.) Künstliche Vignettierung: mechanische Verengung oder Beschneidung des Strahlengangs; z.B. werden mit Masken Teile eines → Bildnegativs oder eines Abzuges abgedeckt. Lichtabfall in den Bildecken. Beim Vergrößern kann eine Vignettierung durch einen Kondensator entstehen, der falsch justiert oder dem Negativformat nicht angepasst ist.

■ **Vintage Print**
[Fo] (engl. vintage = Jahrgang) Vom Fotografen selbst hergestellte erste Vergrößerung eines Bildes. Vor allem der Kunsthandel hebt diese ersten Abzüge heraus. Sie sind teurer als spätere, zusätzliche Vergrößerungen (Re-Prints).

■ **Virtual Dolby Surround**
[Ra] Mit nur zwei Lautsprechern bzw. Kopfhörern wird versucht, den räumlichen Eindruck von → Dolby Surround zu simulieren. Aufgrund physikalischer Gesetzmäßigkeiten bleibt der Toneindruck jedoch deutlich flacher.

■ **virtuelle Werbung**
[TV] Werbung, die nicht in Realität, sondern nur auf dem Fernsehschirm zu sehen ist; z.B. wird die Nummer des Trikots von Fußballspielern überblendet mit Werbung. Besonders private Fernsehsender denken über diese Form der Werbung nach.

■ **virtuelles Studio**
[TV] → digitales Studio

Visit
[Co] (engl. = Besuch) Die Anzahl der Besuche beliebiger Nutzer auf einer Web-Seite im → Internet. Der werbetreibenden Wirtschaft werden die Zahlen im monatlichen Rhythmus als objektive Daten über die Nutzungshäufigkeit von Online-Angeboten von der → IVW zur Verfügung gestellt. Messgröße der → Nutzungsintensität.

Visual
[We, Co] (engl.) Bildelement einer Anzeige. Vorrangig wird die Bezeichnung Visual für Bilder verwendet, die in einem → Banner eingesetzt werden. Neuesten Studien zufolge sind nur Werbebanner mit Bildern erfolgreich.

Volksempfänger
[Ra] Eines der ersten Empfangsgeräte für → Rundfunk, das während der Weimarer Republik zwischen Erstem und Zweiten Weltkrieg in vielen deutschen Haushalten stand. Diese allgemeine Verbreitung war das erklärte Ziel, daher wurde dem Gerät der Name „Volksempfänger" gegeben. Abk. = VE. Sein Nachfolger, der Deutsche Volksempfänger (DVE), wurde im Volksmund „Goebbels-Schnauze" genannt, weil im Dritten Reich der Rundfunk von Propaganda-Minister Josef Goebbels ausgiebig und geschickt als Propaganda-Medium genutzt wurde.

Voll-Banner
[Co, We] → Banner

Vollbild
[TV] Ein volles Fernsehbild setzt sich aus zwei → Halbbildern zusammen.

Vollkulisse
[Fo, TV] Begehbarer Hintergrund für Foto- und Filmaufnahmen. Beispielsweise ist es bei einer Häuserwand möglich, durch eine Haustür die gefilmte Szene zu betreten oder zu verlassen. → Halbkulisse

volllaufen
[Dt] Eine Zeile läuft voll, wenn der Text die Zeile komplett ausfüllt. Die Zeile läuft nicht voll, wenn rechts und/oder links noch Platz für Buchstaben ist. Bei → Blocksatz und Überschriften gebräuchlich.

Vollprogramm
[Ra, TV] Ein „Rundfunkprogramm mit vielfältigen Inhalten, in welchem Information, Bildung, Beratung und Unterhaltung einen wesentlichen Teil des Gesamtprogramms bilden". Es wurde definiert im Rundfunkstaatsvertrag 1991.

Volltextsuche
[Co] Eine → Suchmaschine durchsucht den kompletten Text der → Web-Sites nach den eingegebenen Suchbegriffen.

Vollton
[Dt] Vollständig und gleichmäßig mit Farbe bedruckte Stelle, die nicht gerastert ist. Dies entspricht einem Rastertonwert von 100 Prozent.

Volontär
(lat.-frz. volontaire = Freiwilliger) Journalist in Ausbildung. Jemand, der sich ursprünglich ohne oder gegen eine nur kleine Vergütung in die Praxis eines journalistischen Berufs einarbeitet. Heute ist das Volontärsgehalt in Tarifverträgen festgelegt.

Volontariat
(frz. volontaire = Freiwilliger) Journalisten-Ausbildung. Ebenso wie → Journalist keine geschützte Berufsbezeichnung ist, ist das Volontariat in Deutschland keine staatlich anerkannte Ausbildung. Daher gibt es keine gesetzlichen Ausbildungsvorschriften. Jeder Verlag oder Sender organisiert die Ausbildung seines journalistischen Nachwuchses so, wie er es selbst am besten findet bzw. wie es seinen eigenen Bedürfnissen entspricht. Es gibt auch Journalistenschulen, die meist Schreibübungen und theoretische Kenntnisse im Schulraum vermitteln und dann – unabhängig von einem bestimmten Verlag oder Sender – Praktika vermitteln. Sie wollen sicherstellen, dass die von ihnen ausgebildeten Journalisten nicht nur für ein bestimmtes Blatt/einen Sender pas-

send ausgebildet sind. Einige große Verlagshäuser (Axel Springer, Gruner & Jahr) haben verlagsinterne → Journalistenschulen gegründet, um die Ausbildung in ihrem Haus organisatorisch zu vereinfachen – und natürlich für den höheren Ruhm des Hauses („wir tun was für den Nachwuchs!").

■ Vorabdruck
[Ze] Der Text eines Buches wird vor Erscheinen des gebundenen Buches in einer Zeitung abgedruckt. Ziel ist es, das neue Buch bekannt zu machen.

■ Vorauskorrektur
[Dt] Vor Beginn des Setzens wird das Manuskript vor allem im Hinblick auf korrekte Orthographie und die einheitliche Anwendung von Satzzeichen, Fußnoten etc. hin korrigiert. Die Vorauskorrektur geschieht im Verlag oder in der Druckerei. Weitere → Korrekturen folgen, nachdem der Text gesetzt wurde.

■ Vorbreite
[Dt] Einem gedruckten Schriftzeichen vorangehender Abstand. Die Vorbreite ist ebenso wie die → Nachbreite ein Teil der → Dickte.

■ Vorderlicht
[Fo] Beleuchtung, die aus Richtung der Kamera strahlt.

■ Vorhören
[Ra] Am Tonmischpult gibt es die Möglichkeit, eine Tonquelle abzuhören, ohne dass sie auf Aufnahme oder Sendung geschaltet wird. Durch das Vorhören ist eine bessere Kontrolle des Tons möglich.

■ Vorlauf
[TV] Vor dem zu sendenden Film ist aus technischen Gründen für das Einlegen und Aufwickeln auf die Spule eine bestimmte Filmlänge erforderlich, die nicht zur Ausstrahlung vorgesehen ist. Meist wird hierzu → Schwarzfilm verwendet. Auch als → Vorlaufband bezeichnet. Gegenstück ist der → Nachlauf. Engl. = preroll.

■ Vorlaufband
[Ra] Farbiges Band ohne Magnetschicht, das als → Vorlauf dient. Die Farbe dient zur Unterscheidung vom zu sendenden Band und kennzeichnet die Bandgeschwindigkeit.

■ Vorsatz
[Dt] Bogen aus stabilem Papier, der die → Buchdecke mit dem → Buchblock verbindet.

■ Vorsatzlinse
[Fo] Insbesondere für Nahaufnahmen werden vor die Objektive von Kameras spezielle Linsensysteme gesetzt, die dessen Aufnahmeeigenschaften verändern.

■ Vorschlag
[Dt] Der Abstand von der oberen Kante des → Satzspiegels bis zur Oberkante der ersten Textzeile. In diesem Zwischenraum steht meist die Hauptüberschrift der Seite, es können aber z.B. auch Bildbeschriftungen untergebracht sein.

■ Vorschub
[Dt] → Zeilenvorschub

■ Vorspann
1.) [Ze] Häufig wird der erste Absatz des Fließtextes eines Artikels hervorgehoben (z.B. durch Fettdruck) und in ihm werden die wichtigsten Fakten (→ W-Fragen) aufgeführt. Oftmals erklärt der Vorspann bereits die Quintessenz des folgenden Textes. Der Vorspann animiert zum Lesen. Es wurde festgestellt, dass Texte mit Vorspann deutlich häufiger bis zum Ende gelesen werden als solche ohne Vorspann. Synonym ist Einleser. 2.) [TV] Zu Beginn eines Filmes, in der Regel zu einer Titelmelodie, werden die wichtigsten an einer Filmproduktion beteiligten Personen aufgeführt (→ Besetzungsliste). Er soll auf den Film einstimmen. Gelegentlich beginnt im Hintergrund bereits die einführende Handlung, z.B. reitet der Cowboy durch die Prärie. Bei Serien werden häufig die wichtigsten Szenen aus der Vorgängerfolge wiederholt. Gegenteil von → Abspann.

■ **Vorwort**
[Dt] Bestandteil der → Titelei eines → Werkes. Eine dem eigentlichen Text vorangestellte Bemerkung, meist des Autors oder des → Herausgebers. Ein Vorwort kommt häufig bei Büchern vor, wenn der Autor Mitarbeitern danken oder die Entstehung des Buches erläutern möchte. Oft dient das Vorwort als Einführung in das Werk oder es erklärt dessen Zielsetzung. Das Vorwort bei Zeitschriften wird als → Editorial bezeichnet.

■ **Vorzeile**
[Dt] Vor-Überschrift. → Dachzeile

■ **Vorzugsformat**
[We, Ze] Von den Anzeigenkunden bevorzugte Formate für Inserate in Zeitungen oder Zeitschriften. → Anzeigenformate

■ **VPS**
[TV] Abk. für Video-Programm-System. Das Programmiersystem für Videorecorder mit eingebautem VPS-Decoder wurde 1985 eingeführt. Ein aus zwölf Ziffern bestehender Code (für Kanal, gewünschtes Programm, Datum und Anfangszeit) wird als unverwechselbares Erkennungssignal in der → Austastlücke mitgesendet. Deckt sich die manuell im Videorecorder eingegebene Sendezeit mit der Sendezeit des ausgestrahlten VPS-Codes, so schaltet sich der Recorder automatisch ein. Er bleibt so lange aktiv, wie das VPS-Signal ausgestrahlt wird. Selbst bei Zeitüberschreitungen und Programmänderungen kann so die komplette Sendung aufgenommen werden.

■ **VRPT**
[TV] → Verband Privater Rundfunk- und Telekommunikation e.V.

■ **VTR**
[TV] Abk. für Video Tape Recorder = Videoband-Aufzeichner. Englische Bezeichnung für → MAZ.

W

Wahrnehmungsvertrag
[Re] Da ein Urheber das ihm zustehende → Urheberrecht in der Praxis nicht wahrnehmen kann (z.B. weil ihm der Überblick über den Markt fehlt), überträgt er dies per Wahrnehmungsvertrag auf → Verwertungsgesellschaften.

Waise
[Dt] Kurzwort für → Waisenkind. Synonym für → Schusterjunge.

Waisenkind
[Dt] Die letzte Zeile eines Absatzes rutscht in die nächste Spalte bzw. auf die nächste Seite. Da dies die optische Ausgewogenheit des → Layouts stört, wird es durch → Einbringen vermieden. Auch als Waise bezeichnet. Die Bezeichnung Waisenkind ist in der Schweiz geläufig. In Deutschland wird meist das Synonym → Schusterjunge verwendet. Auch als Waise bezeichnet. Nicht zu verwechseln mit der durchaus vorkommenden Fehlübersetzung von → orphan.

Wandzeitung
[Ze] An eine Mauer geklebte Zeitung. Wandzeitungen besaßen während der chinesischen Kulturrevolution große Bedeutung.

Wanne
[Ze] Überschriften, die optisch wie eine Wanne angeordnet sind, z.B. lange → Dachzeile, kürzere → Hauptzeile, darunter mittig ein → Vorspann.

WAP
[Co] Abk. für das Wireless Application Protocol, einen Standard, um mit speziell dafür ausgelegten Handys per Mobilfunk auf das → Internet zugreifen und hierbei auch eigens dafür aufbereitete Web-Inhalte abrufen zu können. Per WAP können jedoch nicht nur Informationen (z.B. Fahrpläne, Aktienkurse) abgerufen werden. Es ist auch Interaktion möglich, sodass z.B. auch der Kauf und Verkauf von Aktien per Handy getätigt werden kann. Das Mobiltelefon kommuniziert dabei nicht direkt mit dem Internetknoten bzw. Webserver, sondern über ein spezielles WAP-Gateway. Dies ist erforderlich, weil die Daten nicht wie zwischen einem gewöhnlichen → Browser und dem Webserver textbasiert kommuniziert werden, sondern in wesentlich kleinere, binär codierte und damit für den Funkverkehr geeignete Datenpakete umgewandelt werden müssen. Eigens für die Darstellung der Internet-Seiten auf dem kleinen Handy-Display wurde die Sprache → WML entwickelt.

Wäscheleinen-Prinzip
[Dt] Von der oberen Kante des Satzspiegels ausgehend werden Bild- und Textelemente nach unten flatternd gelayoutet. Sie wirken wie „aufgehängt".

Waschzettel
[PR] Früher gebräuchlicher Ausdruck für → Pressemitteilung.

WDR
[Ra, TV] Abk. für Westdeutscher Rundfunk. Die öffentlich-rechtliche Radio- und Fernsehsendeanstalt in Nordrhein-Westfalen mit Sitz in Köln. Der WDR ist die größte Sendeanstalt innerhalb der → ARD.

wearout
[We] (engl. = abnutzen, sich erschöpfen) Nachlassen, Verschleiß der Werbewirkung im Zeitverlauf einer Kampagne.

Web-Site
[Co] Virtueller Ort im → Internet, an dem sich eine Gruppe zusammengehöriger → HTML-Dokumente befindet. Die Eingangsseite zu einer Web-Site ist die → Homepage. Jede Web-Site besitzt ihre unverwechselbare → URL. Eine Web-Seite kann auf mehrere → Server verteilt sein. Auf einem Server können jedoch auch mehrere Web-Sites liegen. Im Unterschied zur → Domain, die aus einer Gruppe zusammengehöriger Computer in einem Netzwerk besteht, setzt sich eine Web-Site aus mehreren zusammengehörigen Web-Pages (d.h. separate HTML-Dokumente) zusammen. Ugs. werden Web-Seiten mit der Präsenz im Internet gleichgesetzt. Teilweise wird Homepage fälschlicherweise als Synonym für Web-Site verwendet. Häufig finanziert sich eine Web-Site durch → Banner-Werbung.

Web-TV
[Co, TV] Bereitstellung von Fernsehprogrammen via → Internet.

Wechselsack
[Fo] Synonym für → Dunkelsack.

Wegfahrt
[Fi] Kamerabewegung. Die Kamera bewegt sich vom gefilmten Objekt weg, das Objekt ist am Ende der Wegfahrt weiter von der Kamera entfernt und erscheint auf dem Film kleiner. Gegenteil von → Ranfahrt. Fließende Bewegung im Unterschied zum abrupten → Wegsprung.

Wegsprung
[Fi] An das → Close oder die → Halbtotale wird ohne Übergang die → Totale rangeschnitten. Gegenteil von → Ransprung.

Weichzeichnen
[Dt, Fo] Bei diesem Vorgang werden die Konturen eines zu druckenden Elementes weicher gestaltet und der Kontrast leicht gemindert. Beim Fotografieren ermöglicht ein Weichzeichner vor der Linse diesen Effekt bereits vor der Aufnahme. Ein Beispiel für einen Weichzeichner ist der → Diffusionsfilter.

Weißabgleich
[TV] Einstellen der Farbtemperatur vor der Filmaufnahme. Damit das Bild einer elektronischen Aufnahme keinen Farbstich bekommt, muss die neutrale Farbe Weiß zunächst als Weiß definiert werden. Dazu wird ein weißes Blatt Papier vor Beginn der Aufnahme kurz gefilmt. Die Kamera korrigiert dann elektronisch die Farbabstimmung. Farbstiche entstehen durch Licht mit unterschiedlicher Farbtemperatur, z.B. bewirkt Licht im Schatten einen Blaustich, während die Morgensonne ins gelbliche tendiert und Neonlicht oft grünlich ist. Das Gehirn korrigiert diesen „Fehler“ aufgrund gemachter Erfahrungen. Wir sehen ein Blatt Papier als weiß an, ohne den Farbstich wahrzunehmen. Diesen erkennen wir nur auf einem TV-Bild oder bei einer Fotografie. → Grauabgleich

Weißband
[Ra] Der → Vorlauf eines Tonbandes.

Weißraum
[Ze] Nicht bedruckte und daher weiße Fläche einer Zeitungsseite. Weißraum ist als grafisches Gestaltungselement einer Seite oft gewünscht. Wird dagegen eine Seite mit Text und grafischen Elementen derart dicht gefüllt, dass kein Weißraum bleibt, spricht man vom Horror vacui, das der Layouter hat, d.h. er scheint Angst vor der Leere einer weißen Fläche zu haben. Weißraum kann aber auch z.B. durch Zensur entstehen, wenn ein Text gestrichen und kein Ersatztext abgedruckt wird. Das Weglassen eines Ersatztextes kann technische Gründe haben oder auch Ausdruck des Protestes gegen die Zensur sein.

Weißwert
[TV] Der visuelle Eindruck „Weiß“ auf einem Bildschirm wird von einer be-

stimmten Spannung hervorgerufen, die das Fernsehsignal besitzt.

■ **Weiterdrehe**
Über ein Thema wird über mehrere Tage unter unterschiedlichen Aspekten berichtet, z.B. kommt am ersten Tag die Meldung, Schauspieler X hat ein Kind adoptiert. Am zweiten Tag gibt es einen Bericht über die rechtlichen Grundlagen von Adoptionen und am dritten Tag kommen andere Adoptiveltern zu Wort und berichten über ihre Erfahrungen.

■ **Weiterverarbeitung**
[Dt] Gedruckte Objekte werden weiter verarbeitet. Zu diesen Prozessen zählen u.a. Schneiden, Stanzen, Nuten, Prägen, Kaschieren, Binden etc.

■ **Weitwinkelobjektiv**
[Fo] Objektiv von Foto- und Filmkameras, das eine besonders kurze → Brennweite hat und daher einen breiten Blickwinkel erlaubt. Das weiteste Weitwinkel-Objektiv ist das → Fischauge.

■ **Weltformat**
[Dt] In der Schweiz gebräuchliche Norm-Maßbezeichnung für das → Plakatformat B4 (89,5 x 128 cm).

■ **Werbeagentur**
[We] Unternehmen, das im Namen und auf Rechnung eines Auftraggebers → Werbekampagnen entwirft und durchführt. Zu ihren Tätigkeiten gehört u.a. die Gestaltung von Anzeigen und das Erstellen von Konzepten für → Werbespots.

■ **Werbeanteil**
[We] Verhältnis von redaktionellem Teil zur Werbung, meist in Prozent angegeben.

■ **Werbebanner**
[We, Co] → Banner

■ **Werbeblock**
[Ra, TV, We] Werbung wird nicht einzeln gesendet, sondern mindestens drei Werbespots gebündelt. Grund dafür ist, dass der Zuhörer/Zuschauer den Unterschied zwischen (redaktionellen) Programmbeiträgen und Werbung sofort bemerken soll. Insbesondere bei privaten Fernsehsendern wird ein Beitrag (z.B. Film) häufig von einem oder mehreren Werbeblöcken unterbrochen. Ihre Anzahl und maximale Länge sind gesetzlich geregelt und werden von den → Landesmedienanstalten überwacht. Werbeunterbrechungen sind z.B. in den USA erheblich häufiger als in Deutschland. Die Reihenfolge der → Werbespots wird mit Hilfe eines Computers bestimmt, um keinen Werbetreibenden zu bevorzugen oder zu benachteiligen. Der Computer berücksichtigt die → Motivdisposition.

■ **Werbeinsel**
[TV] → Werbeblock

■ **Werbekampagne**
[We] Koordinierte Verbreitung von Werbebotschaften nach einem ganzheitlichen Konzept. Dies wird in der Regel von einer → Werbeagentur entwickelt und betreut.

■ **Werbekuchen**
[We] Bildhafte Bezeichnung für die Gesamtsumme dessen, was für Werbung ausgegeben wird, den Werbeetat. Die Bezeichnung leitet sich ab von der Darstellungsform der Tortengrafik, in der tortenstückähnliche Dreiecke die jeweiligen Anteile am Gesamtmarkt symbolisieren.

■ **Werbemittelkontakt**
[We] Kontakt einer Person oder eines Haushaltes mit → Werbespot, → Anzeige oder → Banner. → Kontaktchance

■ **Werbepause**
[TV] → Werbeunterbrecher

■ **Werberichtlinien**
[We, Re] Für die Werbung im privaten und öffentlich-rechtlichen Rundfunk gibt es unterschiedliche gesetzliche Grundlagen. Private Hörfunk- und Fernsehwerbung wird durch je eine „gemeinsame Richtlinie der Landesmedienanstalten für die Werbung, zur Durchführung der Trennung von Werbung und Programm und für das

Sponsoring“ geregelt, die beide am selben Tag verabschiedet wurden. Die aktuelle Fassung ist vom 26. Januar 1993. Am 24. Juni 1992 wurde die ARD-Richtlinie „für die Werbung zur Durchführung der Trennung von Werbung und Programm und für das Sponsoring“ erlassen, die für Hörfunk und Fernsehen der → ARD gilt. Die ZDF-Richtlinie „für Werbung und Sponsoring“ stammt vom 19. März 1993.

■ **Werbespot**
[We, Ra, TV] Kurzer Beitrag, mit dem für ein Produkt geworben wird (auch PR-Spot). Entspricht der Zeitungs- → Anzeige in Printmedien.

■ **Werbeträgerkontakt**
[We] Kontakt einer Person oder eines Haushaltes mit einem Medium, das Werbung enthält, z.B. Tageszeitung, Fernsehen. → Kontaktchance

■ **Werbeträgerleistung**
[We] Messgröße, die angibt, welches Werbemedium wie viele → Werbemittelkontakte zum Werbepublikum herstellt. Z.B. werden durch einen 30-Sekunden-Spot bei Fernsehsender A mehr Personen der Zielgruppe erreicht als bei Sender B. Problematisch ist das Ermitteln der Werbeträgerleistung im Internet. Weder → Hits noch → AdClicks sind geeignete Messgrößen, da zu viele Fremdeinflüsse eine Rolle spielen. Die in der → IVW organisierten Verbände haben sich darauf verständigt, die beiden Größen → Pageimpressions und → Visits als Basis für die Mediaplanung im Online-Sektor zu etablieren.

■ **Werbeunterbrecher**
[TV, We] Im Fernsehen werden Sendungen meist an den spannendsten Stellen unterbrochen, um → Werbespots zu senden. Damit soll eine möglichst hohe Zuschauerzahl gewährleistet werden. Damit die Zuschauer nicht zu einem anderen Sender → zappen, strahlen vor allem die Privatsender ihre → Werbeblöcke zu gleicher Zeit aus.

■ **Werk**
[Dt] Bezeichnung der Drucker für Bücher und Broschüren. Ein Werk gliedert sich in Titelseiten, Textseiten und Anhang. Zu den Titelseiten gehören → Schmutztitel, Haupttitel und → Impressum. Manche Werke enthalten außerdem noch eine Widmung. Vor den Textseiten stehen → Vorwort und Inhaltsverzeichnis (in frankophonen Ländern steht das Inhaltsverzeichnis oft am Buchende). Dem Textteil kann ein Anhang folgen, der → Literaturverzeichnis, Namens- und Stichwörterverzeichnis, Zeittafeln und Quellennachweise enthält.

■ **Werkdruck**
[Dt] Druck von Büchern und Broschüren. → Werk

■ **Werksatz**
[Dt] Die für den Druck von Büchern und Broschüren verwendete Satzart. Die Textseiten haben dabei in der Regel einen gleichartigen Aufbau, d.h. einen gleichen → Satzspiegel. Häufig bestehen sie aus glattem Satz, der in der Regel als → Blocksatz angeordnet ist. Der Werksatz ist weniger abwechslungsreich als der → Akzidentsatz. → Werk

■ **Werkschrift**
[Dt] Schriften, die im → Bleisatz für den → Werksatz verwendet wurden. Sie waren zwischen 8 und 12 → Punkt groß und zählten zu den → Brot- und Butterschriften.

■ **Werkvertrag**
[Re] Begriff aus dem BGB, §§ 631 ff. Es wird ein Vertrag abgeschlossen, in dem sich die eine Partei zur Erstellung eines bestimmten Werkes verpflichtet und die andere Vertragspartei dafür dann die vereinbarte Vergütung zahlen muss. Geschuldet wird ein Erfolg, nicht wie beim Dienstvertrag das bloße Tätigwerden. Das Werk kann auch in einem journalistischen Beitrag für Zeitung, Radio oder TV bestehen, d.h., zwischen den Redaktionen und den freien Journalisten wird ein Werkvertrag abgeschlossen.

Westdeutscher Rundfunk
[Ra, TV] → WDR

W-Fragen
Ein Artikel sollte alle W-Fragen beantworten: Wer? Was? Wann? Wo? Warum? auch Wie? (z.B.: „Der Bundeskanzler sprach am Montag zu ausländischen Journalisten über die Wiedervereinigung. Hintergrund des Gespräches ist die teils negative Einstellung der Bevölkerung.“) Je nach Literatur-Meinung gibt es fünf oder sechs W-Fragen.

Wickelfalz
[Dt] Falt-Technik. Ein Blatt Papier wird zweimal zu etwa einem Drittel gefaltet. Die beiden Enden liegen auf der gleichen Seite vom Mittelteil, im Gegensatz zum → Leporello. → Falz

Wide
[Dt] (engl. = breit, weit) Zusatz zu Schriften mit breitem → Schriftschnitt.

Widebeam
[TV] Die → Ausleuchtzone eines Satelliten wird über den „normalen“ Ausstrahlungsradius ausgedehnt.

Widerdruck
[Dt] Bedrucken eines → Druckbogens auf der Rückseite. → Schöndruck

Widerruf
[Re] Per Gerichtsurteil wird ein Medium dazu verpflichtet, von ihm verbreitete Unwahrheiten selbst zu berichtigen. Ein Widerruf ist seltener als die → Gegendarstellung und stärkste Form, sich gegen den Inhalt von Veröffentlichungen zu wehren. Die richterliche Anordnung eines Widerrufs erfolgt nur dann, wenn die Unrichtigkeit einer Veröffentlichung nachgewiesen ist. Es bleibt einer Redaktion jedoch unbenommen, freiwillig inkorrekte Veröffentlichungen richtigzustellen. Eine Entschuldigung, „wir haben uns geirrt“ ist kein Widerruf im juristischen Sinne.

Widmung
Am Anfang eines Buches steht häufig ein kurzer Satz, wem der Autor dieses Werk widmet. Damit möchte er sich z.B. bei seiner Familie bedanken, die durch Verständnis und Unterstützung das Schreiben ermöglicht hat.

Wiedererkennungswert
1.) [TV] Der Hintergrund z.B. einer Nachrichtensendung ist immer gleich, damit der Zuschauer sofort beim Einschalten weiß, welchen Sender er ansieht. 2.) [Ze] Der Leser erkennt eine mehrfach erscheinende Rubrik oder Serie entweder optisch durch eine → Marke wieder oder inhaltlich, da diese z.B. immer mit dem gleichen Schreibstil beginnt. 3.) → Corporate Design

Wildanschlag
Wildes Plakatieren. Ankleben von Plakaten (z.B. für Konzerte) an Flächen wie z.B. Wänden, Stromkästen, ohne Genehmigung des jeweiligen Eigentümers.

wipe
[Fi] Engl. Bezeichnung für die → Wischblende.

WIPO
[Re] Abk. für → World Intellectual Property Organization.

Wischblende
[Fi] Ein Bild wird durch ein nachfolgendes sozusagen verwischt. Trickblende, die in einer definierten Form überblendet. Die engl. Bezeichnung ist wipe.

Witwe
[Dt] Auch Witwenzeile. Am Ende eines Absatzes bzw. am Ende einer Spalte steht ein einzelnes Wort oder eine, im Vergleich zur Spaltenbreite, nur kurze Zeile. Da dies die optische Ausgewogenheit des → Layouts stört, wird es durch → Einbringen vermieden.

Witwen schütteln
[Ja] Nach dem Tod einer Person sprechen Reporter mit den Hinterbliebenen, um

Einzelheiten über Leben, Interessen etc. des Verstorbenen zu erfahren oder Fotos zu erhalten.

■ Witwenzeile
→ Witwe

■ WML
[Co] Abk. für Wireless Markup Language. Diese sich stark an → HTLM orientierende Programmiersprache ermöglicht die Darstellung von Inhalten einer → Internet-Seite auf dem kleinen Display eines Mobiltelefons. Die Übertragung erfolgt mittels → WAP.

■ Wording
[PR] (engl. word = Wort) Neudeutsch für Sprachgebrauch, Wortgebrauch, Bezeichnung. Im Werbe- und PR-Bereich werden oft Worte für eine bestimmte Situation kreiert oder umfunktioniert, die dann diese Situation auch allgemeinverständlich treffend beschreiben sollen. Die Benutzung von Worten unterliegt auch der „political correctness", sodass in einigen Zusammenhängen von nicht korrektem Wording gesprochen wird, wenn „Unworte" gemeint sind, z.B. ist das korrekte Wording für „Neger" in den USA „Afroamerikaner". Das korrekte Wording führt auch in Deutschland zu Umbenennungen. So heißt die „Aktion Sorgenkind" seit dem 1. März 2000 „Aktion Mensch", weil Ziel das Erregen von Respekt und nicht von Mitleid ist.

■ World Intellectual Property Organization
[Re] Abk. = WIPO. Welt-Organisation für geistiges Eigentum. Eine der 16 Unterorganisationen den UN mit Sitz in Genf. Mehr als 170 Staaten sind Mitglieder der WIPO. Ihr Hauptaufgabengebiet ist der Schutz → geistigen Eigentums. Dazu zählen sowohl Patente, Gebrauchsmuster und Warenzeichen als auch → Copyright für literarische, musikalische, künstlerische und fotografische Werke. Ein WIPO-Online-Gericht entscheidet bei Streitigkeiten über internationale Internet-Adressen (→ Domain) mit den Endungen .com, .org und .net.

■ World Radiocommunication Conference
[TV] Abk. = WRC. Internationale Funkverwaltungskonferenz. Auf diesem regelmäßigen Treffen der → ITU werden auf internationaler Ebene die Frequenzzuweisungen an alle Staaten für Rundfunk und sonstige Funkdienste geregelt.

■ World Wide Web
[Co] Abk. = www. Interaktives Informations- und Quellensystem, das den weltweiten Austausch von digitalen Daten ermöglicht. Es basiert auf → Hypertext und verfügt über eine grafische Benutzeroberfläche. Durch bunte Bilder und Animationen spricht es die Sinne an und ist anwenderfreundlich. Dem World Wide Web verdankt das Internet seine allgemeine Bekanntheit. Ugs. werden Internet und World-Wide-Web oft als Synonyme angesehen, was jedoch genau genommen nicht korrekt ist. Das www ist nur eine von vielen Anwendung des Internet, das Internet selbst ist nur Transportmedium für Daten. Es ist der am schnellsten wachsende Teil des → Internet. Mit seinen für den Nutzer nicht nachvollziehbaren Strukturen besitzt das www kein ordnendes System. Es wurde 1990 im Forschungslabor CERN (Genf/Schweiz) von Tim Berners-Lee und Robert Cailliau entwickelt. Der zentrale Einstiegspunkt in das www ist eine → Homepage. Sie ist Teil einer → Web-Site. Jedes Dokument liegt auf einem speziellen Internet-Rechner und wird von → Server-Programmen zur Verfügung gestellt. Um Informationen des www anzuschauen, benötigt der Nutzer ein → Browser-Programm. Jedem Dokument ist eine eindeutige → URL als Adresse zugewiesen. Das Betrachten und das Springen auf andere vernetzte Seiten wird „surfen" genannt.

■ Wortabstand
[Dt] Einzelne Worte werden durch einen Leerraum voneinander getrennt. Dieser Leerraum variiert je nach Schriftart und

→ Schriftschnitt. Für normale Leseschriften wird als Abstand ein Drittelgeviert empfohlen, meist ist der Leerraum zwischen einem Halb- und einem Viertelgeviert groß (→ Geviert). Beim → Flattersatz ist der Wortabstand immer gleich, beim → Blocksatz unterschiedlich.

■ **Wortbeitrag**
[Ra] Gesprochener Text im Radio, im Unterschied zu Musik.

■ **Wortbild**
[Dt] Jedes Wort hat ein individuelles optisches Erscheinungsbild, das durch die verwendeten Kleinbuchstaben mit ihren → Oberlängen und → Unterlängen entsteht. Dieses Gebilde wird vom Gehirn als solches wahrgenommen und gespeichert und beim Lesen als Einheit wiedererkannt. Aus dieser Erkenntnis entstand die Ganzheitsmethode des Lesenlernens. Auch Wortsilhouette genannt.

■ **Wortsilhouette**
[Dt] → Wortbild

■ **Wrapper**
[Ze] (engl. = Umschlag, (Schutz-)Hülle) Um das eigentliche Titelblatt einer Zeitschrift wird häufig ein Blatt geheftet, das deutlich schmaler ist und meist weniger als die Hälfte des Titels misst. Dieser „Zusatz-Umschlag" gilt als modern. Die Titelseite wird meist fortgeführt, obwohl das eigentliche Titelblatt unter dem Wrapper dann oft einen leicht anderen Inhalt und Aufbau besitzt. In einem Wrapper können sowohl Aufkleber und Postkarten integriert sein als auch der Platz für Werbung genutzt werden.

■ **WRC**
[TV] → World Radiocommunication Conference

■ **www**
[Co] Abk. für das → World Wide Web.

■ **wysiwyg**
[Co, Dt] Abk. für engl. „what you see is what you get" = was du siehst ist das, was du bekommst. → DTP-Begriff, der beschreibt, dass das Druckbild einer Datei exakt ihrer Darstellung auf dem Bildschirm entspricht. Dazu werden → True Type- und → Postscript-Schriften verwendet.

X

■ Xerographie
[Dt] Dieses Kopier- und Druckverfahren kommt vor allem in Fotokopierern vor.

■ xerographischer Druck
[Dt] → Digitaldruck

■ x-Höhe
[Dt] → Mittellänge

Y

■ **Yellow**
[Dt] Gelbe Druckfarbe im → Vierfarbdruck. Sie ist genormt nach der → Europaskala. Abkürzung Y in → CMYK.

■ **Yellow Covered**
Interne Informationen einer Institution, die nicht für die Öffentlichkeit bestimmt sind.

■ **Yellow Press**
[Ze] → Boulevardpresse → Regenbogenpresse

Z

■ zappen
[TV] (am.-engl. ugs. zap = jmd. abknallen, fertigmachen) Ständiges Wechseln der Fernsehkanäle, ohne ein Programm richtig anzusehen mit dem Ziel, ein Programm für die eigenen Interessen zu finden. Eine Ursache für das von den Fernsehanbietern gefürchtete Hin- und Herspringen zwischen den Programmen ist der Trieb, nichts zu verpassen, aber auch Langeweile, weil auf allen Kanälen austauschbare Programme laufen, oder der Versuch, den Werbeblöcken zu entgehen. Das Zapping wird auch als „channel hopping" bezeichnet. → Switching

■ ZAW
[We] Abk. für Zentralverband der deutschen Werbewirtschaft e.V. Der Zusammenschluss von Verbänden, deren meiste Mitglieder Werbeagenturen sind, hat seinen Sitz in Bonn. Der Verband bemüht sich, die Angelegenheiten der werbenden Wirtschaft zu vertreten und hat das Ziel, staatliche Werberegelungen entbehrlich zu machen. Der ZAW stellt jährlich die Netto-Werbeinvestitionen aller Mediagattungen und Werbeträger fest.

■ ZDF
[TV] Gängige Abk. für Zweites Deutsches Fernsehen. Anstalt des öffentlichen Rechts. In Konkurrenz zu den Länderanstalten der → ARD am 6. Juni 1961 in Stuttgart per Staatsvertrag gegründeter bundesweiter, zentralisierter Fernsehsender mit Vollprogramm. Das ZDF hat seinen Sitz in Mainz.

■ Zeichengenerator
[TV] Andere Bezeichnung für den → Schriftgenerator.

■ Zeichensatz
[Dt] Gesamtheit aller zu einer Schrift gehörenden Buchstaben, Zahlen und sonstigen Zeichen.

■ Zeichentrickfilm
[Fi] Im Einzelbildverfahren hergestellter, gezeichneter Filmablauf. Bei solchen Aufnahmen wird ein → Tricktisch verwendet.

■ Zeile
1.) [Ze] Textreihe in einer Spalte. 2.) [Ze, Ja] Abk. für die → Hauptzeile einer Artikel-Überschrift. 3.) [TV] Bei der Ausstrahlung des Fernsehbildes werden die Bildinformationen in Zeilen gesendet. → Fernsehnorm → Zeilensprungverfahren

■ Zeilenabstand
[Dt] Der Abstand zwischen zwei untereinander stehenden Zeilen. Im → Bleisatz setzte er sich aus der Größe des → Schriftkegels und dem → Durchschuss zusammen. Im → DTP ist er eine rechnerische Größe, die den Abstand von einer → Schriftlinie zur nächsten angibt. Der → optische Zeilenabstand kann vom rechnerischen stark abweichen.

■ Zeilenbreite
[Dt] → Zeilenlänge

■ Zeilenfall
[Dt] Die Art und Weise, in der die Anfänge und Enden von Zeilen untereinander stehen, d.h. das optische Bild, das sich durch

das Setzen der einzelnen Zeilen ergibt. Zeilenproportionen. Man unterscheidet zwischen → freiem Zeilenfall, → geschlossenem Zeilenfall, → Trichterfall, → Treppenfall und → Dreizeilenfall.

konvexer Zeilenfall

Lorem ipsum
dolor sit amet, consec-
tetuer elit, sed diam qui nonummy
nibh eulsmond tincidunt ut
laoreet dolore magna
aliquam erat
volutpat.

konkaver Zeilenfall

Lorem ipsum dolor sit
amet, consectetuer
elit, sed
nibh
eulsmond tin-
cidunt ut laoreet dolore
magna aliquam erat volutpat.

Trichterfall

Lorem ipsum dolor sit amet,
consectetuer adipiscing elit,
sed diam nonummy nibh
eulsmond tincidunt ut
dolore magna
aliquam erat
volutpat.
Ut enim

Treppenfall

Lorem ip-
sum dolor sit
amet, consec-
tetuer adipiscing elit,
sed diam nonummy nibh
eulsmond tincidunt ut laoreet
dolore magna aliquam erat volutpat.

Zeilenfall

■ Zeilenhonorar

[Ze] Das Entgelt für einen Text wird nach der Anzahl der abgedruckten Zeilen berechnet, die beim → Anstrich festgestellt wird. Vor allem → freie Journalisten werden „nach Zeile“ bezahlt. Engl. penny-a-line payment. Im Gegensatz dazu der → Pauschalist.

■ Zeilenlänge

[Dt] Auch Zeilenbreite genannt. Korrekt müsste es eigentlich Satzbreite heißen, da lediglich beim → Blocksatz alle Zeilen die gleiche optische Länge aufweisen. Die Zeilenlänge sollte für eine leichte Lesbarkeit 60 – 70 Zeichen (einschließlich der Wortabstände) nicht überschreiten. Für wissenschaftliche Werke sollten nicht mehr als 80 Zeichen pro Zeile gesetzt werden.

■ Zeilenreißen

[TV] Eine Bildstörung des Fernsehbildes, wenn einzelne Zeilen oder Zeilengruppen ausfallen oder sich verschieben.

■ Zeilenrücklauf

[TV] Der Rückweg des Elektronenstrahls an den Anfang der folgenden Zeile beim → Zeilensprungverfahren. Die Rückführung ist unsichtbar, der Strahl wird ausgetastet (→ Austastlücke).

■ Zeilensprungverfahren

[TV] Das Fernsehbild wird mit Hilfe eines Elektronenstrahls übertragen, der Punkt für Punkt die Bildpunkte auf der Mattscheibe des Fernsehers erzeugt. Der Elektronenstrahl beschreibt jede Zeile von links nach rechts. Dann springt er zum Anfang der nächsten Zeile. Dieser Vorgang wiederholt sich so oft, bis das komplette Fernsehbild aufgebaut ist. Beim 2:1-Zeilensprungverfahren werden die erste, dritte, fünfte etc. Zeile des Vollbildes dem ersten Teilbild, die zweite, vierte, sechste Zeile etc. dem zweiten Teilbild zugeordnet. Jedes Fernsehbild setzt sich aus zwei Halbbildern zusammen, von denen das eine aus allen geraden und das andere aus allen ungeraden Zeilen besteht. Die Halbbilder werden nacheinander übertragen. Dem menschlichen Auge ist es wegen seiner Trägheit nicht möglich, diesen schnellen Bewegungsabläufen zu folgen. Es addiert daher die beiden Halbbilder zu einem Vollbild. Je höher die → Bildwechselfrequenz, umso größer ist das Kantenflackern. Steht der Betrachter zu nah vor dem Bildschirm, kann er das so genannte Zwischenzeilenflimmern beobachten.

■ Zeilenvorschub
[Dt] Begriff aus dem Fotosatz, der den → Zeilenabstand bezeichnet. Der Zeilenvorschub wird in Millimetern gemessen.

■ Zeilenzwischenraum
[Dt] Fachlich nicht korrekter Ausdruck für Zeilenabstand. → Durchschuss

■ Zeitcode
[TV] Zeitangaben in codierter, d.h. digital verschlüsselter Form auf dem Aufzeichnungsband. Sie werden aufgezeichnet, z.B. auf → MAZ. Mit der Zeitcodierung können Bild- und Tonträger bei Aufnahme und Bearbeitung synchron zugeordnet werden. Automatische Schnittsteuerungsgeräte arbeiten mit Zeitcodes. Angezeigt werden Stunden, Minuten, Sekunden und → Frames. Bei den meisten Sendern beginnt der Zeitcode bei 10:00:00:00. Der Zeitcode ersetzt immer mehr die → Synchronklappe. Häufig wird das englische Wort Timecode verwendet.

■ Zeitlupe
[TV] Gegenteil von → Zeitraffer, engl. = slow motion. Bei Filmaufnahmen werden mit einer speziellen Zeitlupenkamera mehr Bilder pro Sekunde aufgenommen als die normale Frequenz von 25 Bildern pro Sekunde. Durch normale Wiedergabe entsteht der Eindruck, die Handlung liefe viel langsamer ab als sie tatsächlich war, die Zeit erscheint gedehnt. Diese Darstellungsform wird häufig im Sport angewendet, um dem Zuschauer z.B. alle Einzelheiten eines schnell gefallenen Fußballtores zu zeigen oder bei wissenschaftlichen Sendungen Geschehnisse darzustellen, die zu schnell für das menschliche Auge ablaufen, z.B. den Flügelschlag eines Kolibris. Bei magnetischer Bildaufzeichnung entsteht der Zeitlupeneffekt durch wiederholtes Abtasten der einzelnen Bilder, z.B. zwei- oder dreimalig. Der Vorteil dieses Verfahrens ist die hohe Bildqualität. Wird der Zeitlupeneffekt durch Filmverlangsamung erreicht, so ruckeln die Bilder.

■ Zeitraffer
[TV] Gegenteil von → Zeitlupe; engl. = quick motion. Mit der Zeitraffer-Einstellung nimmt die Kamera weniger Bilder pro Sekunde auf als normal. Bei normaler Wiedergabe von 25 Bildern pro Sekunde entsteht so ein Zeitraffeffekt, durch den Bewegungen unglaublich schnell erscheinen (z.B. scheinen Menschen völlig hektisch durcheinanderzurennen) oder für den Beobachter wegen ihrer Langsamkeit nicht wahrnehmbare Bewegungen werden sichtbar gemacht, z.B. die Bewegungen einer Sonnenblume im Laufe eines Tages. Die Zeitraffung ist sowohl bei Film als auch bei magnetischer Bildaufzeichnung möglich.

■ Zeitschrift
[Ze] Periodisch erscheinendes Druckwerk. Bisher ist eine wissenschaftlich befriedigende Abgrenzung der Medien Zeitung, Zeitschrift und anderer periodischer Publikationen nicht gelungen. Erstmals tauchte das Wort Zeitschrift in diesem Sinn im Jahr 1751 auf. Zuvor waren – und sind bis heute teilweise parallel – die Bezeichnungen Journal (frz.), Diarium (lat.), Monatsschrift, Magazin, Tagebuch und Sammlung oder Sammlungen gebräuchlich. Als Vorläufer der Zeitschriften werden vor allem Fortsetzungsbücher, Sammelbände, Gelehrtenbriefe, Kalender, Flugschriftsammlungen und politische Zeitschriften angesehen. Als erste wissenschaftliche Universal-Zeitschrift gilt das „Journal des Savants“ (1665 in Paris gegründet), als erste deutsche Zeitschrift die „acta Eruditorum“ (1682 in Leipzig gegründet). Die bürgerliche Zeitschriften-Publizistik begann im England des 18. Jahrhunderts mit dem Erscheinen der

moralischen Wochenschriften. 1713/14 kamen diese auch nach Deutschland. Im 19. Jahrhundert ermöglichte der technologische Fortschritt die Entstehung der → Illustrierten.

■ Zeitung
[Ze] Publizität (öffentliche Verfügbarkeit), Aktualität (Zeitnähe) und Periodizität (regelmäßiges, mindestens wöchentliches Erscheinen) kennzeichnen dieses gedruckte Medium. Eine wissenschaftlich befriedigende Abgrenzung zur → Zeitschrift ist bisher nicht gelungen. Als Vorgänger der Zeitung werden gedruckte Flugschriften angesehen. Die frühesten Zeitungsfunde in Deutschland stammen aus Wolfenbüttel (1609, „Aviso", wöchentliche Erscheinungsweise), Straßburg (1609, „Straßburger Relationen", wöchentlich) und Leipzig (1650, „Einkommende Zeitung", tägliches Erscheinen). Zeitungen finanzieren sich aus den Erlösen von → Anzeigen und Vertrieb. Bei Tageszeitungen beträgt die Relation 1/3 (Vertrieb) zu 2/3 (Anzeigen). Je nach Art des Vertriebs lassen sich Tageszeitungen in überregionale Blätter, Regional- und Lokal-Zeitungen unterteilen. Nach der Art des Vertriebs aufgegliedert, lassen sich Abonnement-Zeitungen und Straßenverkaufs- und Boulevard-Zeitungen unterscheiden.

■ Zeitungskopf
[Ze] Am oberen Rand einer Seite (außer der Titelseite) befindet sich eine Titelleiste, die charakteristische Kennzeichen z.B. → Logo, einheitlicher Schrifttyp, Rubriken, Datum etc. enthält. Der Leser soll auf den ersten Blick anhand der Titelleiste die Zeitung wieder erkennen.

■ Zeitungsschrift
[Dt] Beim → Bleisatz wurden diese Schriften nur für das Drucken von Zeitungen verwendet. Sie waren stark strapaziert und daher schnell abgenutzt. Daher durften sie nicht für den → Qualitätssatz verwendet werden. Gegensatz sind die → Akzidenzschriften. Als Zeitungsschrift verwendete Schriften waren für den Drucker → Brot- und Butterschriften.

■ Zeitungsverlegerverband
→ Bundesverband Deutscher Zeitungsverleger

■ zensieren
Eine → Zensur ausüben.

■ Zensur
Behördliche Prüfung und ggf. Verbot von Büchern, Theaterstücken, z.B. wegen Jugendgefährdung, Pornografie etc. in Deutschland ist die → Bundesprüfstelle für jugendgefährdende Schriften in Bonn eine Zensurbehörde. In totalitären Systemen werden den Journalisten Themen vorgegeben, untersagt oder die inhaltliche Aussage vorbestimmt. Bei lang andauernder Zensur kann es bei Journalisten zu einer inneren Zensur kommen, der → „Schere im Kopf".

■ zensurieren
In Österreich gebräuchlicher Ausdruck für zensieren. → Zensur

■ Zentralstelle für private Überspielungsrechte
Abk. = ZPÜ. → Verwertungsgesellschaft

■ Zentralstelle Videovermietung
Abk. = ZVV. → Verwertungsgesellschaft

■ Zentralverband der deutschen Werbewirtschaft e.V.
[We] → ZAW

■ zentriert
[Dt] → Zeilenfall, bei dem die Zeilenmitten senkrecht untereinander stehen. Auch als → Mittelachsensatz bezeichnet.

■ Zeugnisverweigerungsrecht
[Re] Das in den Prozessordnungen festgeschriebene Recht, eine Aussage gegenüber Polizei und Justiz zu verweigern. Gilt insbesondere für Geistliche, Ärzte und Journalisten. → Pressegeheimnis. Kann jedoch durch Durchsuchung oder Abhöraktionen gerichtlich verwertbares

Material gewonnen werden, so ist der ursprüngliche Gedanke des Zeugnisverweigerungsrechtes ausgehöhlt.

■ **Zickzackfalz**
[Dt] Synonym für → Leporello. → Falz

■ **Zielgruppe**
[We, MaFo] Nach bestimmten Merkmalen definierte Personengruppe, die durch Werbemaßnahmen, Programme oder Produkte angesprochen („bedient“) werden soll. Die am häufigsten verwendeten Kriterien zur Abgrenzung einer Zielgruppe sind sozialdemografisch: Geschlecht, Alter, Bildung, Einkommen.

■ **Zierrand**
[Dt] Rahmen mit dekorativen Elementen um eine Zeitungsseite. Engl. auch Fancy Frame.

■ **Ziffer**
[Dt] Die Zahlen 1, 2, 3, 4, 5, 6, 7, 8, 9 und 0 sind Ziffern.

■ **Zippping**
[TV] (engl. zip = schwirren, Zipper = Reißverschluss) Werbespots werden mit Hilfe von Videoband-Aufzeichnungen übersprungen.

■ **Zoomen**
[TV] Heranholen eines Objekts in Film- und Fernseh-Beiträgen nicht durch → Ranfahrt, bei der sich die Kamera zum Objekt hinbewegt, sondern durch Näherholen. Veränderung der Brennweite des → Zoom-Objektives. Eine kontinuierliche Brennweitenveränderung wird ugs. als Zoomfahrt bezeichnet. Gegenteil ist der → Aufzieher.

■ **Zoom-Objektiv**
[Fo] Die Brennweiten eines Objektivs und damit u.a. sein Vergrößerungsfaktor sind veränderlich, d.h., ein Zoom-Objektiv vereinigt stufenlos die Brennweiten vom Weitwinkel- bis zum Teleobjektiv. Ein Zoom erspart dem Fotografen das Gewicht vieler Objektive und ermöglich der Filmkamera das → Zoomen und → Aufziehen, ohne sich von der Stelle bewegen zu müssen. Scherzhaft auch Gummi-Linse oder kurz Zoom genannt. Andere Bezeichnung für Vario-Objektiv.

■ **Zugfilm**
[TV] → Blankfilm, der das zu entwickelnde Filmmaterial durch eine Entwicklungsmaschine zieht.

■ **Zulaufen**
[Dt] Einzelne Rasterpunkte sind so dicht beisammen, dass sie nicht mehr differenziert voneinander gedruckt werden können. Die Zwischenräume zwischen ihnen laufen mit Farbe zu. Dies ist unter anderem beim → Offsetdruck hoher → Auflagen der Fall, wenn ein großer → Druckzuwachs eintritt.

■ **Zurichtung**
[Dt] 1.) Beim Buchdruck werden vor dem Drucken Höhendifferenzen in der Druckform ausgeglichen, um ein möglichst einheitliches Schriftbild zu erreichen. Dieser Arbeitsvorgang wird als Zurichtung bezeichnet. 2.) Synonym für → Laufweite.

■ **Zusammentragen**
[Dt] Einzelne Papierlagen oder Bögen werden in der richtigen Reihenfolge für die Drucksache zusammengesetzt oder z.B. für einen → Buchblock aufeinandergelegt.

■ **Zusatzfarbe**
[Dt] Eine Farbe wird zusätzlich gedruckt, z.B. zu Schwarzweiß noch Rot für den → Zeitungskopf. Die Sonderfarbe im → Vierfarbdruck. → Magerfarbe

■ **Zuschuss**
[Dt] Zusätzliche Papiermenge, die über die benötigte Anzahl an → Bogen zum Drucken hinausgeht, die zum Einrichten der Druckmaschine und bei der Druckverarbeitung aber benötigt wird.

■ **Zweibandverfahren**
[TV] Bild und Ton werden auf separaten Bändern aufgenommen. Sie bleiben auch nach der Bearbeitung getrennt und

werden getrennt vorgeführt. Dazu wird das Tonband der Aufzeichnung auf → Magnetfilm überspielt. Dies ist das Verfahren, das beim Fernsehen ausschließlich angewendet wird.

■ **Zweikanalton**
[TV] Auf zwei voneinander unabhängigen Tonkanälen werden gleichzeitig unterschiedliche Inhalte übertragen, z.B. die fremdsprachliche Originalfassung eines Films und dessen deutsche Synchronisation. Im Gegensatz zum Stereoton ist eine höhere Sicherheit gegen Übersprechen erforderlich. Der Besitzer eines Zweikanalton-fähigen Stereo-Fernsehgerätes kann zwischen beiden Tonsignalen wählen. Technische Voraussetzung für das Ausstrahlen von Zweikanalton ist das → Zweitonträgerverfahren. → Audiodeskription

■ **Zweiliniensystem**
[Dt] Alle Buchstaben grenzen an zwei imaginäre Linien. Das Zweiliniensystem kann nur für → Majuskelschriften angewendet werden, bei denen die → Versalien alle die gleiche Höhe besitzen. Optisch entsteht ein graues Band (→ Grauwirkung), in dem die einzelnen Worte keine spezifischen Wortbilder besitzen. Bei einer auf Groß- und Kleinschreibung basierenden Schrift kommt das → Vierliniensystem zur Anwendung.

■ **Zweispurmaschine**
[TV] Eine Tonbandmaschine für ein Tonband mit zwei getrennten Tonspuren.

■ **Zweites Deutsches Fernsehen**
[TV] → ZDF

■ **Zweitonträgerverfahren**
[TV] Fernsehsender strahlen zwei voneinander unabhängige Tonsignale aus. Wahlweise können so ein Stereoton oder zwei verschiedene Tonsignale ausgesendet werden, z.B. für den → Zweikanalton.

■ **Zweitrecht**
[Re] Ugs. Abk. für Zweitverwertungsrecht. → Zweitverwertung

■ **Zweitverwertung**
[Re] Die Rechte an einem Text oder Foto werden in der Regel zum einmaligen Abdruck verkauft. Will sie der Verlag z.B. ins Internet einspeisen oder auf CD-ROM brennen, dann muss er vom Autor/Fotograf auch die Rechte zur weiteren Verwertung erwerben. → Urheberrecht → Verwertungsrecht

■ **Zweitverwertungsrecht**
[Re] Auch Zweitrecht genannt. → Zweitverwertung

■ **Zwei-Zoll-Band**
[TV] → MAZ-Band mit einer Breite von zwei Zoll (= 50,8 mm), das für Aufzeichnungen nach dem → Querspurverfahren verwendet wird.

■ **Zwiebelfisch**
[Dt] Ugs. Bezeichnung der Setzer für einen Buchstaben, der aus einer falschen Schrift in den Text geraten ist. Zu Zeiten des → Bleisatzes war dieser Setzfehler häufig bei falschem → Ablegen der → Lettern durch den Setzer.

■ **Zwischennegativ**
[Fo] Andere, deutsche Bezeichnung für das → Internegativ.

■ **Zwischenschlag**
[Dt] Der Abstand zwischen zwei Spalten oder Satzgruppen. Im → Bleisatz wurde dieser Leerraum durch Einfügen von → Blindmaterial festgesetzt. Der Zwischenschlag sollte größer sein als der maximale Abstand zwischen Worten und Zeilen.

■ **Zwischenschnitt**
[TV] Eine Einstellung wird unterbrochen, indem eine andere Einstellung kurz eingefügt wird. In TV-Beiträgen ist es nicht erwünscht, z.B. eine Person direkt an eine andere Person zu schneiden. Der Zuschauer hätte den Eindruck, die erste Person würde hüpfen und sich verwandeln. Um diesen Eindruck zu vermeiden, ist ein (unverfängliches) Bild dazwischenzuschnei-

den, z.B. eine Menschenmenge oder eine Landschaft. Abk. = Zwischni.

■ **Zwischentext**
[Ze] Zwischen zwei Szenen im Film auf der Leinwand erscheinender, erläuternder, besonders größere Zeiträume in der Handlung überbrückender Text.

■ **Zwischentitel**
[Ze] → Zwischenüberschrift

■ **Zwischenüberschrift**
[Ze] In einen → Fließtext werden zur lebendigeren Gestaltung und leichteren Lesbarkeit einer Seite kleine stichwortartige Überschriften eingefügt. Meist wird darin der Inhalt des folgenden Textes zusammengefasst. Auch als Zwischentitel oder Zwischenzeile bezeichnet.

■ **Zwischenzeile**
[Ze] → Zwischenüberschrift

■ **Zwischenzeilenflimmern**
[TV] Das Fernsehbild flimmert, wenn der Betrachter zu nah vor dem Bildschirm steht. Dieser Effekt wird durch das → Zeilensprungverfahren hervorgerufen.

■ **Zwischni**
[TV, Ja] Abk. für → Zwischenschnitt.

Literaturverzeichnis

Blaes, Ruth; Heussen, Gregor, ABC des Fernsehens, Konstanz 1997.

Brielmaier, Peter; Wolf, Eberhard, Zeitungs- und Zeitschriftenlayout, Konstanz 1996.

Buchholz, Axel; LaRoche, Walther von, Radio-Journalismus. Ein Handbuch für Ausbildung und Praxis im Hörfunk, München 1993.

Deekeling, Egbert; Fiebig, Norbert, Interne Kommunikation, Wiesbaden 1999.

Dulisch, Ralf, Schreiben in Werbung, PR und Journalismus, Wiesbaden 1998.

Fetscherin, Alfred, Keine Angst vor den Medien. 100 goldene Regeln für den Umgang mit Presse, Radio, Fernsehen, Zürich 1999.

Friedl, Friedrich; Ott, Nicolaus; Stein, Bernard; Luidl, Philipp, Typographie, Köln 1998.

Fuchs, Peter; Möhrle, Hartwin; Schmidt-Marwede, Ulrich, PR im Netz. Online-Relations für Kommunikations-Profis. Ein Handbuch für die Praxis, Frankfurt/Main 1998.

Haller, Michael, Das Interview. Ein Handbuch für Journalisten, Konstanz 1997.

Haller, Michael, Die Reportage. Ein Handbuch für Journalisten, Konstanz 1997.

Häßler, Ulrike; Pfennig, Frank; Wüller, Dietmar, Digitale Fotografie. Von der Praxis zu den Grundlagen, Heidelberg 1991.

Herrmann, Günter, Rundfunkrecht. Fernsehen und Hörfunk mit Neuen Medien, München 1994.

Khazaeli, Cyrus Dominik, Crashkurs Typo und Layout. Vom Zeilenfall zum Screendesign, Reinbek 1995.

LaRoche, Walther von, Einführung in den praktischen Journalismus, München 1999.

Märtin, Doris, Erfolgreich texten. Die besten Techniken und Strategien, München 1999.

Mast, Claudia, ABC des Journalismus. Ein Leitfaden für die Redaktionsarbeit, Konstanz 1998.

Merten, Klaus; Zimmermann, Rainer, Das Handbuch der Unternehmenskommunikation, München 1998.

Möhl, Hans-Peter; Scharlack, Ulrich, dpa – Juristischer Leitfaden für Journalisten, Starnberg 1997.

Paetzel, Hans W., Praktisches Wörterbuch für Presse und Werbung. Deutsch. Englisch. Französisch, Köln 1991.

Prinz, Matthias; Peters, Butz, Medienrecht. Die zivilrechtlichen Ansprüche. München 1999.

Schneider, Wolf, Deutsch für Profis. Wege zu gutem Stil, München 1999.

Schneider, Wolf; Raue, Paul-Josef, Handbuch des Journalismus, Reinbek 1998.

Springmann, Ingo, Werbetexte / Texte zur Werbung (Lernmaterialien), Stuttgart 1975.

Stegert, Gernot, Filme rezensieren in Presse, Radio und Fernsehen, München 1993.

Adressen

Deutschland

Arte, 2a, rue de la Fonderie, 67080 Strasbourg/Cedex, Frankreich, Tel.: +33-388/142277, www.arte.de
Bayerischer Rundfunk, Rundfunkplatz 1, 80300 München, Tel.: 089/59000-1, www.br-online.de
BBC World, 80 Wood Lane, London W12 OTT, Großbritannien, Tel.: +44-1815762221, www.bbc.co.uk
CNN, CNN-House, 2 Stephen Street, London W1P 1DL, Großbritannien, Tel.: +44/171 307 62 43, www.cnn.com
Deutsche Welle TV, Voltastraße 6, 13355 Berlin, Tel.: 030/4646-0, www.dwelle.de
DSF, Münchner Straße 101 g, 85737 Ismaning, Tel.: 089/96066-0, www.sport1.de
Eurosport, Siedlerstraße 2, 85774 Unterföhring, Tel.: 089/9505244, www.eurosport.de
Hessischer Rundfunk, Bertramstraße 8, 60320 Frankfurt/M., Tel.: 069/155-1, www.hr-online.de
Kabel 1, Gutenbergstraße 1, 85774 Unterföhring, Tel.: 089/9507-2100, www.kabel1.de
MDR, Kantstraße 71-73, 04275 Leipzig, Tel.: 0341/300-0, www.mdr.de
NDR, Rothenbaumchaussee 132, 20149 Hamburg, Tel.: 040/4156-0, www.ndr.de
n-tv, Taubenstraße 1, 10117 Berlin, Tel.: 030/20190-0, www.n-tv.de
ORB, Marlene-Dietrich-Allee 20, 14482 Potsdam, Tel.: 0331/7310, www.orb.de
ProSieben, Medienallee 7, 85774 Unterföhring, Tel.: 088/9507-10, www.pro-sieben.com
Radio Bremen, Hans-Bredow-Straße 10, 28323 Bremen, Tel.: 0421/246-0, www.radiobremen.de
RTL, Aachener Straße 1036, 50858 Köln, Tel.: 0138/1050, www.rtl.de
Saarländischer Rundfunk, Funkhaus Halberg, 66100 Saarbrücken, Tel.: 0681/602-0, www.sr-online.de
SAT.1, Jägerstr. 32, 10117 Berlin, Tel.: 0137/484848, www.sat1.de
SFB, Masurenallee 8-14, 14057 Berlin, Tel.: 030/3031-0, www.sfb.de
Südwestrundfunk, Neckarstraße 32, 70190 Stuttgart, Tel.: 0711/929-0, www.swr-online.de
Viva-TV, Im Mediapark, 50670 Köln, Tel.: 0221/57444001
VOX, Im Mediapark 7, 50670 Köln, Tel.: 0180/5-335577, www.vox.de
WDR, Appellhofplatz 1, 50667 Köln, Tel.: 0221/220-0, www.wdr.de
ZDF, Postfach 4040, 55100 Mainz, Tel.: 06131/702161-4, www.zdf.de

dpa – Deutsche Presse Agentur, Mittelweg 38, 20148 Hamburg, Tel.: 040/4133-0, www.dpa.de
ddpADN, Mollstr. 1, 10178 Berlin, Tel.: 030/23122-0, www.adn.de
Reuters, Messeturm, Friedrich-Ebert-Anlage 49, 60327 Frankfurt/M., Tel.: 069/75651000, www.reuters.de
AP – Associated Press, Moselstr. 27, 60329 Frankfurt/M., Tel.: 069/27230-0, www.ap.org

sid – Sport-Informations-Dienst, Hammfelddamm 10, 41460 Neuss, Tel.: 02131/131-00, www.sid.de

Frankfurter Allgemeine Zeitung, Hellerhofstr. 2-4, 60327 Frankfurt/M., Te.: 069/7591-0, www.faz.de

Süddeutsche Zeitung, Sendlinger Str. 8, 80331 München, Tel.: 098/213-0, www.sueddeutsche.de

Die Welt, Axel-Springer-Str. 65, 10888 Berlin, Tel.: 030/2591-0, www.welt.de

Bild, Axel-Springer-Platz 1, 20350 Hamburg, Tel.: 040/347-00, www.bild.de

Frankfurter Rundschau, Große Eschenheimer Str. 16-18, 60313 Frankfurt, Tel.: 069/2199-1, www.fr-aktuell.de

Handelsblatt, Kasernenstr. 67, 40213 Düsseldorf, Tel.: 0211/887-0, www.handelsblatt.de

Rheinischer Merkur, Godesberger Allee 91, 53175 Bonn, Tel.: 0228/884-0, www.merkur.de

taz – Die Tageszeitung, Kochstr. 18, 10923 Berlin, Tel.: 030/25902-0, www.taz.de

Die Zeit, Speersort 1, 20079 Hamburg, Tel.: 040/3280-0, www2.zeit.de

Die Woche, Burchardstr. 19-21, 20095 Hamburg, Tel.: 040/30181-500, www.woche.de

Der Spiegel, Brandstwiete 19, 29423 Hamburg, Tel.: 040/3007-0, www.spiegel.de

Focus, Arabellastr. 23, 81925 München, Tel.: 089/9250-0, www.focus.de

Stern, Am Baumwall 11, 20444 Hamburg, Tel.: 040/3703-0, www.stern.de

Wirtschaftswoche, Kasernenstr. 67, 40213 Düsseldorf, Tel.: 0211/887-0, www.wiwo.de

journalist, Bennauerstr. 60, 53115 Bonn, Tel.: 0228/2017224, www.journalist.de

w & v werben und verkaufen, Karlstr. 35-37, 80333 München, Tel.: 089/54852-00, www.wuv.de

PR Report, Mexikoring 33, 22297 Hamburg, Tel.: 040/637097-10, www.prreport.de

Horizont, Mainzer Landstr. 251, 60326 Frankfurt/M., Tel.: 069/7595-1600, www.horizont.de

DJV – Deutscher Journalisten-Verband, Bennauerstr. 60, 53115 Bonn, Tel.: 0228/20172-0, www.djv.de

IG Medien – Industriegewerkschaft Medien, Druck und Papier, Publizistik und Kunst, Friedrichstr. 15, 70174 Stuttgart, Tel.: 0711/2018-0, www.igmedien.de

Bundesverband Deutscher Zeitungsverleger e.V., Postfach 205002, 53170 Bonn, Tel.: 0228/81004-0, www.bdzv.de

Verband Deutscher Zeitschriftenverleger e.V., Winterstr. 50, 53177 Bonn, Tel.: 0228/38203-0, www.vdz.de

Verband Privater Rundfunk und Telekommunikation e.V. (VPRT), Burgstr. 69, 53177 Bonn, Tel.: 0228/93450-0, www.vprt.de

Börsenverein des Deutschen Buchhandels, Großer Hirschgraben 17-21, 60311 Frankfurt/M., Tel.: 069/1306-0, www.boersenverein.de

GPRA – Gesellschaft Public Relations Agenturen e.V., Schillerstr. 4, 60313 Frankfurt/M., Tel.: 069/20628, www.gpra.de

DPRG – Deutsche Public Relations Gesellschaft e.V., Augustiner Str. 21, 53224 Bonn, Tel.: 0228/9739287, www.dprg.de

Gesamtverband Werbeagenturen GWA, Friedensstr. 11, 60311 Frankfurt/M., Tel.: 069/256008-0, www.gwa.de

Art Directors Club für Deutschland e.V., Melemstr. 22, 60322 Frankfurt/M., Tel.: 069/5964602, www.adc.de

VG Wort, Goethestr. 49, 80336 München, Tel.: 089/514120, www.vgwort.de

VG Bild-Kunst, Weberstr. 61, 53113 Bonn, Tel.: 0228/91534-0, www.bildkunst.de

Spitzenorganisation der Filmwirtschaft e.V., Kreuzberger Ring 56, 65205 Wiesbaden, Tel.: 0611/77891-0, www.fsk.de

FSF – Freiwillige Selbstkontrolle Fernsehen, Lützwostr. 33, 10785 Berlin, Tel.: 030/230936-0, www.fsf.de

GEZ – Gebühreneinzugszentrale der öffentlich-rechtlichen Rundfunkanstalten in der Bundesrepublik Deutschland, Freimersdorfer Weg 6, 50829 Köln, Tel.: 0180/5051500, www.gez.de

GfK Holding AG, Nordwestring 101, 90319 Nürnberg, Tel.: 0911/395-0, www.gfk.de

A.C. Nielsen GmbH, Ludwig-Landmann-Straße 405, 60486 Frankfurt, Tel.: 069/7938-0, www.acnielsen.de

FreeLens, Markusstr. 9, 20355 Hamburg, Tel.: 040/340022, www.freelens.com

Bundesverband Kamera, Kaiserstr. 39, 80801 München, Tel.: 089/34019190, www.bvkamera.org

Verband Deutscher Drehbuchautoren e.V., Rosenthaler Str. 39, 10178 Berlin, Tel.: 030/2824205

Arbeitsgemeinschaft der Landesmedienanstalten, Landesanstalt für Rundfunk Nordrhein-Westfalen, Willi-Becker-Allee 10, 40227 Düsseldorf, Tel.: 0211/77007-40/41, www.alm.de

Bayerische Landeszentrale für neue Medien (BLM), Heinrich-Lübke-Straße 27, 81737 München, Tel.: 089 /6 38 08-0, www.blm.de

Hamburgische Anstalt für neue Medien (HAM), Kleine Johannisstraße 10, 20457 Hamburg, Tel. 040 /369 005-0, www.blm.de

Hessische Landesanstalt für privaten Rundfunk (LPR), Atrium, Wilhelmshöher Allee 262, 34131 Kassel, Tel.: (05 61) 9 35 86-0, www.lpr-hessen.de

Landesanstalt für das Rundfunkwesen Saarland (LAR), Karcherstraße 4, 66111 Saarbrücken, Tel.: 0681/38988-0, www.lar.de

Landesanstalt für Kommunikation Baden-Württemberg (LfK), Rotebühlstraße 121, 70178 Stuttgart, Tel.: 0711/66 99 10, www.lfk.de

Landesmedienanstalt Bremen, Grünenweg 26, 28195 Bremen, Tel: 0421/328114, www.ok-bremen.de/landesm/index.html

Landesmedienanstalt für Rundfunk Nordrhein-Westfalen (LfR), Zollhof 2, 40221 Düsseldorf, Tel.: 0211/77007-0, www.lfr.de

Landesrundfunkausschuß für Sachsen-Anhalt (LRA), Reichardtstraße 9, 06114 Halle/Saale, Tel.: 0345 /52 55 0, www.lra.de

Landesrundfunkzentrale Mecklenburg-Vorpommern (LRZ), Bleichufer 1, 19053 Schwerin, Tel.: 0385/5 58 81 10, www.mvnet.de/inmv/lrz

Landeszentrale für private Rundfunkveranstalter Rheinland-Pfalz (LPR), Turmstraße 8, 67059 Ludwigshafen, Tel.: 0621/5202-0, www.lpr-online.de

Medienanstalt Berlin-Brandenburg (MABB), Kleine Präsidentenstraße 1, 10178 Berlin, Tel.: 030/264967-0, www.mabb.de/

Niedersächsische Landesmedienanstalt für privaten Rundfunk (NLM), Seelhorststraße 18, 30175 Hannover, Tel.: 0511/28477-0, www.nlm.de/welcome/1.htm

Sächsische Landesanstalt für privaten Rundfunk und neue Medien (SLM), Carolinenstraße 1, 01097 Dresden, Tel.: 03 51/8 14 04-0, www.slm-online.de

Thüringer Landesmedienanstalt (TLM), Am Häckerstieg 12, 99310 Arnstadt, Tel.: 03628/6116-0, www.tlm.de/

Unabhängige Anstalt für das Rundfunkwesen Schleswig-Holstein (ULR), Schloßstraße 19, 24103 Kiel, Tel.: 0431/9 74 56-0, www.ulr.de

Österreich

Österreichischer Rundfunk ORF, Würzburggasse 30, 1136 Wien, Tel.: +43/1/87878-0, www.orf.at

Der Standard, Herrengasse 19–21, 1014 Wien, Tel.: +43/1/53170, www.derstandard.at
Die Presse, Parkring 12 a, 1015 Wien, Tel.: +43/1/51414-0, www.diepresse.at
Neue Kronen Zeitung, Muthgasse 2, 1190 Wien, Tel.: +43/1/36011-0, www.krone.at

News, Praterstr. 31, 1020 Wien, Tel. +43/1/21312-0, www.news.at

Austria Presse Agentur APA, Gunoldstr. 40, 1199 Wien, Tel.: +43/1/36 60 0-0 www.apa.at

Verband österreichischer Zeitungen, Renngasse 12, 1010 Wien 1, Tel.: +43/1/5337979, www.voez.at
Public Relations Verband Austria, Lothringerstr. 14/III, 1030 Wien, Tel.: +43/1/7151540, www.prva.at

Schweiz

Schweizer Fernsehen DRS, Fernsehstraße 1-4, 8052 Zürich, Tel.: +41/1/3056611, www.sfdrs.ch
Cash-TV, Hagenholzstr. 81a, 8050 Zürich, Tel.: +41/1/3085652, www.cashtv.ch
Schweizer Radio DRS, Studio Zürich, Brunnenhofstr. 22, 8042 Zürich, Tel.: +41/1/3661111, www.drs.ch

NZZ – Neue Zürcher Zeitung, Falkenstr. 11, 8021 Zürich, Tel. +41/1/2581111, www.nzz.ch
Blick, Dufourstr.23, 8008 Zürich, Tel,: +41/1/2596262, www.blick.ch
Berner Zeitung, Dammweg 9, 3001 Bern, Tel.: +41/31/3303111, www.bernerzeitung.ch
Tagesanzeiger, Werdstr. 21, 8021 Zürich, Tel.: +41/1/2484111, www.tages-anzeiger.ch
Weltwoche, Förrlibuckstr. 10, 8021 Zürich, Tel.: +41/1/4487311, www.weltwoche.ch
Handelszeitung, Seestr. 37, 8027 Zürich, Tel.: +41/1/2883555, www.handelszeitung.ch
Sonntagszeitung, Werdstr. 21, 8021 Zürich, Tel.: +41/1/2484040, www.sonntagszeitung.ch
Finanz und Wirtschaft, Hallwylstr. 71, 8021 Zürich, Tel.: +41/1/2983535, www.finanzundwirtschaft.ch

Facts, Höschgasse 45, 8034 Zürich, Tel.: +41/1/3893333, www.facts.ch
Bilanz, Förrlibuckstr. 10, 8021 Zürich, Tel.: +41/1/4487221, www.bilanz.ch
Cash, Badenerstr. 170, 8021 Zürich, Tel. +41/1/2982811, www.cash.ch

Schweizerische Depeschenagentur SDA, Länggassstrasse 7, 3001 Bern, Tel.: +41/31/3093333, www.sda.ch

Schweizer Verband der Journalistinnen und Journalisten, Grand Places 14 a, Case Postale, 1701 Fribourg, Tel.: +41/26/347150–0, www.journalisten.ch
Bund Schweizer Werbeagenturen, Winkelriedstr. 35, 8033 Zürich, Tel.: +41/1/361 3760, www.bsw.ch
Swiss Grafic Designers, Limmatstr. 63, 8005 Zürich, Tel.: +41/1/272 4555, www.sgd.ch

International

Reporters sans Frontières, 5 rue Geoffroy-Marie, F-75009 Paris, Tel.: +33/1/44838484, www.rsf.fr
International Federation of Journalists, rue Royale 266, B-1210 Brüssel, Tel.: +32/2/223-2265, www.ifj.org
World Association of Newspapers, 25 rue d'Astorg, F-75008 Paris, Tel.:+33/1/47428500, www.wan-press.org
World Intellectual Property Organization, 34 chemin des Colombettes, CH-1211 Genève, Tel.: +41/22 338 9111, www.wipo.int